国际移民与
海外华人研究

2016

李其荣◎主编

廖峰 季丰来 徐文永 韦丹辉◎副主编

中国社会科学出版社

图书在版编目（CIP）数据

国际移民与海外华人研究.2016／李其荣主编.—北京：中国社会科学出版社，
2017.12

ISBN 978 - 7 - 5203 - 1031 - 4

Ⅰ.①国… Ⅱ.①李… Ⅲ.①移民问题—世界—文集②华人—世界—文集
Ⅳ.①D523.8 - 53②D634.3 - 53

中国版本图书馆 CIP 数据核字（2017）第 229898 号

出 版 人	赵剑英	
责任编辑	张　林	
特约编辑	文一鸥	
责任校对	高建春	
责任印制	戴　宽	

出　　版	中国社会科学出版社	
社　　址	北京鼓楼西大街甲 158 号	
邮　　编	100720	
网　　址	http://www.csspw.cn	
发 行 部	010 - 84083685	
门 市 部	010 - 84029450	
经　　销	新华书店及其他书店	

印　　刷	北京明恒达印务有限公司
装　　订	廊坊市广阳区广增装订厂
版　　次	2017 年 12 月第 1 版
印　　次	2017 年 12 月第 1 次印刷

开　　本	710 × 1000　1/16
印　　张	25.5
插　　页	2
字　　数	395 千字
定　　价	109.00 元

凡购买中国社会科学出版社图书，如有质量问题请与本社营销中心联系调换
电话:010 - 84083683

《国际移民与海外华人研究（2016）》
编委会

前　　言

改革开放以来，随着中国综合国力的提升，海外华人移民数量也以较快的速度增长。海外华人已经成为住在国社会的重要组成部分，对当地经济、社会、文化的发展都是一支不可或缺的重要力量，其重要性逐步得到国际社会和学界的关注。"一带一路"倡议实施以来，海外华人的独特桥梁和纽带作用更加彰显。本书围绕当前国际移民和海外华人热点问题，在"一带一路"倡议的大背景下，从"一带一路"与海外华人、地区维度下海外华人社会的趋势与反思以及海外华人和侨乡社会的治理与融合等问题进行研讨，从而推进全球跨国移民以及华侨华人的研究。

本书分为四篇，包括第一篇：华侨华人与"一带一路"倡议，第二篇：海外华人政治与文化，第三篇：海外华人族群与社区，第四篇：华商经济与国际移民法。

第一篇：华侨华人与"一带一路"倡议，重点探讨了"一带一路"倡议与华侨华人的关系，尤其是浙江华侨华人在"一带一路"倡议中的地位和作用。浙江的侨情特点、经济优势、政策环境、人文精神和社会网络等为浙江华侨华人参与"一带一路"提供了全方位的优势条件。本篇还探讨了海上丝绸之路的历史与现状，指出海上丝绸之路的开辟，同时开启了中外人员交往之路。中国海外移民及其后裔，是中外先进文明的传播者和中外友好关系的推动者。文化和人员交往，应当是中国 21 世纪海上丝绸之路倡议的主要内容之一。

第二篇：海外华人政治与文化，从政治与文化两个层面探讨了海外华人融入住在国社会的成功与困惑。东南亚是海上丝绸之路的重要枢纽，是世界上华人华裔人数最多的地区。华侨华人不仅成为促进中国与东南亚各国政治、经济与文化交往的纽带与桥梁，他们在民间交流领域的角色与影响也越来越重要。但华人在参与住在国政治生活方面依然面临困惑。这往往是因为华人族群是住在国的少数族群，其政治实力也因此受到掣肘。而许多海外华人不热衷当地的政治。此种趋向使他们错失主导政治的先机。

第三篇：海外华人族群与社区，探讨了海外华人族群和华人社区的形成与发展。"二战"以后，海外中国移民及其后裔逐渐归化于当地，海外华人的族群认同意识越来越有赖于华人传统信仰和习俗的保持。以妈祖信仰为代表的华人传统信仰，日益成为华人族群意识的组成部分。海外华人社区的形成是与中国移民迁移海外同步进行。华人社区通过努力，准确找到的社区自我重新定位，提高了社区自身的经济水平和社会地位，缩小了与其他少数族裔社区的差距，成为住在国的"模范社区"和"中产阶级社区"。

第四篇：华商经济与国际移民法。华商经济自20世纪90年代以来迅猛发展，华商新生代为华商经济发展带来持续动力，华商的流动性又不断为华商经济寻找新的商机。华商经济在全球化背景下，面临新的挑战与机遇。华侨华人研究在"一带一路"倡议下和多种学科齐头并进研究的大背景下，更加重视"经世致用"的"智库"性研究。作为国家治理和社会改良为主要功能的法学可以在归侨侨眷权益保护研究、（移民法）出入境法研究、侨乡法治建设研究、海外投资法研究等领域做出贡献，在华侨华人研究中发挥更大作用。

最后，编委会要感谢各位作者百忙之中赐稿和参与讨论，感谢中国社会科学出版社编辑的辛勤工作。正是大家共同的努力，才让本卷书稿如此充满活力。在此一并致谢！

目　　录

第一篇　华侨华人与"一带一路"倡议

第二篇　海外华人政治与文化

第三篇 海外华人族群与社区

第四篇 华商经济与国际移民法

第 一 篇

华侨华人与
"一带一路"倡议

海上丝绸之路与中国海外移民[①]

庄国土[②]

2013 年 10 月，习近平总书记在印度尼西亚国会上正式提出与东盟国家共同建设 21 世纪"海上丝绸之路"的设想："中国愿通过扩大同东盟国家各领域务实合作，互通有无、优势互补，同东盟国家共享机遇、共迎挑战，实现共同发展、共同繁荣"。[③] 自此，中国 21 世纪海上丝绸战略规划正式启动，各省市纷纷制定海上丝绸之路行动方案，内容基本上集中于扩展与沿线国家的贸易与投资。措施不外乎搭建各种产业对接平台、建立各种经贸枢纽和节点及门户城市、设置各类科技和工业园区及保税区等。然而，海上丝绸之路并非仅是商贸之路，更重要的是文明和人员交往之路。本文拟以中国移民为重点，阐述无论是在过去还是在当代，海上丝绸之路都是移民之路，移民亦都是中外文明大交流的载体。

一　中外交往的大通道：海上丝绸之路

海上丝绸之路指中外乃至东西方海上交往的大通道。18 世纪以前，除丝绸之外，陶瓷、香料、中外各类方物土产乃至白银，都是这条通道

---

① 教育部人文社科重点基地重大项目 12JJD810026 阶段性成果。

② 庄国土，厦门大学特聘教授，华侨大学讲座教授（Chair professor），丽水学院名誉教授。

③ 《习近平：共建 21 世纪"海上丝绸之路"》，《人民日报》2013 年 10 月 3 日。

的大宗商品。18 世纪以降，茶叶取代丝绸，成为中外商贸货值最大的商品。① 因此，不同国家的不同学者，也称这条中外贸易大通道为"香料之路""陶瓷之路""茶叶之路"等。之所以冠以"丝绸之路"，并被广泛接受，可能源于从公元前后到 18 世纪初，"中国丝绸"长期是这个大通道的主要贸易商品。但真正提出"海上丝绸之路"这一概念，则是在 20 世纪初。②

　　海上丝绸之路的开辟似应始于汉代。③ 中外海上贸易发展于唐代而全盛于明清。中外贸易的繁荣既与中外航线的开通与延伸密切相关，也与丝绸长期作为中国出口贸易的主要商品有莫大关系。宋元以前，中国丝绸的海外贩运，主要依靠前来中国沿海各港的"番商""番舶"。自唐末五代，中国海商逐渐开拓远洋贸易。宋元时期，中国海商开始主导海上丝绸之路，足迹所至，遍及东亚水域和印度洋各港。从 16 世纪中叶到 17 世纪中叶，中外商务交往格局为之一变。欧人的航海探险与沿海殖民扩张的进程基本完成，非洲、美洲、远东的沿海地区相继被据为殖民地，纳入以欧洲人为主导的世界性贸易网络。中国海商的主要活动范围，不复延伸到印度洋各港口。欧洲人以通商为目的的远东扩张和全球性殖民活动极大地推动了东西方贸易。也正是世界性贸易网络形成以后，中国的出口商品，特别是中国丝绸，才成为真正意义上的全球性商品。

　　这条中外交往的大通道，更重要的是文明交流之路。中外移民在这条大通道上络绎不绝，佛教、犹太教、基督教、伊斯兰教等世界各类宗教和思潮沿海上丝绸之路传入中土，中国的儒学、道教等本土宗教和信仰也因此传播海外。各类技术和工艺，如阿拉伯、波斯的造船和航海技术，欧洲的玻璃、医药、纺织等技术，陆续传入中国。中国的四大发明，

---

① 庄国土:《从丝绸之路到茶叶之路》，《海交史研究》1996 年第 1 期。

② 1913 年，法国汉学家爱德华·沙畹在《西突厥史料》中，第一次提及"海上丝绸之路"概念:"丝路有陆、海两道。北道出康居，南道为通印度诸港之海道。"但这一提法并没有被广泛关注。直至 20 世纪 80 年代初以后，中国学者才较多使用这个概念。

③ 最早明确记载中国人携带丝绸到海外贸易，应是《汉书·地理志》所载:"自日南障塞，徐闻合浦，船行可五月，有都元国。又船行四月，有邑卢没国。又船行可二十余日，有谌离国。步行可十余日，有夫甘都卢国。自夫甘都卢国船行可二月余，有黄支国，民俗与珠崖相类。其州广大，户口多，多异物，自武帝以来皆献见。有译长属黄门，与应募者俱入海，市明珠、碧流离、奇石、异物，赍黄金、杂缯而往。所至国皆禀食为耦，蛮夷贾舶转送致之。"

养蚕制瓷等各类技术和工艺，也传播到海外。更应关注的是海外新物种的传入，如玉米、番薯、烟草、花生、马铃薯等。这些新物种的传入，极大促进了中国农业的发展和中国土地人口承载量的提升。

文明交流的载体是人员往来。海外文明的传入和中华文明的传播，都是中外人员往来的结果。海上丝绸之路的开辟，也是中国人海外移民的开始。

二 20世纪以前的中国海外移民

海上丝绸之路开辟伊始，就可能有因贸易原因而"住番"的中国移民。早在公元初，国人就已开辟从雷州半岛沿中南半岛、暹罗湾到印度洋各港的沿海岸航行贸易交通线。航海贸易不是直达航行，而是转搭"蛮夷"贾船，分程转送，故周期相当长，通常要数年。分程转送可能是因为当时航行技术限制，难以跨洋直行，只能沿海岸航行，同时方便上岸贸易和随时补充饮用。宋代以降，凭借中国发达的农业和手工业、先进的航海和造船技术，中国海商取代了穆斯林商人，主导印度洋和东亚海洋之间的海上贸易，大批以商贩为主的中国移民也纷至沓来。到15世纪初，东南亚爪哇的苏拉巴亚和苏门答腊的旧港，各有数千人聚居的中国移民社区，主要从事贸易活动。[①] 随着明后期海外贸易重新开放，中国海商开始重新活跃于东亚各贸易港。

中国第一次大规模海外移民潮，始于16世纪末以后欧洲殖民者在东亚的殖民扩张。一方面，欧洲人将东亚带入欧洲人主导的全球贸易网络，使中国人主导的传统丝绸之路直接延伸到欧洲和美洲。东亚商品，尤其是中国丝绸，从此大规模进入欧洲和美洲。[②] 世界性贸易网络的形成促进了东亚各贸易港的繁荣，吸引了更多的商品和劳动力。至17世纪前期，东亚各丝绸之路贸易港及其周边地区，已形成大小不一的中国移民聚居

① （明）马欢：《瀛涯胜览》爪哇条、旧港条，《丛书集成初编》（624），中华书局1983年版，第17—20、26页。

② 庄国土：《论明季海外中国丝绸贸易（1567—1643）》，载《中国与海上丝绸之路：联合国科教文组织泉州国际学术研讨会论文集》，福建人民出版社1991年版，第35—45页。

区，主要集中在菲律宾的马尼拉、日本长崎、爪哇的巴城、苏鲁马益（泗水）、万丹，马来亚的北大年、马六甲、吉兰丹，暹罗的大城及北缅甸的八莫等地。数量多者数万，少者也在千人以上。中国移民最集中的地方是西班牙殖民地菲律宾的马尼拉市。马尼拉成为国际丝绸贸易的中心城市，大批中国商贩携带丝绸聚集马尼拉，交换西班牙人从美洲带来的白银。1571 年西班牙人占领马尼拉时，当地只有 150 余名中国移民。①到 1588 年，中国移民总数增至万人以上。到 1603 年，华侨在菲已达 2.5万。② 日本长崎也是华商的另一重要聚居地。16 世纪至 17 世纪前期，日本是世界白银的重要出口国。中国海商携带丝绸，前往长崎交换日本白银。16 世纪末，长崎华商已两三千人，后增至万人，合日本诸岛，约有两三万人。③ 1625 年，福建巡抚南居益称：中国私商往日本众，闽粤三吴之人，驻于日本者几千家。与日人通婚长子孙，名曰"唐市"。④

到 17 世纪前期，中国海外移民数量当在 10 万人以上。这些中国移民成为中外文明交流的使者和载体。

18 世纪前期以后，丝绸不复为中国主要输出商品，但中国商贩仍是东亚水域贸易的主要力量之一。同时，随着东南亚殖民地的开拓和世界性商贸网络的形成，中国海外移民进入大发展时期。⑤ 海外中国移民主要分布在海上丝绸之路沿线的东南亚各港口地区，从事与商贸相关的行业。到 18 世纪中后期，中国海外移民的职业和社区分布发生很大变化。随着 18 世纪东南亚殖民经济的发展，大量中国移民从事采矿业、种植和加工业、营建业等。华人社区也从东南亚沿海港口地区扩展到内地。到 19 世纪初，加里曼丹、马来半岛、缅北和越南北圻的金、银、铜、锡矿区，越南南圻、马来半岛、西爪哇和暹南内陆的垦殖区和种植园，都形成了大小不等的华人社区，这些华人社区又成为更多移民的容身之地。

---

① ［美］布莱尔、罗伯逊编：《菲律宾群岛史料 1493—1898》（Emma Helen Blair and James Alexander Robertson, eds., *The Philippine Islands*, 1493 - 1898），克利夫兰，1906 年（以下简称BR），卷 3，第 117 页。

② BR，卷 14，第 14 页。

③ （明）朱国祯：《涌幢小品》卷三十，"倭官倭岛"，中华书局 1959 年版，第 716 页。

④ （明）沈德符、张燮：《明季荷兰人侵据彭湖残档》，台北：《台湾文献丛刊》第 154 种，第 20 页，电子版。

⑤ 庄国土：《论中国人移民东南亚的四次高潮》，《南洋问题研究》2008 年第 1 期。

19 世纪中期以前,绝大部分中国移民都是前往东南亚。极少数中国人移居北美、非洲和印度等地,其数量之微几乎可忽略不计。笔者估计,东南亚华人主要聚居地首推暹罗,当在 70 万以上,爪哇在 14 万—15 万,婆罗洲约 15 万,马来半岛各土邦境内和海峡殖民地约 5 万,越南十数万,缅甸 11 万—13 万,菲岛近万人,加上其他地区较少而未加以推算的华人,全东南亚地区的华人在 150 万左右。①

19 世纪中叶至 20 世纪前期,以大规模华工出国为标志,海上丝绸之路成为中国劳动力输出之路。出洋谋生虽非坦途,但也强过在家饥寒窃劫。在 1876—1898 年的 23 年间,仅从厦门和汕头两地出国往东南亚各地的华人共达 285 万人。② 迄 20 世纪初,华人已四五百万之众,广布亚洲、美洲、非洲和澳洲各地,约九成聚居东南亚。北美、澳洲、非洲、拉丁美洲等各地中国移民有 40 多万。这些中国移民绝大多数来自广东和福建。③

"一战"结束以后,中国海外移民掀起第三个高潮,其主要流向仍是东南亚,直接动力是东南亚的经济繁荣。20 世纪初以降,西方工业革命所带动的新兴产业的发展,陆续波及其东南亚的殖民地。东南亚经济发展刺激了劳动力需求的增长,廉价劳动力从中国南方不断涌入东南亚。1922—1939 年间,从厦门、汕头、香港出洋的移民就约 550 万,④ 绝大部分前往东南亚。在 1918—1931 年间,仅从汕头、香港两地出境的移民,就达 380 万人。⑤ 据当地官方统计,1931 年,新马华人中第一代者占 68.8%,⑥ 1932 年,泰国第一代华人占 45.73%。⑦ 到太平洋战争爆发时,东南亚华人至少在 700 万以上,分布在数以千计的东南亚华人社区。

---

① 详细推算可参见庄国土《华侨华人与中国的关系》,广东高教出版社 2001 年版,第 168—178 页。

② 陈翰笙主编:《华工出国史料汇编》第一辑,中华书局 1980 年版,第 184—185 页。

③ 庄国土:《世界华侨华人简史》,暨南大学出版社 2014 年版,第 83 页。

④ 游仲勋:《东南亚华侨经济简论》,郭梁、刘晓民译,厦门大学出版社 1987 年版,第 10—11 页。

⑤ 福田省三:《华侨经济论》,岩松书堂 1939 年版,第 70—74 页。

⑥ 傅无闷编:《南洋年鉴》丙编,南洋商报社 1939 年版,第 29—30 页。

⑦ 施坚雅:《泰国华人社会:历史的分析》(G. W. Skinner, *Chinese Society in Thailand: An Analytical History*),纽约,1957 年,第 182 页。

到 20 世纪 50 年代初，世界华人总数 1200 万—1300 万，90% 集中在东南亚。荷属印尼超过 350 万，泰国约 300 万，英属新加坡和马来亚共约 310 万，越南约 100 万，菲律宾和缅甸各约 35 万，柬埔寨约 42 万，老挝约 5 万，文莱约 1 万。日本和朝鲜共约 6 万，亚洲其他地方约 2 万。美国 15 万，加拿大 3.2 万，拉丁美洲 10 余万，欧洲 7 万—8 万。非洲不超过 5 万，大洋洲约 4 万。[①] 中国移民主要来源地仍是广东和福建。

三　20 世纪 70 年代至今的中国新移民[②]

中华人民共和国成立至 20 世纪 70 年代后期，随着中外海上大交往的中断，持续三百余年的中国海外移民大潮也暂时告停。中国政府严厉限制人民向海外迁徙，世界各国，尤其是独立后的东南亚国家，出于对"共产主义"国家的防范，也拒绝接收来自中国大陆的移民。因此，50 年代至 70 年代末，世界华侨华人的人口数量增长，主要是华人人口的自然增长。到 80 年代初，华侨华人数量约 2000 万。[③]

1978 年以来，中国实行改革开放国策，中外大规模交往重现。全球化时代资本、科技、产业和人力资源的世界性配置，推动中国再次开始大规模的海外移民潮。按照出国目的、途径和职业结构，中国海外移民大体可分为四种类型：第一类移民是留学生。台湾留学生开创由留学到移民的先河。从 20 世纪 60 年代中期到 80 年代中期，近 15 万台湾学生去美国攻读研究生学位。中国大陆大规模派遣留学生虽迟于台湾，但数量很快后来居上。近年来，留学规模有增无减，迄 2006 年，中国大陆留学人员数量已超百万，连同其出国眷属，以留学渠道移民国外的中国大陆人总数当在 100 万以上。近年来，大陆海外留学人数暴增，2013 年和

---

① 关于东南亚华人数量的推算，详见庄国土、刘文正《东亚华人社会的形成和发展》第十二章，厦门大学出版社 2009 年版；其他国家的华人数据，参见潘翎主编《海外华人百科全书》，第五章，香港：三联书店 1998 年版。

② "中国新移民"指 20 世纪 70 年代以来移民国外的中国人。

③ 根据全国侨联侨史学会会长洪丝丝的说法，至少有 2000 万华侨华人，约有 20% 是华侨。这个数据与台湾"侨务会"的估计大体相当。洪丝丝：《华侨历史研究工作的几个问题》，晋江地区侨史学会编《侨史》1983 年第 1 期。

2014 年，更分别达到 39.6 万和 46 万。第二类移民为非熟练劳动力，他们主要以亲属团聚理由申请定居身份，少部分人则选择非法途径前往海外定居。非熟练劳动力移民主要前往发达国家，尤其是美国，也遍及大多数发达国家和部分发展中国家。这一类出国者包括很多非正式途径移民。第三类移民为商务移民，包括投资移民、驻外商务人员和各类商贩。90 年代中期以前，前往发达国家的中国投资移民主要来自港台。90 年代后期以来，中国大陆前往发展中国家的投资移民数量增长较快。尤其在东南亚地区。到 2013 年，中国与东盟贸易额 4436 亿美元，投资额达 400 亿美元。大批中资企业人员和中国商贩在东南亚投资大小不等的项目、承包各类工程，销售中国商品和为这些中国投资企业提供服务的中国移民也纷至沓来。第四类移民为劳务输出人员。劳务输出人员有别于一般移民。大部分劳务人员在合同期满回国，少部分留居当地。①

从 20 世纪 70 年代至 2007—2008 年，从中国前往世界各地的移民超过 1000 万。其中，来自港台的 160 万—170 万，来自中国大陆的 800 多万。

表 1　　　　2007—2008 年中国新移民数量估计、分布和职业构成②

（单位：万人）

国别	人数	主要职业	备注
美国	190	留学人员和专业人士，非熟练工人	相当部分来自港台；少部分为无证移民
加拿大	85	留学人员和专业人士，非熟练工人	相当部分来自港台
欧洲	170	商贩、工人	相当部分为无证移民；流动性大
大洋洲	60	留学人员和专业人士，工人、商人	相当部分来自港台
日本和韩国	100	留学人员和专业人士，工人	大部分为留学和专业人士定居
非洲	45	商贩、技术人员、劳务人员	大部分集中于南非
拉丁美洲	75	商贩	大部分居住在阿根廷及其周边邻国

---

①　联合国人口司和国际移民组织估计的国际移民总量，指当年居住在出生地国家之外的人口数量。各国对居住国外多长时间才视为移民，则标准不一，以半年至一年为多。

②　参见庄国土等《华侨华人分布状况和发展趋势》，国务院侨办政研司刊印（内部资料），2011 年，第 121—122 页。

续表

国别	人数	主要职业	备注
俄罗斯	20	商贩	流动性大，数量变动大
东南亚	约300	商贩、技术人员、企业家、工人、劳务人员、留学生	流动性大，相当部分为无证移民
总计	1045		

资料来源：美、加、欧洲各相关国家、日本人口统计与出入境资料；各国人口统计与华社信息；中外文相关报道。

虽然改革开放以来中国的海外移民不再以东南亚为主要迁徙目的地，但东南亚仍是吸引中国海外移民的最重要区域之一。20 世纪 70 年代至 2008 年，中国的海外移民数量约 1050 万。其中，前往东南亚的中国人可能达 300 万以上。

表 2　　2007—2008 年东南亚中国新移民数量估计、分布与职业构成

国别	数量（万）	主要职业	备注
缅甸	100—110	商贩、管理与技术人员、劳工、农民	相当比例的流动人员和无证移民
泰国	35—40	商贩、管理与技术人员、自由职业者、公司职员	相当比例的流动人员和无证移民
新加坡	50	留学生和专业人士、职员、商人和劳务人员	
菲律宾	25	商贩、职员	相当比例的无证移民
马来西亚	10—15	商贩、劳工、学生、中国新娘和退休人士	相当比例的流动人员
越南	10—15	商贩、投资者、管理和技术人员	台商及其眷属 2 万
印度尼西亚	10	投资和管理人员、商贩、技术人员	台商及其眷属 2 万—3 万
老挝	13	商贩、管理和技术人员、劳工、农民	流动人员较多
柬埔寨	20—30	商贩、管理和技术人员、劳工	流动人员较多
总计	273—308	从事政治以外的所有职业领域；商贩最多	相当比例的流动人员

资料来源：马来西亚、新加坡人口历年统计；其他各国人口统计、人口自然增长率与当地华社估算。参见庄国土、刘文正《东亚华人社会形成与发展》，厦门大学出版社 2009 年版，第 402—403 页。

由于大规模新移民的加入和华侨华人社会本身的人口自然增长，至2007—2008 年，世界华侨华人总数增至约 4580 万。其中，东南亚约 3400 万，约占全球华侨华人的 74% 。根据国务院侨办 2014 年的新统计，海外华侨华人数量或达 6000 万以上。①

表3　　　　**2007 年各洲华侨华人数量和分布统计表**　　　（单位：万人）

地区	人数	新移民
总计	4580	1050
亚洲	3585	420
美洲	630	350
欧洲	215	170
大洋洲	95	60
非洲	55	50

资料来源：美、加、欧洲各相关国家、日本人口统计与出入境资料；各国人口统计与华社信息；中外文相关报道。

四　几点评述

海上丝绸之路是中外交往的大通道，商贸往来只是中外交往的内容之一。相比中外商贸关系，移民所带动的宗教文化、艺术和科技的相互交流，其价值远过于商贸交往。

海上丝绸之路的开辟，同时开启了中外人员交往之路。海上丝绸之路沿线的民族，均有移民中国并在中国繁衍后裔。与外国人定居中国相比，中国海外移民规模更大，迄今已经形成数量约 6000 万的华侨华人群体。诚如孙中山所言的"华侨是革命之母"，中国海外移民及其后裔，是中外先进文明的传播者和中外友好关系的推动者。

商贸和投资固然可增进共同经济利益，但中外缺乏相互了解和互信，经贸合作就缺乏稳定的基础。文化和人员交往能推动相互理解，理解是

---

①　作者与国侨办裴援平主任的对话。2014 年 9 月 14 日下午，华侨大学海上丝绸之路研究院成立大会。

互信的基础。因此，文化和人员交往，应当是中国 21 世纪海上丝绸之路战略的主要内容之一。

6000 万海外华侨华人，是中国实施 21 世纪海上丝绸之路战略的最重要合作者。据笔者估算，包括港澳台在内的海外华商资产超过 5 万亿美元。其中，东南亚华商资产达 1.5 万亿美元。[①] 东南亚华商财力雄厚，有众多跨国企业集团。更值得重视的是，东南亚华侨华人大部分聚居在海上丝绸之路沿线城市，兼通中外文化，软实力突出，熟悉当地国情况，是推动中国与当地国关系的主力军。

海上丝绸之路战略能否成功实施，关键在中国与东盟的合作。2014 年东盟华侨华人数量超过 4000 万，他们有望在中国与东盟的成功合作中扮演关键角色。

---

① 庄国土等：《华侨华人经济资源研究》，国务院侨办政研司刊印（内部资料），2011 年，第 8 页。

中南半岛、中国西南地区与"海上丝绸之路"的联通及其华侨商民

①

"一带一路"概念中,"一路"指的就是"海上丝绸之路"。经过东南亚地区的"海上丝绸之路"的南海航线,无疑是"海上丝绸之路"的大动脉。但在人们的习惯性思维中,往往将"海上丝绸之路"与南海航线画等号(充其量包括"沿线国家")。一般来说,这种理解并无大错,但是,如果只将南海航线(大动脉)当作"海上丝绸之路"在东南亚地区的全部,则很难解释历史上"海上丝绸之路"的功能和贡献。实际上,"海上丝绸之路"在东南亚部分还包括很多支线。这些支线作为"海上丝绸之路"的组成部分,在历史上同样为中外经济文化交流做出了重要贡献。在既往的研究中,也有人提出"西南丝绸之路"的概念,主要是指中国西南地区与中南半岛之间的丝绸之路。笔者认为,将"西南丝绸之路"纳入"海上丝绸之路"南海航线的北部支线,可以从更宽宏的角度理解整条"海上丝绸之路"的功能和系统性。下面对"海上丝绸之路"南海航线的北部支线的功能和贡献做一刍探。

① 高伟浓,暨南大学国际关系学院/华侨华人研究院教授,博士生导师。

一　中国东南沿海通过水陆路移居
越南等国的华侨

这里所说中国东南沿海地区，主要指福建、广东和广西等省区，是越南华侨的主要来源地。历史上，与中国只有咫尺之遥且文化息息相通的越南，是中国移民最早和流量最大的国家。越南与中国的广西和云南两省接壤。中国人移民越南，既有通过水路的，也有通过陆路的。这里应先说明，在谈到越南与"海上丝绸之路"的关系的时候，人们多认为所指的地方是今天越南南方，所涉及的华侨群体多是广东人和福建人。毫无疑问，中国东南沿海有水路可直达越南南部的，因为越南南方沿岸与"海上丝绸之路"的南海航线直接相通。历史上很多广东人和福建人都是通过水路直接到越南南方去的，水路短而快捷，风险系数远没有到其他国家、地区那么大，可以免却许多漂洋过海葬身鱼腹之险。

但是，中国与越南之间的"海上丝绸之路"还应包括广西、云南与越南北部之间的交通线。清人云，安南与中国的交通有三道：一由广西，一由广东，一由云南。"由广东则用水道，伏波以来皆行之，广西道宋行之，云南道元及我朝始开。"史载广东入安南之路为水路，具体走向描述甚详，包括航站、日程等资料。广东入安南之路应指广东到越南北方经过今北部湾的水路，与上面所说的到南方的水路有别。而这里所说的广西道分为三：一从凭祥州由州南关隘入交之文渊州，一由思明府过摩天岭入鬼陵州，一自龙州经平而隘入七源州；云南道则分为二：一由蒙自县经莲花滩入交州石陇关，一由河阳隘循江左岸入平源州。① 另外，与越南接壤的广西南宁府、太平府、镇安府，云南临安府、开化府、广南府的不少地方也有小路通往越南，而官方间的相互来往仍同明代一样主要通过广西。

---

① 郑若曾：《郑开阳杂著》卷六《安南考》，四库全书本。按现在地名，则是：陆路，一由广西凭祥进入谅山，二由云南河口进入越南老街、河内，三由云南金平进入越南莱州；水路，由广西北海、钦州、东兴乘海船可抵越南海防、鸿基以及越南沿岸诸港，最南可抵西贡。

总之，到了清代，中国越南两国间的水、陆路线已经完全定型。在两地人员大量往还的同时，经过这些水陆交通线的货物流通也十分通畅。

二 中南半岛联通中国西南的各条陆路及其马帮华商

这里所说的与中南半岛接壤的中国西南地区，主要是今天的云南等地。西南地区是连接亚洲大陆腹地与印巴次大陆及中南半岛的枢纽，特殊的地质结构，使这里被高山扭曲，河谷横断，群峰高耸，河谷深陷，丛林密布，环境险恶，地理气候、植物群落和动物群落均极为错综复杂。最早居住在这一带的少数民族被称为：蜀、徙、邛、笮、叟、昆明、僰、哀牢、滇、夜郎、滇越，等等。斗转星移，岁月更替，西南高原一直是他们的栖身与迁徙之地。这些民族，以及他们所居住的这片大地，数千年来，由于信息闭塞，以讹传讹，一直被神话色彩和离奇故事笼罩着。在中国古籍有关周边地区文明情况的描述中，这里常常被视为"瘴疠之乡"。而"瘴疠之乡"只有热带原始森林才可能具备，它对人类涉足和开发的破坏性，远大于一般的"蛮荒之地"，是古代人类难以涉足的禁区。但严格说来，"瘴疠之乡"的概念，只是基于居住在中原的中国人的恐惧感，真正居住在"瘴疠之乡"的西南古代各少数民族，则具有抵抗"瘴疠"的天然能力，也具有治疗"瘴疠"的神秘手段，就如北极圈外的人类想象着自己到了北极会被冻成肉干，而实际上当地的因纽特人则悠然自得地住着用冰块盖的房子乃至用冰块洗澡。

当然，对于游走于"瘴疠之乡"的古代商贾来说，当地的自然环境还是险恶的。他们所以能够在"瘴疠之乡"穿行自如，很大程度上得益于当地少数民族的帮助，当然当地少数民族也从中分享到贸易的好处。所以，就在这样险恶气氛的笼罩下，中国最早的对外交通线，两千多年前就悄无声息地诞生了，且两千年来默默无闻地承载着沟通中原大地和周边国家、民族之间的经济、文化往来的特殊使命。

但对于古代中原的人们来说，这条古道的发现是偶然的。公元前 122 年，张骞奉命出使西域时有一大发现，在大夏（今阿富汗北部）有许多来自蜀地的布匹和筇竹杖。张骞显然问过当地的商人，于是，他知道了在身毒（今印度）有专营中国西南蜀地物品的市场。大夏的蜀布和筇竹杖便是商人们从东南数千里的身毒国买去的。据考证，这条路的开通至少比北方丝绸之路早两个世纪。张骞回到长安后，向汉武帝奏报了他的这一重大发现。虽然在中国古籍中，这是一条孤立的记载，此后中国古籍中便没有后续记载。但这并不意味着这条古道销声匿迹，相反，这条古道在后来的岁月里不断扩大和成型，后来扩展成为四通八达的茶马古道。千百年来，在大西南深山密林中，盘桓着石板、碎石铺成的时窄时宽、或陡或平的古道。在江水湍急、峡谷深陷、猿鸟愁飞渡的横断山区，伴随着断断续续的清脆铃声，游走着一批又一批、一代又一代的马帮。这条交通古道得以存在和维持，是中国西南各民族和跨境各民族世世代代持之以恒地创造和坚持的成果。今天，这条中国通往印度的古道，已经被研究者称之为"西南丝绸之路"。

关于西南丝绸之路的空间范围，大多学者认为就是从四川经过云南通往印度、缅甸等地的古道，亦即"蜀身毒道"（身毒即印度）。这条古道在中国境内是由灵关道、五尺道和永昌道组合而成的。灵关道由蜀（成都）经临邛（邛崃）、灵关（芦山）、筰都（汉源）、邛都（西昌）、青蛉（大姚）至大勃弄（祥云）、叶榆（大理）；五尺道由蜀（成都）经僰道（宜宾）、朱提（昭通）、味县（曲靖）、滇（昆明）、安宁、楚雄到叶榆（大理）；灵关道和五尺道在大理会合后一路往西，称为永昌道，永昌道出大理、翻博南山，经永昌（保山）、滇越（腾冲）到缅甸、印度等地。在古代，这条路是川、滇、缅、印贸易往来的主要通道。① 有证据表明，中国古代王朝都对"蜀身毒道"十分重视。最明显的例子是，东汉王朝为了控制西南地区和这条交通线，曾设立过永昌郡，治所就在今保山，保山则处于西南丝路的要冲。缅甸历史上的古国不但同中国官方保持交往，常派使团沿这这条古道前往中国京城。民间商贾更是常年往来于永昌等地进行经济及文化活动，故史书有"永昌郡有闽濮、鸠僚、僄、越、裸濮、身毒之民"② 的记载。当时，西南地区被认为是出珍宝奇货之地，实际上很多物品来自缅甸和印度等地，如琉璃、宝石、水晶、海贝、

---

① 王清华：《西南丝绸之路与中印文化交流》，《云南社会科学》2002 年第 2 期。
② 《华阳国志·南中志》。

珍珠、琥珀、翡翠，等等。当然，这是陆路。①

　　"西南丝绸之路"则是一个比"蜀身毒道"更宽泛的地理范围。有学者认为，"西南丝绸之路"还包括"滇越巂冷道""蜀安南道""安南通天竺道""茶马古道""剑南道""大秦道""西蜀经吐蕃通天竺道"，以及从中国西南通往泰国、老挝等国的古道等。也就是说，凡是在我们所说的时间界限内中国西南地区所有对外交往的通道，都应包括在"西南丝绸之路"的空间范围之内。另外，境外国家和地区之间的通道，如缅印道、泰缅道、泰越道、泰印道，等等，同样属于"西南丝绸之路"的范畴。② 据申旭研究，这些古道的具体走向如下：

　　从通道的角度看，蜀物的流出，或中印间的交通，约可分为西、东、中三道。

　　中国西南通缅甸道：此即西道，系经今西康、滇西而入缅甸，顺伊洛瓦底江或萨尔温江出海，再转印度或罗马（大秦），所以有益州永昌（云南保山境）通大秦之说。这条水道因经水路通海，十分重要，且参下述。跟着有东道，系经今贵州境内，顺牂牁江入广西，转西江经广东出海。此道在今中国境内，不在此论。

　　但从缅甸进入云南后，所走的仍然是陆路。据清师范《滇系·贡象上路》载："贡象路"（即缅甸使节的入贡路），由永昌向西过蒲骠、越屋床山、过怒江、通高黎贡山、跨龙川江、过腾冲卫向西行至南甸（梁河）、干崖（盈江）、陇川宣抚司。从陇川西行 10 日至猛密，再西行 2 日至宝井，沿伊洛瓦底江南下至曼德勒，再西行 5 日至摆古。③ "贡象路"可以看作"西南丝绸之路"的一个分支，它的存在说明，中国与东南亚地区的陆路贸易和交通在不断发展中。

　　中国西南通越南道：此即中道，可能系经今云南，顺红河入越南北圻，由东京河内出海。据认为，至迟到公元 4 世纪，从四川经云南到越南之间的道路已开通，其时间甚至可能早于"蜀身毒道"的开通。而从交趾到今四川的古道，大体上是从越南河内沿红河北上进入云南红河州，

① 参见王清华《西南丝绸之路与中印文化交流》，《云南社会科学》2002 年第 2 期。

② 申旭：《回族与西南丝绸之路》，《云南社会科学》1994 年第 4 期。

③ 王清华：《西南丝绸之路与中印文化交流》，《云南社会科学》2002 年第 2 期。

到达今个旧或建水南部以后，再由陆路北上进入滇中地区，进而通达巴蜀，中国古籍中也有不少中国西南与越南地区水陆两道并通的记载。

中国西南通泰国道：从云南到泰国的道路，主要是通过缅甸景栋地区，另外，从云南到泰国北部还有其他道路可通。据黄诚沅《滇南界务陈牍》卷中："商人由车里（西双版纳）出外域贸易者有四道：一由易武、猛白乌经猛岭，一由大猛笼至猛岭，一由猛混至猛八。以上三路，均可至暹罗之景梅（清迈）一带。其由孟良西过达角江，则走缅甸路也。"又云："景梅（清迈）人烟稠密，土人名曰各骆。地产杉木、槟榔，城系砖造，极宽大高峻，有内外二重。英人于此开设木行、药行，商贾云集。至暹都水路十六天，陆程十二日，至盘安水路半日便可以到莫洛缅。"[①]

中国西南通老挝道：老挝同中国的交往大多从陆路而来。中国西南地区各少数民族古来沿着古老的丝绸之路南行，将中国西南的石器文化、青铜文化、稻作文化等带到老挝地区，也演化、融合而成老挝的大多数民族。久而久之，此路也就形成经常往来的通道。由于老挝是东南亚地区唯一的内陆国家，老挝很可能是中国西南通中南半岛道路系统的一个"死角"。

到了唐代，从四川通往越南北部（当时称安南）的"蜀安南道"有了进一步发展，从而形成中国西南通中南半岛的系统化道路。当时，从四川宜宾（戎州）沿赞道而下，到云南以后，有两条主要的古道通往越南。一是经过安宁（步头路）、通安城至元江（步头）、河口（古涌步）到河内（安南）；另一条从昆明（拓东城）经通海（通海路）、建水、蒙自、屏边到河口而至河内（安南）。这两条路都与从四川宜宾南下的焚道相接，然后向西北进入大理，再沿博南古道通往缅甸、印度等地。《新唐书·地理志》也是将安南通往云南、缅甸、印度等地的道路放在一起论述的，也即"安南通天竺道"，其前半段是从安南到云南昆明、安宁等地的道路，后半段紧接着就是由这些地方一方面通四川（经焚道）、另一方面通保山、瑞丽（经博南道）、缅甸、印度等地的道路。

申旭认为，从四川到云南，再从云南到越南，都应视为西南丝绸之

---

① 此据申旭《回族与西南丝绸之路》，《云南社会科学》1994 年第 4 期。

路的组成部分。从安南到云南这段古道，不仅汇入焚道，继而沿着博南古道通向东南亚及西域各国，更重要的是，它将西南丝绸之路和海上丝绸之路连接起来，成为这两条丝绸之路的联系纽带。从四川成都经灵关道沿博南古道可达缅甸、泰国、老挝及西域诸国，从四川宜宾经焚道到云南、越南地区可达海路，也可以再由此到缅甸、泰国及其他东南亚国家。这样，"西南丝绸之路"和"海上丝绸之路"就融汇成中国与东南亚、南亚国家经济、文化交流的完整的循环系统。在这一系统中，从云南通往越南的这段古道，是连接陆路和海路的桥梁。①

由于地理上的毗邻关系以及云南各族人民在与周边国家人民长期的交往中形成的睦邻友好和亲缘关系，缅甸等国通过西南丝绸之路同中国的贸易从未中断过。宋代，缅甸蒲甘王朝多次通好中国，国家间的正式交往史不绝书，《诸番志》《南诏野史》《宋史》《宋会要稿》《东华录》等书都记载了缅甸送白象、香料等物品给大理国。元代，从云南到缅甸等地设有专门的驿道和驿站，加强了古道的维修和管理；明清时期，东南亚、南亚等国与中国的往来仍不绝于途，并且存在着从缅甸摆古、曼德勒等地到云南永昌（保山）的专门进行大象贸易的道路。②

到了清代，云南回族对外贸易的路线已达十余条：（1）由通海经玉溪、峨山、元江、墨江、普洱、思茅、景洪至打洛，过江后一条直到缅甸景栋，一条经大猛龙到泰国北部的夜柿；（2）由开远经砚山、邱北、广西百色到越南；（3）由峨山经坡脚、扬武、青龙、元江、墨江、通关到泰国、缅甸；（4）从景东经景谷、普洱、思茅到泰国；（5）从楚雄经大理、保山、腾冲进缅甸；（6）由昌宁经顺宁、镇康、耿马到缅甸的麻栗坝；（7）由大理经保山、腾冲、瑞丽、耿马进缅甸；（8）由施甸经昌宁、顺宁、云县、耿马进缅甸；（9）由永宁经丽江、大理、保山、腾冲进缅甸；（10）由德钦进印度。③

在上面的对外交往通道中，有几条就是回族马帮开辟的。滇、川等地的马帮商队，来往于中国西南至缅甸、印度、泰国、老挝、越南等国

---

① 申旭：《回族与西南丝绸之路》，《云南社会科学》1994 年第 4 期。

② 同上。

③ 同上。

的古道上，元明以后则以回族商帮最为有名。19 世纪中叶杜文秀起义失败后，又有相当数量的云南回族商人迁居暹、缅诸国，不少人从事长途贩运，带往暹罗的货物主要有核桃、栗子、丝绒、布料及铜制器皿，驮回云南的则有原棉、宝石、谷物等。① 马帮贸易是异常艰苦的。他们必须穿越万水千山、原始密林，必须经历复杂多变的气候环境。人身安全暂且不说，就是货物辗转贩运、保管、销售，客舍、餐饮、给养和马队给养、维护，等等，都是一个十分复杂的后勤系统，以至于当时许多大理的商人被阻滞留于缅甸时，痛苦地唱道："冬时欲归来，高黎贡上雪。秋夏欲归来，无那穹赕热。春时欲归来，囊中络赂绝。"②

马帮成员可以风餐露宿，可以行走天涯，但他们不可能包打天下，不可能把货物贩运、保管、销售等所有工作都包揽于一身。马帮沿途所至，必须有专门的商业中介人员和物资供应保障人员，这样，就必然形成一个为马帮贸易服务的后勤体系。实际上，经过数百年天长日久的实践，这样一个服务于马帮贸易的体系早已成龙配套，臻于完善。根据资料记载，过去在马帮所经过的路途中，集镇和乡村都有定居华侨为马帮服务。居住在城镇的，主要为来自云南的华侨穆斯林。时间久了，在他们的居住地还形成了一个穆斯林活动中心。例如，在 19 世纪初，清迈城内已开始建有清真寺；至 19 世纪末 20 世纪初，清迈已成为云南穆斯林在中南半岛的聚居中心之一。居住在农村的，也有来自云南的华侨，很可能以汉族为主。例如，过去泰北的不少农村，如泰缅边境至清迈东北部的坊区及清莱府至夜功河一带，也都出现了一些云南人的小规模聚居点，他们大多在当地开荒种地，有的则作为小商贩走村串寨，活跃于各族山民间。③ 马帮商队贸易要依赖与云南人的联系，不但要依赖买卖双方，而且要依赖那些商队必经之地的控制者。他们要利用这些人对道路的所有权，更重要的，寻求他们的保卫和庇护。虽然商人常常全副武装，但他们无法抵挡沿途土匪和对其抱有敌意的地方土著不停的袭击。云南马帮

---

① 古永继：《清代滇桂地区与东南亚国家的交往》，《西南边疆民族研究》2004 年第 1 期。

② 《云南志》（卷二），此据王清华《西南丝绸之路与中印文化交流》，《云南社会科学》2002 年第 2 期。

③ 申旭：《回族商帮与历史上的云南对外贸易》，《民族研究》1997 年第 3 期；何平：《泰国北部的云南人》，《云南民族学院学报》1996 年第 4 期。

商人的存在，在很大程度上是依赖他们向商道沿途控制当地的各种势力缴纳通行费。

马帮所开辟的这些道路，大多位于高山密林之中，行走非常艰难，气候炎热，瘟疫流行，人畜极易染病。例如，滇缅交界多山地，山岭横隔，水文复杂，地理环境艰险，不利于舟车通行，主要借助畜力的驮运。当时云南可用作驮载贩运的役畜，有马、驴、骡、牛，或直接由人背运。在各类役畜中，骡子因易于役使，可行走在多山多林地带，被当成主要驮载工具。同时，为克服山地险阻，还可将可观数量的赶马人及其役畜编制成一体，形成规模且组织严密的马帮商队。云南马帮的组织结构一般以掌帮为首，依次往下还有锅头、班、把，形成分工管理。马帮中又有专业性马帮和临时性的"拼伙帮"，而一支专业性马帮有一套更严密的组织机构，从内部的领导来讲，一般分为大锅头、二锅头、管事三个层次，每人都有明确的分工；骡马本身的编制也有其规律，会按役畜的能力差别，分为头骡、二骡……最后一匹为掌尾。① 马帮的规模效应，可解决畜力驮运单位运力小的缺点，实现驮载任务的细化分工和运力的集约化；马帮成员的增多和组织的严密，则可加强商旅在危险地区的抗风险能力。从思茅向南走，多为深山密林地区，必须有一部分赶马人走到牲口队伍前面，用大刀砍掉草木，遇到泥塘牲口不能行走时，还要割草铺垫。有的地方还会遇到老虎和大象出来伤人，要随时荷枪实弹加以提防。有些地段只有回族马帮行走，其他马帮都不敢尝试。近现代时期，云南的马帮大多沿着上述道路前往缅、泰、老等国进行贸易。马帮每出去一趟，所花费的时间都比较长。例如，从云南经景栋到清迈、毛淡棉的路程，从河西（今云南通海河西）到思茅15站，思茅到佛海（今西双版纳勐海）8站，佛海到景栋7站，景栋到清迈15站，清迈到毛淡棉17站，共62站。每站五六十华里，那么路程总长三千多华里。在当时的条件下，走这么一趟大约需要半年时间，一般从阴历九十月动身，到翌年三四月才能回到家。② 英国人克劳福德于1827年的调查表明："那些由中国来的商旅全由中国人组成。在每年的十二月初，他们就可以抵达阿瓦，

---

① 参见王明达、张锡禄《马帮文化》，云南人民出版社2008年版，第104—106页。

② 申旭：《回族与西南丝绸之路》，《云南社会科学》1994年第4期。

据说从云南到阿瓦的路程需耗时六周。这些人从中国启程的时间须在十月中旬的雨季停止之后,因此他们的旅行只限于在上述的时间段里进行。旅程途中不涉水道,那些货物亦不用车载,全部利用马、骡及驴子运送。"① 马帮一般在相对固定的季节(避开雨季)出发赴缅,又在相对固定的季节回乡。当时马帮走陆路抵达阿瓦、阿摩罗补罗的路线需经阿摩罗补罗城北 13 英里处的马塔,此地为商队的中转站或商品的集散地。1836 年游历缅甸的传教士霍华德·马尔科姆对此记载道:"那些小一些的商队成员由五十、一百或两百人构成,成员最多的商队可达上千人。每个成员有几匹滇马或骡子,有时会有十五至二十匹;每只役畜可用驮子载重约一百至两百磅。在野兽出没不多的情况下,二十五天就走完全程。……商队停靠于一个中国人的集市,位于阿摩罗补罗城北十三英里处的马塔,那里主要居住着克钦人。马塔圈起了一些大围场,里面在开展交易会,随行役畜也在里头喂食放养。"② 马尔科姆所记载的马帮已形成一定的规模,并且熟悉商道沿途的地理情况,能够在相对较短的时间实现有规模的运输。在数百年乃至上千年的历史传承中,茶马古道曾串起一个个驿站和乡村,也拉动了文化的传播和交流。在古道中,曾经有许多专门为马帮服务的集市和村镇,生活在这些地方的大多数人家都是为马帮服务的。他们不是开马店,就是到山上打马草来卖。过路的马帮,为沿途村镇(包括老挝的村镇)带来了经济活力。

随着社会历史的发展,马帮、笆桥、栈道已远远不能适应社会经济的发展,交通线也在不断更新。但令人惊讶的是,完成于 1884 年的中缅印边境阿萨姆东北境萨地亚到印度加尔各答的东孟加拉铁路,以及完成于 1903 年的由仰光经密支那、曼德勒到腊成的铁路,大体沿袭古老的西南丝绸之路。值得一提的是,抗日战争期间,"西南丝绸之路"为这场中华民族生死存亡的战争做出了不可磨灭的贡献。1939 年建成的川滇公路

---

① Crawfurd John, *Journal of An Embassy from the Governor General of India to the Court of Ava in the Year 1827*, London: Henry Colburn, 1829, pp. 436 – 438. 转引自李新铭《马帮、商铺与移民:贡榜王朝时期缅甸阿摩罗补罗的华商群体》,《东南亚研究》2016 年第 3 期。

② Victor Lieberman, *Strange Parallels Southeast Asia in Global Context*, C. 800 – 1830, Cambridge University Press, 2003, p. 170. 转引自李新铭《马帮、商铺与移民:贡榜王朝时期缅甸阿摩罗补罗的华商群体》,《东南亚研究》2016 年第 3 期。

大部分沿循灵关道,同年建成通车的昆明到缅甸腊戍的滇缅公路,将中国与世界反法西斯的力量联系起来,支持了伟大的抗日战争。滇缅公路的大部分是沿永昌道开筑的。再说到后来,1974 年建成的成昆铁路,基本上循灵关道与川滇公路平行,而内昆铁路则大体顺着古老的五尺道。两千多年前的古道竟与现代交通路线基本吻合,而那时没有先进的勘测仪器,也没有现代的设计知识,但古老的交通路线于今天的人们看来仍如此合理,不由得让人们发出由衷的惊叹。

顺便指出,云南经四川、西藏到印度、尼泊尔等地的贸易通道,基本可以称之为"茶马古道"。它从云南的普洱等地开始,南北穿过整个云南,又经四川、西藏,最后到达印度、尼泊尔等国。其间又分为不同的支线。这条路经云南、四川到西藏以后,可以与北方丝绸之路相连,即由新疆于阗经苏格特伊南木拉、巴咯尔入后藏之北部,又经舒伦沙拉、布咯托罗入前藏,再经查古特湖附近而通往拉萨。这样,西南丝绸之路就和北方丝绸之路相互连接在一起。"茶马古道"的里程最长,开通时间也较早,又是四通八达的中国西南陆路交通的组成部分,且与"海上丝绸之路"相通。但由于云南经四川、西藏到印度、尼泊尔等地的通道与通往南海和印度洋的"海上丝绸之路"反向,这里就不赘述了。但应强调说明的一点是,西南丝绸之路中的蜀身毒道,沟通了四川、云南与缅甸、印度等国的贸易;而由云南、四川经西藏到达印度、尼泊尔等地的丝绸之路,拓展了与印度阿萨姆等地的商业交往。这样,中国西南三条主要的对外贸易通道——蜀身毒道、蜀安南道、滇川藏印道,都留下了回族马帮商人的足迹,即皆应被包括在西南丝绸之路的范围之内。[①]

三 中南半岛连接各条陆路的出海水路及其粤闽滇三省华侨商贾

这里所说的水路,准确地说,是指经过陆上的江河航道最终通海之路。就整个中国"西南丝绸之路"系统来说,陆路与水路是一对密不可分的连体婴,但水路的作用更显重要。根据史籍记载,以下几段经过中

---

① 申旭:《回族与西南丝绸之路》,《云南社会科学》1994 年第 4 期。

南半岛的水路是"海上丝绸之路"体系中不可忽略的。

在中国史籍所记载的中南半岛水路中，最重要的是清末的伊洛瓦底江水路。由于清缅边境民间贸易发展非常快，推动了晚清缅甸的华侨商业的勃兴，使伊洛瓦底江水路成为中外贸易的新宠。"缅甸物产繁多，夙称富庶。时人谓，南洋诸岛产之，而缅所出尤多，取之不竭。伊洛瓦底江为商人运货出入之枢纽，赋税之旺，虽不如印度，犹胜于新加坡等处。"①

伊洛瓦底江（Irrawaddy River），中国古称大金沙江和丽水，清代华侨亦称大金沙江，为缅甸最重要的河流，长2288公里，流域面积420934平方公里。上游分两支，东支称恩梅开江，起源于中国西藏察隅；西支称迈立开江，起源于缅甸克钦邦，在缅甸密支那以北汇合后，从北到南贯穿缅甸，在仰光附近流入印度洋孟加拉湾。在清代，中国西南边民和华侨就已经活跃在伊洛瓦底江，从事贸易活动，形成了一个华侨商业网络，或曰"伊洛瓦底沿江市场体系"。到了晚清，缅甸与中国的贸易已经形成了"一江多港"的格局。

"一江"，就是指伊洛瓦底江，"自北贯通于南，入印度洋，与缅甸南部海岸港口通过水路连通。伊洛瓦底江沿岸大小商埠星罗棋布，各各与缅甸内陆圩镇、山地连通。自仰光乘舟入伊洛瓦底江约六天可抵首都阿瓦，又约两天可抵新街（八募）。"②

"多港"，包括伊洛瓦底江沿岸各个区段的多个主要贸易港口：

一是缅甸南部区段，据薛福成说，这一区段包括三大港口，"一曰暮尔缅（即毛淡棉），一曰德瓦（一名吐瓦），一曰丹老。"

二是仰光区段，薛福成写道，"漾贡（仰光）可控南部三大港口。光绪十二年七月，两广总督张之洞派王荣和、余瓓出洋访察华民商务。十三年七月，王、余回到广东后，向张之洞面陈，缅甸仰光有华侨三万余众。其贸易出口，以米为大宗，玉石、牛皮次之。"③ 三万余华商、华工中，闽商居三分之一，生意较大。粤人虽多，而生意次之。仰光粤商以

---

① 张煜南辑：《海国公余杂著》卷一，载《推广瀛环志略》，光绪富文斋版，第9页。
② 薛福成：（出使日记续刻）卷四，岳麓书社1985年版，第678页。
③ 王彦威辑：《清季外交史料》卷七四，第22—23页。

新宁人（即广东台山人）为最多，建有宁阳会馆。但华商的势力不及英国和德国商人。由仰光坐浅水轮船溯流而上，六七日可到华城（笔者注：应即阿瓦），又陆行三四日可到新街，又逾野人山不过三四日，可抵腾越。[1]

三是白古区段，薛福成写道，"白古，一曰百古，扼诸番之会，商舶合辏。其民沿海而居，驾筏盖屋，闾巷相通，人烟连接，远望几如城市，实为浮家泛宅。其俗，聚族筏居，仰商贾之利，不事耕，故沃土成为旷土。近时滇商贾缅，至其地。"[2]

四是蛮暮区段，"蛮暮，通商之要津，其城濒江，长三里许，广半里许，居民四五千人。新街亦称汉人街，临近江岸，袤延八九里，滇商数百家居中区；其街之首尾，则掸人居之；稍进五里许有高埠，相传为武侯故垒。滇商运货至蛮暮，棉花为多，绸缎、羊毛次之。又蛮弄（亦作蛮陇）即西人所称老八暮，在蛮暮之东，野人山之西口，大盈江之右岸。由蛮暮至蛮弄，轮船约行二小时；由蛮暮至滇边，陆路凡五日程。"[3]

此外，在"金多眼东三十里，有谙拉菩那城，滇人居此者四千余家，闽、广人百余家，川人才五家。而金多眼距杳缪不及二十里，西临大金沙江，商船丛泊。金多眼有财神祠，为华侨所建造"。[4]

在伊洛瓦底江的中国一侧，也有很多贸易口岸，其中最重要的是腾冲（腾越），清代的腾冲是滇西政治、经济中心和边防重镇，辖南甸、干崖等七土司地，与缅甸接壤，是南方丝路枢纽，也是中缅边境商业重要集散地。清政府设腾越厅、迤西道于此，又是腾越镇总兵署驻地，成为滇西政治、经济中心和边防重镇。

其次是暹罗的水路。据史载，从今云南西双版纳南部边境，可从陆路通至暹罗的景迈及国都曼谷等地，"商人由车里出外域贸易者有四道：

---

① 原编者注：加剌吉打总督，即驻加尔各答的英印总督。薛福成：《出使英法义比四国日记》卷三，岳麓书社 1985 年版，第 176—177 页。

② 曹树翘：《滇南杂志》卷一七，申报馆排印本，第 14—15 页。

③ 薛福成：（出使日记续刻）卷四，光绪十八年四月十一日记，岳麓书社 1985 年版，第512—513 页。

④ 王芝：《海客日谭》卷二，光绪丙子石城刊本，第 1—4 页。

一由易武猛白乌经猛岭，一由大猛龙至猛岭，一由猛混、猛艮至猛八，以上三路均可至暹罗之景梅一带。其由孟艮西过达角江，则走缅甸路也。"景梅即景迈，当时已是人烟稠密、商贾云集，"至暹都水路十六天，陆程十二日，至盘安水路半日便可以到莫洛缅"。① 莫洛缅即今缅南港口城市毛淡棉。当时的华商出滇境后，先入缅甸或老挝，再至暹罗，并可择水路或陆路分别南下，到暹罗国都曼谷及缅甸海湾。另外，从云南思茅进入老挝丰沙里，向南穿过琅勃拉邦，再向西也可进入泰国清迈地区。因地理之便，同缅甸、老挝一样，在暹罗北部也活跃着不少华侨，他们主要是云南人。② 曼谷和毛淡棉这两个城市，为海上丝绸之路的港口，也就是说，从云南到缅甸、泰国、老挝等地的西南丝绸之路，已经和海上的丝绸之路连接了起来。

此外，上面所说的中国西南通越南道，可能系经今云南，顺红河入越南北圻，由东京河内出海。但这条水路在史籍中记载不多，特别是在中国对外贸易中用途不广。

四　通过水陆路移居中南半岛各国的其他华侨移民

上面在阐析联通中南半岛的水路通道中，已经不同程度地提到活跃在各条交通线上汉族和少数民族（回族为主）华侨。他们主要是商人，是各条交通线的主人，也是各条交通线的开拓者、维修工和清道夫，为各条交通线的畅通做出了不可磨灭的历史贡献。此外，历代还有很多中国人通过各条交通线来到中南半岛各国。一般来说，这一部分华侨多是定居者，也有一部分就是各条交通线上的商人。但不论何者，他们都与各条水路通道存在着千丝万缕、密不可分的关系。下面且分国别对这些华侨历史上移民居住国的情况做一概析。

---

① 黄诚沅：《滇南界务陈牍·刘春霖普洱边界图说》卷中。此据古永继《清代滇桂地区与东南亚国家的交往》，《西南边疆民族研究》2004 年第 1 期。

② 参见古永继《清代滇桂地区与东南亚国家的交往》，《西南边疆民族研究》2004 年第 1 期。

越南自吴朝起，先后历经丁、前黎、李、陈、后黎、阮氏7个王朝，都接收了大量华侨（越南独立前他们应为中国的国内移民）。但如果把越南隶属中国时期的历史也算在内的话，越南可以说是亚洲接收中国移民最早的地区之一（仅次于朝鲜半岛），从中国对外移民密度（包括迁移时间密度和目的地居住密度）来看，越南也应算是最高的国家。唐代晚期特别是南宋以后，中国经济重心南移，商品经济迅速发展，东南沿海省份地少人多，谋生日益困难，加上越南等地地广人稀，谋生较易，中国北方民众遂相率南下，前来开发。与之相关联，同中国南方山水相连、自然环境相似、民俗相通的越南，便成为中国移民的目的地。当然，在漫长的岁月里，中原板荡，民不聊生，而经济发展相对落后的越南则相对安定，衣食无忧，移居人数遂有增无减。

到了明末清初，前明遗民和抗清志士、破产商人、手工业者以及没有土地或者失去土地的农民、被掠为仆或者为奴的中国边民、中国战俘，还有少量贩卖到越南的贫困人口等，构成了当时中国移民的主要组成部分。在整个清代，小商小贩、无地少地的农民等纷纷逃亡越南，数量不少。他们主要来自中国沿海和江南数省，但主要是广东和福建两省为主；与此同时，与越南、老挝接壤的广西和云南两省民众也有因避战乱、逃避苛捐杂税与抓壮丁、为了谋生而从陆路移居越南，有一部分也移居中南半岛其他国家。不过他们的人数比广东、福建少得多。中国边民也有被越南军队掠夺到越南做仆人或者奴隶的。另外，一定数量的中国战俘也是中国移民的一个重要来源。

应指出，越南接收的上述中国移民中，包括大量的"明乡"人，即明亡后誓不臣清的前明大小军政官员及其家属，还有不少不见容于或不屑于效忠新政权的士人也挟囊流寓越南。越南对明乡人的安置始于康熙七年（南明永历三年，1650）前后。首先是在会安建立明香（Minh Huong）社以维持"明朝香火"。1700年，阮主在南圻设置嘉定府，"以清人来商居镇边者，立为清河社；居藩镇者，立为明香社，于是清商居人悉为编户矣"。①

如此多类型和数量不等的移民，相率入越，蔚为大观，也为别的国

---

① ［越］张登桂等：《大南实录前编》卷七，庆应义塾大学，1951年。

家所没有。清代移民越南的华侨所从事的职业之广，不仅在东南亚地区，就是放在世界上有华侨的地方，都称得上首屈一指。毫不夸张地说，当时举凡越南当地人所从事的职业，几乎都可找到华侨的身影，甚至当地越南人所不愿意，或曰无法从事的职业（如开矿），也有华侨的身影。举例来说，有到越南边隅地带从事有组织的农业开发的"军转农"移民（南来明朝武装入越后被安置到当地从事农业开荒），有自发前往越南边地从事耕垦的华侨农民，有到越南北部边地务农、经商而自食其力的中国边民，有到越南边地采矿因而在越南定居下来的移民，还有断断续续到越南各地经商者，等等，不一而足。这几类移民都是主动到越南去的。清代还有中国内地民人和已流寓越南的华侨应当地招募而从事某种职业。有关这一类移民的记载较少，人数多少也难以论定，他们多属群体移民。① 此外，进入官场、军队等外籍人很难插足的领域的华侨也不乏其人。当然，他们在华侨群体中所占的比例肯定少之又少，也来之不易，在越南官僚队伍中肯定是凤毛麟角。不过，在古代世界华侨史上，这种情况恐怕为越南所独有。实际上，从清初开始，中国沿海商民通过传统的"海上丝绸之路""非法"出境前往越南的现象就已逐渐常态化了。

上述各类型移民中，还有一部分是越南当局专招前去从事某种职业的。这类华侨中，最大批量的，就是从18世纪初开始在越南北部地区应越南当局招徕而来开矿的华工。当时，来自中国很多省份的华侨矿工，纷纷携资纷至沓来，"急走夷厂"。一时间，华侨矿厂遍布越北山区。大部分矿工应是通过一传十、十传百的方式结伴而来的。他们在越南矿厂的生活习俗与其家乡毫无二致，所需的生活用品也多从中国带来，或向华侨商人购得。这样，他们在矿区的生活就可以完全自足，没有必要依赖居住地的越南社会，形成一个迥异于并独立于周边越南居民的华侨社

---

① 例如，乾隆四十年（1776），广东琼州文武禀报，在海上拿获夺船人犯洪阿汉等，并澄海营具访获携带番妇回籍之李阿集等，经解省审究，李阿集等籍隶惠、潮二府，自乾隆二十四年至三十九年，先后附搭商船前往安南归仁地方贸易。及至乾隆三十六年（1772）西山政权立，招募兵勇士众，群相和从。闽、粤两省客民亦各应募投充，各各受职。后李阿集等事败逃回内地，被执杀。参《军机处录副奏折》，引两广总督昭信伯臣李侍尧、广东巡抚臣德保奏。转引自中国社会科学院历史研究所《古代中越关系史资料选编》，中国社会科学出版社1982年版，第656页。

会。这类由矿业发展而成的华侨社会在越北地带延续了百余年之久。

此外，19 世纪 60 年代太平天国运动失败后，清政府调集重兵，围剿活跃于两广地区的各支天地会武装和太平军余部。为躲避清军剿杀，反清武装开始陆续通过中越边境的天然通道流入越南北部地区，成为新的华侨群体。从 60 年代中期至 80 年代中期中法战争结束的 20 年中，形成了清代华侨移民越南的另一次高峰期。据粗略估计，中法战争前，仅活动在越北各地的天地会武装有 153 股，数以万计。① 这段时期入越的华侨，大致包括以下几类人群：一是两广天地会武装；二是太平天国余部；三是刘永福回国招募的兵勇和入越的黑旗军家属；四是冯子材裁汰的部分兵勇；五是随李扬才叛乱入越的民众。他们的移民基本上是一次性的，即有去无回的。移民过程一般断断续续，但却是多段路程接驳起来的。

华侨在越南居住之初建立起自治性的社会制度，传承中华文化，而且在后来潜移默化对居住地的当地民族产生影响，是非常重要的。越南人是一个趋向于群体居住的民族，大家喜欢聚居在一起，同一个村庄，就如一个大家庭，不分彼此。越南历史上受中华文化的影响很深，按照氏族建村集中居住，就是传统中华文化的一个重要特点。华人在家乡本来就是如此，到了越南，遇到了在居住方式上大同小异的民族，彼此之间自然就很容易相互适应。

作为中南半岛古国的柬埔寨是从中国开出的帆船在"海上丝绸之路"上除了越南之后的次达站（在很长的历史时期内，今越南南部大片地区还属于柬埔寨的领土）。按照中国史籍记载，柬埔寨还曾经是中南半岛的大国。特别是在 9—15 世纪真腊的吴哥王朝时代，是"海上丝绸之路"的兴盛时期，柬埔寨也因而分得"海丝"的红利。早在真腊时代，约当中国南宋之时，柬埔寨已开始有华侨足迹。柬埔寨华侨人数的迅速增长始于明末清初，当时中国国内民不聊生，为避战乱，多有国人向外迁移，也有明朝王朝遗臣遗民亡命海外。他们的其中一个落脚点便是柬埔寨。1840 年鸦片战争以后，中国的对外移民潮愈演愈烈。到光绪十六年（1890），华侨总人数已达 13 万。按照薛福成所说，华侨只是几大当地民

---

① 　徐舸：《越北游勇和广西天地会的重新崛起》，《印度支那》1989 年第 3 期。

族（柬民、华民、越民、水陆"杂夷"）之一。当时的柬埔寨华侨中，以潮州籍最多，广肇籍次之，其他为客家籍、闽籍、海南籍，比例不等。①后来下柬埔寨一带属于越南南圻，所以，柬埔寨疆土尚完整的时候，中国移民算是去柬埔寨；但当下柬埔寨成为越南国土以后，他们就算是去越南了。

古代的泰国（包括位于今泰国南部的暹罗和今泰国北部的八百）的华侨既包括通过"海上丝绸之路"前来的，也有通过中国西南陆路前来的。在通常被视为泰国历史上的第一个王朝的素可泰王朝（1238—1438），就出现了不愿向元兵投降并避其追杀而逃到暹国的政治移民。元兵攻占安南、征占城时，流亡两地的宋人，又有出走暹国者。随后，蒙古族的统治使中国东南沿海老百姓漂流异国者大为增加。到东南亚谋生的华侨，在元朝统治的89年中形成了一个高潮。那时华侨可循陆、海两路前往暹国。陆路可从中国西南地区的云南经缅甸进入，或由广西过安南（越南），再从安南渡湄公河前往；海路则乘商贸帆船到今泰国南部马来半岛东海岸的春逢、素叻、洛坤、北大年进行贸易活动，留居当地者，便为华侨。

素可泰王朝第三位君主南甘杏（《元史》称敢木丁）在位时（1277—1317），多有中国文物输入素可泰，成为珍品。元朝亦曾应南甘杏的要求，派遣制造陶瓷器工匠到素可泰。在这种情况下，南甘杏十分看重华侨，甚至雇用华侨充任某些职务。在泰国历史上最长的大城（阿瑜陀耶）王朝时期（1350—1767），外侨各有聚居处，华侨住在当日的市区地，以及后来所建的三保公寺一带。据《西洋朝贡典录》卷中云："（暹罗）国之西北可二百里，有市曰上水，居者五百余户，百货咸集，可通云南之后。"这些云南人显然也是通过陆路来到泰国的。

大城王朝时期来自中国的移民大致上可分为五种类型：一为谋生移民；二为技术移民；三为垦殖移民；四为商贸移民；五为反清移民。经过一段时间的发展，华侨在阿瑜陀耶城的地位很高。主要表现在，一是

---

① 《柬埔寨华侨分志》第24—26页。参见吴凤斌主编《东南亚华侨通史》，福建人民出版社1994年版，第267—268页。一说柬埔寨华侨中潮州籍最多，占65%，广肇籍占20%，闽籍占7%，客家籍占13%，海南籍占5%。参见蔡天《寮国华侨概况》，第24—29页。

居住在大城的华侨数量多；二是各行各业，皆有他们的身影。明朝郑和自永乐三年（1405）始，28 年间七下西洋，其船队曾两次访问暹罗，一次是 1408 年访问大城，另一次是 1413 年最后一次下西洋途中访问泰南洛坤府。

泰国历史上的吞武里王朝（1767—1782）虽然很短，但却是潮州人移民泰国历史上极为重要且对后世影响极为深刻的一个时期。1760 年，缅甸军队入侵暹罗，阿瑜陀耶王朝亡。华侨不惜以生命为代价，与暹罗人民一起并肩作战，保卫大城。祖籍广东澄海的任哒府侯王的华裔郑信招募了一支由华侨和当地民族共同组成的队伍，成功地将缅甸占领军驱逐出去。郑信也成了泰国历史上第一位"华人皇帝"。吞武里王朝建立后，郑信积极招徕中国人移居暹罗建设新都，恢复经济，活跃商贸。大批闽、粤华侨（尤其潮州人）遂在这个时期来到暹罗。

随后的曼谷王朝最初三位国王对经商甚感兴趣。首都曼谷的经商者大部分是华商。华侨运输商和贸易商与泰族上层分子开展商业合作，促进了曼谷与潮州各港口间的贸易。咸丰五年（1855）暹罗与英国签订《鲍宁条约》后，暹罗的经济建设如运河开凿、公路和铁路建设、港口建设和外贸的发展、现代化工厂的建立和运营、城市劳务、商业扩展和农业等，均需要大量的劳动力。华商作为代理商或中间商、零售商参与了与西方人的贸易，越来越多的华侨移居暹罗。到拉玛五世时期（1868—1910），开始大力修建马路，曼谷开始进行大规模的市政建设，其中占华侨人口绝大多数的潮州华侨是建设的主力。到 1858 年汕头的开放，1848—1865 年的太平军起义等重大历史事件，都推动了中国人向海外移民。

缅甸与中国西南云南省接壤，历史上就是西南"丝绸之路"的主要通道。中国移民（主要是云南移民）要进入缅甸，主要是走这一条通道；另外，还有一部分移民是通过马来西亚的槟榔屿（槟城）来到缅甸。后一部分人则先是在沿海省份通过海路辗转来到马来西亚，最后才因各种原因移民缅甸的。缅甸的大部分华侨主要是来自闽、粤、滇三省，也有来自其他省籍的。清代流入缅甸的这一类型移民基本上是涓流式的，虽个别时候流量骤增个别时候骤减，但从未中断。

缅甸于 1044 年形成统一国家后，先后经历了蒲甘王朝、东吁王朝和贡榜王朝。历史上的缅甸华侨中，一部分是战争中流散的中国军人及其后裔。他们主要是清初跟随南明桂王（即永历帝朱由榔）入缅的"官族"；跟着，李定国、白文选率部转战滇缅边界，随从官员、将士及家属不少，失败后，余部中有相当一部分流落下来，以帮人做工、开矿或垦殖为生。后来渐与当地民族融合，历经近百年，成为当地少数民族之一，但仍保留有不少汉族习俗。他们的后裔也自称为"贵家"。① 时移岁易，随着贵家与当地人通婚定居，日渐融合于当地，为求生存，他们在当地务农经商，久而久之，便渐渐失去明臣之实。② 后来清朝与缅甸曾爆发过两次战争，一次在乾隆十二年（1747），另一次在乾隆三十四年（1769），号称两次"征缅"，均无功而返。被俘以及失散的士兵数以千计，便在缅甸居留下来，成为华侨。③ 他们在当地以种植或以其他工艺为生，并与缅女通婚。其后裔称"胞波"，意亲戚也。

通过陆路到缅甸去的华侨主要由两部分人组成：一是矿工，二是商贩。其中留缅不归者，便成为"单程移民"。实际上，到缅甸去的矿工属于当时的"产业技术移民"，他们从中国移出时，是非组织的，而到了目的地，则是高度组织的——主要是通过地缘关系组织起来。他们的移民过程，没有政府推动的因素。

18 世纪以来，在滇缅贸易的发展过程中，以云南人为主的部分华商开始寓居阿摩罗补罗，并与缅族通婚，形成华侨社区。此地一度还曾是缅甸华侨最集中的地区，直至 1857 年缅王决定迁都曼德勒城，大部分华商随之迁往新都曼德勒。华商群体在阿摩罗补罗的活跃时期大致是在 18 世纪中期至 19 世纪中期。④ 到阿摩罗补罗来采购棉花的华侨来得多了，久而久之便逐渐与当地缅人产生密切的联系。在阿摩罗补罗，华缅通婚现象十分普遍。这种联姻过程，也是华商由侨居经商转变为定居生活的

---

① 《清史稿》卷五二八缅甸，第 14661—14662 页，此据余定邦、黄重言编《中国古籍中有关缅甸资料汇编》，中华书局 2002 年版，第 437 页。

② 师范：《滇系》，典故，第四册，光绪丁亥重刻本，第 43—50 页。

③ 其中在阿瓦的战俘有 2500 人（据哈威：《缅甸史》）。参见吴凤斌主编《东南亚华侨通史》，福建人民出版社 1994 年版，第 135 页。

④ 李新铭：《马帮、商铺与移民：贡榜王朝时期缅甸阿摩罗补罗的华商群体》，《东南亚研究》2016 年第 3 期。

过程。

在流寓东南亚的云南人中，除了汉族以外，还有一些来自云南的回民。他们在东南亚的活动甚至比他们的汉族同乡更活跃。历史上回民先民大批进入云南是在元、明两代。回民进入缅甸主要是通过陆路，他们进入缅甸的过程与商业活动息息相关，如同前述之马帮（也有务农和从事手工业为生者），因而他们进入缅甸本身就是构建"海上丝绸之路"的过程。云南回民大批移入东南亚，是在杜文秀起义失败以后。从现有资料来看，19世纪中叶以前，移居东南亚的云南回民还不多，东南亚的云南回民的定居点还只是零星的、分散的。

广东华侨以四邑人最多，其中台山（光绪三十年即1904年前称新宁）人占大多数，此外还有中山人、梅县人、广州人，等等。据云，缅甸华侨称呼台山籍华侨为"马交人"。"马交"即澳门（Macao），是葡萄牙人对澳门的称谓。因台山籍华侨早年多从澳门登船来到缅甸谋生，故有此称。葡萄牙人在明朝嘉靖十四年（1535）入居邻近台山的澳门后，就有不少台山人从澳门乘船到马来亚的槟城，再到缅南的丹老（墨吉）、毛淡棉，最后到达仰光。后来台山话曾经是粤侨中的主要通用语。中山人、梅县人、广州人、福建人都可以流利地讲台山话，有少量缅甸人、印度人也可以讲简单的台山话。台山人居住在仰光的最多，其次是第二大城市曼德勒（华人称瓦城），缅南的勃生市、毛淡棉市，缅北的东枝和腊戌市等数十个中小城市。初到缅甸的台山人以木匠、铁匠为多，之后转到土木建筑业。台山人的职业后来遍及酒楼、饮食、五金、运输、机械、制革、中医、药材等。①

来自福建的华侨主要做商贩，他们多集中在缅南。福建华侨移民南缅甸比较集中的一段时间是在三次英缅战争期间（1824—1885）。其时英军为了建筑官署、营房、住宅及公路、桥梁，需要大批工匠，便从马来亚招雇了大批华侨技工。因此，在这段时期内，除了马六甲、槟榔屿移居缅甸的福建华侨外，闽南一带相率渡海到缅甸南部的土瓦、丹佬谋生

---

① 许芸：《台山侨代会上的缅甸归侨》，资料来源于《新宁杂志》等。此文于2007年9月5日在香港"第四届世界缅华同侨联谊大会"特刊上刊发，2007年9月24日在澳门《乐报》发表。

者也日益增多,后扩展到毛淡棉和仰光。① 在 19 世纪中期,到缅南各埠商贩的中国帆船大多是闽帮青头船。② 但在英人统治缅甸后,海峡殖民地很多闽籍华侨大量移入下缅甸。他们先到仰光,再转赴缅南各地,少数闽商并深入上缅甸。

19 世纪中期后,虽然上缅甸华侨仍然多来自陆路,下缅甸华侨则多来自水路,但上缅甸华侨在全缅华侨中的比例已大为降低,反之,下缅甸华侨的比例大为上升。究其原因,一方面是由于下缅甸开发较快,华侨增多;另一方面是因为以前数万华工聚集在北部采矿,后来矿厂逐渐衰落,清政府又许进不许出,致矿工日渐减少。下缅甸成为缅甸华侨社会的重心,标志着下缅甸与南面的马来亚尤其是槟榔屿华侨社会类型的加强。下缅甸华侨与槟榔屿的华侨在一些方面有共通性。

总之,通过海路到缅甸的华侨,既有从中国直接到达的,也有从中国移民其他东南亚地方(主要是马来半岛)后再移民缅甸的。海路来的华侨一般多在缅甸南部以经商和务农为生。就"海上丝绸之路"来说,海路的意义重要得多。他们中大部分人都或直接或间接地参与通过伊洛瓦底江的缅中民间贸易,或与民间贸易发生关系。在缅甸,作为自由移民的广东、福建籍华侨的特点可以归结为:从地籍,同行业,娶缅女。因为华侨多来自云南、广东、福建省,各从籍贯群居,并占据某地之某一行业。③ 多在当地娶缅女为妻。漾贡(仰光)一地,华侨皆纳缅妇为室,未见中土女人。④ 华侨娶缅女无疑会加快他们融入当地社会的步伐。

老挝作为纯陆路华侨移民的国家,在东南亚国家中可谓独一无二。在东南亚国家中,只有老挝是个没有一米海岸线的国家,历史上的老挝由于地域广袤,人口稀少,疆土屡屡变易,也与海洋无缘。历史上的"海上丝绸之路"在老挝没有一个停靠站。但是,老挝仍然通过路上的贸

① 福建省地方志编纂委员会编:《福建省志·华侨志》,福建人民出版社 1992 年版,第100 页。

② 《缅甸华侨志》,第 101 页。参见吴凤斌主编《东南亚华侨通史》,福建人民出版社 1994年版,第 259 页。

③ 参见王芝《海客日谭》。王芝,云南人,1871 年经缅甸经印度到英国。

④ 参见黄懋材《西輶日记》,《小方壶舆地丛钞》第十帙,第 418 页。黄懋材,1879 年经缅甸赴印度。

易通道与云南和其他中南半岛国家连接，继而最终与"海上丝绸之路"的海上支线产生间接交集。老挝虽然地广人稀，但部族众多（共有 68 个部族），大致划分为老龙族（约占全国人口的 63%）、老听族、老松族三大民族。老挝人崇拜葫芦，流传"葫芦造人"的神话。在这个故事中，老挝人是分三批从葫芦中走出来的，于是才形成这三大民族。它们的来源都与古代中国南方的百越人有关。老龙，意为平原地区的老挝人，现已成为老挝的主体民族，是南诏前后由中国的云南、贵州等地南迁而来；老听族，多是历史上被南诏王皮逻阁打败的佤族，属于土著民族；老松族，意即山顶上的老挝人，主要构成是苗族和瑶族，都是 18 世纪从中国南方迁徙而来。老挝苗族操川黔滇语方言。[①] 此外，老挝还有泰族（中国称傣族）约 20 万，瑶族 3 万，哈尼族（老挝称卡果族）1 万以及 2000 左右的彝族。婚姻、丧葬、服饰、禁忌、宗教、节日习俗、伦理道德等方面，这些民族与中国云南边境一带的少数民族基本是一致的。由于老挝与中国接壤，一些少数民族跨境而居，尤其是苗族和瑶族，频繁出入于中、老边界，历来就在中、老之间迁徙，择地而居。很多少数民族与中国西南地区的少数民族同源。

中国的汉、回族移民进入老挝的路线则应相对固定一些。其路线包括两条：一是从广东或云南经越南进入；二是从泰国过湄公河到万象及沿岸城镇。[②] 这两条路线都属于陆路，与海路无关。那时候老挝的华侨90% 都从事工、商业活动，以经商为主，经营范围涵盖了酿造、木材等领域，还开办了碾米、染布等各类工场，少数在北部山区的华侨则以农业为生，兼营小生意。一些华侨的谋生活动可能或多或少地与接通江河海洋的"海上丝绸之路"有联系，但作用显然微不足道。历来老挝华侨

[①] 1949 年，凯山·丰威汉在老挝伊沙拉部队的成立大会上宣布把苗族改为佬松族，佤族改为佬听族。老挝民族划分的所谓"三分法"即来源于此。依据老挝独立运动领袖的观念，民族群体形成的主要标准是共同的地理居住条件、相似的经济和文化模式社会发展水平等。依据这一标准，老挝的人口被分为三个大的民族。它们是佬龙族，即居住在平坝地区的佬族人；佬听族，即居住在山坡上的佬族人；佬松族，即居住在山顶上的佬族人。在这个"三分法"里，三个民族的前面都加了一个佬（老）字。这表明老挝独立运动领导人想以模糊民族差别的方式实现多民族国家统一并最终实现民族融合的意愿。参见《老挝的民族问题与民族政策》，《曲靖师范学院学报》2010 年第 2 期。

[②] 郝跃骏：《老挝华人现状及社团组织》，《东南亚》1992 年第 1 期。

中的大富大贵者不多，脱贫致富水平在总体上也远落后于其他东南亚国家。

中国汉族最早迁居老挝的移民，起源于何时，今天已难考实。最早到老挝的汉族华侨应多属零星移民，规模不大。但是，最迟在永乐年间，老挝就有了可以确定年代的定居华侨。明隆庆进士朱孟震的《西南夷风土记》所载："缅甸、八百、车里、老挝、摆古虽无瘴而热尤甚，华人初至亦多病，久而与之相习。"意思是说，老挝等地地势高、森林多、湿度大、气候热，来自人居密集、没有或少有瘴气的北方地带的中国人，刚移居老挝时，因不适应而容易生病，但久居之后就逐渐习惯了。

从现有资料来看，最早进入老挝的华侨，是通过陆路进入的中国"云南人"。云南与中南半岛山水相连，历史上，一些居住在云南的操汉语云南方言的汉族和回族居民，也沿着陆路进入与云南直接接壤的邻国缅甸和老挝，以及与云南虽不接壤却有密切民族历史文化渊源关系的泰国。当然，以零零星星进入的居多，很少留下历史记载。与移居缅甸和泰国的"云南人"相比，移居老挝的"云南人"要少很多。

约在清末，在老挝华侨中，广东籍占90%，其中以潮州人居多，他们多分布在中下寮地区。[①] 直到这时，前来老挝的华侨主要是广东人，而云南籍华侨则以腾冲、红河、景东、景谷人为主，主要聚居在老挝北部的中老边境地区。潮州人多数为抗战前后从泰国迁入；云南籍华人多聚居在上寮的川圹和丰沙里一带，过去大多从事马帮运输和经商。这部分人相对来说是老挝华侨中与"海上丝绸之路"联系最直接最密切的一群。

五　结　语

"海上丝绸之路"南海航线的北部支线，包括中南半岛的河道和河道沿岸接通货物来源地的陆上交通线，在历史上与南海航线相互联通；而中南半岛的重要河道，则通过陆路与中国西南地区联通。如果单从交通线的属性来说，只有水路才可能成为"海上丝绸之路"的组成部分或者支线，陆路不能算是"海上丝绸之路"的构成。但是，若从交通线的功

---

① 张文和：《越南、高棉、寮国华侨经济》，台湾海外出版社1956年版，第119—120页。

能来说，则最终与"海上丝绸之路"的南海航线联通的中国西南地区的部分陆路，却是"海上丝绸之路"的重要商品来源地和输入地。离开了这些陆路，"海上丝绸之路"的商品构成就会大为逊色。所以，在广义上，中南半岛与"海上丝绸之路"南海航线联通的河道（包括其沿岸接通货物来源地和输入地的陆上道路），以及中国西南地区最终纳入南海航线的陆上交通线，都可以看作是"海上丝绸之路"的组成部分。系统地看，陆路也可能是"海上丝绸之路"上某些支线的对接点，这些陆路很难与"海上丝绸之路"截然分开。当然，这是就商品交流的角度而言，实际上，商品交流的背后，必不可少的第一要素的人员的流动，包括游走的商人，为商路服务的移民和由此带动的间接移民。他们中，大部分就是华商和华侨移民。华商以流动为主，分布在各条水路交通线上，也来往于各国的定居华侨间。各国的定居华侨既在居住地谋求自身的生存和发展，也与活跃于各条交通线上的华商建立了密不可分的联系，与这些华商进行商品交易。可以说，每一个定居华侨或华商，都是庞大的"海上丝绸之路"系统中的一分子，各自为人类的进步做出贡献。

浙江华侨华人与"一带一路"：
优势与路径

张秀明[①]

浙江作为沿海发达省份，参与"一带一路"建设具有很多优势，华侨华人资源是其中之一。浙江侨务资源的特色与"一带一路"建设高度契合。比如，浙江华侨华人多分布在"一带一路"的另一头——欧洲；浙江华侨华人以经商为主，而"一带一路"建设旨在充分发挥市场在资源配置中的决定性作用和各类企业的主体作用；浙江近年来实施浙商回归工程等政策战略，为海外浙商充分利用浙江的市场与资源参与"一带一路"建设提供了良好的政策制度环境。"敢为天下先，勇于闯天下"等浙商文化和浙商精神为海外浙商创业发展提供了深厚的文化底蕴。这些因素为浙江华侨华人参与"一带一路"建设提供了自身的优势和路径。

一 "一带一路"方案关于企业、浙江、
海外侨胞的定位

2015 年 3 月，国家发改委、外交部、商务部联合发布了"推动共建丝绸之路经济带和 21 世纪海上丝绸之路的愿景和行动"，提出了"一带一路"的具体方案。方案包括时代背景、共建原则、框架思路、合作重

---

① 张秀明，中国华侨华人历史研究所副所长，《华侨华人历史研究》主编。

点、合作机制、中国各地方开放态势、中国积极行动、共创美好未来八个部分。方案对市场与企业的作用、浙江的发展态势以及海外侨胞的作用都有"定位"。①

关于市场与企业：方案提出，共建"一带一路"旨在促进经济要素有序自由流动、资源高效配置和市场深度融合，推动沿线各国实现经济政策协调，开展更大范围、更高水平、更深层次的区域合作，共同打造开放、包容、均衡、普惠的区域经济合作架构。坚持市场运作。遵循市场规律和国际通行规则，充分发挥市场在资源配置中的决定性作用和各类企业的主体作用，同时发挥好政府的作用。

关于沿海地区与浙江：利用长三角、珠三角、海峡西岸、环渤海等经济区开放程度高、经济实力强、辐射带动作用大的优势，加快推进中国（上海）自由贸易试验区建设，支持福建建设 21 世纪海上丝绸之路核心区……推进浙江海洋经济发展示范区、福建海峡蓝色经济试验区和舟山群岛新区建设，加大海南国际旅游岛开发开放力度。

关于港澳台地区和海外侨胞：发挥海外侨胞以及香港、澳门特别行政区独特优势作用，积极参与和助力"一带一路"建设。为台湾地区参与"一带一路"建设作出妥善安排。

二　浙江省侨情特点

根据 2013 年公布的浙江省侨情调研数据分析，② 浙江省侨情有以下几个特点：

一是人数不断增长。据 2009 年统计，浙江籍海外侨胞和港澳同胞有 150 多万人，分布在 170 多个国家和地区，全省归侨侨眷近 150 万人。2013 年，海外华侨华人、港澳同胞比 2009 年增长了 50 多万人。海外华侨华人、港澳同胞、海外留学人员以及归侨、侨眷、港澳同胞眷属、归

---

① 参见商务部对外投资和经济合作司"'走出去'公共服务平台"网站：http：//fec. mof-com. gov. cn/article/fwydyl/zcwj/201511/20151101193007. shtml。

② 以下数据参见浙江新闻网：《浙江史上规模最大基本侨情出炉　温州华侨最多》，http：//news. zj. com/detail/2014/10/29/1549083. html。

国留学人员共计 329.09 万人，2012 年年末浙江省常住人口为 5477 万人，前者占后者的比例为 6.0%。浙江籍海外华侨华人、港澳同胞有 202.04 万人，居住在浙江省内的归侨、侨眷、港澳同胞眷属 112.42 万人，归国留学人员 5.67 万人，海外留学人员 8.96 万人。

二是新移民多，华侨身份者多。从身份构成看，华侨占近 70% 的比例。全省 202.04 万海外华侨华人、港澳同胞中，华侨 140.43 万人，华人 30.68 万人，港澳同胞 30.93 万人。华侨人数占近 70%，反映了新移民多的特点，与广东、福建等侨乡海外华侨华人中 80% 以上为华人的构成不同。

三是从来源地看，温州、丽水、宁波位列前三，其中浙南地区的传统侨乡出国人数较多，杭州等大城市则为高层次人才的来源地。浙江省各市海外华侨华人、港澳同胞按人数从多到少排列依次为温州、丽水、宁波、杭州、台州、绍兴、金华、舟山、嘉兴、衢州、湖州。温州是浙江省海外华侨最多的城市，共有 68.89 万人，占 34.1%。

四是从居住地分布看，呈现"全球分布，地区集聚"的空间分布特点。浙江籍海外华侨华人分布在世界 170 个国家（地区），以欧洲居多；亚洲其次；北美洲居第三；南美洲、大洋洲和非洲的人数较少。从国别和地区分布来看，前五位是意大利、港澳地区、美国、西班牙和法国。从身份看，华人主要分布在美国、意大利和法国等；华侨主要分布在意大利、西班牙、法国和美国等；海外留学人员主要留学的国家集中在美国、英国和加拿大。

五是从性别构成来看，男女性别比例基本均衡，男性略多于女性。其中男性占 51.42%，女性占 47.91%。

六是年轻的劳动年龄人口占主要比重，20—59 岁的劳动年龄人口占总人口的 81.23%，体现了海外浙江人以青壮年劳动力人口为主的特点。

七是从就业情况看，在业人口比重略高，职业以餐饮服务及制造加工人员居多，行业分布集聚在住宿餐饮、制造和零售批发业。

八是海外侨社的影响力增强。以浙江籍华侨华人为主的社团越来越多，浙江人特别是温州人、青田人成为当地侨社的一支重要力量。以浙江籍华侨华人为主，或以浙江籍华侨华人为主要骨干的社团有 735 个，分布在 68 个国家和地区，侨团数量前 5 位的国家是意大利、法国、西班牙、美国、荷兰。由浙江籍华侨华人为主开办，或以浙江籍华侨华人为学校骨干的海外华文学校有 87 所，华文媒体 60 家，其中以温州籍华侨华人开办的数量位居第一。

九是华侨华人对中国特别是浙江侨乡经济社会发展的贡献大。浙江籍侨胞和港澳同胞在全国累计捐赠约占全国华侨捐赠总额的六分之一，其中在省内捐赠超过 45 亿元，侨捐对浙南山区侨乡的作用更是突出。在浙江投资创业的侨资企业有 3.3 万多家，总投资额达 2300 多亿美元，分别占全省外资企业总数的 63% 和外资总额的 62%。

综上可见，浙江省的侨情资源特点，为浙江华侨华人参与"一带一路"建设提供了有利的前提条件。

三 浙江华侨华人参与"一带一路"的优势与路径

除了侨情特点外，浙江的经济特点、政策环境、人文精神和社会网络等也为浙江华侨华人参与"一带一路"提供了全方位的优势条件。以下从四个方面进行讨论。

(一) 经济层面：民企发达，商品经济发达

浙江经济发展最突出的特点是，浙江是民营经济大省，被视为民营经济的风向标，历来是民间投资最活跃的地方。以下几组数据可见一斑。

1. "十二五"期间，浙江省民间投资保持高速增长，2010—2015 年，年平均增速 19.7%，对总投资的年均贡献率为 64.3%，高于同期国有投资 29.3%。[①]

2. 连续 18 年名列中国民企 500 强首位。2016 年，浙江省分别有 134 家民营企业入围中国民营企业 500 强、122 家民企入围中国民营企业制造业 500 强、17 家民企入围中国民营企业服务业 100 强榜单。其中，中国

---

① 详见浙江民营企业网：《浙江民间投资高速增值 社会资本筑起"双创"之梦》，http://www.zj123.com/info/detail – d324416.htm。

民企500强是全国入围数量最多的省份，已连续18年名列"全国第一"。①

3. 中国百强县中，浙江多年位列前三甲。以2016年为例，据工信部所属的赛迪公司对全国近3000个县（市）进行综合评估发布的"县域经济100强"名单，浙江、山东、江苏三省，分别占26席、22席和17席，占据百强的六成以上。② 此次排名是从发展水平、发展活力、发展潜力三个方面对县域的社会经济综合发展进行测算，综合评估产生的。浙江省有26个县跻身百强，位居第一，反映了浙江县域经济的发达。

（二）政治层面：浙江的政策制度环境

浙江率先进行市场取向改革，浙江经济率先发展，浙江商品、浙江制造逐渐走向全国乃至全球市场，浙江企业、浙江商人也纷纷到省外、境外发展。浙江根据国家战略和自身经济发展情况，制定了自身的发展规划和发展目标。这些政策或者与海外浙商直接相关，或者便利于海外浙商的参与。略举几例。

1. 2012年起，浙江开始实施"浙商回归"工程，吸引和鼓励浙江民间资本回乡投资。包括产业回归、资本回归、总部回归、人才科技回归、社会公益事业回归。自"浙商回归"工程实施以来，在外浙商积极响应，回归项目、回归资金逐年增加。截至2015年9月底，全省共引进项目8300多个，累计到位资金7600多亿元，而且每年都大幅增长。③ 此外，浙江还启动实施重点针对省外、海外浙江商会的1000位会长和1万家浙商企业的"千万招引行动计划"，并每年确定一批浙商回归类重大产业项目。

2. 2015年，浙江省全面启动实施"小微企业三年成长计划"（2015—2017），旨在构建起有利于小微企业成长、升级的有效工作机制

---

① 浙江在线：《中国民企500强134家浙企入围 从一张榜单看供给升级》，http：//biz. zjol. com. cn/system/2016/08/26/021277658. shtml。

② 新华网：《2016中国百强县排行榜出炉，义乌再升两位列第七》，http：//www. zj. xin-huanet. com/2016 - 07/26/c_ 1119283557. htm。

③ 世界浙商网：《李强：浙商要有新作为，实现新突破》，http：//www. wzs. org. cn/sjzsdh/dsjzsdh/dhsd/201510/t20151025_ 140465. shtml。

和平台，有效破解制约小微企业发展的瓶颈和难题，优化小微企业整体发展环境。目前，"小微企业三年成长计划"已成为浙江经济转型升级新的动力源之一。浙江省推行"小微企业三年成长计划"一年以来，新增小微企业 5.8 万家，小微企业整体环境优化，创业创新氛围浓厚。[①]

3. PPP（Public-Private-Partnership）项目率先发展。PPP 即公私合作模式，是公共基础设施中的一种项目融资模式。旨在鼓励私营企业、民营资本与政府进行合作，参与公共基础设施的建设。从 2015 年年初至今，浙江省推介的 PPP 项目投资已达 4500 亿元。从打通融资通道、引入民企参与、助推国企转型三个方面全力推进 PPP 进程，进一步加快 PPP 项目的落地。作为全国探索 PPP 模式最早的省份之一，浙江已经走出了一条将充裕的民资引入交通、医疗、教育以及环境等基础设施和公共服务的新路径。[②]

4. 强调战略融入。中国相继实施了西部大开发、中部崛起、振兴东北老工业基地等一系列区域发展战略。当前，"一带一路"建设、长江经济带建设等国家战略正在释放政策红利。从浙江看，目前除了继续推进海洋经济发展示范区、舟山群岛新区、温州金融综合改革实验区、义乌国际贸易综合改革试点等国家战略外，正在大力推进中国（杭州）跨境电子商务综合试验区、信息化和工业化深度融合国家示范区、杭州国家自主创新示范区等国家战略，为包括海外浙商在内的广大浙商参与国家发展战略、借势发展自身事业、分享政策红利提供无限商机。

（三）文化层面：浙商文化与浙商精神

有关浙商文化和浙商精神已有不少研究。浙商精神用一句话概括，就是"敢为天下先，勇于闯天下"。再具体些，可以概括为"四千精神"——"走遍千山万水、说尽千言万语、想尽千方百计、尝尽千辛万

---

① 浙江民营企业网：《浙江省"小微企业三年成长计划"（2015—2017 年）》，http：//www.zj123.com/info/detail-d327850.htm。

② 浙江民营企业网：《浙江推出 1942 亿元的投资大蛋糕 充分调动民间资本》，http：//www.zj123.com/info/detail-d342729.htm。

苦"，体现了浙商以销售为主导时期的"推销员"精神。在浙江经济发展的升级转型时期，"四千精神"提升为"新四千精神"——"千方百计提炼品牌、千方百计保持市场、千方百计自主创新、千方百计改善管理"。体现了经济转型时期浙商的新追求、新理念。深受浙商文化熏陶的海外浙商无疑也具有鲜明的浙商精神。

赵小建将海外温州人的经商理念、创业模式、资金来源和企业运作的特点，归纳为"三小三大"——"小生意、大学问""小资本、大流通""小企业、大链接"。① 从"小"做起，从"微"做起，最后做大做强，做到全世界。这就是浙商精神。

以义乌为例。在短短30多年时间里，义乌由一个自然资源贫乏、地理位置不便、交通基础设施落后的"一穷二白"的落后县，快速发展成为经济总量和综合实力位居前列的国际商贸城市，在全国2000多个县市中脱颖而出，成为百强县，并且排名不断跃升。1995年开始进入百强县，2014年进入前十强，2016年位列第五。其小商品商场辐射全球。世界上有50多万种商品，义乌就有40多万种，被誉为"世界超市"。"买全球、卖全球"已经不是一句口号。国家"一带一路"提出以后，义乌抓住了历史机遇，借助小商品贸易优势，依托国家贸易综合改革试点，设立了保税物流中心，建设成了国际邮件互换局和交换站，义乌积极开辟国际贸易大通道，相继开通了义乌到中亚、西班牙、伊朗、阿富汗、俄罗斯和拉脱维亚等国际货运班列，成为中国开通国际铁路集装箱运输线路最多的城市，着力打造丝绸之路经济带国际贸易重要地区和支点城市，取得了积极而明显的成效。

而作为义乌另一张名片的"义博会"（中国义乌国际小商品博览会），自1995年创办以来，已经升格为由国家商务部、浙江省人民政府等联合主办的国际性展会。到2016年，已连续成功举办了22届，每年10月21—25日在义乌举行。"义博会"已成为目前国内最具规模、最有影响、最富成效的日用消费品展会。"义博会"以"面向世界、服务全国"为宗旨，对扩大商品出口，提升小商品制造业，促进区域经济发展发挥了积

---

① 参见赵小建《从纽约到罗马——海外温州人经商理念、创业模式和运作特点探析》，《华侨华人历史研究》2016年第1期。

极的推动作用。[①]

（四）社会层面：侨务资源网络及其互动

目前，有200多万浙商活跃在世界各地，形成了以血缘、地缘、业缘、语缘等为纽带的社会网络。政府机构、侨务部门为海外浙江人参与浙江经济发展，推动浙江企业、产品走出去以及加强中外经贸、文化交流合作特别是参与"一带一路"建设搭建了多种平台。华侨华人网络和侨务机构网络内外互动、纵横连接，优势互补，形成了独特的侨务资源网络，侨务资源网络为浙江华侨华人参与"一带一路"建设提供了路径和平台。海外浙江人也被寄予厚望：做"一带一路"国家倡议的先遣队、浙江创新发展的引领者、对外合作交流的宣传者。

1. 浙江旅外乡贤聚会是由浙江省人民政府外事侨务办公室和浙江省海外交流协会举办的大型侨务活动。该活动始办于1990年10月，每两年举办一次。第十九届浙江旅外乡贤聚会暨海外侨团建设大会2016年9月19日在杭州举行。来自世界67个国家和地区的500多位乡贤欢聚一堂，畅叙爱国爱乡之情，共商家乡发展大计。本届旅外乡贤聚会旨在通过乡音、乡情、乡貌全方位展示浙江的新形象和新成就，交流侨团工作经验以及研讨侨团面临问题，共商侨团发展大计。[②]

2. 世界浙商大会自2011年首届召开以来，已经举行了三届（2011、2013、2015）。其宗旨是"创业创新闯天下，合心合力强浙江"。世界浙商大会成为浙商交流、合作、发展的新平台，规模越来越大，成效越来越显著。在第二届世界浙商大会举行的浙商创业创新项目签约仪式上，现场有43个浙商回归重大项目签约，总投资664.41亿元。[③] 第三届世界浙商大会现场安排浙商回归重大项目60个，总投资1111亿元，突出信

---

① 参见世界浙商网：《小商品博览城 义乌的大梦想》，http：//news. zgyww. cn/system/2016/10/21/010082993. shtml；义博会网站：《二十二载耕耘再结硕果——第22届义博会回眸》，http：//news. zgyww. cn/system/2016/10/27/010083698. shtml 等。

② 浙江新闻：《浙江旅外乡贤欢聚杭州共谋未来 夏宝龙看望与会代表》，http：//zjnews. zjol. com. cn/gaoceng_ developments/xbl/zxbd/201609/t20160919_ 1924970. shtml。

③ 新华网浙江频道：《第二届世界浙商大会昨在杭开幕 现场签约664亿》，http：//www. zj. xinhuanet. com/newscenter/headlines/2013－10/27/c_ 117885675. htm。

息、环保、旅游、健康、时尚、金融、高端装备等七大万亿产业项目、特色小镇项目和浙商资本回归、总部回归项目，呈现出产业特色鲜明、投资规模较大、回归范围广泛的显著特点。①

3. 浙江省侨联的五大工作品牌——留联会、侨商会、青年总会、名媛会、侨界文协，是凝聚侨心、汇集侨力的重要平台。浙江省侨联青年总会成立于2007年，它既是侨界青年交流、合作、发展的平台，更是省侨联发现人才、掌握侨情、拓展联谊、深化服务，培养海外侨团当前和未来骨干力量的工作主平台。目前，浙江省侨联青年总会共吸纳了来自82个国家和地区的816名浙江籍优秀青年，其中，300名就是今年新增的会员，而且绝大部分都是40岁以下青年。很明显，这些青年已经成为侨界的中流砥柱。这与浙江侨情特点相吻合。②

4. 侨团网络：由浙江籍华侨华人为主（含港澳同胞），或以浙江籍华侨华人为主要骨干的社团有735个，分布在68个国家和地区。侨团数量前5位的国家是意大利、法国、西班牙、美国、荷兰，分布特点与海外华侨华人空间分布基本吻合。而其中，温州籍华侨华人社团就占一半以上。各类社团的宗旨和功能不只停留在联络乡情、亲情，而是提升到了交流信息、传承文化、维护权益、服务社会等层面。宗亲会也不只是拜祖先，同乡会也不只是回家看看，大多数社团已从传统的联谊交流的模式发展成为传递各种商贸信息、寻找商机、开拓事业的互动平台。

四 数据与案例

浙江是全国重点侨乡之一，海外浙江人历来是浙江省现代化建设的重要资源，是参与浙江建设发展的重要力量。"一带一路"建设海外浙江人同样发挥着重要作用。以下仅举几例说明。

（一）海外温商是温州发展的宝贵资源

温州是全国重点侨乡之一。目前有温州籍海外侨胞达68.8万人，占

---

① 人民网浙江频道：《第三届世界浙商大会在杭州开幕现场签订浙商回归重大项目60个，总投资1111亿元》，http://zj.people.com.cn/n/2015/1025/c228592-26914569.html。

② 详见浙江省归国华侨联合会网站，http://www.zjsql.com.cn/。

全省的三分之一，分布在世界 131 个国家和地区。统计显示，"温州货"通过海外温商的营销网络进入 193 个国家和地区，温州对外贸易额的 80% 是海外温商穿针引线促成的。近几年，海外温商每年汇入温州的外汇达 100 多亿美元。[①]

（二）中国与欧洲贸易的桥梁

浙江的华侨华人大部分都聚居在欧洲。浙江与欧洲有很强大的互补性，欧洲制造在中国有很大的市场空间，而浙江生产的中国制造在欧洲也有很大的市场空间。海外浙商在中欧贸易中发挥着桥梁作用。

据意大利中小企业手工业者联合会 2014 年公布的统计数字：在意华人企业达 66050 家（90% 左右为浙商），同比增加 6.1%。2008 年以来在意华人经济增加 42.9%。在欧债危机严重的情况下，欧洲华人经济逆势增长明显。[②]

除了西欧外，很多浙商在中东欧创业。中国—中东欧国家经贸论坛已经举办了五届，中国与中东欧合作加深，"16＋1"合作机制以及"一带一路"倡议为中东欧浙商提供了广阔的用武之地。

俄罗斯的浙商虽然人数少，但实力不俗。目前，旅居俄罗斯的华商在 20 万左右，很多来自北方的黑龙江、吉林、天津等北方省份，但从 20 世纪 90 年代起，一些浙商不远千里远赴俄罗斯经商。目前在俄罗斯的浙商超过三万人，他们主要在俄罗斯从事国际贸易、餐饮、房地产、文化产业等。特别是国际贸易这块，俄罗斯浙商表现抢眼。这两年俄罗斯的小商品市场是浙商的天下，出售占比在 75% 左右，也就是说 100 元的单子，浙商的生意就能占到 75 元。莫斯科人耳熟能详的市场，那里 75% 以上都是浙商。浙商在俄罗斯也比较团结，成立了比较有影响力的俄罗斯华侨华人联合总会，会长以及很多副会长都

[①] 温州日报网：《用好用足用活海外温商资源 掀起海内外温商回归新热潮》，http://wzrb.66wz.com/html/2015－03/05/content_ 1783213.htm。

[②] 浙江民营企业网：《一带一路浙商在途》，http://www.zj123.com/info/detail－d305045.htm。

是来自浙江。①

（三）开拓中东市场

中东同样是浙商开拓的市场。迪拜当地几乎没有工厂，浙江生产的五金产品、矿泉水、袜子等都可以去那里做外贸商品。在当地，小到一根针、一颗纽扣，大到汽车配件、电视机、大理石建材，都是中国制造。迪拜龙城有 4000 多个商铺，其中 700 多家是浙商的商铺。阿联酋有温州商会、台州商会、温岭商会，还有迪拜长兴（属于浙江湖州）商会，后两个是为数不多的县级商会。阿联酋温州同乡会设立了"温州大学助学基金"，还为温州大学学生搭建海外就业通道。②

五　结语：华侨华人与"一带一路"　　　研究反思

"一带一路"重大倡议提出以后，在国内外引起了广泛关注和热烈响应。特别是国内各地区、各部门、各行业都在研究探讨如何参与"一带一路"建设，如何借"一带一路"提供的重要契机加快发展创新。侨务系统也不例外。学界这几年组织了多次相关学术研讨会。中国各地区参与"一带一路"建设有自身的优势，也有短板；"一带一路"沿线国家和地区国情、侨情也是复杂的、多元化的。比如，浙江的省情和侨情就有不同于其他侨乡的特征。就华侨华人与"一带一路"这个主题而言，学术研究已经到了需要从宏观走向微观、从理论走向实践的时候了。

从研究视角看，应该注重这个主题的"一体两面"：一方面，"一带一路"为华侨华人自身事业的发展提供了怎样的机遇，政府部门特别是侨务部门如何为华侨华人参与"一带一路"建设提供服务和帮助。例如，目前参与"一带一路"沿线国家基础设施建设的大多是大中型国有企业，

---

① 详见浙江在线：《漂洋过海去创业：浙商闯荡"战斗民族"浙江小商品抢占俄罗斯市场大半份额》，http://biz.zjol.com.cn/system/2016/07/27/021243705.shtml。

② 详见浙商网：《中外联合才能做大生意 浙商准备引民间资金到迪拜》，http://biz.zjol.com.cn/05biz/system/2011/10/28/017950212.shtml。

民营企业力量比较弱。华侨华人企业多为中小民营企业，他们参与"一带一路"建设的切入点是什么？另一方面，要特别注重挖掘和发挥华侨华人的潜力，使华侨华人的作用更多地从预期变为现实。

从研究方法看，应该更多地注重实证研究，应该从理论到实际、从空谈到务实、从纸上谈兵到实地调研，进一步加强研究的针对性、实用性，多出实实在在的研究成果，并将之转换为面向政府的对策建议，或者为侨服务的锦囊妙计。

华侨华人与"一带一路"人文交流

李其荣①

2013 年，习近平先后提出要与国际社会共建"丝绸之路经济带"和"21 世纪海上丝绸之路"，这两大提议合称为"一带一路"倡议。在 2014 年 11 月举办的 APEC 2014 峰会上，习近平主席再次强调要积极推进"一带一路"建设，通过务实合作促进合作共赢。为此，近年来学术界加强了对"一带一路"建设的研究，如：2015 年 11 月 27—30 日，在华侨大学举办了"华侨华人与海上丝绸之路"研讨会；2015 年 9 月 12 日，郑州大学召开 2015 年中国"一带一路"国际学术研讨会；2015 年 11 月 24 日，在韩国举行"中国一带一路与亚洲"的国际学术会议；2015 年 10 月 17 日"一带一路"国际学术研讨会在山东大学举行；2015 年 7 月 11 日，上海市侨办召开"一带一路"倡议与华侨华人研讨会。暨南大学还成立了"一带一路"研究院。习近平主席在周边外交工作座谈会上的讲话指出，"要全方位推进人文交流，广交朋友，广结善缘"。人文交流是这一重大构想的重要内容。加强"一带一路"人文交流，将有利于推动参与国家和地区的科技资源共享和智力支持，推动我国和沿线国家宗教和思想文化的交流，推动欧亚大陆的文明多维交融。

---

① 李其荣，丽水学院特聘教授、华侨学院院长，华中师范大学国际移民与海外华人研究中心教授，国务院侨办侨理论武汉基地主任。

一　海外侨胞融通中外的独特优势与特点

"一带一路"是近年研究热点。有专家认为，运用华侨华人资源优势，助力"一带一路"倡议，要处理好以下六大关系：中国企业走出去与当地华商企业的竞合关系；以华侨华人为桥梁纽带与合作投资经营的关系；让华侨华人从项目推进中受益与引导其塑造中国国际形象的关系；依托华侨华人推进"一带一路"项目落地与维护其发展机会的关系；助力"一带一路"建设与整合侨力资源的关系；华侨华人参与人文交流与民心相通的关系。这可谓真知灼见。

但是，"一带一路"建设不拘泥于经济领域，在教育、文化等方面，华侨华人都能发挥独特作用，从华侨华人与"一带一路"人文交流的角度讲，海外侨胞是融通中外的"天然桥梁和纽带"。华侨华人群体具有联结祖（籍）国与所在国的桥梁和纽带的特殊性，应成为"一带一路"建设中不可忽视的重要中介力量。其特殊性表现在：

1. 人数众多、组织健全

官方数据认为，全世界有 6000 多万华侨华人，其中在"一带一路"沿线各国有 4000 万华侨华人。在东南亚地区，华侨华人大约有 3000 万人。在日韩的华侨华人规模虽不大，人数不到 200 万，但是在日华侨华人在日本社会的经济、科技、教育等各个领域组织比较健全，人数众多，层次较高。

2. 海外侨胞具有语言优势

语言是文化交流的媒介，也是文化传播的基本工具。海外侨胞有着共同的血脉和亲情，有着共同的语言。如何让中华文化传播出去，当然是要靠语言。拿中华文化在巴西的传播来说，遇到的最大障碍就是语言。巴西的母语为葡萄牙语，英语交流并不十分普遍。中华文化想要走入巴西的主流文化圈，为巴西民众所接受，必须超越华语的圈子，用对方语言葡萄牙语来呈现中华文化的内容，因此，在巴西传播中华文化，必须有一批熟悉中巴双方语言的人才，遗憾的是，中国国内这方面的人才很缺乏，导致目前中国向巴西输出的各种图书、影像等文化作品均以英语、汉英双语为主，无法让中华文化走近巴西民众。相比而言，长期身居巴西、掌握中巴双方语言的华侨华人在传播中华文化方面则具有得天独厚的语言优势。他们利用语言优势，一方面为国内的文化、艺术团体、个人走入巴西、展现中华文化风采充当桥梁和媒介；另一方面他们通过华侨华人个人、中巴传媒、中巴教育等途径，在巴西社会传播中华文化。[①]

广大华侨华人除了掌握所在国语言和汉语，还熟悉所在国的语言表达方式。他们的言论相对官方来说，更易被住在国民众所接受。在处理一些突发事件中，华侨华人发挥的作用不可小视。海外华侨华人更加了解住在国的价值观，能起到沟通作用。我们在国内无法很好地了解其他国家的价值观，无法站在别国的价值观上理解问题。但是，华侨华人更为了解住在国价值观，可以为中国提供更加多元的价值观视角。例如，2008 年西藏发生骚乱之后，大批华侨华人利用美国集会的自由环境，通过图片展览、新闻片、传单发送、演讲、唱歌等多种形式抗议达赖访美。[②] 所以，海外侨胞对祖籍国历史文化和发展现状的了解，博采中外文明之长，通晓中外语言文化的独特优势，是沟通中国与世界各国的友好桥梁。

3. 经济实力雄厚

自从 20 世纪 80 年代中期以来，世界经济良性发展，呈现区域化、集团化的趋势且不断加强。在东亚地区，正在形成以华人为主体的区域性经济协作圈。华人经济圈的形成和发展，不仅使世界经济格局产生变化，而且对东南亚尤其是对中国经济的发展产生了深刻影响，并且辐射到北美、南美、欧洲、非洲等地。[③]

"一带一路"建设涉及众多国家和地区，是一项巨大而复杂的系统工程，需要凝聚包括海外侨胞在内的全体中华儿女的智慧和力量，为广大海外侨胞提供了难得的发展机遇。在丝绸之路沿线地区，聚居着 4000 多

---

① 程晶：《论巴西华侨华人与中华文化的传播》，载中华全国归国华侨联合会、中国华侨华人历史研究所《中国侨联课题研究成果文集，2013—2015 年度第一册（下）》，2015 年 10 月，第 900 页。

② 王微、徐椿祥：《华侨华人在公共外交中的作用》，载刘泽彭主编《国家软实力及华侨华人的作用国际学术会议论文集》，暨南大学出版社 2013 年版，第 120 页。

③ 孔军：《华侨华人经济优势与陕西经济建设》，《侨务工作研究》2014 年第 4 期，第 36 页。

万华侨华人，集中了一大批华商，全球华商企业资产约 4 万亿美元。①
"一带一路"主要覆盖区，亚洲华商经济实力占世界华商经济的 2/3 以
上，世界华商 500 强中约 1/3 分布在东盟各国。在东南亚，截至 21 世纪
初，华人上市公司占整个股票市场上市公司的 70%，华人资本占亚洲
（除日本、韩国、中国大陆以外）十个股票市场股票价值总额的 66%。②

日本帝国银行 2010 年 7 月发布的调查结果显示，在日中国企业有
611 家，300 多位华侨华人活跃在日本企业的高级管理层。华商有很多优
势，可以积极参与丝绸之路建设，在推动产业梯度转移和转型升级，参
与基础设施互联互通建设，推动人民币更加广泛使用，深化海洋经济开
发与合作，构建区域科技与智力支撑网络等方面发挥重要作用，③ 可以做
好"彩虹桥"。

4. 华侨华人的"天然"优势

华侨华人了解中国和所在国的政治、经济、法律和社会状况，懂中
国及所在国的语言，了解两国文化环境，是连接中国与所在国的纽带和
"天然桥梁"。他们可以提供语言翻译、法律服务，在推动民间交流、化
解偏见、增进两国民众间的互信等方面，其作用不可替代。

自中国提出"一带一路"倡议以来，得到许多国家支持。如：乌兹
别克斯坦、吉尔吉斯斯坦、哈萨克斯坦、塔吉克斯坦、土库曼斯坦、俄
罗斯、巴基斯坦、老挝、缅甸、东帝汶、斯里兰卡、马尔代夫、印度等
国，都明确表态支持中国的"一带一路"建设。

但是，也有一些国家的舆论表现出误解甚至质疑的态度。有的中亚
国家学者指出，参与"一带一路"建设，最终会把中亚国家置于"两难"
境地；美国《华盛顿邮报》网站有文章说，中国的丝路复兴计划目的在
于谋求能源保障；英国《金融时报》刊发专家的文章，说中国"一带一
路"旨在链接自己的"新兴市场"，等等。所以，华侨华人是可以通过自
己的天然优势化解偏见、误会乃至抵制敌意的媒体宣传的。

---

① 何亚非：《海上丝绸之路与华商经济》，《侨务工作研究》2014 年第 2 期，第 1 页。
② 周兴泰：《"一带一路"战略构想的国际政治经济分析与华侨华人：背景与前景》，载贾
益民主编《华侨华人蓝皮书，华侨华人研究报告（2015）》，社会科学文献出版社 2015 年版，第
165 页。
③ 何亚非：《海上丝绸之路与华商经济》，《侨务工作研究》2014 年第 2 期，第 1 页。

5. 华侨华人与"一带一路"建设互为依托、相向而行

首先，"一带一路"建设中有一个关键词是"互联互通"，广大华侨华人在人文、体制等诸多方面是中国与各国理想的沟通"纽带"；其次，"一带一路"建设目标是强化中国与周边及沿线各国的战略互惠关系，这就能为华侨华人的生存、发展提供保障；此外，华商可借"一带一路"建设之势，参与基础设施互联互通的众多项目运作中，分享经济效益的同时，助推"一带一路"倡议的推进和实施。①

华侨华人这一群体目前呈现以下新特点：

一是新移民和华裔新生代数量增加。改革开放后，出国的华侨华人人数超过 1000 万，以后再到 3000 多万、5000 多万，到现在的 6000 万，分布在 170 多个国家和地区。华侨华人年龄年轻化，华裔新生代组织、专业协会和青年侨团不断涌现。同时，中国公民探亲、留学、旅游和劳务短期出境人数也不断增加。

二是海外侨胞经济科技实力增强。华侨华人的工作不再主要在传统领域，而是向贸易、工业制造、房地产、金融及高科技产业拓展。海外侨胞智力资源丰富，在欧美发达国家就集聚着数百万专业人才。仅美国国家科学院和工程院就有 100 多位华裔院士，每年约 1/4 由华侨华人科技人才在硅谷企业工作。有统计认为，全球华商总资产已近 4 万亿美元。因此，华人经济成为世界经济一支重要力量而不可忽视。

三是海外侨胞政治社会地位和影响力不断提升。华侨华人秉承中华文化中谦和、忍让、勤奋和以家庭为重的美德，得到居住国主流社会的认同和尊重。随着侨胞人数增多、经济科技实力增强以及地位的提升，他们的公民意识、参政意识和维权意识大大增强。许多华人加入主流政党，参与选举，进入议会和政府。在有些国家，成为部长、州长、市长、大使和各级议员的华人比比皆是。由于华人积极参政，当地政要更加重视发挥华人的作用。

四是海外侨胞对祖（籍）国民族和文化认同增强。随着中国综合国力和国际地位提升，海外侨胞与祖（籍）国的联系更加紧密，开展交流

---

① 《港媒：华侨华人是"一带一路"建设不可忽视的中介力量》，海外网，2015—03—12，http：//world. haiwainet. cn/n/2015/0312/c3541163 - 28514980. html。

合作、共享发展机遇的积极性高涨，推动中外经济、科技、文化交流的意愿强烈，保持民族和文化特性更加自觉。现在全世界有 2 万多所华文学校，2 万多个华人社团，数百家华文媒体，还有独具特色的唐人街、中国城、中餐馆和中医诊所等，① 已成为传播中华文化、丰富各国多元文化的重要载体。

东南亚、南亚、中亚、俄罗斯和欧洲等国的华侨华人能有效增进中国与住在国的"民心相通"。沿线国家的华侨华人在强化民意基础，加强文明交流，奠定和巩固"一带一路"的社会和文化基础方面具有独特优势。"一带一路"搭建起了欧亚之间的经济文化之桥，华侨华人凭借其独特优势将扮演"桥梁中的桥梁"角色。② 总之，华侨华人人数众多，且具有语言优势，经济实力雄厚，是连接中国与所在国的天然桥梁和纽带，"一带一路"建设为华侨华人的生存、发展及社会地位的获得提供保障。

二　海外侨胞是中华文化海外继承者和传播者

习近平明确指出："团结统一的中华民族是海内外中华儿女共同的根，博大精深的中华文化是海内外中华儿女共同的魂，实现中华民族伟大复兴是海内外中华儿女共同的梦。""人是文化的传播者，又是最活跃的传播媒介。"③ 为数众多、分布广泛的海外侨胞作为中华文明和民族精神的重要继承者、传播者和展示者，他们不仅是中华民族的重要组成部分，也是沟通中国与世界的桥梁与纽带，是凝聚中国力量不可或缺的重要成员。

习近平说："公元前 100 多年，中国就开始开辟通往西域商务丝绸之路。汉代张骞于公元前 138 年和公元前 119 年两次出使西域，向西域传播了中华文化，也引进了葡萄、石榴、胡麻、芝麻等西域特有物产。西汉

---

① 何亚非：《释放侨务公共外交巨能量》，《人民日报（海外版）》2013 年 10 月 16 日第 8 版。http://paper. people. com. cn/rmrbhwb/html/2013 – 10/16/content_ 1310440. htm。

② 许国梁：《发挥华侨华人优势服务"一带一路"建设》，《侨务工作研究》2014 年第 4 期，第 26 页。

③ 司马云杰：《文化社会学》，山东人民出版社 1987 年版，第 347 页。

时期，中国的船队就到达了印度和斯里兰卡，用中国的丝绸换取了琉璃、珍珠等物品。中国唐代是中国历史上对外交流的活跃期。唐代中国通使交好的国家多达 70 个，那时候的首都长安来自各国的使臣、商人、留学生云集成群。这个大交流促进了中华文化远播世界，也促进了各国文化和物产传入中国。15 世纪初，中国明代航海家郑和七次远洋航海，到了东南亚很多国家，一直抵达非洲东海岸的肯尼亚，留下了中国同沿途各国人民友好交往的佳话。明末清初，中国人积极学习现代科技知识，欧洲的天文学、医学、数学、几何学、地理学知识纷纷传入中国，开阔了中国人的知识视野。之后，中外文明交流互鉴，更是频繁展开，这其中有冲突、矛盾、疑惑、拒绝，但更多是学习、消化、融合、创新。当今世界，人类生活在不同文化、种族、肤色、宗教和不同社会制度所组成的世界里，各国人民形成了你中有我、我中有你的命运共同体。"①

从现实来看，据不完全统计，目前庙会、巡游、灯节、广场庆典、新年音乐会、春节晚会、烟火表演等多种类型的春节文化活动已在世界范围内 119 个国家和地区的 334 座城市全面展开，10 余个国家已立法将中国春节列为公众假日。自 2009 年以来"文化中国·四海同春"活动已累计向多个国家和港澳地区派出 62 个艺术团组，在五大洲演出 373 场，广场和剧场观众超过 520 万人次，为海外侨胞送去了文化"年夜饭"，受到海外侨胞的热烈欢迎。② 这样庞大的数字不仅体现出博大精深的中华文化是海内外中华儿女共同的魂，也为中华文化走出去奠定了坚实的基础。世界各国对中国文化的了解，是通过在海外的中华文化的载体，如中餐馆、各种武术班或者团队，还有像舞龙、舞狮，当然还包括中医，等等。③

华侨华人是弘扬中华文化、中国精神的重要载体。以爱国主义为核

① 习近平：《在联合国教科文组织总部的演讲，2014 年 3 月 27 日》，载《习近平同志侨务工作论述摘编》（内部资料），中国华侨华人历史研究所，2015 年 10 月，第 26—27 页。

② 《"文化中国·四海同春"慰侨访演启动》，《人民日报》2017 年 1 月 11 日第 4 版。http：//paper. people. com. cn/rmrb/html/2017 - 01/11/nw. D110000renmrb_ 20170111_ 5 - 04. htm。

③ 裘援平：《海外侨胞对中华文化的认同感很强》，国际在线，2014—03—05，http：//gb. cri. cn/42071/2014/03/05/107s4450321. htm2015 - 05 - 27，http：//www. alac. org. cn/xiaoyou/topic_ info. php？ tid = 4&sid = 23&nid = 41。

心的民族精神和以改革创新为核心的时代精神，在全体中华儿女中得以传承。海外华侨华人是中华文明和民族精神的继承者、传播者和展示者。随着中国综合国力和国际地位的提升，华侨华人与祖（籍）国的联系更加紧密，民族认同和文化认同显著增强，对展示中华文化魅力愿望强烈。目前在世界各地开办了 2 万所中文学校，成立了几万个华侨华人社团，活跃着数百家华文媒体，以及独具特色的唐人街，等等，都直观地向世界传递着中国文化气息，成为展示中华文化和中国形象的重要平台和窗口。鼓励海外华侨华人传承中华文化，积极支持他们开展人文交流，弘扬自强不息、厚德载物、诚实守信、吃苦耐劳的伟大民族精神，对增强中华文化的亲和力、感召力和影响力，具有十分重要的意义。①

海外华侨华人中华文化传播途径是多样化的。一方面，每一名华侨华人都是一个传播载体；另一方面，华侨华人社会中的华人社团、华文媒体、华文学校、华人企业、华人庙宇等等，都是海外中华文化传播的主力军，它们自觉地承担起了海外中华文化传播的桥梁与纽带作用，成为中华文化传播的使者。通过开展各种内容和形式的中华文化活动，比如艺术、武术、龙狮、龙舟、美食、中医、节庆等，一方面充分展现了中华文化的丰富多彩，另一方面也昭示了中华文化在哲学、伦理、道德等思想内容与形式上的博大精深。②

人文交流不仅是提升、扩大一个国家文化"软实力"和国际话语权的重要途径，还是提升国家形象的重要杠杆、影响国际关系秩序走向的重要变量和化解国际社会矛盾争端的"润滑剂"。新时期，扎实推进人文交流，对中国的和平发展具有经济、政治和军事外交所不可替代的地位和作用。

华侨华人在海外传播中华文化，有利于提升中国的"软实力"。有学者通过网络问卷方式对美国、印度、俄罗斯、德国、日本五国青年进行调查，对所得数据进行定量分析，当前中国政治制度的"软实力"为 60

① 裴援平：《华侨华人与中国梦》，中国侨网，2014 年 9 月 2 日，http：//www. chi-naqw. com/sqfg/2014/09 – 02/16381. shtml。

② 贾益明：《华侨华人是中华文化国际传播的重要桥梁》，新华网，2014 年 1 月 16 日，ht-tp：//news. xinhuanet. com/overseas/2014 – 01/16/c_ 126008552. htm。

分（以百分计），外交政策"软实力"为 62 分，文化"软实力"为 80 分。① 这说明中国"软实力"较为可观，传统文化更是塑造国家形象、提升文化"软实力"的重要资源。

在当今世界，虽然存在不同文化、种族、肤色、宗教和不同社会制度，但是各国人民形成了你中有我、我中有你的命运共同体。②

三 华侨华人推动人文交流，促进民心相通

人文交流是深化国家关系的"基础设施"，是推进民间友好的"民心工程"。情感和文化是"一带一路"中最有生命力和凝聚力的能量源泉。没有交流就没有生意，民间交流促进了经贸合作。华人华侨长期生活在海外，对推动与"一带一路"沿线国家的人文交流将发挥重要作用。

21 世纪，中国既是全球具有重要影响力的政治大国，又是仅次于美国的世界第二大经济体。如何建构大国形象，是我国对外进行文化交流的核心。建构良好的中国海外形象，一是要提升内在的中国形象，二是要展示客观的中国形象，三是要积极地宣传中国形象。

广大海外侨胞，特别是海外的侨团、侨社、侨媒，仅华文媒体就有 1000 多家，具有跨文化、跨国界的特殊地位、综合实力和人脉网络，它们在报道新闻、传播中华文化和沟通中外思想的时候有独特的优势。③ 随着华侨华人在海外地位的提升，族群意识的觉醒，他们有意愿也有能力汇聚力量，为推动中国的发展与进步，促进中国的传播能力建设，维护和促进中国的统一大业做出贡献。

在东南亚地区，几千万华侨华人珍视和发扬祖籍国和住在国的优秀文化传统，不断增强文化交流的内生活力。他们是中华文化的传承和传

---

① 许利平、韦民：《中国与邻国人文交流的现状、问题与对策》，国际战线研究，2013 年 12 月 19 日，http://www.doc88.com/p-7488845067045.html。
② 习近平：《在联合国教科文组织总部的演讲，2014 年 3 月 27 日》，载《习近平同志侨务工作论述摘编》（内部资料），中国华侨华人历史研究所，2015 年 10 月，第 27 页。
③ 《国务院侨办副主任何亚非：发挥华侨传播中华文化优势》，中国网，2015—06—11，http://news.china.com.cn/2015-06/11/content_35795162.htm。

播者、推动者、推介者。近年来，随着中国—东盟经贸合作的推进，"华侨华人积极参与、推动政府间和民间多领域的文化交流，努力促进中国与东盟各国文化贸易和产业合作，做了大量有益的工作。华侨华人已经成为架设在中国与东盟各国之间交流合作的桥梁，成为传承、传播传统文化，开展文化交流的一支不可或缺的重要力量"。①

人文交流是中美关系发展的不竭动力。人文交流与政治互信、经贸合作一起，对于推动中美关系健康发展具有特殊意义。人文交流的根基在民众，今天，越来越多的中美民众加入到人文交流中来，互相学习、互相了解对方的历史与文化。人文交流在构建中、美新型大国关系中展现独特优势、发挥更大作用。中美两国之间密切交流、互学互鉴，不断扩大合作领域，丰富合作内涵，就一定能开拓中美人文交流事业的新局面。

50 年来，中法两国人文交流从未间断，推动着中法两大灿烂文明的交流互鉴，拉近了两国民众心与心的距离。法国是第一个同中国互办文化年、互设文化中心的国家，也是第一个同中国开展青年交流的西方大国。中国有 10 万青少年学习法语。在法国也有越来越多的人学习汉语，目前已经有 4.5 万，这个数字还在不断增长。②

在谈到中外文化交流时，任贵祥从"海外中文教育的延续和发展""海外华文媒体蓬勃发展""开展文学艺术交流""节日民俗文化交流""传播中国的特色文化""以文化为载体维护历史正义"等方面进行研究。③ 吸纳已有的研究成果，华侨华人推动人文交流，主要表现在：

第一，展示中华传统文化和谐融通理念。中国传统文化儒家思想的核心是"和"的理念，主张"仁者爱人""天下大同"；道家思想提倡人与自然和谐相处，"顺应自然"等。华侨华人一直是"以和处世""以和立世"。在促进国际交流合作方面，讲"缘"，讲"信"，致力于体现中国讲信修睦，发展睦邻友好关系的意识，展示中国建设"和谐世界"的

---

① 《中国侨联：华侨华人在促进中国与东盟国家文化交流中发挥积极作用》，新华网，2013年 9 月 10 日，http://news.xinhuanet.com/politics/2013-09/10/c_117309092.htm。

② 习近平：《特殊的朋友，共赢的伙伴——在法国〈费加罗〉的署名文章》，2014 年 3 月25 日，载《习近平同志侨务工作论述摘编》（内部资料），中国华侨华人历史研究所，2015 年 10月，第 25 页。

③ 任贵祥：《海外华侨华人与改革开放》，中共党史出版社 2009 年版，第 337—396 页。

理念。

第二，推动侨乡文化绽放光彩和华侨精神薪火相传。华侨华人对乡土非常挚爱，与家乡的情结是很深的。因而创造了具有中国特色的侨乡文化。侨乡众多的宗祠、古厝、族谱、侨批，以及海内外共祖同亲的血缘纽带永不割断；华侨华人带到沿线国家的宗教和民间信仰成为纽带，如厦门南普陀、鼓山涌泉寺、泉州开元寺等宗教和湄洲妈祖、泉州天后宫、安溪清水岩、晋江龙山寺、古田临水宫等民间信仰在海外传播，一直传承下去。华侨华人磨砺形成的自强不息、厚德载物、诚实守信、吃苦耐劳的华侨精神，以陈嘉庚为代表的艰苦奋斗、爱国爱乡的华侨精神是一面重要旗帜，应该继续弘扬，激励着华侨华人坚定爱国之心，深怀报国之志。在"一带一路"建设中，具有十分重要的意义。

第三，推动华文教育的世代传承和多国语言互通。目前有 2 万所中文学校遍布世界各地，东南亚不少国家的侨社十分重视华文教育，注重华裔青少年寻根和游学。侨社是推广华文教育的主体，马来西亚、新加坡、菲律宾等国华侨华人长期耗资兴办华文教育，早在 19 世纪初华侨就在马来西亚创办华文教育，这是中华民族慎终追远优良传统的重要体现，也是华侨华人社会延续中华文化传统的"留根工程"。近几年来各国掀起了汉语热，可通过大力推广汉语教育，输出中华文化，着力语言互通，造就更多"中国通"。与此同时，海外华侨华人谙熟住在国语言，有多语种的优势，从而成为中外各种交流合作的桥梁。

海外华侨华人是中华文明和民族精神的重要继承者、传播者和展示者。华侨华人把中华文化优良传统带到海外，把东方的文明传递到世界各地；同时又以开放的心态去接受西方的文化，把西方文明传回中国。现在华侨华人与祖（籍）国联系更加紧密，民族认同和文化认同显著增强，对展示中华文化魅力愿望也更加强烈。在传播中华文化方面，中国侨联着力打造的"亲情中华"主题活动，创办 7 年，在 64 个国家演出650 场。现已成为弘扬中华文化、慰问海外侨胞、服务公共外交、加强中外友好的重要品牌活动。①

---

① 福建侨联：《华人华侨在"一带一路"中的机遇和使命》，2015—04—30，http：//www.fjql.org/xjjkj/4647.htm。

孔子学院是中华文化传播者，在文化交流中的作用越来越突出。截至2013年年底，在120个国家和地区已建立440所孔子学院和646个孔子课堂，承担着在当地推广汉语、传播中华文化的功能。目前中美双方已合作在美国设立102所孔子学院，377家孔子课堂，注册学生22万人，267万人参加过孔子学院举办的各类活动。① 孔子学院的十年，开辟了海外合作机构大规模设立的先河。

海外侨胞弘扬中国和谐、包容、仁义的思想，展示中国"和谐世界"理念，提升国家文化软实力，这就为"一带一路"合作奠定了思想基础、感情基础和社会基础。华侨华人还可以在人文交流领域有所建树。比如在华文教育和中外文化交流方面，可以发挥牵线搭桥、桥梁纽带的作用。华侨华人通过华文教育可为"一带一路"建设培养更多的中文人才，增进中国与其他国家的沟通。

人文精神和人文力量，在创造人类文明推动历史进步中具有独特功能，人文交流是桥梁、是纽带、是渠道。所谓桥梁，意在人文交流是人类沟通情感和心灵的桥梁；所谓纽带，意在人文交流是不同国家和地区之间加深理解和信任的纽带；所谓渠道，意在人文交流是不同文明之间加强对话和交流的渠道，比政治交流更久远，比经贸交流更深刻，具有基础性、先导性和广泛性，是推进文明和谐与共同繁荣的基础，是构建和谐世界的重要力量。"中国的发展离不开世界，世界的繁荣也需要中国。"② 华侨华人推动人文交流，促进民心相通，夯实了互联互通的社会根基。

四　海外华文媒体是"一带一路"的积极参与者

"一带一路"建设需要营造必要的舆论氛围，以凝聚沿线各个

---

① 刘子烨：《全国政协委员蔡建国谈公共外交与文化软实力6000万华侨华人：公共外交重要载体》，《联合时报》2014年7月4日。http://shszx. eastday. com/node2/node4810/node4851/zhxw/u1ai87050. html。

② 习近平：《在欧美同学会成立100周年庆祝大会上的讲话》（2013年10月21日），载《习近平同志侨务工作论述摘编》，中国华侨华人历史研究所，2015年10月，第17页。

国家共识，进而促进相关国家共同广泛参与"一带一路"建设。海外华文媒体可以担当起"一带一路"建设积极的推介者和参与者的作用。

自 1815 年第一份华文报纸《蔡世俗每月统记传》在马六甲诞生起，海外华文媒体至今已有 200 年历史，累计出现约 5000 种。20 世纪后半叶以来，华文媒体得到极大的发展和壮大。目前，在 61 个国家和地区海外华文媒体总数有 1019 家，其中报纸 390 家，杂志 221 家，广播电台 8 家，电视台 77 家，网站 250 家，已成为国际舆论不可或缺的组成部分。①

海外华文媒体是沟通中国与世界的特殊纽带。海外华文媒体发挥着塑造中国国家形象的功能。华文媒体了解中外情况，容易塑造为当地民众理解和接受的中国国家形象和话语体系。同时，海外华文媒体立足中华优秀文化，倡导中国价值理念，有利于帮助塑造华侨华人的良好形象和中国的国家形象。海外华文媒体具有聚合海外中华儿女的功能。海外华文媒体在"反独促统"、推动中国发展与进步、促进中国与各国友好合作方面做出了不少贡献。海外华文媒体具有促进中外友好合作的功能。海外华文媒体期盼中国繁荣富强、社会稳定、经济发展，它们有着全球信息采集和研判能力、深厚的中外政商学研人脉网络、兼容并蓄的跨文化视野独特优势，对促进中外合作发挥着重要作用。②

华文媒体发挥了独特纽带和重要作用。以印尼为例，从 1952 年开始，印尼华社每年都组织华侨华人回国观光。观光团成员返回后，各地华社不仅组织座谈会，邀请观光团成员发表演讲，介绍新中国社会主义建设的伟大成就与侨乡新貌，观光团成员还在当地亲北京的华文报上，如印尼的《生活报》（雅加达）、《新报》（雅加达）、《大公商报》（泗水）等，撰文发表大量新中国观感，颂扬新中国的辉煌成就，称赞"祖国太可爱"。通过这些华侨回国观光，新中国的崭新形象，随着华人的宣传而

① 何亚非：《海外华文媒体与中国梦》，《侨务工作研究》2015 年第 6 期，第 6 页。

② 同上书，第 7 页。

被印尼华侨华人社会认同与拥护，这对争取侨心、凝聚侨力产生了重要影响，不仅促使大批华侨华人回国探亲、升学、就业、投资，同时也为新中国在印尼侨社与台湾当局争夺政治空间与社会影响发挥了积极作用。①

以往外国人了解中国主要是靠外国媒体，而这些媒体对中国的报道实际是有选择性的，充满大量的误解和曲解乃至攻击。要想让外国公众更好地认识真实的中国，还要指望中国媒体来发挥作用，在海外搭建属于自己的话语平台。

1996 年，被誉为"全欧洲第一家私人办的中文报"的《欧华时报》，在意大利创刊。意大利温州籍侨领、《欧华时报》社长廖宗林坦言，办华文报纸不是为了赚钱，希望自己能够成为中意两地文化的传播者，让华人更好地融入意大利，让意大利人更好地了解中国、了解华人。报纸从创刊的那天起，廖宗林孜孜追求，坚持每期刊登一个"温州新闻"版面。2004 年开始，每期增加到 4 个"温州专版"，涉及温州政治、经济、社会的方方面面。经过几年发展，《欧华时报》业已发展成为全欧洲的第二大中文报纸，成为欧洲华人了解家乡的最重要渠道之一，更成为团结华侨、凝聚力量的纽带。2006 年，温州人王伟胜，收购了阿联酋国家电视台，改名为阿拉伯·亚洲商务卫视，成为中国民营资本成功进军海外传媒市场的第一人。

随着以中国为代表的新兴经济体的快速发展，特别是国际地位的提高以及随之而来的传播能力的提升，全球华文媒体在"一带一路"建设中必将迎来前所未有的发展机遇。华文媒体本身应该抓住发展机遇，推动全媒体态势下华文媒体的创新与转型，发挥华文媒体报道中国的独特优势，建立融通中外的华文媒体话语体系，增强中华文化的话语权和影响力。②

---

① 施雪琴：《华侨华人与中国在东南亚的公共外交：回顾与展望》，《创新》2013 年第 1 期，第 15—16 页。

② 陈竺：《在第七届世界华文传媒论坛上的致辞》，2013 年 9 月 7 日，载《亲切的关怀，殷切的期望——十八大以来中央领导同志关于侨务工作的论述，2013.1—2013.10》（内部资料），国务院侨务办公室，2013 年 10 月，第 49—50 页。

五　华侨华人是开展公共外交的
重要桥梁和纽带

　　"一带一路"建设既离不开中国的引领和推动，又离不开国际社会特别是沿线国家的积极参与和广泛支持，需要汇集起方方面面的智慧和力量。在这方面，公共外交工作可以也应该大有作为。① 在世界政治、经济、安全形势发生深刻变化的现实背景下，加强公共外交对扩大中外人文交流，增进世界各国对中国社会制度、文化传统、价值观念、发展道路的了解与认知，可以发挥积极作用。

　　华侨华人是开展公共外交的重要桥梁和纽带，是走向世界的公共"外交家"。以海外温州人为例，海内外温州赤子凭借自身的智力与财力，让世界看到了积极向上、生动真实的中国人形象，成为中外交往的民间大使，为改善中国国际舆论环境，提升中国的国际形象起着日益凸显的作用。祖籍温州永嘉的潘永长原本是意大利罗马一名普通华商。他在2004年罗马市新设移民议会选举中当选为议长。在议长任期满后，他出任了移民执行委员会主席，频繁地往来于罗马与温州之间，为两地的经济文化交流做了大量牵线搭桥的工作。

　　在中非西海岸的加蓬共和国，有一位知名的华商英才，他就是来自中国温州的徐恭德。他是GADICOM总裁、德嘉木业有限公司董事长、加蓬华侨华人协会会长，世界温州人联谊总会第二届理事会副会长。长期以来，他凭借在加蓬的社会地位及与上层社会各界的深入交往，在促进和加强中加友好合作关系、维护中国形象和华侨华人的合法权益、促进非洲国家坚持承认世界上只有"一个中国"的根本原则立场等方面，默默地做了大量的鲜为人知又卓有成效的重要贡献。在他的倡导和组织下，2003年成立了加蓬华侨华人协会，该协会是代表所有旅加中国籍华侨和华裔血统华人的唯一民间组织，是中加两国政府共同承认的合法的社会团体。宗旨是团结全体旅居加蓬的中国人和其他友好人士，为促进中加

---

　　①　席桂桂：《公共外交助力"一带一路"建设应抓好"五个一"》，http://www. pd-cec. com/bencandy. php？fid＝176&id＝39580。

两国人民及世界各国人民的友谊与进步，繁荣与强盛，与时俱进，开拓创新，共同奋斗。在商业上，他以"温州大使"的形象带动更多温州人往非洲发展，热心帮助当地人和华人，为当地经济发展做出贡献；作为一名侨领，他积极为中非两国的友好发展努力奋斗，为两地的公共外交贡献力量。①

从历史与现实来看，华侨华人因其自身内在的"中国属性"一直是中国走向世界的开路先锋与和平使者，是世界了解中国的一个载体和窗口，也是推动中国对外关系进步的助推器和润滑剂。当前，中国在崛起过程中还面临着诸多结构性压力以及交往过程中要应对的误解和摩擦。华侨华人作为中国与国际社会互动间的一个桥梁和载体，自然承担着一定的国家使命。海外华人尤其是第一、二代移民，受过长期华文教育，都有不同程度的"中华文化情结"，他们加入所在国国籍后，仍保留着中华民族的语言和文化习俗。改革开放以来，他们更关心中国发展，事实上，改革开放的制度设计与创新很多也是由他们献计献策制定出来的，如中国经济特区的建立和发展都不同程度地采纳了华侨华人的政策建议。同样地，如今他们也自觉自愿地把中国模式介绍到所在国，希望越南、马来西亚等东南亚国家能够借鉴中国发展的成功经验进而实现飞跃式发展。②

现在全球有 2.57 万个海外侨团。③ 利用侨团组织，展开合法交流。西方所谓的"民主"，是比较注重组织的。不管是政府官方色彩的商会，还是劳方的工会、移民团体，只要是有组织的统一发声，当地官方都会重视。作为西班牙最早最大的侨团——"华侨华人协会"，与其他侨团一起，一方面依照西班牙有关规定和章程展开工作，配合政府宣传有关法律法规，引导侨胞努力融入当地社会。另一方面，为争取华商的合法权益而不懈地努力。华侨华人的活动得到认可后，尤其是华侨华人被选为

① 《海外华侨华人与中国侨务公共外交的研究——以温州籍海外华侨华人为例》，2012 年 11 月 15 日，http：//www.wzzx.gov.cn/2013/list.asp？id＝5590。

② 林逢春：《华人华侨在中国公共外交中的功能与路径》，《五邑大学学报》（社会科学版）2013 年第 4 期。http：//www.faobserver.com/NewsInfo.aspx？id＝9692。

③ 吴刚：《以中华文化促进海外侨团健康发展》，《侨务工作研究》2015 年第 6 期，第 20 页。

外国移民论坛执委之后，华侨华人利用这一阵地，凡是有关移民政策的改变，西政府部门首先征求华侨华人的意见，发表有助于华侨生存的建议，展开有利于侨胞的活动。配合西政府和我使馆，做好两国高层互访配合工作。自20世纪90年代中、后期以来两国高层互访频繁。华侨华人做好高层互访配合，做好两国经贸文化交流互访的牵线搭桥工作。除了邀请国内政府经济文化侨务代表团访问侨居国之外，华侨华人也参与西方官方经济和文化代表团访问中国，从中牵线搭桥、联络，以及前期的准备、后续的落实工作。华侨华人还促成警方、商务、工会、议会代表团的互访。①

再以"百人会"和欧华联会为例。美国"百人会"是由一批在各自的领域做出杰出贡献的美籍华人组成。该组织成立20多年来，在争取华人权益、促进中美关系的改善等方面积极开展工作，发挥桥梁作用，推动两国公众相互认识和了解做出了突出贡献。欧洲华侨华人联合会，于1992年在荷兰成立。20年来，欧华联会一直致力于祖国统一，反对分裂，反对"台独""藏独""疆独"，欧华联会成为中欧双方沟通的平台。②

长期以来，日本侨报社通过举办中日作文大赛、创办汉语角等积极推广中日公共外交。华侨华人用日本人喜闻乐见的方式方法，把中国的政治、文化、历史，介绍给日本各个社会阶层的人士。这种努力发挥了公共外交的优势和作用，取得好的效果。③

华侨华人是中国现代化建设和发展的独特资源，也是中国公共外交中一支积极重要的力量。为了更好地实现中国的国家利益，中国政府可以从主体性、针对性和参与性三个方面转变思路，调整相关政策，发挥华侨华人在中国公共外交中的优势和作用。④ 华侨华人开展公共外交，有

---

① 徐松华：《旅西浙籍华侨华人与公共外交》，杭州侨网，2014—08—13。http：//www.hzqb.gov.cn/xcll/201408/t20140813_503924.html。

② 高伟浓、寇海洋：《试析海外新型华人社团在中国公共外交的文化中介功能》，载国务院侨办侨务理论研究武汉基地编《第八届海外人才与中国发展国际学术会议论文集》，2013年5月。

③ 《海外华侨华人是推进中国公共外交重要力量》，中国新闻网，2011—04—23。http：//www.liuxuehr.com/huarendongtai/2011/0423/1166.html。

④ 刘宏：《华侨华人与中国的公共外交》，《公共外交季刊》2010年第1期，第51—55页。

利于建立和谐友善的周边国际环境和国际关系，推进"一带一路"建设，加强与相关国家互联互通。

华侨华人是我国拓展民间外交的友好使者。中国倡导"一带一路"，得到沿线大多数国家的欢迎，也有少数国家仍有疑虑和偏见。随着华人华侨数量的迅速增长、经济实力的显著增强、社会政治地位的逐步提高，移民华人逐渐成为沿线各国的重要群体，可广泛参与推动非政府组织、智库和社会团体的交流，成为一支活跃在国际社会重要的民间力量。华侨华人可以积极向国外各个方面客观地介绍中国发展的特点、成果与面临的机遇和挑战，能让邻邦更好地了解中国，认识中国，努力展示一个开放、友好、自信的中国。华侨华人还可作为民间使者，与非建交国家交往交流，凝聚共识，培养感情，从而使"一带一路"成为一条互尊互信之路，一条合作共赢之路，一条文明互鉴之路。

公共外交是政府外交的重要补充，它通过民间手段开展工作，目的是促进两国人民之间的相互了解，推动两国友好关系的发展。侨务公共外交是公共外交的重要内容，海外 6000 万侨胞是国家重要的战略资源，是沟通中国与世界的天然桥梁。某些国家在公共外交方面有一些较好的经验和做法值得效仿，例如通过合理合法的手段进行游说，影响所在国对他国尤其是祖（籍）国的政策，犹太族裔在美国等地开展的公共外交就相当成功。①

国务院侨办副主任何亚非说，在"海丝"人文建设中，华人实业发挥主导功能。广大海外侨胞特别是侨领是弘扬中华优秀文化和促进中外文化交流的典范。华人侨社具有凝聚功能，在推动乡亲的生存与发展方面，具有很强的吸引力和凝聚力。华文教育具有留根功能，是中华民族慎终追远优良传统的重要体现。华文媒体发挥传播功能，为海外华人华侨架起了信息传递、沟通的桥梁，向海外各国宣传中国文化的内涵和传统文化魅力。②

---

① 何亚非：《华侨华人可在公共外交中发挥关键作用》，中国新闻网，2013 年 12 月 16 日。http：//www.chinanews.com/zgqj/2013/12－16/5621851.shtml。

② 《福建侨乡资源及海外华人华侨是海丝人文交流的纽带》，人民网—福建频道，2014 年 11 月 21 日，http：//fj.people.com.cn/n/2014/1121/c337006－22967240.html。

华侨华人可在公共外交中发挥关键作用。充分发挥广大华侨华人的优势，引导他们参与"一带一路"建设，无论是对于促进他们自身事业发展，还是助力中国、侨胞住在国和地区经济社会繁荣发展，将大有作为。华侨华人成为深化"海上丝绸之路"国际人文交流的生力军，华侨华人把中华文化优良传统带到海外，把东方的文明传递到世界各地，同时又以开放的心态去接受西方的文化，把西方文明带到中国。华侨华人在"一带一路"建设中可以牵线搭桥，为促进我国同有关国家建立和发展外交关系做出了重要贡献。

总之，华侨华人参与"一带一路"建设进程本身，有利于他们自身事业的发展。"一带一路"建设是合作共赢的过程，海外侨胞尤其是华商从"一带一路"建设中可以获得大好商机，专业人才能够得到施展自身才华的空间，而人文领域的参与者则可以成为中外交流的使者。华侨华人发挥自身优势，牵线搭桥，是促进中外友好的民间大使，华侨华人在讲述好中国故事，传播好中国声音，让世界对中国多一分理解、多一分支持上做出了重要贡献。

"一带一路"沿线浙籍海外移民
及其在新倡议实施中的作用研究

吴瑞君　陈　程①

"一带一路"倡议是推行我国当前新型外交的重要措施，有助于将我国国内经济转化为对外影响力。我国大陆海外移民（指移居海外半年及以上的中国公民和已加入居住国国籍的华人及其后裔）广泛分布于"一带一路"沿线国家，巨大的人才和资本优势，以及成熟的商业网络，使其具备融通中外的独特优势，成为助推"一带一路"战略发展的重要力量，在推动民间外交、弘扬中华文化、增进政治互信和深化贸易合作等方面发挥了重要的作用。

浙江省是我国重点侨乡之一，具有丰富的侨务资源。改革开放以米，浙江籍人士海内外流动加快，海外移民总量也由改革开放之初的居全国第九，上升至全国第五。本文基于浙江省 2014 年基本侨情调查数据，结合公开发表的统计资料，分析"一带一路"沿线 65 个国家浙江籍海外移民的基本特征及其网络关系，探讨如何发挥其在"一带一路"战略中的独特作用。

一　"一带一路"倡议与海外移民的逻辑联系

2013 年 9 月和 10 月，中国国家主席习近平在哈萨克斯坦和印

---

①　吴瑞君，华东师范大学社科处处长、教授；陈程，上海理工大学中英国际学院讲师。

度尼西亚演讲时，分别提出建设"新丝绸之路经济带"和"21世纪海上丝绸之路"的全面构想，两个倡议合在一起，就是我们今天所熟知的"一带一路"倡议。丝绸之路是中国自古以来对外商贸易、人文交流的陆路和海路通道的统称。此次"一带一路"倡议的提出，为丝绸之路沿线广大居民带来了互联互通、交流共融的重大机遇，是需要动员沿线国家及地区诸多有利因素才能共襄盛举的宏大国际合作工程。

作为党中央提出的重大全面构想，"一带一路"成为推进我国当前新型外交的一大亮点，"一带一路"秉承"亲诚惠容、睦邻富邻"的外交理念，通过和周边及丝路沿线国家实现政治互信、文化交融、政治沟通、道路互联、贸易自由、货币沟通、民心相连，深化区域合作，实现共赢的利益共同体。因此，"一带一路"倡议既有着经济意义上的考量，同时推进公共外交也是其重要内涵之一。这一倡议有助于将我国国内经济转化为对外影响力，通过强化经济文化交流，增进政治互信，减少误解和摩擦，塑造良好的国际形象和利于我国的国际舆论环境。

我国海外移民历史悠久，海外侨胞是移民的主体，留学移民也是重要的组成部分。华侨华人是中华民族复兴的主要动力之一，海外侨胞提供了中国现代化建设最急需的资金、现代化企业和国际营销网络，也是推进我国公共外交的重要力量。同时，海外华商网络覆盖至全球，成为国际资本的重要组成部分，其政治潜力及文化实力亦不断增长。"一带一路"倡议与留学移民的关系更加紧密，一方面，教育的国际化是"一带一路"倡议的重要组成部分，它无疑将推动教育国际化，并成为催生国际化人才的巨大市场。另一方面，对于活跃在全球化最前沿的留学生来讲，"一带一路"建设更是牵动着他们的发展前途和未来。

因此，掌握"一带一路"沿线各国华侨华人资源和留学移民资源，充分利用分布于沿线的海外移民在当地的政治、经济和文化等领域的影响，对于加快"一带一路"倡议的实施有着重要的意义。

二　"一带一路"沿线浙籍海外移民的社会人口特征

1. 人员数量众多，华侨身份为主，地区聚集明显

2014 年浙江省侨情调查结果显示，浙江籍海外华侨华人、港澳同胞达到 202.04 万人，海外留学人员 8.96 万人，分布于六大洲 180 个国家（地区）。此次"一带一路"倡议覆盖沿线及周边约 65 个国家和地区，浙江籍海外侨胞和留学人员则分布于其中的 55 个国家和地区，主要聚集于新加坡、希腊和匈牙利等国家。从调查对象在地区分布的状况来看，以东亚国家最多，占 38.57%；其次是中东欧国家，占 30.5%；分布在西亚和独联体国家的分别占 15.4% 和 14.82%；分布在南亚和中亚的相对较少，分别为 0.44% 和 0.27%。

表 1　"一带一路"沿线国家、地区浙籍海外移民分布状况

	东亚	西亚	南亚	中亚	中东欧	独联体国家	小计
人数比例（%）	38.57	15.4	0.44	0.27	30.5	14.82	100
国家数量（个）	11	14	7	4	14	5	65

分布于"一带一路"沿线国家和地区的浙江籍海外移民中，具有华侨身份者比重居于首位，占 70.1%；具有华人身份者占 17.8%；同时还有 5.6% 的为海外留学人员；另外有约 6.5% 无法具体统计其身份。由于浙江传统移民历史和成熟的移民网络，这些海外华侨华人活跃于住在国的政治、经济、文化和社会生活的各个领域，其中不少是高新技术、教育、金融等领域的专业人士，是"一带一路"建设的重要力量。此外，按照不同身份的分布差异来看，华人主要分布在新加坡和马来西亚等东南亚传统的移民输入地，所占比例分别为 61.06% 和 14.05%；海外留学人员同样分布在新加坡较多，达 56.34%，此外还有 8.83% 分布于马来西亚；华侨则是主要集中在匈牙利、希腊和新加坡，比重分别为 16.11%、12.84% 和 11.79%。

表2　　"一带一路"沿线国家、地区不同身份浙籍海外移民分布状况　单位：%

华人		海外留学人员		华侨	
新加坡	61.06	新加坡	56.34	匈牙利	16.11
马来西亚	14.05	马来西亚	8.83	希腊	12.84
印度尼西亚	4.72	乌克兰	5.87	新加坡	11.79
匈牙利	2.99	阿联酋	3.49	苏里南	8.18
斯洛伐克	2.23	泰国	3.41	乌克兰	7.68
希腊	2.2	菲律宾	3.18	阿联酋	5.47
泰国	2.71	俄罗斯	3.06	保加利亚	5.16
乌克兰	1.37	沙特阿拉伯	1.63	斯洛伐克	4.45
俄罗斯	0.94	波兰	0.89	俄罗斯	3.60
其他	7.73	其他	13.3	其他	24.63
小计	100	100	100	100	100

此次"一带一路"倡议致力于亚欧非大陆及附近海洋的互通互联，贯穿亚欧非大陆，一头是活跃的东亚经济圈，一头是发达的欧洲经济圈。丝绸之路经济带重点畅通中国经中亚、俄罗斯至欧洲（波罗的海）；中国经中亚、西亚至波斯湾、地中海；中国至东南亚、南亚、印度洋。21世纪海上丝绸之路重点方向是从中国沿海港口过南海到印度洋，延伸至欧洲；从中国沿海港口过南海到南太平洋。其中的东南亚地区作为"一带一路"优先战略方向，聚集的华侨华人超过3000万人。亚洲是华侨华人传统聚集区，而欧洲则是其新方向，分布的华侨华人约有250万人。由此可见，浙籍海外移民在"一带一路"沿线国家分布聚集的格局与"一带一路"重点合作地区布局较为一致。

2. 性别比基本平衡，年龄结构年轻

调查结果显示，"一带一路"沿线国家和地区的浙籍海外移民中，男性约占54%，女性占45.3%，男女性别比例相对较为均衡。此外，从年龄结构分析，分布于沿线国家和地区的浙籍海外移民中，20—59岁的劳动年龄人口占总人数的65.56%，其中20—29岁、30—39岁、40—49岁和50—59岁四个年龄段的人口分别占19.2%、25.31%、21.05%和8.46%。老年人口的比重相对较小，65岁及以上老年人口占比 3.57%，而 0—14 岁的少年儿童比例相对较高，达 14.42%。这主要是由于浙籍海外移民在其较为成熟的移民网络覆盖下，家庭化迁移日益成为主要趋势，很多家庭中的夫妻双方海外经商会将年幼的孩子一起携带出去。可见，分布于沿线的浙籍海外移民是一个丰富的年轻化劳动力群体。

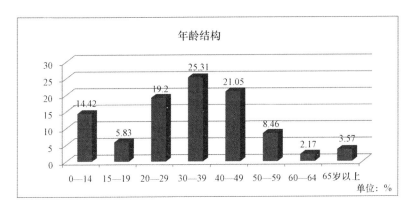

图 1 "一带一路"沿线国家、地区浙籍海外移民年龄结构状况

3. 大专及以上学历比重较高，沿线国家海外移民的智力优势相对明显

对 6 岁及以上海外侨胞的受教育程度的统计结果表明，分布于沿线的浙江籍海外移民中，具有大专及以上学历占 21.71%，初中及以下比重达 53.78%，而分布于海外的所有浙江籍移民群体中，具有初中及以下学历的比重为 61.62%。可见，分布于"一带一路"沿线的浙江籍海外移民学历水平相对较高，具有相对的智力优势。

4. 出国途径多样，海内外交流明显，国内外联系密切

浙江籍海外移民的出国途径方式多样，其中位列前三位的分别是：商务、亲属移民和留学，比例分别为 25.4%、16.8% 和 7.6%。以这三种方式出国的比例累计接近五成，为 49.8%。以亲属移民和探亲方式出国的比例累计为 21.3%，低于以商务方式出国的比例。根据 2014 年浙江籍侨情调查结果来看，浙江籍分布于海外的所有移民中，出国的方

式以亲属移民、商务和出国探亲所占比例较高，而集中在"一带一路"沿线国家的浙籍海外移民则是以商务出国的方式占比例最高。由此可见，集中于"一带一路"沿线国家的海外移民更多的是追寻商机而出国，他们往返于国内外，加强了双方的商业联系。此外，约有29.1%是以其他方式出国，方式多样，主要包括公司外派、涉外婚姻和国外出生等方式。

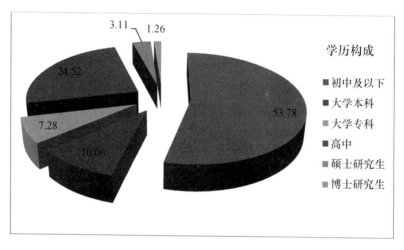

图2 "一带一路"沿线国家、地区浙籍海外移民学历构成

与此同时，在一系列海外人才政策和"浙商回归"的吸引下，近年来归国发展的海外华侨华人不断增加，"两栖"创业成为华侨华人创新创业的重要模式。海外侨商更是纷纷响应"浙商回归"的号召，目前浙商回归项目已达6204个。愈来愈多的华侨华人不囿于国籍，在祖籍国与侨居国之间跨国流动。在这种跨国流动的方式日益突破传统走向纵深、跨国流动频率不断加快的情况下，国内外跨国交往得到加强，这些跨国流动的移民成为促进国内与海外交流发展的重要桥梁和纽带，都是"一带一路"建设重要的人力资源、资本资源、文化资源、政治资源、科技资源和信息资源等综合性的"资源库"和"联络站"。

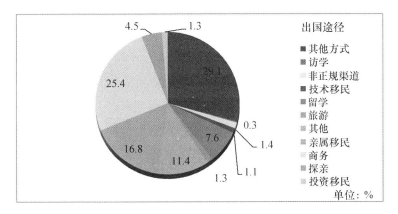

图3　"一带一路"沿线国家、地区浙籍海外移民出国方式分布

5. 在业人员比重高，行业发展与浙江省内传统优势契合

2014 年浙江省侨情调查的结果显示，15 周岁及以上调查对象中在业人员比重最高达 76.12%，不在业人员占 23.87%。进一步分析不在业类型结构，在校学生是其不在业的主要原因，占不在业人员比重的 73.6%，而具有留学身份的人口占在校学生的 29.76%；其次，全部不在业人员中，离退休人员占 17.46%；失业人员与其他不在业人员比重分别为 2.52% 和 6.41%。可见，分布于沿线的浙籍海外移民中失业人员的比例较小。

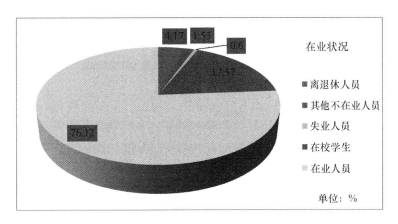

图4　"一带一路"沿线国家、地区浙籍海外移民在业状况

就不同身份的海外侨胞和留学人员是否在业的情况来看，海外留学人员中比重较高的是在校学生，占 81.29%，18.08% 是在业人员；华侨中 85.35% 为在业人员，有 10.48% 为在校学生，外籍华人同样是在业人员比例最高，占 55.2%，在校学生和离退休人员分别占 27.24% 和 14.26%。

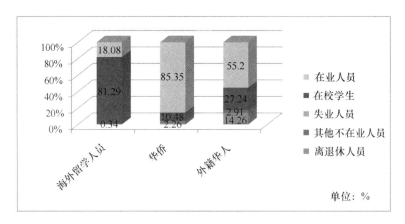

图 5 "一带一路"沿线国家、地区浙籍不同身份海外移民在业状况

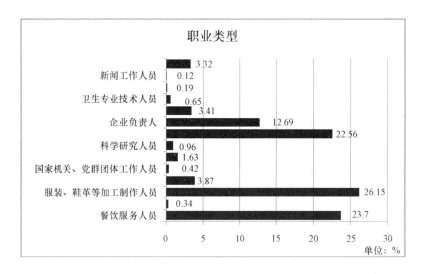

图 6 "一带一路"沿线国家、地区浙籍海外移民在业人员的职业分布状况

从在业者职业状况的统计来看，分布于"一带一路"沿线国家和地区的海外侨胞与留学移民中15岁及以上的在业者中，从事职业较多的是服装、制鞋、皮革等加工制作和餐饮服务，所占比例分别为26.15%和23.7%；其次是企业负责人员占12.69%；另有22.56%的其他在业人员无法详细统计所在职业，新闻工作人员和文艺工作人员占比重较少，分别仅为0.12%和0.19%。

从行业分布状况统计来看，沿线分布的浙江籍海外移民中15周岁及以上的在业者中，分布的行业中占比重最高的是批发和零售业，比重达45.1%；其次分别是住宿和餐饮业、制造业，比重分别为21.3%和18.57%。从事这三个行业的比重累计达到84.97%。可见，分布于沿线的浙江籍海外移民从事的行业较为集中。其余11个行业分布的人数比例较少，合计比重仅占10.36%，另有约4.67%无法统计。总体而言，与浙江省内传统优势行业较为契合。此外，这些在业者所从事的行业涉及较为广泛，并不局限于某个单独的行业。根据调查结果的统计，同时从事或曾经从事过两个及以上行业者占从业者比例达到2.5%。

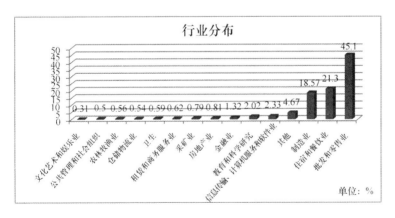

图7 "一带一路"沿线国家、地区浙籍海外移民在业人员的行业分布状况

进一步分析不同身份海外侨胞行业分布情况，不同身份群体行业分布状况不尽相同。其中外籍华人从事的行业比较集中在住宿餐饮、制造业和批发零售业，从事这几类行业的人数的比重分别为29.2%、19.96%

和19.2%；华侨较为集中的行业与华人类似，只是相对比例有所不同。海外留学人员虽然是在校学生占大多数，但是部分在业人员主要集中于信息传输、计算机服务、教育和科学研究以及金融业，比例分别为28.08%、16.99%和10.59%。

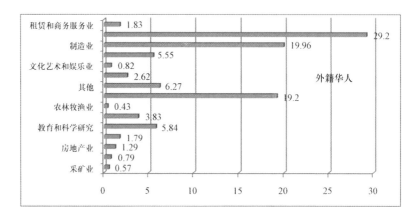

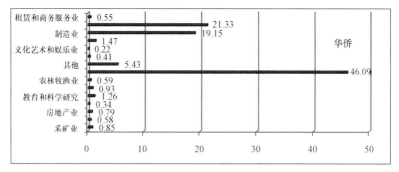

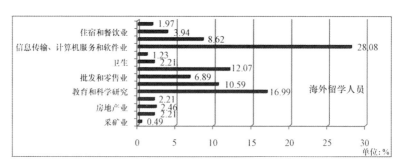

单位：%

**图8 "一带一路"沿线国家、地区浙籍海外移民分身份的行业
分布差异**

三 浙籍海外移民在"一带一路"倡议实施中的作用

浙籍海外移民规模大，广泛分布于"一带一路"沿线的国家和地区，并主要聚集在作为"一带一路"优先建设方向的东南亚等地区。行业分布集中，具有成熟的生产营销网络，与国内交往密切。广泛地活跃于住在国的政治、经济、文化和社会生活的各个领域，是中国与"一带一路"沿线国家最天然、最直接的桥梁和纽带，是可以依赖的一支独特的力量。他们既熟悉住在国的政策法规、文化环境与风土人情，又与故乡亲人血脉相通、同根同源，通晓双方贸易规则和惯例。在"一带一路"建设中，应该充分发挥浙籍华人华侨在推动民间外交、弘扬中华文化、增进政治互信和深化贸易合作等方面的重要作用。

1. 利用空间集聚和人力资本优势，发挥文化辐射作用，促进文化交融

文化传播是不同社会、区域和群体在交往中所产生的文化互动现象。在全球化的今天，各国文化的国际传播及跨文化的交流与碰撞、冲突与融合成为一种新的常态。"一带一路"建设，首先摆在眼前的就是巨大的文化鸿沟，重视并善于发挥海外移民对话友好力量在经贸与文化交流上的作用，化解文化障碍，需要充分调动海外移民作为中外沟通桥梁和民间外交使者的角色。长期以来，浙江华侨华人通过华侨社团、华文媒体和华文教育等多种渠道为中华文化的海外传播做出重要贡献，在全球化语境和"一带一路"倡议实施过程中，促进浙江华侨华人及海外留学人员在海外传播中华文化，更是需要借助于华侨社团、华文媒体和华文教育这三大支柱的力量实现民间交流的对接。要将华文传媒和华文教育作为文化传播的重要平台，充分发挥华侨华人社团文化传播主力军的作用。

同样地，在异国他乡，华侨华人和留学人员的存在本身就是一种文化载体，置身海外的每一位中国人都是传播中国文化的"种子"。浙江籍海外移民在"一带一路"沿线人员数量众多，空间分布相对集中。他们从事贸易、餐饮和零售批发业等，与当地居民接触频繁，更多地展现的

是中国人勤奋拼搏、诚信守法和中华民族文明友善的优良传统和博大精深的中国传统文化,以潜移默化、喜闻乐见的方式弘扬传播中华文化,扩大和深化对住在国民间的文化辐射作用。在"一带一路"进一步深化合作的大背景下,为了实现各个领域的密切合作,必须得到沿线各国人民的支持,加强人民友好往来,增进相互了解和传统友谊,为开展区域合作奠定坚实民意基础和社会基础。人文先行、争取民心,增强沿线国家命运共同体意识。

2. 发挥浙籍侨领等社会人士作用,增强政治互信,推动政策沟通

实现"一带一路"建设合作的基础和前提是实现政治互信。由于意识形态的差异,以及部分西方言论对中国的妖魔化,让很多国家对中国产生各种误解和排斥。加上中国国有企业的官方背景确实容易引起沿线国家的警惕和误解,使一些国家的政府和人民对中国提出的"一带一路"构想并不理解和支持,存在较多顾虑。可以说,政治因素是目前中国与"一带一路"国家合作的主要障碍,很容易造成合作的不畅或失败。作为侨务大省的浙江,目前有浙籍华侨华人为骨干的社团735个,分布于68个国家和地区,这些华侨华人直接参与居住国的政治,有着较为深厚的政商人脉网络,同时与国内交往密切,很多的华人华商企业掌握着所在国家的经济命脉,有不少华人直接参与居住国的政治,有着较为深厚的政商人脉网络。同时,也积极参加国内的两会,为国家的发展献计献策。因此,充分利用这些华人政治领袖的影响力,需要借助于这些比较有影响力的华侨领袖,传递"一带一路"构想之互利性和光辉前景,加强相关国家和地区对中国新丝绸之路建设倡议的认同和支持,协助中国政府和中国企业化解政治风险,规避不必要的麻烦,促成中国与居住国的合作,增强政治互信。

同时,广大华侨华人既心系祖国,又通晓所在国的政治、经济、社会和法律等方面的情况,在推动中国与沿线各国交流与沟通方面大有可为,通过构建多层次从政府到民间的、从行业到企业的政策沟通交流机制,推动利益融合,促进政治互信,达成共赢的合作机制。在推动区域合作规划和协议的制定实施,及时反映、帮助解决合作中出现的问题,为推动"一带一路"务实合作及大型项目的实施提供法律和政策上的帮助,化解法律风险,开发人力资源。

3. 利用已有华商网络，结合"浙商回归"助推浙江省内企业"走出去"

海外浙商与中国经济休戚相关，分布于海外的浙江籍侨胞从事的行业分布与浙江省内产业布局较为契合。当前中国经济进入"新常态"，传统产业面临转型升级，而"一带一路"倡议则赋予了其可行性。"一带一路"建设将会强化与沿线各国的经贸互惠和产业建设，中国本土产业与海外华人华侨产业的对接，利用已有海外华商网络，激活产业资源是促进国内外华人经济"双向转型"的有效路径。浙江作为开放大省，又是"一带一路"规划中圈定的 18 个重点省份之一，当前，浙江省经济发展进入人均 GDP 突破 9000 美元、工业化加速发展阶段，无论是经济实力、外汇储备还是产业水平等都具备"走出去"的条件。"一带一路"倡议的落地已经成为推动浙江外贸平稳增长的积极力量。

"一带一路"区域覆盖的总人口约 44 亿，经济总量约 21 万亿美元，分别约占全球的 63% 和 29%，许多都是发展中国家、新兴经济体，对商品的市场需求潜能巨大。沿线区域的浙籍华商集中的纺织、服装等在"一带一路"区域有着广阔的市场，随着国内劳动力成本的提高，浙江的轻工、纺织、服装、建材等劳动密集型产业到这些国家寻求海外投资的机会，将整个产业链外迁，实现本土化生产，在降低生产成本的同时，通过资本对接，接力海外华侨华商网络，有序引导企业"走出去"，并在"一带一路"沿线兴建境外生产加工基地和经贸合作，全方位参与海外并购，加快推进部分产业向沿线国家或地区的梯度转移，实现优势互补、融合发展。同时，借助于"浙商回归"，在"走出去"的同时"引进来"，通过并购、合作等途径引进先进的生产技术、管理方法，及时提升企业自主创新能力与核心竞争力。

参考文献

王子昌：《"一带一路"战略与华侨华人的逻辑联系》，《东南亚研究》2015 年第 3 期。

《"一带一路"连接海外华侨华人》，《中国社会科学报》2015 年 3 月 9 日第 A05 版。

蔡建国：《充分发挥华侨华人在"一带一路"战略中的力量》，《人民政协报》2015年6月11日第004版。

浙江省人民政府、浙江省侨办：《2013年浙江侨情调查报告》。

中国报道网，http：//www. chinareports. org. cn/news － 13 － 25491. html。

郭剑波：《浙江籍华侨华人社团概论》，《八桂侨刊》2002年第4期。

《海内外侨讯》，《人民日报（海外版）》2011年第6期。

丁建辉：《浙江籍人士投资创办海外媒体研究》，《浙江学刊》2011年第6期。

杨卫敏：《"一带一路"战略与海外统一战线的拓展——以浙江实践为例》，《重庆社会主义学院学报》2016年第4期。

陈成吨：《华人华侨在"一带一路"战略中的地位与作用》，《龙岩学院学报》2015年第4期。

《习近平谈治国理政》，外文出版社2014年版，第290页。

窦勇：《"一带一路"建设背景下广州开展华侨华人统战工作的思考》，《广州社会主义学报》2016年第2期。

王文：《发挥浙江在"一带一路"国际贸易支点城市的重要作用》，《浙江经济》2015年第13期。

《2015全球浙商高端论坛共话"一带一路"下的浙商发展新出路》，http：//zj. people. com. cn/n/2015/1021/c228592 －26877366. html。

俄罗斯浙江籍华商与中俄
"丝绸之路经济带"建设

——基于莫斯科大市场的实地调查

于 涛①

浙江人向来以敢拼敢闯，勤劳、聪明、善于经营闻名于世，特别是浙江的温州人，其商业企业广泛存在于全球各地。笔者在 2012 年和 2014 年两次到莫斯科大市场对当地华商的生存环境和状况进行调查，其中涉及温州籍华商。本文主要以相关调查资料对浙江商人和企业的特征加以总结，并结合中俄"一带一路"合作建设，初步探讨浙江华人企业在其中的作用。

一 莫斯科华商大市场调研概况

"大市场"是中国人对华商在当地经营场所的称呼，是当前大部分华商在俄罗斯的最主要经营场所，类似于中国改革开放初期大棚式的批发市场，最初就是露天的，但后来俄罗斯法律禁止露天市场，就在外部上方及四周加上了塑胶材质并用铁皮材质包围起来，这也是俄罗斯较为特有的建筑，内部再划出一个个摊位，一个摊位属于一个商户。自 20

---

① 于涛，哈尔滨工程大学人文社会科学学院，中国社会科学院民族学与人类学研究所博士后。

世纪 90 年代中后期，中国人就开始聚集在被称为"一只蚂蚁"（измайловская）的集装箱市场，① 华商人数也越聚越多，市场规模越来越大。但好景不长，2009 年俄罗斯总检察院调查委员会和莫斯科政府以商品不合法、市场卫生条件恶劣为由，突然就关闭了这个市场，没收了大量华人商品。这次事件在中俄两国引起了不小的震动，市场关闭对华商是一个沉重的打击，很多中国人以护照不合法为由被遣送回国，还有一些华商把货物低价甩卖后伤心地离开了莫斯科，最后仅仅约有三分之一的华商留了下来。"一只蚂蚁"虽然关闭了，但以"大市场"为经营场所的方式并没有改变，留下来的又重新寻找和开辟了一些新的经营场所：莫斯科东南部留步利诺（Люблино）和不远处的萨达沃（Садовод）市场；在大环 19 公里处又建立了一个市场，中国人称为"19 公里市场"，少数华人也在其中购买了摊位；另外还有在大环 44 公里的莫斯科西南国际商品城，又称为西南市场。尽管在莫斯科有如此多的华商可以进行经商活动的场所，但当前最主要的经营场所还是留步利诺及其附近的萨达沃，本文的实地调查资料也是在这两个市场中获取的。

商人们批发零售货物的主体楼面积大约 3 万平方米，近两年又开始扩建，是钢筋铁皮建筑。在主楼的四周，有很多小玻璃屋，这也是摊位，每个不到 20 平方米，外面的相比于里面的价钱较便宜，但冬天冷，夏天较热。市场里面，要比原来的老市场整洁、舒适。但没有窗户，通风也不好，所以一进屋就感觉比较闷，并伴有一股特有的味道（可能是食品味道）。市场分若干个区，横向以俄语字母为序，纵向以阿拉伯数字为序，每家商铺都有字母加数字的门牌号，如 M—85。每个区从头到尾有 100 多个箱位，单双号各在一侧。每个箱位宽度约为 3 米，还有更窄的，长也就是 5 米至 10 米。

---

① "一只蚂蚁"市场是指在莫斯科市区东部的 измайловская 地铁站附近的一个市场，由于市场内的大部分摊位是由废弃的集装箱改装而成，所以称为集装箱市场，商人承租的摊位又被称作箱位。又因为 измайлов 的俄语发音"伊兹玛依罗夫"酷似中文"一只蚂蚁"，所以该市场又被当地华商称为"一只蚂蚁"大市场。这个市场属于一名叫伊兹玛依罗夫（измайлов）的阿塞拜疆人。苏联解体后他买下了这块地，建起了大市场，最终成为莫斯科乃至欧洲最大的服装鞋帽等日用品批发市场。

箱与箱之间挨得较近，里面摆满了各种商品。商场内以货品分类划区，如鞋区、针织服装区、饰品区等。走到箱位里，服装、鞋帽散发的味道就更浓了。每个箱位的空间虽然比较小，但价格都是非常昂贵的。考虑到风险，大部分华商并不购买而是承租，承租也分旺季和淡季，据华商讲旺季好地点的箱位承租费一个月就要人民币20万元。

市场是中低档日用消费品的主要批发管道。在市场中经营的商户不仅有中国人，还有俄罗斯当地人，加盟共和国和原独联体国家的商人，越南人也不在少数，实质上是多个族群共同汇聚的场所。中国商品的质优价廉深受当地人的喜爱，特别得到俄罗斯及其周边国家的底层群众的青睐，因此华商在市场中占有重要地位。市场上每天都有大量的来自莫斯科周边、俄罗斯其他城市和一些原独联体国家的采购者。莫斯科的商业虽已相当发达，但形式还比较原始，各国商品就是通过这样的场所和渠道，通过这样一个庞大的商业网络，销往俄罗斯各地和独联体各国。因此，市场实质上是全球化的场域，进行的是区域化经济贸易，但形成的是没有发达国家更多是发展中国家参与的低端全球化的经济贸易体系。在"大市场"，以华商为主体已经初步形成一个华人社会。华人社会主要以市场上从事中国商品贸易的华商为主，又可分为从国内获取货源和代卖他人商品的两类商人。围绕着这两类群体又形成了各类华人服务业：为华商的货物运输和存储提供服务的各种物流和储运公司；为华商餐饮和住宿提供服务的各种档次的中餐馆及宾馆；为华人办理签证、身份、机票购买和咨询的各种中介服务公司；提供信贷、外汇兑换和向国内汇款等方面的金融服务的非正规华人中介公司；还有专门提供通讯服务的通信公司；为丰富中国人文化生活而兴起的华人媒体和报纸。总之，华人的各种需求在这里都会得到满足，除了周围生活的大多是外国人，其余的跟国内没有太大的差别。

在市场中到底采取怎样的一种经商贸易方式，他们是如何获取国内商品，又是怎样运输到莫斯科进行销售的？中国国内是商品的生产地，提供充足的货源。当前国内企业的生产能力极为旺盛，在国内内需不振的情况下，需要对外寻找消费市场。国内的很多公司极为重视俄罗斯市场，把俄罗斯作为产品的重要出口区域。因此，华商要想从国内获取货源也是较为容易的。很多华商都在国内有专门的公司供应货源，或者自己在国内建立了工厂和生产基地。获取货源后，就需要从国内发货。当前从事中俄贸易的物流和运输公司较多。华商可根据自己货物的货值、重量、时效性，选择汽车运输、火车运输、海运或者空运。一般来说，货值低、重、时效性不强的，选择前几种运输方式；货值高、时效性强的，选择空运。那么这些货物如何过关进入俄罗斯呢？一般有两种管道：第一，正规的一般的进出口管道，即在中俄双方正式报关（通关）、商检，各种手续档齐全，正式报关出（入）境；第二，特殊的过货管道，即极具俄罗斯特色的"包机包税"的运输清关方式。苏联解体后俄罗斯为便利外国商品的进入，允许关税含在运费里，按重量收运费和税费，称为"包机包税"。这种方式逐渐成为中国商品进入的主要管道，又被称作"灰色清关"。[①]在俄罗斯用"灰色清关"要比用正常方式进入更有优势，商品进入的成功率也高，这就使大家自然不会主动采用正常通关。商品到达后，华商就需要在市场进行商品的销售活动。

中国人在俄罗斯"大市场"的这种经商方式被称作"跨国直销"，即指中国商人或公司通过某种方式进入俄罗斯，从中国发货，自己在俄通关接货，在当地寻找销售点，自己销售的商业模式。这是一种不通过外国中间商直接在海外市场销售商品，是将进出口业务与海外市场营销融为一体的贸易形式。这种方式是苏联及东欧一些国家特有的一种贸易形式，这些国家在转型过程中还未建立起类似于美国等发达国家的市场经济体制，外国商品直接可以进入其市场，不需要任何中间商。这种贸易

---

① 所谓"灰色清关"，是指华商在莫斯科市场上销售的国内商品通过专门的清关公司办理入关，但由于各种原因并没有提供合法的入关手续。"灰色清关"的开始，是因为20世纪90年代初苏联解体后，俄罗斯急需进口大量便宜货品，然而俄海关清关手续烦琐，关税混乱。为了鼓励进口，简化海关手续，俄罗斯海关委员会允许清关公司为货主代办进口业务。这些公司与海关官员联手，将整架飞机的货物以包裹托运的关税形式清关。后来，此清关方式被推广到海运、铁运和汽运，统称"灰色清关"。在"灰色清关"的实际操作过程中，清关公司与部分腐败海关官员相互勾结，采取谎报货物或瞒报货值等手段以减少税费成本，为己牟利。而中国客商往往拿不到通关手续证明，海关、商检、产地证明等必要档更无从谈起，这就造成商品进入俄境内不具有合法地位。

又被称作"倒爷"贸易，华商又被称作中国"倒爷"。① 随着中俄民间贸易的不断发展，这种以"倒爷"个体行为的跨境贩运，逐步向组织化、规模化过渡，开始由最初的倒爷自己背货乘火车往返于中俄之间，贸易数额小、信誉差，发展到国内有实力的大企业以相当多的资本大规模地运作，并进行采购、运输、清关和分销等专业化的分工合作。在中俄两国大量的贸易物流公司相继成立，它们不仅要组织货物的运输，而且最重要的是负责通关。适应这一新的变化，很多"倒爷"成了当地的"坐商"，他们不再奔波于中俄两地，而是专门在莫斯科负责接收、批发货物。与此同时，相对于原来"倒爷"流动性较大的特点，华商也开始寻找一些固定的经营场所，即当前经营场所"大市场"。

在大市场进行经商的销售活动，华商首先必须要找到一个固定地点，也就是所说的"箱位"。箱位可以直接购买，但价钱很高，大部分人都需要承租，而承租的价钱也是华商很大的一笔支出。承租到箱位后，就要把在国内交给物流公司的货源在市场中接下来，从而有了货源。"接货"一般都是自己同国内直接联系而获取的货物，还有很多人没有直接同国内联系，而是大批或少量地获取当地华商的货源，这被称作"扣货"和"代售"，也是货源组织的方式。有了货源，就需要把商品出售出去，这就是卖货。在莫斯科市场卖货程序较为简单，双方依靠的都是一些口头协议，并都是以现金交易。收回钱款，还需汇回国内。因为银行有数额限制，而且收费较高，因此通过银行汇款的不多，大部分都通过市场内的非正规方式汇回国内。② 商品销售出去，并要顺利地

---

① "倒爷"的称呼产生于20世纪80年代初，是中国从计划经济向市场经济转变的特有现象。主要源于我国在商品价格上实施双轨制，后来，政府逐步取消了价格双轨制，"倒爷"在中国失去了存在的土壤。而此时中苏关系逐步正常化，允许双方人员往来，对方轻工业品极其缺乏的消息通过各种管道传递到国内。"去俄罗斯做生意一星期能挣一辆奔驰"，这类极富煽动性的说法在国内广泛传播开来。国内很多人开始把目光转向了俄罗斯和东欧，并想方设法携带各种急缺商品进入当地，高价售出后再返回国内，称为"国际倒爷"。

② 在市场上有很多中国人专门做换汇和汇款工作，他们跟国内都有联系，所以华商换汇和汇款都找他们。这可能也算是一种洗钱，但在这里也没有更好的管道了。每个华商都会找一个比较可靠的汇款人，长期在一个人处汇款就形成关系户，在手续费方面有一些优惠。一般汇款得经历两次换算，先把卢布给这些汇款人，他们按照一定的汇率换成美元，然后在国内再折合成人民币，当然在折算过程中收取一定手续费。

汇到国内，才算真正地完成经商的整个环节。华商正是通过在莫斯科市场的这一系列经营活动，完成了中俄民间贸易这一商业链条中的最重要的环节——销售。

二 大市场中浙江华商特征

浙江商人很早就有向外迁移的传统。19世纪末和20世纪40年代，浙江人曾两次大规模地漂洋过海，前往日本和欧美等地以及港澳地区创业。改革开放后，浙江商贸兴盛，民营企业迅速发展，浙商铺天盖地。在俄罗斯浙商的发展则是在20世纪中后期，相比于东北、北京等北方地区的华商，他们有怎样的特征，在俄罗斯市场中占有怎样的地位？根据笔者的初步调查和判断总结出浙江商人的几大特征。

首先，经济实力强，发展速度快。在莫斯科市场调研时，一提到浙江及温州商人，华人们都争相称赞，认为他们的产品有竞争力，经济实力强。在市场中以浙江温州商人为主，已形成了"温州帮"，与早期的"北京帮""东北帮"和"福建帮"并称为"四大帮"。浙江处在中国经济较为发达地区，相应的浙江商人观念新，信息灵通，管理水平高，加工业发达生产成本低，产品销量大，无论是从人数还是经济实力方面来看，在市场上已占有重要地位。因为市场中的华商较为分散，很难统计出浙商的具体数字和经商状况，但据一些早年到莫斯科的浙江老华商估计：20世纪90年代在俄罗斯的浙商只有30多人，现在超过3万人，俄罗斯的小商品市场是浙商的天下，出售占比在75%左右，100元的单子，浙商就能接到75元。总体来说，浙江商人实力已不可小觑，未来将成为在俄华商的主力。

其次，重视同乡关系，地缘组织性强。中国人较为重视家族、地缘等初级群体的关系，从自己熟悉的地方迁移到一个陌生的地方，特别是去异国他乡经商赚钱的大事则一定需要熟人的介绍和帮助，因此，在这种同乡关系基础上形成的社会关系网络对华商的迁入及最初适应异国环境是极其重要的。这种特征在浙江温州人身上表现得最为明显，以下是笔者调查的温州商人的案列。

阿 B 家是典型的温州商人,他们家很早就在莫斯科经商了。最早的时候是他的父亲和叔叔在这里,两个人合伙来做。早期在莫斯科做生意是非常赚钱的,有了最初的原始积累后,他们就在北京建了自己的工厂,生意也越来越大。后来,随着阿 B 的父亲年龄越来越大,他就在国内经营工厂,他的叔叔留在这里。但他叔叔后来又自己分家单干了,阿 B 的姐夫就又来到这里,阿 B 的姐夫一个人不能支撑,就又找到了同乡 DH。因为都是老乡,对 DH 也了解,DH 人年轻、能干,最重要的是外语特别好,所以就看中了 DH。当时,DH 没有资金,主要出力,但也作为合伙人,年终要分红利。这样阿 B 的父亲就在国内管理产品的生产、运输,阿 B 的姐夫和 DH 在莫斯科进行销售。阿 B2011 年才来到莫斯科,当时刚刚大学毕业没有理想的工作,他的父亲也想让他历练一下。2012 年 3月份的时候是跟他姐夫一块在这儿,但他姐夫国内有事先回去了,所以很多事情就得他和 DH 来处理。在这里阿 B 也有很多亲属和老乡,遇到事情也会请他们帮忙。

浙江商人的亲属和老乡的这种观念是非常强的,他们在这里生存主要靠的就是这种亲属和老乡的关系网。阿 B 家最早过来的时候,实际上就是同自己的亲属共同来做,后来,亲属自己独立门户,又找到了老乡,因为都非常熟悉,所以也是很信任的,就是靠着这样的一种乡土关系网络在当地生存并适应下来。同时,浙江商人很抱团,他们成立了各种同乡会组织,在俄罗斯有 9 个浙江籍的同乡会,还有浙江华侨华人联合会,把莫斯科和其他城市所有浙江籍商会统一起来,拧成一股绳。碰到问题,由总会出面一同解决。

再次,与国内联系紧密,重视根文化。王春光对法国温州移民的研究,提出"根文化"概念。他认为"根文化"是每个族群得以生存和发展的深层文化基础,是"第二层空气",在他们的日常生活和社会结构中得以体现和建构。在移民和代际交替过程中,虽然"根文化"的具体内容会有所变化,但是总体文化格局在不断建构中得以持续,这是因为它们是移民在移入地与移出地之间获得生存和发展得以依托的生活价值和资源,确保他们与移出地仍然能维持情感、价值和社会、经济的联系。① 本文所调查的莫斯科浙江籍商人也明显体现出这一特征。在俄罗斯华商与到欧美发达国家的华商最大不同即是并不以定居为目的，实质上是一批跨国倒买倒卖商品的生意人，是一批跨国淘金者。他们跨越国界来到莫斯科，其主要目的就是把廉价的中国商品带入进行销售从而获取经济利润，与国内保持着紧密的经济和社会联系。他们来此的主要目的就是经商赚钱，大部分人还是表现出"落叶归根"的心理状态，最终还是要回国的。如以上介绍的阿 B 的个案，他的父亲随着年龄的增长，现在已经回到国内，在国内管理厂家，阿 B 得在这里独挑大梁。当前他们家的经商模式即是阿 B 他们年轻人留在莫斯科进行商品销售，阿 B 的父亲在国内管理工厂进行商品生产和运输，形成跨国经商网络。阿 B 也多次表示，他也更愿意回到国内，国内的亲属同学更多，更有归属感。

三 中俄民间贸易发展与"丝绸之路经济带"建设初探

2013 年 9 月中国国家主席习近平在哈萨克斯坦提出"建设丝绸之路经济带"倡议，同年 10 月习近平主席在印度尼西亚提出与东盟建设"21世纪海上丝绸之路"的合作构想，由于这一倡议涉及中国的经济、政治、外交等方面的长远规划，因此在中国也被称为"一带一路"倡议。② "一带一路"倡议的提出为中俄关系特别是经济贸易发展提供了新机遇。中俄是"一带一路"建设中两个重要的国家，双方在"一带一路"建设的重要现实意义、目标及合作思路方面越来越清晰，两国有关部门不断加强"一带一路"建设问题的沟通和交流，在有关政策方面已经达成共识。这突出表现在 2015 年 5 月 8 日两国在莫斯科发表了《中华人民共和国与俄罗斯联邦关于"丝绸之路"经济带建设和欧亚经济联盟建设对接合作的联合声明》，中方支持俄方积极推进欧亚经济联盟框架内的一体化进

---

① 王春光：《中国海外移民的根文化建构研究：以巴黎的温州人为例》，《华人研究国际学报》2012 年第 1 期。

② 王子昌：《"一带一路"战略与华侨华人的逻辑连接》，《东南亚研究》2015 年第 3 期。

程，并将启动与欧亚经济联盟经贸合作方面的协议谈判。俄方支持丝绸之路经济带的建设，愿与中方密切合作，并着力推动落实。这将有利于双方深化利益交融，更好地促进两国的发展振兴。中俄正在就"一带一路"建设合作问题进行紧锣密鼓的洽谈，在条件成熟时分阶段推进，合作建设"陆上丝绸之路经济带"（"西丝带"）、已经列入国家规划的"中蒙俄经济走廊黑龙江陆海丝绸之路经济带"（"东丝带"）以及未来富有前景的"北极丝绸之路经济带"（"北丝带"）。"西丝带""东丝带"和"北丝带"形成中俄"三向一点"的"一带一路"格局，双方合作建设"一带一路"将随着"路"的畅通而拉动沿线地区和国家经济社会的稳步发展，从而形成互利共赢的"经济发展带"。①

"一带一路"倡议建设为中俄民间贸易发展提供了新机遇。自1992年以来，中俄贸易额已经从最初的56.8亿美元增长到2014年的952.8亿美元。在"一带一路"倡议与欧亚经济联盟成功对接等诸多有利因素的推动下，中俄双方将分享更多的共同利益，双方的经贸合作将更加畅通，再上新台阶，将实现并突破2015年双边贸易额达到1000亿美元的预期目标。而民间贸易在中俄贸易中占有重要的地位和极大的分量。中俄双方将不断完善双边经贸合作的配套服务，着力不断完善双边经贸合作的物流体系，大力发展中俄跨境电子商务，不断改善两国海关通关条件，努力实现两国经贸合作的资金融通，这些都将极大地促进中俄民间贸易的发展。

作为中俄民间贸易的执行者和实践者之一的浙江华企，在中俄贸易中起着重要作用。正是因为有他们艰辛又充满风险的一系列商业活动，不仅实现了自己在当地淘金的目的，客观上也为当地民众提供了物美价廉的商品，推动了中俄两国的经济发展。也正是因为有着这些华商群体的存在，通过他们跨国式的商贸活动，国内的商品才能源源不断地运输进来并销售出去，为国内中低档商品开拓了巨大的海外市场，为国内过剩的商品找到了新的出路。浙江华企华商对中俄贸易的发展做出了重大贡献，并已成为一支举足轻重的生力军。他们在莫斯

---

① 姜正军：《中俄共同建设"一带一路"与双边经贸合作研究》，《俄罗斯东欧中亚研究》2015年第4期。

科及一些大城市，开始创办义乌国际商品中心，打造浙江企业的特色。同时，他们也开始积极探索中俄民间贸易的一些新形式，如很多人经营范围已突破了大市场，成立了公司进行经营，电子商务时代的到来也为华商带来了新机遇，一些人开始尝试利用互联网进行跨国贸易。同时，"一带一路"倡议的实施将为浙江华商的跨国贸易发展提供新机遇，而其跨国式的商业活动也必将为中俄经贸发展及"一带一路"建设做出更大的贡献。

第 二 篇

海外华人政治与文化

从勤奋优秀的留学生到
"作弊""飙车"的"富二代"?

——浅析"新世纪留学潮"

[美] 令狐萍[①]

一 前言:对"新世纪留学潮"的定义

2008 年,中国的 GDP 达到 314045 亿元。[②] 中国超过日本,成为世界第二大经济体,仅次于美国。改革开放三十年来,中国经济与贸易的迅猛发展及近三十年的接近与连续双位数的 GDP 增长率,[③] 使得中国从贫穷落后的经济弱国一跃而成为"世界第一制造厂""经济强国"。在欧美日多国经济不景气的背景下,在世界经济观察家认为中国经济将崩溃的预言下,中国的经济发展持续抵抗传统经济周期的下滑性(gravity),并挑战美国世界经济霸主的地位。与中国的经济发展相适应,从 2008 年起,中国留美学生的数量也直线上升。截至 2015 年年底,中国累计出国留学

---

① 令狐萍,博士,美国杜鲁门州立大学历史系教授,斯坦福大学胡佛研究所客座研究员,中国教育部长江学者讲座教授,华中师范大学武汉侨务理论研究中心、国务院侨务办公室侨务理论研究武汉研究基地教授,暨南大学华人华侨研究院客座教授,丽水学院名誉教授。

② 《数据简报:1980—2014 年中国各年度 GDP 及增长率一览》,中国经济网,2015 年 1 月 20 日,http://intl.ce.cn/specials/zxxx/201501/20/t20150120_4389486.shtml(accessed 2016-6-22)。

③ 同上。

人员已达 404.21 万人，年均增长 19.06%；返华人数也在不断增加，从 1978 年的 248 人增加到 2015 年的 40.91 万人，累计返华人数达 221.86 万，年均增长 22.46%。[①]

笔者暂时将近十年来中国汹涌的海外留学现象定义为"新世纪留学潮"。在中国近代史上，每一次重大的社会经济变化都伴随着"出洋留学"的涓涓细流或汹涌潮流。在鸦片战争中被"船坚炮利"的英帝国击败的清政府，被迫发愤图强，开始"以夷制夷"的"洋务运动"，派遣少数留学生到欧美学习西方的先进科学技术。推翻帝制的中华民国，采纳西方宪政与资本主义制度，也不断选派留学生到海外学习。除了公费出国的留学生，更多近代中国的留学生来自中国的中上层社会阶层与有基督教背景的家庭。[②] 中华人民共和国成立后，中国政府也继续选派留学生到欧美，但更多到苏联与东欧社会主义国家学习深造。[③] 改革开放以后，抵达欧洲、美加、澳洲、日本等发达地区与国家的留学生数量日增，开始形成潮流。但是，只有新世纪以来的中国留学生，在各自的留学国度，逐步占据所在国海外留学生的最多数，成为经济呆滞时期国外高校（与某些私立中学）重要的财政收入，改变所在大学校园的人文景观，甚至影响某些学校的管理制度与某些教授的授课方法。根据这批留学生出国的时间之新近——新世纪（21 世纪的开始）、数量之多——占美国、英国大学国际学生的三分之一，以及消费能力之大——95% 的美国奢侈豪华

---

① 《中国留学生如何提高留学含金量》，http：//scanews.com/studying-abroad/% E4% B8% AD% E5% 9B% BD% E7% 95% 99% E5% AD% A6% E7% 94% 9F% E5% A6% 82% E4% BD% 95% E6% 8F% 90% E9% AB% 98% E7% 95% 99% E5% AD% A6% E5% 90% AB% E9% 87% 91% E9% 87% 8F% EF% BC% 9F/ （accessed 2016 - 10 - 28）。

② Mary Raleigh Anderson, *A Cycle in the Celestial Kingdom* （Mobile, Alabama：Heiter-Starke Printing Co., 1943）; Huping Ling（令狐萍），"A History of Chinese Female Students in the United States, 1880s - 1990s." *Journal of American Ethnic History* Vol. 16, No. 3（Spring 1997）：81 - 109; Y. C. Wang, *Chinese Intellectuals and the West*, 1872 - 1949（Chapel Hill：The University of North Carolina Press, 1966）.

③ Huping Ling（令狐萍）， "A History of Chinese Female Students in the United States, 1880s - 1990s." *Journal of American Ethnic History* Vol. 16, No. 3（Spring 1997）：81 - 109; Leo A. Orleans, *Chinese Students in America：Politics, Issues, and Numbers*（Washington, D. C.：National Academy Press, 1988）.

车的买主为中国留学生①，笔者将其定义为"新世纪留学潮"。

大批中国留学生，不仅对中国的经济产生不可估量的影响，也推动留学国的经济与文化发展，引起海内外媒体、中国政府与留学国政府的关注。近年来，媒体的报道与政府的统计报告，都不在少数。但是，学术界对此社会群体的研究仍落后一步，对于这一庞大的社会群体的表象、实质、发展趋势及其对母国与留学国的现实与长远影响，尚未有太多研究与成果。本文是笔者为补充此一缺憾的粗浅尝试，以便抛砖引玉。

在新世纪留学潮中，由于人数众多，鱼龙混杂、良莠不齐的现象比以往的留学潮更为突出。由于中国与世界政治经济文化的变化发展，相比于前辈留学生，新生代的中国留学生更为复杂多面。他们之中，有勤奋刻苦的优秀学生，但也有"学术差、不诚信"的学生，② 以留学为名但将学生身份作为移民跳板的"挂靠生"③，更有醉心奢华生活方式、炫富"飙车"的"富二代"。④ 而后者展示的特殊奢华与媒体对此的过度宣传，遮蔽了传统以来中国留学生刻苦勤奋、学业优异出色的正面精英形象，更导致美国许多名校开始减少或限制录取中国留学生，为日后中国留学生在美国留学的经历与发展留下阴影，成为中国留学运动的隐患。⑤ 此外，留学生所在国的本地主义者与别有用心的政客，也会以中国留学生中出现的不良现象，以偏概全，诋毁攻击中国与中国人的形象，煽动当地的反华情绪。

本文拟透过纷繁复杂的表面现象，梳理分析其背后包含的本质与原因，探查新世纪留学生的就业趋势及其更为广大、深远的意义与影响。本文选取笔者与中国留学生、美国本地学生、美国高等院校教职员工以及中国留学生家长的口述访谈、中美两国官方机构与私人研究智库的数据报告、中英文报章杂志的观察报道，以及现有中英文学术期刊发表的

---

① 黄惠玲：《中国留学生追车族豪掷万金美国新大亨》，《世界日报》2016 年 6 月 8 日。

② 黄惠玲：《学术差、不诚信中国留学生遭劝退主因》，《世界日报》2016 年 6 月 4 日。

③ "挂靠生"指以留学生签证入美的个人，在美国大专院校注册保持其学生身份，但主要目的是寻找机会滞留美国。

④ 黄惠玲：《中国留学生追车族豪掷万金美国新大亨》，《世界日报》2016 年 6 月 8 日。

⑤ 陈志武：《从美国名牌大学金融系停招中国学生看中国教育和文化对职业发展的影响》，http：//hx. cnd. org/? p = 126136（accessed 2016 - 06 - 23）。

研究论文，观察评价新世纪中国留学生的学习、生活与就业趋势等方面，希图从中找出经验教训，为我国的留学政策与实践提出管见。

二 新世纪留学生的特性与原因

根据美国国际教育学会（Institute of International Education，简称 IIE）的数据，中国赴美留学生在 2008—2015 年的八年中，连续以两位数百分比增长，至 2015 年年底，中国留学生已超过 30 万（304040 人），占到美国高校国际学生总人数的近三分之一，成为美国高校最大的外国留学生群体。[①] 与以往的中国留学生相比，新世纪留学潮中的留学生有何特色？笔者认为，不同于传统的中国留学生，新世纪留学生存在着经济状况优越，注重社会媒体，注重实用性学科与知识等特性。下面，我将逐一分析这些特性及其产生的原因。

（一）经济状况优越

新世纪的中国留学生，与其前辈中国留学生相比，经济状况大为优越。中国留学生较优越的经济条件，是中国经济发展、国民生活水平提高的直接反映。同时，大批经济条件优越的中国留学生将资金带往国外也反映出中国中上层社会阶层对中国政治经济前途的不信任。此外，中国教育制度中的弊病，尤其是"一考定终身"的高考压力，造成中国父母将教育投资转向国外。中国经济高速发展对中国生态环境的压力与生存环境的恶化，以及食品污染与不安全，都成为中国留学生成倍增长并且日益低龄化的原动力。最后，世界政治经济文化的全球化或一体化，也使跨洋求学比以往更为可行。

1. 中国留学生优越的经济状况反映中国三十年来经济的迅速增长。中国改革开放三十多年来，中国城乡国民生活水平普遍提高。尤其是在一二线城市的居民，其工资水平比 25 年前增加 35 倍以上（而欧美发达国家中产阶级的同期收入仅增加不到一倍）。

---

① 《中国留学生"占领"美国高校遇到这些问题》，http://scholarsupdate.hi2net.com/news.asp? NewsID = 19880（accessed 2016 – 05 – 08）。

2. 反映国民对中国教育制度弊病、生态环境恶化的忧虑。中国的教育制度在近年来问题丛生。特别是高等教育，其学术水平与发达国家相比仍处于落后的局面。我国高校学制与课程设置呆板有限，不能培养迎战世界经济的人才。高校扩招后，大学生数量增多，学生质量下降，学位含金量亦相应降低。许多中国学生认为国内大学只是制造文凭的工厂，而大学毕业生就业困难，赚钱的潜质极为薄弱。根据中国政府的统计数据，中国大学毕业生半年后的平均月薪为 539 美元，甚至低于建筑工人的工资。①

中国大学的管理严格，校园生活具有严密的组织性。国内大学的教授与学生无法上"脸书"（Face Book）与"谷歌学术"（Google Scholar）等网站搜索。

在中国经济高速成长的同时，自然环境日趋恶化。工厂排放的废气废料造成空气、水源、土地污染。食品制造商的弄虚作假，导致有毒食物的频频出现。中国北方重工业城市与首都北京常见的雾霾，更驱使中国居民向国外寻求子女的教育机会。

《纽约时报》2016 年 6 月 23 日登载的一篇报道，揭示了环境污染对中国儿童的毒害。2016 年 5 月，北京第二实验小学白云路分校的一些学生出现流鼻血、皮疹、晕眩等症状，该校的学生家长在参加学校举办的家长会议时，注意到学校操场的橡胶跑道发出强烈异味，因此联名发出抗议，要求学校撤换跑道。该案与年初北京、上海等地报道的学校操场跑道造成学生生病的现象一致。案发学校均使用河北某工厂生产的合成橡胶跑道。经调查发现该厂生产的橡胶跑道使用包括废弃车胎在内的廉价原料。对此教育部要求中国各地学校，利用暑期检查撤换危害健康的橡胶跑道。②该报道与数年前的三鹿牌毒奶粉事件及其他有毒食品事件凸显环境污染与食品安全，这成为中国民众生活的隐患，一定程度上促使有能力的家长将子女送到国外读书。

---

①　《10 个留学生最多的美国大学》，http：//scholarsupdate. hi2net. com/news. asp？ NewsID ＝ 20061（accessed 2016 - 06 - 04）。

②　Owen Guo，"China Vows to Replace 'Poisonous' Running Tracks at Schools." *New York Times*，June 24，2016.

3. 反映全球化的政治经济文化趋势。美国国际教育学会（IIE）发布的《2015美国门户开放报告》显示，从总量上看，中国赴美留学生占中国出国留学总人数近60%，同比增长了10.8%，这是连续第八年以两位数的速度增长。[①] 中国赴美留学生人数的逐年增长，反映出全球化的政治经济文化趋势。下列因素具体展现全球化对中国社会的影响。

首先，全球化使中国中产阶级强烈意识到海外教育的重要性甚至必要性。中产阶级的家长尽力为自己的子女提供优先教育，以便他们在强烈的竞争下能够先人一步。为了不让孩子落后在起跑线上，拔苗助长式的各种形式的早教在孕妇的十月怀胎期便已开始。孩子出生后更要强化早期教育，从识字数数到琴棋书画，从中国古典诗词到外语学习，中国的家长们竭尽全力灌输给孩子。海外留学的年龄也逐步降低。还在中小学时期，有经济能力的家长会带孩子参加暑期的出国游学团，到英美的著名大学参观访问，甚至注册短期训练班或工作坊，让孩子"摘花问路"，为将来留学做准备。中国的家长认识到留学对于孩子的成长来说，一方面能开阔视野，进入另一种文化中进行学习，有助于思维方式多维度发展；同时，留学更多的意义是丰富了人生经历。他们也知道，无论是在中国还是海外，大学的排名在一定程度上决定了学生能得到的校园环境、教育资源、校友资源，也为其知识结构、思维能力、实践水平的提升提供了一定的保障。[②]

其次，中国经济在全球经济中的举足轻重地位也使海外教育背景成为求职晋阶的有利条件。现在很多中国企业想要走出去，急需有海外背景的人才帮忙开路，包括前期谈判和后期落地，都需要海归从中助力。如果留学生在外读书期间能充分了解国际市场，有宽广的人脉，返华后就能成为企业求之不得的人才。[③]

---

① 《中国高端留学到底"高"在哪里呢》，http://scanews.com/studying-abroad/%E4%B8%AD%E5%9B%BD%E9%AB%98%E7%AB%AF%E7%95%99%E5%AD%A6～%E5%88%B0%E5%BA%95%E9%AB%98%E5%9C%A8%E5%93%AA%E9%87%8C%E5%91%A2%EF%BC%9F/（accessed 2016 - 10 - 28）

② 令狐萍在美国斯坦福大学胡佛研究所研究访学期间于2016年暑期与众多国内的小游学团队的接触访谈。

③ 《中国留学生如何提高留学含金量》。

再次，全球化带动了中国留学中介服务产业的发展与成熟。比起以往中国留学中介市场那种粗放式、量贩式和套路化的运作模式，目前中国国内已经有很多留学教育机构在开拓高端留学市场，或推出高端定制留学服务，旨在增加学生被名校录取的概率。①

最后，中国政府也深知海外留学对中国与世界的政治经济文化影响，因此对海外留学采取支持鼓励的态度。中国的高质量留学生一旦成为国际性人才，带给自己的是人脉财富，带给中国的则将是更多的国家利益。留学生作为"民间大使"，以对话等形式传播中华文化具有广泛性和深入性两大优势。以留学生个人为圆心，通过社交网络和日常交流等可向其周围人群进行辐射，也能在一定程度上弥补官方传播的局限。中国的青少年也逐步认识到，出国留学，不仅是为了一纸文凭，更多的是去理解留学国的文化内涵，同时也通过教育资源的交换，增进中国与世界上其他国家之间文化的互联。同样，对于留学生而言，能在这种文化沟通过程中有所作为，对于自身的进步、文化沟通能力的增强和获得更好的留学契机也必然有所帮助。②

（二）注重社会媒体

与三十年前的中国留学生相比，不少新世纪的中国留学生会花更多时间在社会媒体圈里，在学习态度上容易满足于表面知识与一知半解，比较缺乏锲而不舍的韧劲与耐心。

1. 沉溺社会媒体圈。由于社会媒体日益成为商业与娱乐的重要工具，社会媒体圈成为中国留学生获取、交流信息，会友娱乐的主要渠道。在课堂上，与美国学生相比，中国留学生更沉溺于埋头"滑屏"，而不用心听讲。面对新世纪的学生对智能手机过分上瘾，许多美国大学教授在其教学大纲（syllabus）中明文规定：上课时间不能开手机。美国学生对此政令一般遵从。而不少中国留学生则阳奉阴违，选择坐在教室的后部，以书本掩盖手机，忙于"滑屏"。③

---

① 《中国高端留学到底"高"在哪里呢》。
② 同上。
③ 令狐萍的田野调查，2010—2016 年。

2. 满足于表面知识与一知半解，导致违反学术诚信行为。由于网络时代信息的极大丰富与容易获取，新世纪的中国留学生缺乏沉下心来、专心致志、刻苦钻研的学习精神与良好习惯。一心二用或一心多用（multitasking）是新世纪青年颇为自得与自诩的特点。走路、读书时戴着耳机听音乐是新世纪青年的普遍形象与生活方式。"一心不能二用"是我们自幼学来的常识与经验。现代科学研究也不断证明"一心二用"，看似高效率，实则事倍功半。比如斯坦福大学近年有关 multitasking 的研究，发现人的大脑在被迫同时进行两项活动时，每项活动的效率都大大降低。① 长期一心二用，会养成注意力不集中、容易分心的弱点，因此难以适应要求脑力高度集中、难度大的学习与科研项目。这种缺陷也无形中导致新世纪的中国留学生迫于学习压力，求助于作弊、剽窃的"捷径"，或其他违反学术诚信的活动。根据美国留学生综合教育机构最近发布的《2016 留美中国学生现状白皮书——劝退学生群体状况分析》，在美国求学时被学校劝退的中国留学生，其中 70% 在美国就读时间不到两年。在被劝退学生中，40% 以上为大学本科生。该报告整理分析了在 2013—2016 年 2914 名中国留学生被劝退原因的数据。结果显示，在过去一年中国留学生被学校劝退的两个主要原因，分别为"学术表现差"（占 40%）和"学术不诚信"（占 33%），而后者的比率，由前一年的 25% 增至33%。其他原因包括"缺勤""行为不当""不了解学校基本规范""心理问题"以及"挂靠、签证及其他问题"②。

3. 缺少耐力与恒心，难以胜任学术难度大的功课与研究项目。与上面的分析相关联，由于网络时代更容易获取信息与知识，新世纪的青年缺乏前人"世上无难事，只怕有心人""铁棒磨成针"的耐力与恒心，因此难以适应美国高等教育中，特别是研究生教育中难度大、综合性强的复杂学术与科研项目，更在毕业后的求职过程中"初试不

① Adam Gorlick, "Media multitaskers pay mental price, Stanford study shows." *http：// news. stanford. edu/2009/08/24/multitask-research-study* – 082409/ （accessed 2016 – 06 – 24）；"Multitasking Damages Your Brain and Career, New Studies Suggest." http：//www. forbes. com/sites/travis-bradberry/2014/10/08/multitasking-damages-your-brain-and-career-new-studies-suggest/Forbes, Oct 8, 2014.

② 黄惠玲：《学术差、不诚信中国留学生遭劝退主因》，《世界日报》2016 年 6 月 4 日。

利"。下面一则故事，说明这种缺陷对中国留学生的近期与长远的不利影响。

前不久跟一位美国名牌大学金融教授谈博士研究生招生政策，他说他们今后可能不再招收中国博士研究生了。这不是种族歧视问题，他自己也是中国人，而是因为过去多年的中国学生，开始学习成绩都好，后来做博士论文研究时虽然未必突出，但还可以，可是等到毕业上学术市场找教职岗位时，都表现不好，没办法找到一流大学教职。所以，他们不想再浪费时间培养中国学生了。实际上，不只是他们大学有这个打算，我所在的耶鲁和其他大学，也讨论过同样的问题，虽然我们没有决定完全停招中国学生，但从那以后，就有意识地少招或者偶尔不招。[1]

（三）注重实用性学科与知识

新世纪的中国留学生，与其前辈相比，显得更为实际与功利。在对学科的选择上，他们多偏重实用性的学科与专业。在学习态度上，他们多急功近利，偏重指南性知识，而不屑社会科学、人文科学知识与人伦道德修养。在社会交往上，他们封闭于中国留学生的小圈子，与美国社会融合有限。

1. 缺少理想主义，注重实用技术。新世纪的中国留学生，多遵从家长的意见选择毕业后工作有保障、收入稳定甚至丰厚的专业。在笔者教书的大学，读本科的中国留学生几乎清一色选择会计与商业管理专业。这种现象虽然与该校本科的会计专业在美国排名居高有关，但有以小见大的示范作用。纵观全美大学，中国留学生的专业取向基本以商业、工程、计算机与数学的顺序排列。根据美国国际教育机构（ITE）的公开数据，在2014—2015学年有304040名中国学生来美国留学。其中181176名为本科生，152199名为研究生，28871名为其他留学生。而在所有的中国学生中，26.5%的学生选择商科，19.7%选择工程专业，12.4%选择计算机和数学专业。同年有43114名中国留学生利用OPT（Optional Practi-

---

[1]　陈志武：《从美国名牌大学金融系停招中国学生看中国教育和文化对职业发展的影响》，《财经》2016年第15期。

cal Training，为在美国持有 F1 留学生签证者毕业后的实习阶段）留美工作。① 接近半数的中国留学生在毕业后返回中国，成为"海归"。② 但是，参考从中央到地方的海归引才政策不难发现，金融、管理、人力资源等专业并非国家及地方发展的首要稀缺人才。各省市对海归人才需求其实已经细化到小的学科分支，生物科技、新材料新能源、机械装备制造等专业出现的频率最高。③

2. 向"钱"看，不向"厚"看。专注实际利益，缺乏历史人文知识与道德修养。"学养深厚"，"厚道""憨厚"被看衰。新世纪的中国留学生，与前辈留学生相比，非常功利实际。他们随波逐流，大步向"钱"走，再也不回头向"厚"拱手。中国传统道德信仰的为人处世要"厚道""宽厚待人"的品德，已为一些新世纪青年摈弃。我国知识界尊重的"学养深厚""厚德载道"等高贵品质，已不为某些新世纪青年仰望。在如此重利轻义的道德观指导下，不少新世纪留学生成为鄙薄真才实学、急功近利的浅薄浮夸者。

美国加州圣玛利学院英文系教授徐贲在 2016 年 6 月与搜狐文化的对话中，谈到当今中国的青年（也包括美国的青年），仅仅满足于"浅层阅读"，无兴趣于"深层阅读"。他感叹道"我们为什么要强调深层阅读呢？因为浅层阅读的习惯有可能代替深层阅读，阻碍深层阅读。……现在年轻的大学生就有这个毛病。我的感觉是，他们比 90 年代的大学生和研究生退步了，以前的情况要比现在好得多"。④

3. 与美国社会融合有限。由于中美教育制度的差异与语言的局限，中国留学生在多元化的美国校园中，仍然"故步自封"，在学习上不善于课堂讨论与小组作业，业余时间不愿意加入学生社团，更不擅长参与志愿活动和社会实践来丰富自己的简历。一名姓范的中国留学生告诉《华尔街日报》的记者，自 2013 年到美国以来，他只交了两个美国朋友，一

---

① 《10 个留学生最多的美国大学》，http：//scholarsupdate. hi2net. com/news. asp？ NewsID = 20061（accessed 2016 – 06 – 08）。

② 《中国留学生如何提高留学含金量》，侨报网，2016—10—23。

③ 同上。

④ 徐贲：《当今中国社会是一个心知肚明的假面社会》，《新华文摘》，http：//hx. cnd. org/？ p = 126527（accessed 2016 – 06 – 30）。

个是前室友，另一个是通过网络认识的当地酒吧员工。他说，"来美国之前我想着交很多美国朋友，不过到了这里以后才发现，语言和文化差异的确是个问题"。①

虽然少数人与美国学生或其他国际学生在课堂之外接触交往，多数人的社交活动范围一般局限于中国留学生的小圈子。一名俄勒冈大学的中国留学生感到，她周围的中国留学生大都过着"课堂上课、图书馆自习、宿舍里跟其他中国人打游戏"的生活。"大家好像都认为只要读好书、考好试就行了。这很可惜，因为拿到美国文凭后，你对美国来说只会是个过客。"她还认为，中国学生爱扎堆的习惯实际上与人多人少没有绝对关系，就算只有几个人他们也可能形成封闭的小圈子。② 美国中部某大学，自 2012 年以来，中国留学生人数成倍增长，从原有的 10 人左右，跃增至 150 人之多。由于中国留学生人数增加，在中国留学生内部出现地域性的小团体，被称为"山东帮""江苏帮""深圳帮"等。③

三　中国留学生趋势与思考

新世纪的留学生在就学时与毕业后的趋势出现许多新特点，包括就学时专业转换的多变性、毕业后就业选择的多面性以及毕业后流向的多向性。我将在下文具体解释。

（一）多变性

多变性的现象一般包括两个方面。其一为专业的转换，其二为由单一的学位到双学位、多学位。

1. 专业转换：从文科转为商科、资讯科；从理科转为商科、资讯科。进入美国大专院校后，在教授与国际学生导师的指导下，在与美国学生和其他中国留学生交换信息后，中国留学生逐步了解美国教育制度，开

① 《中国留学生"占领"美国高校遇到这些问题》，http：//scholarsupdate. hi2net. com/news. asp？NewsID＝19880。
② 同上。
③ 令狐萍的田野调查，2008—2016 年。

始学会利用美国高等教育制度的灵活性与包容性，转换专业。转换专业的现象一般有两种：第一种，在美国学习一个阶段之后，发现最初选择专业不一定就业率高，因此，"跳槽"转换院系或专业。第二种，在美国学校学习一个阶段之后，发现自己功课吃力，成绩不佳，便转换到自己认为比较"容易"的学科或专业。[1]

2. 从单一学位到双学位与多学位。利用美国大学学制的灵活与包容性，不少中国留学生选择双学位或多学位。根据就业需要，双学位或多学位一般呈现如下模式：文科主修 + 多媒体学科辅修，理科主修 + 商业管理科辅修，计算机科学主修 + 商业管理科辅修；跨学科主修；自行设计多学科主修等。[2]

（二）多面性

中国留学生不止进入科技文教界，更多人进入金融界、财务管理业、房地产业，还有少数人成为投资者、收藏家。例如，在密歇根州立大学毕业的林奈刚，看到中国留学生强大的消费能力，购买了学校附近一家KTV。虽然这家 KTV 位于一座不起眼楼房的二层，亦无显眼招牌，但总有大批中国留学生光顾，夜夜笙歌。林奈刚成为企业家。[3]

（三）多向性

中国留学生毕业后的就业选择不再是单向（海华—海外华人，或海龟—海外归国学人）流动，而是多向流动（留学国——母国，留学国——第三国，第三国——母国，第三国——第三国等）。

四 新世纪留学潮对留学国的影响

（一）经济影响

虽然少数中国留学生的表现不尽如人意，令美国教授与行政人员摇

---

① 令狐萍的田野调查，2008—2016 年。
② 同上。
③ 《中国留学生购买力旺盛》，《世界日报》2014 年 5 月 6 日。

头叹息。但是，一般来说，美国州政府与公立高校对国际留学生是张开双臂欢迎的。美国许多公立大学的财政经费，自 2008 年经济萧条以来，不断受到州政府的裁剪压缩，在"节流"之外，仍入不敷出。因此，各校争出奇招，"广开财源"。很多学校实行学费"双轨制"，即本州学生与外州或国际学生的学费标准不同。一般来说，外州或国际学生的学费为本州学生的一倍甚至数倍。因此，招收或扩招留学生成为美国大学的重要财源。

以俄勒冈州立大学为例。据《华尔街日报》报道，面临州财政预算削减，俄勒冈州立大学 10 年前决定招收更多的国际学生来增加收入。这一政策执行后，州政府过去 5 年内平均为每位在校大学生的拨款下降了45％。自费留学生需要缴纳比州内生源高两到三倍的学费，根据专业热门程度不同，本州生源每年学费为 3000—4000 美元，而留学生每年学费高达 1.2 万—1.4 万美元。

相比美国学生，国际学生不但学费贵，而且享受奖学金的比例也小。根据美国大学招生官员的估计，60％—70％的美国学生享受全额或半额奖学金；而在中国留学生中，本科生几乎清一色全是自费，研究生一般靠给导师打工挣点学费，能拿到全奖的一般都是博士生。

一方面美国各州政府对本州公立大学给予财政支持，而扩大招收留学生，让州立大学富起来，不但支撑起州立大学扩建，还给州政府省下一大笔开支。美国公立学校扩招国际学生仍然是赚钱生意。美国全国广播公司曾报道，美国的教育是"生意"，而中国留学生是"大客户"，2013—2014 学年，中国留学生为美国经济贡献了 268 亿美元。①

（二）政治影响

由于新世纪中国留学生多处于求学与奠定职业基础阶段，他们对美国社会的政治影响还来日方长。但是，从媒体报道与学者的田野调查，我们也可以明显看到新世纪中国留学生对美国校园政治的部分影响。不少中国留学生认识到参与社会、参与政治的重要性，在忙碌的学业之外，

---

① 《中国留学生占领，美国高校遇到这些问题》。

积极投身各项课外活动，为改变中国留学生的负面与刻板形象起了重要作用。[①]

（三）文化影响

中国留学生大军受到美国州政府和校方欢迎，但却为大学教师们带来烦恼。据不少美国大学教师反映，大量的中国留学生难以融入班级，也跟不上课程进度，这些中国留学生并不适合在美国接受高等教育，以至于教师不得不调整授课内容和教学目标来迎合他们。然而也有舆论认为，鉴于中国留学生在班级里的比例，美国教师据此调整教学内容和方式是合乎情理的。至少从中国留学生的角度出发，他们花了大价钱来美国"买"教育，某种程度上，得到"量身定做"的教育也是情理之中的。[②]

大批中国留学生涌入美国校园，大学城变成中国城，这对中国留学生是冲击。对那些想走出中国人圈子、更好地了解美国社会的留学生，反而被中国人圈子拉住，走不出来。目前在州立大学读书的中国学生中也有人在考虑转校，他们表示不想在跨越了半个地球后仍然感觉是在国内上学。逃离大城市和知名公立大学，这似乎成了留美中国学生择校的一个新趋势。[③]

五 留学生就业面临的新挑战

在中国学生和家长心中，留学的价值经常被等同于一张海外高校的文凭以及一口流利的外语；留学的意义在很大程度上是找到好工作。但随着海归人数不断增加，靠一张洋文凭"吃遍天下"的时代已经过去。如何为留学增加含金量，让自己在求职大军中脱颖而出，成了令海归深思的问题。[④] 下列分析值得国内家长与有关人士参考。

---

① 令狐萍的田野调查，2008—2016 年。
② 《中国留学生占领，美国高校遇到这些问题》。
③ 同上。
④ 《中国留学生如何提高留学含金量》。

（一）考证有助求职晋升

"注册金融分析师"或"特许金融分析师"（CFA，Chartered Financial Analyst）资格证一直被视为进入投行的"敲门砖"或"华尔街的入场券"，它是全球投资领域最严格、含金量最高的从业资格证书，由美国CFA协会颁发。自20世纪60年代中期第一次举办考试以来，CFA已毫无争议地成为全球金融第一认证体系。英国《金融时报》指出，CFA的持有人可以相对容易地进入全球一线金融机构，比如瑞士信贷集团、美林证券、花旗银行、德意志银行、加拿大皇家银行和中国招商银行等。证书含金量高、市场认可度高，考取的难度自然不低。据介绍，CFA考试分为3个等级，想要通过，必须精通股票、债券分析和其他资产衍生工具等，并具备较高的金融投资行业工作能力。[①]

（二）抓紧"一带一路"机遇

在"一带一路"的背景下，中国对国际人才的需求热度不减。伴随着海归人数的逐年递增，中国对国际化人才要求也在逐年提高。中国与全球化智库（CCG）主任王辉耀表示："在未来中国的发展战略中，具备高素质、高技能的海归的价值会越来越大，尤其是在高科技领域，海归的优势展现得更为明显。此前，海归返华带回来的是技术，之后是模式，如今带来的是理念和创新的思维模式。从实际案例来看，海归有非常强的创新思维和专业技能，更容易就业成功。"留学生们在选择专业、学校时，不妨观察近五年内国家人才需求，再结合个人的特长和兴趣做好个人职业生涯规划。[②]

（三）海外工作经历加分

现在的海归群体基本分为两类，一类是从海外名校毕业的高才生，这些人不是因为出国才变优秀的，洋文凭只是锦上添花，无论在哪儿，他们都是站在求职金字塔顶端的人。另一类是我们常说的院校背景不那

① 《中国留学生如何提高留学含金量》。

② 同上。

么突出的小海归，如果单靠文凭找工作，在中国就业市场上几乎不占优势。这时就要看你有没有相关行业的工作经验。根据启德教育 2016 年 6 月发布的《海归就业报告》，66% 的受访者觉得海外工作经历有助于日后求职，能让自己在职场上尽快适应并进入状态。调查显示，海归群体内部因为海外工作时间长短，存在明显的收入差距，具有 5 年及以下海外工作经验的海归，在中国的平均年收入为 16.5 万元；而具有 5 年以上海外工作经验的人，平均年收入达到 26.71 万元。启德调查团队还发现，中国目前大部分岗位在招聘中并不会对海归区别对待。62% 的企业人力资源主管更看重应聘者的专业技能。此外，沟通力和执行力也是企业重点考察的方向。有 84% 的企业主认为，海归最应具备的技能是流利的外语，其次是创新能力。留学生想要返华顺利就业，最好在出国前根据自身情况，理性规划学习和职业目标，如果有海外工作经验，返华竞争力就会大很多。不过有关人士提醒，想获取有用的工作经验，留学生最好不要打零工，利用一个假期去正规公司实习，才能有完整系统的体验。①

（四）进行"有营养"的社交活动

中国学生远赴海外学习生活，除了要克服语言和心理上的障碍，"社交关"也是必须面对的一道坎。很多学生虽然身在海外，但每天接触最多的还是"自己人"，为了找到安全感和归属感，留学生往往沉溺于"中国圈子"。在华盛顿州读书的翌晨把"中式交际圈"比作双刃剑，它使刚到异国的中国留学生迅速摆脱孤独，也使他们的交流范围大大缩小。不过在翌晨看来，"有没有圈子没那么重要，关键是你必须具备进入、积累和保持圈子的能力"。他表示，很多中国学生习惯了两点一线的生活，天天在图书馆和宿舍之间徘徊，全部精力只为成绩达到 3.8 或 4.0，这样做无可厚非，但"当我们学有余力时，也可以尝试参加一些'有营养'的社交活动。其实除了文凭、在海外的实习工作经验、考取的证书等，还有很多无形的软实力，比如独立闯荡的能力、分析解决问题和适应环境的能力等，这些都是留学的附加值，而且是课堂上学不到的。如果能保持较高的自律意识，同时不断尝试新鲜事物，那么留学经历对很多人来

---

① 《中国留学生如何提高留学含金量》。

说都是财富"。①

六　结语

自 2008 年中国成为世界第二大经济体以来，中国赴美留学生人数连续八年以双位数增长，占全美国际学生的三分之一。不同于传统的中国留学生，这些新世纪的中国留学生具有经济状况优越，注重社会媒体，注重实用性学科与知识等特性。他们在美国的教育与工作生活经历，对中国、美国或他们日后居住的第三国的经济政治及文化都会有深刻的影响。他们本身的优势与弱点，以及美国、中国与全球政治经济的发展变化，使他们的留学与就业前景充满与他们的前辈留学生所不同的挑战与机会。但是，同他们的前辈留学生一样，如何利用留学国的各种资源，充实提高自己，加强自身的竞争力，为母国与所在国做出贡献，应成为新世纪留学生的首要目标。

① 《中国留学生如何提高留学含金量》。

"新海丝"视野下印尼华人与
中印尼人文交流

施雪琴①

前　言

　　印尼是华侨华人聚居的重要区域，印尼华人数量估计在 800 万—1000 万。印尼华人不仅在经济领域扮演重要角色，而且在苏哈托政权瓦解后，随着印尼政治民主化进程的推进与多元文化主义的复兴，印尼对华人歧视政策被逐步废除，华人在印尼的政治、社会与文化领域的表现越来越活跃，其影响力也逐渐加强。

　　历史上，华侨华人是中印尼关系发展的重要桥梁与纽带，特别是在中华人民共和国成立初期，印尼华人对中国—印尼政治关系的发展做出了重大贡献。虽然在 1967—1991 年两国由于冷战政治环境与国内的政治因素中断了外交关系，但在 1991 年复交后，两国关系迅速发展，尤其是进入 21 世纪后，中印尼两国关系发展得更为迅猛。2005 年 4 月，中国国家主席胡锦涛与印尼总统苏西洛签订了关于建立战略伙伴关系的联合宣言。2013 年 10 月，中国国家主席习近平与印尼总统苏西洛在雅加达发表《中印尼全面战略伙伴关系未来规划》，将中印关系推向一个新的高度。尤其是 2013 年 10 月 3 日，中国国家主席习近平应邀在印尼国会发表演

① 施雪琴，厦门大学南洋研究院副院长、教授。

讲，详细阐述了对中国与印尼等东盟国家关系发展的构想，提出共同建设"21世纪海上丝绸之路"的倡议。"21世纪海上丝绸之路"倡议指出不仅要积极推动中印尼政治关系、促进海洋经济合作与加强基础设施建设，作为夯实两国政治、经济关系的基础，人心相通与人文交流也占有重要地位。由于印尼华侨华人的影响力，他们在中印尼人文交流方面具有天然的优势与现实的需要。因此，本文拟从印尼华人在推动中印尼文化教育交流方面的努力来考察印尼华人的角色与影响。

一　印尼华人、华文教学复兴与中印尼文化交流

在苏哈托军人专制统治的30多年里，由于政府实行歧视压制华人的政策，导致华文学校被关闭，许多华人失去学习母语的机会，华人文化面临断层与消亡的危机。苏哈托政权垮台，印尼政府开始逐步废除歧视华人的政策，华人文化开始逐渐复兴。语言作为文化的载体，在文化复兴中有重要的地位，因此，印尼华人意识到华语的重要性，纷纷创办各级学校，教授华文，推动华人教学的复兴。值得指出的是，这些学校不是只面向华人，印尼其他民族也可以申请入学，可以说，印尼华人创办的教授华语的教育机构，已经成为传承中华文化、促进中印尼文化交流的重要桥梁。

（一）印尼三语学校的发展与中印尼文化交流

1998年苏哈托政权垮台后，印尼教育部允许华社开办民营三语学校，华文教学在印尼开始恢复甚至快速发展。除了遍布印尼各地的华文补习学校，更已复建和新建了50多所民营三语学校，印尼华社创办的三语学校，一方面遵守印尼教育部的要求，开设国民学校一样的课程，另一方面也加强华语与英语课程，大力培育三语人才与拓宽学生的国际化视野，应对区域化与国际化带来的新机遇与新挑战，为印尼培育国际化人才。

目前，印尼的三语学校可以分为以下几种类型：

一是传统华校的成功复办，华文教学成为其重要课程。雅加达八华

学校是这类学校的代表。八华学校是印尼最早也最有影响的一所华文学校，由印尼中华会馆创立于 1901 年，最早叫中华学校。1905 年，印尼华人李登辉创办的英文学校并入中华学校，成为印尼最早的一所中英双语学校，因为学校位于八帝贯街，所以 1905 年易名为八华学校，后一直沿用。八华学校的发展与恢复，与八华学校的校友会，尤其是客家华人梁世祯及其家族的支持与努力密不可分。① 20 世纪 60 年代中期，印尼时局大变，苏哈托禁止华文教育，印尼华文学校或被封闭，或被接管。八华学校也难逃厄运。苏哈托政权垮台后，八华学校校友会以及中华会馆等印尼华社贤达，开始筹划复办八华学校。在徐胜文、梁世祯、林金将三人的领导下，八华复校工程获得八华校友会的积极支持。2008 年八华学校复办并首次招生，经过数年的发展，八华办学成绩斐然，学制完整，学生数量超过 2000 人，而且与中国河北师范大学联合创办了师范学院，联合培养印尼的华文教师，成为印尼三语学校中的佼佼者，对传播中华文化与沟通中国与印尼人文交流发挥了积极的促进作用。

　　第二类三语学校是传统华校借助教育国际化途径复办，如在雅加达郊区创办的新华雅加达南洋学校。雅加达新华学校也是一所历史悠久的著名华校，创办于 1904 年，为区别于位于八帝贯的中华学校，故取名为新华学校。新华学校曾培养出众多辛亥志士、抗日英雄和各界名流，1966 年因政治原因被迫中断办学。长期以来，一直有海内外新华校友倡议复办新华学校。后在印尼华人商业精英的支持下，特别是福清籍侨商巨子林文镜之子、融侨集团总裁林宏修担任新华学校校友会理事会主席，领导新华学校的复办。新华学校在复办的过程中，走的是一条不同寻常的强强结合道路，即是利用自身的名校声誉与丰富的社会资源，并依托国际名校，走国际化的办学道路。林宏修先生联合新加坡南洋教育集团并达成 10 年合作协议，将新校名定为"雅加达南洋国际学校"，由新加坡杰出的南洋女中承担管理重任，新华校友会负责新学校的硬件建设。

---

　　① 梁世祯，印尼全宝集团董事长，1940 年出生在雅加达，其高祖父梁采臣自清嘉庆年间从梅县松口来到印尼爪哇岛创业以来，迄今已有一百多年的历史，曾祖父梁映堂曾担任管理华社社会的雷珍兰与甲必丹，系中华会馆创办人之一，祖父梁密庵为印尼同盟会骨干，积极参加孙中山领导的国民革命，在印尼领导创办多个书报社、曾获得孙中山颁布的义状。父亲梁锡佑，也是爱国侨领，尤其热心华侨教育事务。

新建立的雅加达南洋学校的宗旨是建立一所不分种族、不分宗教、不分国籍的国际学校，培养真正具有国际视野、能适应全球化的人才。雅加达南洋国际学校确定了"明德博学"的校训，以培养"德、智、体、群、美"全面发展的人才为教学目标。华文教学与中华优秀文化传统的灌输成为雅加达南洋学校的重要内容与特色。这也是新华校友会选择与新加坡南洋教育集团合作的一个重要原因，因为新加坡南洋国际教育集团用中英文双语教学，不断吸取世界先进的教学方法，强调教育发展的国际化，特别是重视中华传统文化。该校多名幼儿中文教师，都是从福建幼儿师范学校聘请。目前，2012年才复办的新华雅加达南洋学校已经初具规模，目前有800多名学生。不仅有华人子弟，也有不少其他非华族子弟在该校就读，成为促进中印尼文化交流的重要桥梁。

第三类学校是由华人企业家新创办的三语学校，如郭氏家族创办的三间必利达国民三语学校。这一类三语学校没有传统的华校资源可以挖掘，也没有依托国际学校，但是利用印尼华社学习华语华文的渴望，该学校面向印尼华社的普通民众，扎根传统华社、走价廉物美的路线，以收费较低、教学质量好而在印尼华社赢得了好的口碑。必利达是由郭爱珍与她的丈夫饶兴生创办，已有十来年历史，是雅加达较早建立的三语学校，目前已经发展为不同层次、不同类型的三所三语学校，面向不同需求的华人群体。必利达学校董事长饶兴生与校董郭爱珍推崇中华传统价值观与中华古典诗词，因此，学校特别重视教授中华传统经典，取得斐然成绩。他们的学生参加全球中华文化经典诵读大会，曾经数次获得冠军。可以说，必利达国民三语学校在雅加达三语学校中独树一帜，颇有影响。值得指出的是，必利达的发展也得益于中国政府对汉语与中华文化海外传播的积极支持，必利达三语学校与中国内地一些职业学校建立了广泛的联系，并获得奖学金资助，如每年都会输送学生到广西柳州短期进修。

从印尼三语学校的创办与发展来看，传统华校资源与网络成为三语学校发展的重要推动力量。我们看到，过去接受华文教育的华裔子弟是今天印尼华文教学发展的骨干力量，他们或者率先创办三语学校，如必利达三语学校的创办者饶兴生、郭爱珍夫妇是印尼中华中学的校友；巴厘岛文桥三语学校的创办者江连福先生也是中华中学的校友。还有很多华校毕业生自己开办小规模的华文补习班。

传统华校的校友会在今天印尼华文复兴浪潮中仍然发挥着重要作用。如八中校友会、雅加达新华学校校友会对学校的复办功不可没。没有校友会的支持以及坚强的领导与团结，这些学校的复办不可能取得成功。并且，这些传统华校如今以三语学校、国际学校的形式重新复办，在相当大程度上继承了原来学校的传统，延续了原校的历史，这些学校都在筹划建立校史展览与研究活动。通过复办，传统华校的生命得到延续。

目前中国政府正在加大对中华文化海外传播的支持力度，汉办的孔子学院、汉语自愿教师以及各级侨务部门的海外援助项目与国内各个高校的对外汉语培训项目等，对海外华文教学的发展有积极影响，但要注意因地制宜，应该坚持以传播中华文化为导向与主轴，不要进行意识形态的灌输。注意吸取历史经验教训，尤其在印尼，这方面有深刻的教训。①

应该重视三语学校在推动人文交流方面的作用与影响。现在印尼的三语学校，虽然大部分是华裔子弟，但也有非华裔子弟在三语学校学习，尤其是随着印尼经济的发展以及印尼中产阶级的增长，越来越多的印尼中上层家庭也将孩子送到华人创办的办学质量好、国际化程度高的三语学校。这些学校的多元文化环境、强化华语教学为他们了解中华文化提供了很好的窗口，这样的三语学校也成为文化交流的良好平台。

（二）印尼华人创办大学促进中印尼人文交流

后苏哈托时期印尼华人文化复兴还体现在创办高等教育机构方面，其中华人创办的玛中大学与亚洲国际友好学院是其中的代表。

玛中大学创办于 2007 年 7 月 7 日，创办玛中大学的想法源起其印尼东爪哇玛琅中华中学校友会的一次聚会。② 2001 年，玛琅中华中学的 400

---

① 雅加达中华中学、巴城中学、新华中学在 20 世纪 60 年代中期印尼时局剧变后被全面关闭，甚至校舍也被夷为平地，与这些学校的深刻卷入意识形态领域的斗争不无关系。而八华学校，因为逐渐面向当地，保持中立，因此遭受的破坏比较小。

② 玛琅中学是 20 世纪印尼玛琅市的一所著名中学，由印尼华侨创办于 1946 年，是一所支持新中国的学校。

多名校友在厦门大学聚会，纪念学校创办 55 周年。校友们提出"饮水思源，报效故里"的呼声，倡议创办"玛中大学"，一则纪念母校，传承中华文化；二则传承报效印尼国家与人民。2003 年，各地校友推选 15 名杰出校友成立"玛中有限公司"，开始筹资购地，筹办大学；2005 年玛琅中华中学创办 60 年之际，全球玛中校友 4000 多人齐聚玛琅，举行玛中大学的奠基仪式。他们成立了玛中大学董事会，由华社知名人士黄启铸先生担任主席。目前玛中大学的董事已超过百人。

玛中大学办学虽为华人创办，但它完全开放给印尼各族学生，目前学生有 1500 多名，华族学生 70%，非华族学生占 30%。目前有三个学院，包括经济管理学院、信息工程学院以及语言艺术学院。其中语言艺术学院设有华文系。玛中大学还未对所有学生开设华语课程，鼓励学生选修。值得指出的是，创办不到 10 年，玛中大学的办学成绩显著，获得印尼高等教育部的多项奖励。玛中大学为印尼培养人才、推动民族融合、促进国家繁荣与人民幸福的办学宗旨也得到印尼政府的赞赏。

此外，位于苏门答腊岛棉兰市的亚洲国际友好学院也是华人创办的高校，在促进中印尼人文交流方面成绩斐然。苏北棉兰市是华人聚居重镇，华人社会文化底蕴深厚，华文教育的复兴有很好的基础。该学院创办于 2008 年，由苏北华社慈善与教育联谊会主办，苏北国民教育基金会管理，是印尼国家教育部批准教授中文和英文等相关专业的外语学院。目前，该学院的发展得到印尼苏北华社、中国国家汉办、侨办以及地方高校的大力支持，与广东华南师范大学建立了密切的合作关系，成为中印尼教育交流的重要桥梁。

二　印尼华人博物馆与中印尼文化交流

在推动中印尼人文交流方面，印尼华社做了许多值得赞扬的努力。其中他们通过建立华人历史博物馆、纪念馆来追溯华人移民与融合的历史，纪念华人对印尼国家建构、经济开发与文化繁荣的贡献。

（一）文登华人历史博物馆

目前，在印尼有影响的华人历史纪念馆、博物馆有三个，它

们是位于雅加达市郊的文登华人历史博物馆，万隆的渤良安基金
会印尼华人历史纪念馆以及位于雅加达印尼微缩公园的客家博
物馆。

文登位于雅加达市郊，15 世纪初，华人就开始移民文登，是华人移
民造就了文登的繁荣。文登华人具有鲜明的特点，在数百年的历史变迁
中，他们已经与当地人通婚、融合，肤色黝黑，与土著人无异，且不会
讲华语，但令人惊异的是，文登华人还保留着祖先传承下来的传统习俗
与节庆活动，如祭祀祖先，过端午节赛龙舟，舞狮舞龙，中国古代的结
婚仪式与民居陈设布置等。为纪念华人对文登开发的贡献，文登华人历
史文化学者、教育家与企业家林振鹏（Udaya Halim）、林振正兄弟倡议创
办的文登土生华人历史博物馆，并于 2011 年正式落成。该博物馆主要收
藏关于华人历史文化实物、对联、牌匾、神像雕塑、生活用品、生产工
具、印尼土生华人的家具服饰以及印尼华人的一些珍贵历史图片与文物。
尤其是收藏了录制印尼民族主义者 Wage Rudolf Supratman 于 1928 年 10 月
创作《Indonesia Raya》（伟大的印度尼西亚）的首张唱片，该歌曲在
1945 年 8 月 17 日印尼独立时被宣布为印尼国歌。值得指出的是，印尼华
人对这首印尼民族主义歌曲的发表与传播做出了巨大贡献。是印尼华人
不顾荷印殖民政府禁令，首次于 1928 年 11 月 10 号在印尼华人创办的马
来文周报《新报》（Sin po）上公开发表这首歌曲，印尼华人与印尼国歌
的这一段关系，成为华人支持印尼民族主义、支持印尼独立建国的重要
见证。如今，该博物馆已经成为文登地方政府列为展示华人文化、促进
中印尼文化交流的重要窗口。

（二）万隆渤良安福利基金会印尼华人历史纪念馆

万隆渤良安基金会① （Yayasan Dana Sosoal Priangan Bandung，缩写为

---

① 该基金会是印尼万隆各姓氏华人联合创办的一个慈善机构，最初共有 9 名立案人，他们
是李湘生、方高明、张爱枢、陈侣盛、吴元昌、钟顺文、宋达如、谢发新及李玉宜，还有 65 名
发起人。基金会以印尼建国五原则为基本准则，不分种族、区域与宗教信仰，致力于印华族群之
间的友好亲善，积极融入主流社会。参见《印尼万隆渤良安福利基金会成立三十周年纪念特刊
（1976—2006）》，印尼万隆渤良安福利基金会，2006 年。

YDSP）是印尼万隆华人商业巨子李湘生先生①于 1976 年倡议筹建的华社公益组织。李湘生等万隆华社领袖与社会贤达在 20 世纪 70 年代提出建立办理华人丧事之殡仪馆，该倡议得到万隆华社各姓氏基金会的积极响应，华社出资出力，共同建立。渤良安基金会建立近四十年来，一直致力于推动华社参加慈善公益事业，推动华印族群关系和谐发展，取得了突出的成就，并多次得到万隆市与西爪哇省政府的肯定与表彰，为华人融入印尼主流社会，推动民族融合做出了积极贡献。

勃良安福利基金会主要从事不分种族、不分宗教的社会福利公益活动，基金会的活动紧紧围绕慈善福利宗旨，不仅为华人谋福利，而且秉承中华文化"老吾老以及人之老，幼吾幼以及人之幼"的传统，将慈善事业扩大到印尼友族，以表达华人融入印尼社会的目标，并塑造华社领袖热心公益的形象与华人乐善好施的文化传统。

推动华人融入印尼社会是渤良安福利基金会的宗旨，在这种背景下，2011 年渤良安福利基金会建立的华人历史纪念馆及其展览内容也反映了福利基金会的这一思想。该华人历史纪念馆面积不大，展览内容也不是特别丰富，以图片展览为主，主要分为华人传统文化、华人迁移印尼简史、华人对印尼国家建设的贡献三个部分，其中重点是展示华人在各个领域对印尼的贡献，尤其是华人参与印尼独立斗争的历史、华人在政治、文化、艺术与体育领域对印尼的杰出贡献，宗旨是体现华人的政治认同以及与印尼国家独立与发展融为一体的历史。

（三）印尼客家博物馆

印尼目前最大的华人历史博物馆是 2014 年才落成开幕的客家博物馆，该博物馆位于印尼雅加达东区印尼微缩公园内。占地 5000 平方米，三层

---

①　李湘生（1917—1984），祖籍广东梅县丙村郑均乡，20 世纪 30 年代南渡印尼谋生，在印尼万隆创业数十年，创办永兴公司染织厂，经营纺织行业，后成为印尼军队毛巾、军靴、制服等军需物品的供应商，事业得到迅猛发展。李先生创下辉煌的事业后，不忘社会公益福利事业，他利用与万隆地方与印尼中央军政官员的良好关系，创建并领导了苏哈托时期印尼万隆华人的第一个社团——渤良安华人福利基金会。该基金会积极推动华印民族友好关系，修路架桥，兴办学校，救灾济贫，并协助政府训练治安人员，改善万隆地区治安，成为印尼华人融入印尼社会的重要推动者。参见《印尼万隆渤良安福利基金会成立三十周年纪念特刊（1976—2006）》，印尼万隆渤良安福利基金会，2006 年。

楼高建筑物呈圆形，每一层直径45公尺，总实用面积为5000平方米。它是依照福建省永定县客家土楼，素有"土楼王子"美称的"振成楼"为蓝本建造的。建筑蓝图是聘请中国梅州市城市规划设计院设计；从规划、建造到布展工作共费时两年半，并于2014年8月30日由印尼总统苏西洛先生阁下主持，在众多印尼政商名流的见证之下鸣锣开馆，正式启用。

根据客家博物馆工委会主席李世镰先生的介绍，客家博物馆的兴建要追溯到2004年。当时，前总统苏哈托将微缩公园内45000平方米的土地拨给华社作为建造"印尼华人文化公园"的场地，由时任"印华百家姓协会"总主席的熊德怡（Tedy Jusuf）退休准将收领。此时，适逢中国厦门市市长张昌平访问雅加达，知悉这个情况后便承诺由他们来免费设计整个公园的规划。但由于资金筹措的问题，工程迟迟没有开工。2011年，时任印尼客属联谊总会主席的叶联礼先生决定由印尼客属联谊总会来推动建立"印尼华人文化公园"。基于他作为"印尼客属联谊总会"主席的身份与地位，他呼吁全印尼的客家人积极支持，提出首先聚集客家人的力量来先完成"印尼客家博物馆"的建设，以此作为建立"印尼华人文化公园"的替代方案。多位印尼客家乡贤带头捐献，共募集到2000万美元资金，终于在2014年建成印尼客家博物馆，博物馆以闻名世界的客家土楼——福建永定"振成楼"为模本，结合现代建筑理念，打造了一座外观形似土楼，内部设施完善的博物馆。博物馆展示内容包括以下几个部分：中华文化简介，客家人迁徙的历史，尤其是华人祖先南来的历史；印尼华人文化传统，包括从语言、音乐、戏剧、美术、器具、食物、医药、服饰等方面展示华人对印尼的影响与华印文化的融合。特别值得指出的是，博物馆的重点展览内容是介绍近代以来对印尼做出杰出贡献的华人，包括参与印尼各地开发、参加民族独立运动的华族先驱，以及许多在军政、体育、学术、文化、教育、美术、电影界各领域做出杰出成就的华裔人士。

客家博物馆的建立意义重大，代表华人文化的客家博物馆被放置在象征印尼多民族文化橱窗的微缩公园内展示，这对印尼政治与印尼华人都具有深远意义，客家博物馆在政治层面上可谓是印尼多元主义政治理念的体现，对印尼华人而言，它是印尼政府对其政治身份与文化身份的肯定，正如熊德怡主席所言："这个博物馆已经成为印尼民族大家庭一分子的所有华裔印尼公民的骄傲。"

三 华文报纸与中印尼人文交流

后苏哈托时期，印尼华人文化的复兴还表现在华文报纸的创办方面。现在印尼的华文报纸有 10 多家，其中代表性的有雅加达《国际日报》，泗水《千岛日报》，雅加达《印华日报》《星洲日报》《印度尼西亚商报》《世界日报》《印度尼西亚日报》，苏门答腊《讯报》《苏北快报》《坤甸日报》等。这些报纸立足华社，关心华社事务，以传播中华文化、促进华社了解融入印尼主流社会为宗旨，在推动中印尼人文交流方面也发挥了积极影响。

结　语

华文教学、华人历史博物馆以及华文报纸的复兴是后苏哈托时期印尼政治民主化浪潮推动下华人族群意识觉醒与华人文化复兴的产物，是印尼华人地位改善的象征。同时，也彰显了华人在沟通中国与印尼文化交流方面的积极作用。

随着中国与印尼关系的全面恢复与发展，印尼华人在推动中国与印尼关系发展中的重要角色也日渐凸显。印尼华人不仅成为促进中国与印尼政治、经济与文化交往的纽带与桥梁，他们在民间交流领域的角色与影响也越来越重要。我们看到华人创办的各类学校、印尼华人历史博物馆、华文报纸等作为印尼华人历史文化传承与集体记忆建构的空间与纽带，在推动中国与印尼民间文化交流，尤其是共同历史的保护与传承方面正在努力合作。最近，浙江省郁达夫研究会、江苏省海外交流协会等机构，正在与印尼客家博物馆洽谈，希望在印尼客家博物馆树立郁达夫铜像并建立郁达夫文献陈列室，该计划已经进入落实阶段。铜像将由中国方面负责制作，印尼客家博物馆负责布置铜像与文献展览室。郁达夫作为一代文学巨匠，在中国现代文学史上有着重要影响，他短暂而传奇的一生将中国与印尼联系在一起。在印尼华人历史博物馆竖立郁达夫铜像，不仅有助于深化对郁达夫的纪念，也是对中国与印尼两国与印尼华人在日本占领期间那段艰难斗争历史的铭记。创造未来而不忘却历史，不仅是中国与印尼两国发展关系的基础，也是印尼华人基于文化根源在全球化时代构建中华情结的基石。

此外，我们还应该看到，印尼是海上丝绸之路的重要枢纽，是世界上华人华裔人数最多的国家。华人迁移印尼历史悠久、规模巨大、华人分布广泛且影响深远。印尼有许多华人聚居的城市与乡村，保留了丰富的历史文化遗迹，这些华人历史文化遗产的价值还有待华社的重视、保护与开发。印尼客属华人社团在这方面已走在前面，据客属联谊总会的李世镰先生介绍，他们已启动客家人移民印尼历史文化的考察与研究项目；另据印尼雅加达华文报纸《印华日报》2016年7月20日报道，《印尼客家博物馆纪念画册》已由印尼客属联谊总会印刷出版发行，首次印刷2000本，按照印尼客家博物馆三个展厅所陈列的内容编写，图文并茂，是馆藏文物与文献的一个缩影。撰写语言包括印尼文、中文与英文，适合不同文化背景的读者，这项工作，不仅有利于传承印尼华人的历史文化，还对推动印尼社会多元文化与民族融合、促进中印尼人文交流有重要作用。

中国文化外交与华语教育的关系①

［日］ 奈仓京子②

一 前 言

现在，中国在国际社会上不断提升存在感，除了在经济方面、政治方面崛起外，2000 年以后，在文化领域也展示了巧妙的外交手段，其中之一就是实施对外汉语教育的普及活动。该活动是由 1987 年成立的在中国教育部管辖下的国家汉语国际推广领导小组办公室（以下简称汉办）进行统一管理。以 2004 年在韩国首尔成立的学校为开端，在世界各国不断地开设孔子学院。孔子学院是汉办与海外教育机构（主要是大学）合作，以普及汉语和中国文化为目的成立的公共教育机构，而面向中小学的机构被称为"孔子课堂"。截至 2015 年 12 月 1 日，已经在 134 个国家开设了 500 家孔子学院、1000 家孔子课堂③，在日本，也在立命馆大学（东京学堂和大阪学堂两所学校）、早稻田大学、爱知大学、北陆大学等设立了 17 家孔子学院。

---

① 这篇文章是日本文部科学省研究费项目"关于中国文化政策与华人网络的援用和创出的实证研究"（代表者，奈仓京子，2014 年 4 月—2018 年 3 月，JSPS 科研费 26770293）的研究成果之一。

② 奈仓京子，人类学博士，现为日本静冈县立大学国际关系学系教师。

③ 国家汉办网址 http://www.hanban.edu.cn/confuciousinstitutes/node_10961.htm，阅览日：2016 年 12 月 12 日。

　　主要是在 2000 年以后，中国政府的文化外交开始崭露头角。但是，笔者认为这并非新的外交现象。新中国成立以前，是由清朝政府和国民党政府统领，新中国成立以后，是由中华人民共和国华侨事务委员会（以下表述为中侨委）和中华人民共和国国务院侨务办公室（以下表述为侨办）领导，对居住在海外的华侨华人实施"文化外交"。现在由汉办主导实施的文化外交（对外汉语教育普及政策）的对象，是以非华侨华人为中心，而以前作为侨务政策一环进行的文教方面的对象，是以华侨华人为中心，尽管有这样的不同点，但针对海外汉语教育旨在使其发展的这一点上是共通的。另外，近年来，汉办进行的对外汉语教育普及政策，对海外的华人社会也带来了影响，而受侨办对华人新一代实施的优惠政策的影响，访问中国的年轻人也在增加，他们回到居住国后，成了对非华侨华人开展汉语教育的骨干力量。也就是说，汉办和侨办各自实施的政策，虽然对象不同，但彼此交叉，相互影响，结果增加了可促进汉语教育的人才。

　　立足于这样的观点，本文从华人社会的角度，对中华人民共和国以前实施的侨务政策（文教方面）和汉办实施的文化政策分别对华人社会带来怎样的影响进行研讨。尤其着眼于对华语教育的影响，我想指出：看似没有关系的近年来汉办的文化外交对华语教育，进而对华人社会也都带来了影响。

　　近年来，汉办和侨办的政策对海外的年轻华人产生了作用，其结果是，成了居住国对非华侨华人普及包括汉语在内的中国文化的骨干力量，或者从事了与中国企业有关的工作，这可以看作中国政府的政策将海外的华人实施了"软实力"化，在当地创造出了对中国文化继承发挥作用的媒体。这是本文希望研讨的另一个见解。本文的关键词之一——文化外交包括两个方面，一方面是国家层面上政府对对方国家国民采取的政策，另一方面是国家不介入的民间、市民层面的交流（渡边 2011：22—23）。本文希望明确移民（华侨华人）成为这两个层面上的文化外交的"媒体"，同时其自身也是一种"软实力"。有关文化外交的研究，从文化和外交相关性的角度，以前主要是在国际政治学、（媒体）文化政策论、国际关系论等宏观层面，在掌握国际关系的领域得到发展。对此，本文的目的在于从具体的个人、集体的角度，通过围绕文化外交，着眼于微观的对立竞争，来把握文化外交的现实和在此予以实践的"文化"的含义。

二　从华侨政策和华人社会普通话的变迁看中国的"文化外交"

（一）侨务政策

所谓侨务政策，是指在不同的时期，根据国内外的"侨情"（华侨华人、归国华侨、他们的家庭和亲属所处的状况）变化，并在考虑中国需要什么的基础上，为了指导相关部门而制定的相关"涉侨"政策。"涉侨"是指与"侨"相关联的意思，所谓"侨"是指华侨、归侨、华侨学生、归侨学生、侨眷在中国大陆具有中国籍的眷属。亦即这5组人是侨务政策所适用的对象和范围，除此以外，部分侨务政策还适用于中国香港人、澳门人以及与这些人具有亲属关系而居住在内地的人（毛、林1993：1—3）。那么，通过怎样的过程以法律形式将这些人规定为服务对象呢？且执行侨务政策的组织又是如何成立的呢？

1840年鸦片战争爆发以后，中国与外国的联系变得频繁起来，居住在国外的中国人很多要直接面对法律问题，清政府开始以国际性、法理性观点开始关注华侨问题了。1867年与美国签订《蒲安臣条约》（the Burlingame Treaty），其中将居住在美国的中国人承认为清朝国民，这成为"华侨"概念的开端。1909年（宣统元年）清政府发布以血统论为原则的《国籍法》（草案），规定了居住在国外的中国人的法律地位。在中国侨务政策法制史上，最初明确定义"华侨"的是孙文，是由以国共合作为基础而建立起来的广东革命政府提出来的。1924年1月，在《内政部侨务局的侨民保护专章》中的第一条，记载着"中华民国中居住在外国的人和归国的人总称为侨民"（毛、林1993：3—4）。

1924年，国民党政府作为中央执行委员会的下游组织设立了专管海外移民的海外部。1926年10月，国民党政府成立侨务委员会，1932年4月被改编为行政院的直属机构（侨务委员会编1982：17—18）。由此，侨务委员会成为执行侨务政策的首个组织。1949年中华人民共和国成立前，侨务政策由国民党积极予以开展，但在1949年以后，中国的侨办和中国台湾的"侨务委员会"的侨务政策被分别执行。20 世纪 50—60 年代，由于中国大陆政治动乱，侨务政策停滞，这个时期台湾处于优势地位。改革开放以后，中国的侨办和中国台湾的"侨务委员会"双方实施的侨务政策变成了互相竞争的形式①。

中华人民共和国成立以后，政府在重视侨务政策的同时，对其中对象之一的华侨身份进行了规定、解释。1950 年土地改革时，尚没有做出明确的定义，但通过认定华侨的财产，间接性地规定了身份。1952 年 1 月，中侨委在中央政府所批准的《海外侨民工作指示》中指出："华侨是居住在国外的具有中华人民共和国国籍的侨民。"1957 年 12 月，中侨委在"华侨、侨眷、归侨、归国华侨学生身份解释"中，首次明确将华侨的身份表述如下。①临时逗留（"侨居"）在国外的中国公民应为华侨。②解放前出国的留学生，离开学校、就业的人和从事研究的人（包括边工作边学习的人）；侨批员（从事汇款相关工作的人），在包括香港、澳门在内的国外船舶公司工作的中国籍海员；非法的外交官离开蒋介石集团从事其他职业的人员；1949 年后，逃亡国外的人；在国外从事正当职业的人。③以下列举的人并非华侨。香港、澳门的中国人；留学生；旅行社工作人员；考察人员；政府派遣的公务员；在我国的边境频繁往来国境内外的人；去蒙古等国家实施支援建设的工人（毛、林 1993：4—6）。

1984 年，国务院侨务办公室在《华侨、归侨、华侨学生、归侨学生、侨眷、外籍华人身份解释（试行）》中，重新对华侨的概念进行了规定：①华侨是中国公民（法律身份）。也就是说，是拥有中国国籍的人。不承认双重国籍。②华侨务必已经定居在国外。③华侨现在定住的是国外。台湾、香港、澳门是中国领土的一部分，不属于"国外"。与 1957 年的华侨的定义的区别是，并非"侨居"（临时逗留），而是"定住"这一点

---

① 本文将焦点对准中国的侨务政策，所以对中国台湾的"侨务"政策不能匀出篇幅，但实际上台湾的"侨务"政策也向海外华人提供了极其缜密的服务（参照陈 2005、"侨务委员会"编 1982 等）。正如本章所介绍，在文教政策方面，中国大陆对华侨学生的归国升学倾注了力量，与此相对，中国台湾在"侨民教育委员会"的指导下，除了归国华侨学生的教育政策外，还编撰海外华语教育所使用的教科书、教材，向海外华语学校派遣教师等，这些措施比中国大陆开始得更早。

（毛、林 1993：11—12）。

现在中国为归国华侨、海外华人的国内家人和海外华人制定政策或提供服务的组织有 5 个：它们是最终决定有关归国华侨、海外华人的国内家人和海外华人法律的"华侨委员会"；为了向香港、澳门、台湾宣传"一个中国"，作为中国人民政治协商会议第 9 届全国委员会常务委员会的下游组织而成立的 9 个专门委员会之一"全国政协港澳台侨委员会"；制定有关归国华侨、海外华人的国内家人和海外华人法律政策的"国务院侨务办公室"；反映归国华侨、海外华人的国内家人和海外华人的声音、提出政策建议的"中国致公党"；以归国华侨和海外华人的国内家人和海外华人为对象，提供日常生活所需要的各种服务，发挥归国华侨和海外华人桥梁作用的"归国华侨联合会"（林 2006：71）。

因此，在中华人民共和国成立以后制定的侨务政策中，如果将目光关注文教方面，则其核心在于对华侨学生的归国升学的支持。政府为以升学为目的而归国的华侨准备了辅导学校。以下参照魏［2011］加以介绍。

辅导学校的先驱是 1951 年在燕京大学设立的华侨班。接收大学考试落榜者和具有高中程度文化的归国华侨学生。1952 年在国内首次创办了专门从事华侨学生辅导的北京归国华侨学生中等辅导学校。翌年，在陈嘉庚的建议下，在厦门市集美创办了集美归国华侨学生中等辅导学校。接着 1954 年成立了广州归国华侨学生中等辅导学校。1959 年以后，陆续在汕头、南宁、昆明、武汉创办了辅导学校。学生通常可以补习 1 年，最长不超过 2 年。"文革"中这些学校被关停，改革开放以后，除了汕头和武汉以外得以恢复，特别是广州、集美和北京三个学校还增设了中国语言文化学校。除此之外，为了没有考上大学的学生和有工作的青年得到技术培训，政府创办了集美厦门归国华侨中等工业技术学校、武汉归国华侨中等工业技术学校这样的中等专科院校。另外，为了培养华侨农场的干部，还成立了海南归国华侨中等农业技术学校。

进而，政府为归国华侨和海外华侨准备了高等教育机构。1951 年 9 月在广东南方大学成立了华侨学院，1956 年 10 月在厦门大学成立了海外华侨函授学院，1958 年暨南大学得到恢复，1960 年在福建省泉州成立华侨大学，1963 年成立北京外国语专科学校。

在高等教育机构中，暨南大学和华侨大学是侨办直属的大学，作为华侨学府而广为人知。暨南大学历史悠久，其前身是 1906 年由清政府在南京开设的暨南学堂。此后搬迁至上海，1927 年被改名为暨南大学。中日战争期间转移至福建省建阳，1949 年 8 月与复旦大学、交通大学等合并。1958 年重新在广州成立暨南大学直至今日。中华人民共和国成立以后，接收了许多归国华侨学生，而现在中国的大学里正在接收更多的境外学生（来自香港、澳门、台湾的学生以及海外华人留学生、归国华侨学生）。华侨大学于 1960 年在福建省泉州成立，特别是华侨大学华文学院与暨南大学一样，担负着接收众多华侨学生的任务。华文学院的前身是集美归国华侨学生中等辅导学校，于 1997 年被合并入华侨大学，变成了（集美）华文教育中心。1982 年变成集美中国语言文化学校，设立了 1 年制、2 年制的中国语班，开始接收华裔学生。1999 年，升级为学院，变成集美华文学院，2002 年更名为华文学院。

由于作为侨务政策一环实施的对海外华侨教育政策而回到中国升学的华侨，学习了包括汉语在内的中国文化，有的留在中国就业，有的再一次回到居住国。因此，他们或是成为连接中国与海外华侨华人的纽带，或是促进了居住国的华侨华人和当地人学习汉语，继承中国文化。也就是说，由于作为中国软实力发挥了作用，所以我认为这样的侨务政策也可以理解为文化外交。在海外接受汉语教育的孩子们，也受到了中国政治、文化运动的影响。下面以新加坡、马来西亚为核心的东南亚华人社会为例来看这一过程。

（二）华人社会普通话的变迁

被认为世界华人社会共通的特点，有"华社三宝"（华人社会的三个宝）。它们是华人社团、华语新闻（媒体）及华语教育[①]。华语教育的发展状况，因移住对方国家的政治状况而异，其中马来西亚一直保持华语

---

① 也为华文教育。本稿前后一贯地使用华语教育这一词汇。除此以外，还有华语学校、华文学校、中华学校的说法，但在引用时，会使用引用文献作者所使用的表达方式，其他使用华语学校的说法。

教育的传统，作为国家教育系统之一而被不断认可的情况值得关注①。在本节中，以马来西亚华语教育为例，对那里采用哪种语言作为授课语言，它是否作为华人社会的普通话而教育的，从与中国政治性、文化性影响的关系开始不断探讨。

在马来西亚，华语教育包括"五福书院"（1819 年成立）在内，采取私塾这一形式，用方言教授中国的古典经典。私塾由具有相同生活习惯和方言的以"帮"为基础的被称为会馆和公会的同乡组织，和由同族、同姓者组成的某氏总会、公会来进行运营。进入 20 世纪，创办了将华语作为授课语言来实施世俗普通教育的现代华人学校。1904 年在槟城成立的"中华学校"便是先驱。该校采用了在中国编制的教育课程。这种华人学校的诞生，与清朝末期政治变动有关系。1905—1909 年，清政府派出调查团到英属马来亚视察华语教育，进行了实态调查，并创立了华人学校。其中对华语教育给予最大影响力的是中国革命同盟会的孙文。孙文 1900 年访问马来亚后，特别是 1906—1911 年，数次访问包括英属马来亚在内的东南亚地区，以新加坡为中心要求华侨社会对革命进行支援而开展积极的活动，唤起了华侨对中国的政治关心（杉村 2000：24—25）。

中华民国政府于 1913 年让海外华侨的代表参加中国的"国家会议"等，要求与华侨社会进行紧密的联系，1914 年和 1915 年，派遣了教育官员对东南亚地域的华人学校进行了考察。1917 年中国开始重视"国语"运动的背景下，华人学校将"国语"作为授课语言，促进了华人社会国语的普及（杉村 2000：25—26）。在这一背景下，20 世纪头十年的后半期，引进了口语的北京官方语言（白话）推广运动，白话应该成为中华学校的授课语言和现代文学的标准语，通过这一运动，许多中华学校的授课从方言转换为北京标准语（以后作为东南亚中国系的语言称为华语），从中国进口的教科书也变成了口语体标准语了（杉本 2005：118）。

在马来亚地区，究竟是从何时推进的华语②，马来西亚语言学家徐威

---

① 针对马来西亚的华语教育变迁，小木（1995）、柯（1999）、杉村（2000）、杉本均（2005）有详细记载。

② 据徐威雄说，"华语"本来并非在马来亚地区产生，而是魏晋南北朝至隋唐时代在汉人与异族接触时形成的语言，正如说成"华语"和"夷言"一样，被相对使用。他说，"华人""华语"都是对中国境外的北方其他民族称呼自己时所使用的概念（徐 2012：88—89）。

雄（2012：85—124）详细地汇总了历史经过。徐对华语普及的背景，主要有三个观点：第一，1917—1920年，受到中国国语运动的影响。第二，维新派与革命派的冲突和扩大（维新派戊戌变法的失败和革命派辛亥革命的成功）。第三，林文庆的华语推进号召。林文庆自1895年开始面向华人主张应回归中国文化，为了回归文化传统，建议学习官方语言。他首次在马来亚地区将华语视为母语，并在1899年在自己家里开设华语班，他是在南洋史上首次开展"华语运动"的人物（徐2012：101—102）。林文庆获得奖学金于1887年去苏格兰留学，但据说在留学期间由于不懂华语，没有被中国的留学生视为同样的中国人，由于看不懂汉文写的文章而被耻笑（持田2012：11）。这段留学经历，被认为是要在华人社会中将华语作为公用语言而开展运动的契机。

通过这样的过程，马来亚华人社会中的普通话，从方言变换为北京官方语言（白话），白话被中华民国视为"国语"①，它在马来亚华人社会中被改称为"华语"（"南洋华语"）。据研究使用华语书写的"马华文学"的木裕文先生说，"南洋华语"这一名称并非语言学上规范的语言，而是一般以新加坡、马来西亚为中心的东南亚华人社会作为普通话而使用的标准中国语，正像这个地区的华人将"中国人"和"华人"区别使用一样，这个标准语不称为"中国语"而称为"华语"。据说这个地区称为"华语"是从20世纪50年代中期开始。现在，在中国大陆将这个标准语称为"普通话"，而在中国台湾称为"国语"。"华语"和"普通话"虽然基本上一致，但可以发现语音、词汇、表达方式等各有不同。"华语"形成的原因，可以认为是受这个地区的华人生活用语的华南方言、原住民和其他移民民族的语言、统治殖民地的欧美各国的语言等的影响（小木1981：57—58）。也就是说，受到北京标准语的影响，同时与华人社会独自的语言文化相融合，从而产生出了口语性的文化。

正如上述讨论，可见将华语视为华语教育的授课语言和马来亚华人

---

①　以北京官方语言（白话）作为"国语"的运动，从中华民国成立以前就已经开始了。1903年，京师大学堂总教习吴汝纶，去日本考察后，主张以北京音为标准来统一国语。就这样，官方语言作为"国语"逐渐流行（徐2012：106）。

社会公用语言的运动包括国家层面的文化外交活动（在中国政治运动家拟统一语言、提高民族主义的背景下，对华人语言带来的影响）和国内华人在民间、市民层面的活动（林文庆的华语推进运动）。这些运动与中国的侨务政策具有不同的性质，但在因政治力量或以政治力量为媒介的存在使中国的文化影响波及华人社会这一点上是相同的。

三　2000 年以后的中国文化外交和华人社会的关系

上章从"文化外交"的观点考察了从倡导"文化外交"（汉语称"公共外交"）以前就已经开展的以居住海外的华侨华人的华语教育为对象实施的政策。本章从中国的文化外交和"软实力"（汉语称为"软实力"）被作为国家外交政策方针提出的 20 世纪 90 年代后期开始，以其被正式化的 2000 年以后的文化外交和软实力论为背景[1]，思考促进对外汉语教育和对由海外华人承担的华语教育的参与状况。

（一）对外汉语教育的扩大和孔子学院

1987 年成立了中国教育部管辖下的国家汉语国际推广领导小组办公室（汉办）。从此中国政府开始对对外汉语教育加大了推广力度。汉办的活动活跃起来是在 2000 年以后，进行了"汉语桥项目"、孔子学院的大量合办、汉语水平考试（HSK）的普及、汉语志愿者教师派遣事业等。

除了教育部在 2003 年向 63 个国家派遣了 97 名中国语教师外，汉办还委托福建师范大学和云南师范大学，向菲律宾和泰国分别试派了共计 53 名志愿者教师。2004 年开始了正式志愿者教师派遣事业（玉置 2010：

---

[1]　公共外交（宣传、文化外交），是 1965 年美国原外交官埃德蒙·加利恩首次在公共场合所使用的词汇，"政府将本国的政策向外国传达时最为重要的是，与对方国家国民交换并理解意见、关心、文化，并将其……向政策决定者传达提出建议，使之反映到政策当中，将最终制定的政策向对方国家说明并产生影响"（渡边 2011：22—23）。中国开始强调公共外交举措是从 1998 年 1 月开始。此后，胡锦涛在 2007 年中国共产党第 17 届全国代表大会上提出了提高国家的"文化软实力"、发挥全民族的文化创造力来繁荣中华文化等的要求（中川 2012：72—74、胡 2007）。

125）。应该关注的是，不只从中国派遣，为了应对教师不足问题，从
2006 年开始从当地居民和在住的华侨、华人、中国留学生等人中募集志
愿者教师，启动了汉语教师海外志愿者项目（玉置 2010：133）。在这里，
可以看到并理解中国文化外交与华人社会的关系。

从 2003 年开始，公布了汉办制订的"汉语桥项目"五年行动计划。
其宗旨规定为"向世界传播汉语，加深世界各国对中国的了解和友谊，
扩大中国在世界上的影响力"；其目标是"尽可能向世界上的主要国家、
地区深入传播汉语，宣传使汉语成为各个国家的学校教育课程中重要的
外语科目。在五年以内，努力使世界上的汉语学习者人数达到 1 亿人，
宣传使汉语在 21 世纪成为新的国际优势语言"。内容是实施在线教材和
多媒体教育教材的开发，培养国内外汉语教师，设立对外汉语教育基地，
开发各种汉语能力测试，举办世界汉语大会以及"汉语桥比赛"，成立汉
语桥基金，推进有关对外汉语教育研究等各种政策措施，而其中作为核
心性措施政策引起国内外关注的是"孔子学院项目"（黑田 2010：21—
22）。

孔子学院是以汉语学习和文化交流等为目的，中国与海外的大学合
作设立的非营利教育机构，是模仿英国的文化协会、德国的歌德学院、
法国的法语联盟构思创办的。以 2004 年在韩国首尔设立为开端，不断扩
大到全世界①。孔子学院是一般以非华人为对象的作为第二语言教育的汉

---

① 对于孔子学院的管理运营体制、成立申请方法等，黑田（2010）和戴（2013）等最为
了解。另外，近年来媒体也开始对孔子学院提出批评。比如，《中国的宣传教育机构孔子学院在
美国接二连三关停》（http://www.news-postseven.com/archives/20150213_ 301812.html)、《中国
政府的宣传机构"孔子学院"与美国芝加哥大学合同终结》（http://www.epochtimes.jp/jp/
2014/09/html/d17050.html）等。对于日本的孔子学院中规模最大、最著名的立命馆大学孔子学
院，2016 年 12 月对小木裕文先生（继孔子学院副院长、立命馆大学副校长后任立命馆大学名誉
教授）采访时，据说没有华人团体的参与，几乎所有的学生都是非华人。有趣的是，大约从 3 年
前开始与孔子学院合作的中国大学（同济大学、四川外国语大学）在汉语短期学习中，带三餐
10 万日元左右的费用，由于格外便宜，据说报名人数超过了招生人数。据说作为孔子学院特殊
的计划还提供减免学费的一年留学。不过，立命馆大学实施了 20 多年大学计划的南开大学短期
讲座招生 30 名，但报名者不到 10 人。从 2014 年开始，大学在报名者多的孔子学院的短期、长
期计划中都实施了学分制活动。也就是说，本来作为大学辅助学科的孔子学院呈现出与在大学编
入课程的现有汉语教育竞争的态势。

语教育学校，而华语教育是以华人为对象的母语教育。但是，有的研究者将孔子学院的汉语教育对象视为"孔子学院的对象是海外华侨华人和对中国语、中国文化有兴趣的外国人"（戴 2013：49）。本稿希望从孔子学院和华人社会关系的观点出发，大致分为两种情况进行思考。一种情况是，孔子学院与华人社会关系密切的国家。另一种情况是，几乎看不到两者有联系的国家。

首先，介绍一下孔子学院与华人社会联系紧密，使华人对汉语、中国文化提高了兴趣的事例。在美国马里兰大学成立的孔子学院，与中国留学生和中国系美国学生合作，企划、实施庆祝中秋节和春节的活动，积极致力于学校内的中国文化普及活动。除此以外，由孔子学院提供合作，开设了中国系美国人自主经营的周末学校的儿童汉语班相同的辅导班（黑田 2010：19—36）。

在泰国的孔子学院迅速成功，理由之一据说是因为华人社区的反响热烈。泰国华人占整体人口的 15%，但华人的年青一代不断泰化，许多泰国华人从上一辈起已经不会汉语了。孔子学院期待着这样的年青一代华人能够学习祖先的语言，帮助寻找自己的根源（Chinh 2014：99）。还有泰国孔子学院的特点之一，是在规模较大的大学里以及处于华人密集地区。这对获得当地华人社区的支持，向社会精英层扩大汉语、中国文化非常有效。华人社团（潮州会馆、客家会馆、海南贸易会馆、福建会馆等）对孔子学院的宣传活动也做出了贡献（Chinh 2014：106—107）。

而在缅甸成立孔子学院并不顺利，2008 年，缅甸政府虽然最终同意创办孔子学院，但不赞同在著名大学办学，而代之以同意与三个孔子学堂和当地的学校进行合作。仰光的福清语言与计算机学校，是 2002 年 9 月由当地华人社区成立的福建同乡会的附属学校。与该学校合作的孔子学堂，也受到当地华人社区的资金援助。因此，学习汉语的大部分学生是当地华人的孩子。这个学校的办公室，在狭小胡同的小楼 1 层和 2 层，右边与繁华的唐人街相邻。设立在这样的场所，是因为考虑到与唐人街地区当地华人合作便于开展活动（Chinh 2014：92—93）。

由上述内容可见，汉办以非华人为对象开展的对外汉语教育，不仅是与当地华人合作，推进对非华人的汉语教育，也恢复和提高了对华人的华语教育，增强其对中国的热爱。

接下来,我想作为几乎看不到孔子学院和华人社会的联系的国家的代表事例,举例讲述马来西亚。马来西亚 2009 年由马来亚大学和北京外国语大学合作成立了"孔子汉语学院"。名字中加入"汉语"据说是为了减少宗教色彩。这是马来西亚唯一的孔子学院。在华语教育传统根深蒂固的马来西亚,孔子学院究竟处于怎样的状况呢?据对此进行研究、汇总为硕士论文的黄敏诗(马来西亚出生的华人)说,看不到华语教育和孔子学院汉语教育之间的合作,前者是以华人为对象的母语教育,而后者是以非华人为对象的外国语教育,中间有这样一条分界线。根据这种状况,黄提出建议,在学校成立、运营方面具有丰富经验的马来西亚华语教育和孔子学院的汉语教育之间应该进行合作(黄 2014)。

笔者在 2013 年 8 月曾对马来亚大学"孔子汉语学院"的陈忠院长进行过采访,据说活动的核心是,将中国派遣来的汉语教师派遣到马来西亚国立沙巴大学、马来西亚科学大学、马来西亚工科大学教授汉语,2012 年开始受政府机构(警察、外交学院、内政部等)的委托开设面向公务员的 3 个月班。但是,对于教师进修,由于与汉办一起将马来西亚的汉语教师派到中国接受进修,其大部分都是华人出身,所以可以看到汉办与孔子学院的间接性的华语教育关系。

(二) 中国政府对华语教育的参与

孔子学院是由汉办主导成立运营的机构,与此相对,华语学校是由移居海外的华人依靠华人社团独自成立的学校,所以看似中国政府的干预很少。但是,正如前面所述,在授课语言的变化和留学机会增加等方面,可以看到中国的政治影响。2000 年以后,孔子学院变得繁荣,中国政府(侨办、教育部等)对海外的华语教育也施加了影响。根据这种状况,在中国出现了对中国政府和海外华语教育的关系进行考察的研究人员,并写了报告书[①]。参照这些研究,以下就中国政府对海外华语教育的政策和影响进行探讨。

---

① 例如,严晓鹏(2014)从管理学的角度比较研究了中国政府对孔子学院和华语学校的参与情况。除此之外《世界华文教育年鉴》(2013—2005)记载着中国政府(侨办、教育部等)对海外华语教育实施的政策和交流活动。

首先侨办自 2009 年开始举办 2 年 1 次的世界华文教育大会。大会就教材、教授方法、教师、学校发展等，由各国华语学校负责人进行相互汇报，促进了世界华语学校间的交流。大会还选出华文教育模范学校进行表彰（严 2014：139、贾 2014：7）。

接下来，侨办实施了为促进中国国内教育机构和海外华语学校交流的政策。比如，从国内的学校里面选定"华文教育基地"，委托开展华语学校教师培训班和儿童交流活动等。举其中一个例子，浙江省的温州少艺校是侨办指定的唯一小学华文教育基地，对华裔青少年的"寻根之旅"给予帮助。另外，侨办不仅将华语学校的有关人员邀请到国内，还采纳了走向海外进行支援的方法。比如浙江省侨办自 2006 年至 2008 年，将华文教育模范教学团体派往法国、奥地利、荷兰等十几个国家，为培养教师，举办演讲会，与华语学校的教师进行意见交换等，实施了师范教育。（严 2014：133—136）。

最后，中国政府为从海外华语学校毕业的年轻华人，能够更容易升入中国大学而提供了方便条件。我想以马来西亚为例进行举例。马来西亚自 1962 年开始就有华人的私立经营的"华文独立中学"，而由于马来西亚政府不承认这里的学历，妨碍了毕业生在马来西亚升入大学。因此，许多毕业生到中国台湾和新加坡留学，成了毕业生主流。进入 20 世纪 90 年代后，与中国的关系得到改善，以此为背景，从 20 世纪 90 年代后期开始，出现了到中国留学的年轻华人，2000 年以后这一情况呈增长趋势。

笔者对马来西亚华人学校理事会联合会总会（董事会）的负责人和对中国有留学经历的人进行了采访（2014 年 8 月），据说独立中学从 1995 年开始去中国留学的人逐渐增加。现在大约有 7000 人正在中国留学，励志获得学位的人约有 3500 人，其中 400 人是马来西亚政府派来的马来人。据说大部分是华人，以独立学校的毕业生为主。据说 2003 年马来西亚成立高等教育所，与中国教育部合作，中国 50 多所大学首次来到马来西亚招募学生。独立中学对高三学生实施统一考试 UEC（Unified Examination Certificate，独中统一考试），在中国对该考试成绩承认的大学开始增加，可以直接升入中国大学的机会增多。而且据说与去台湾留学相比，更容易获得地方政府和大学以及企业等的奖学金，学位还得到承认，这些都是优势。"将华裔留学生送到大陆，从长期的角度来看，这将成为中国文化继承的软实力"，董事会的负责人如是说。

另外，在吉隆坡，自 1995 年至 1997 年，由华人成立了私立大学。最有名的学校是新纪元大学和南方大学学院。两所学校深化了与中国大学进行合作等交流，扩大了留学和访问的机会，这也是华人更方便去中国留学的理由之一。

这种对华语教育的参与和对华人留学生支持的政策，并非是从中国经济发展、中国语学习热在全世界出现的今日才开始的。正如前章所述，自新中国成立起，政府就为以升学为目的的归国华侨准备了辅导学校等，积极支援归国升学。笔者想现在政府对华语教育的关注就是在这样的对海外华侨华人教育支援的历史流程中得到的定位。

四 总 结

根据以上思考，笔者认为，2000 年以后以由汉办主导进行的文化外交和从更早前开始的以华侨华人为对象采取的侨务政策（文教方面）、对华语教育带来影响的中国政治运动，从汉语（华语）、中国文化普及的观点来看，不应以彼此独立的逻辑来阐述，而是应该在同一平面上进行阐述。如果以现有状况进行比较，则 2000 年以后变得活跃的由汉办实施的以非华侨华人为对象的对外汉语教育普及政策，正如志愿者教师和孔子学院事例所示，居住在海外的华人也卷入进来，已经对华人社会带来了影响。另一方面，通过由侨办实施的对海外年轻华人的归国留学的支援和实施从事华语教育的教师研修等，参加这些活动的年轻华人在居住国正在普及汉语和中国文化。也就是说两者虽然对象不同，但结果都是面向普及汉语、中国文化这一中国文化外交的目标，互相支持着实现这一目标。这也说明海外华人社会的方言"华语世界"和中国的"普通话世界"已经开始接触。

所谓"软实力"，是指"使本国所希望的结果也成为他国的期许的力量，不是强迫他国遵守，而是变成盟友的力量"（Nye 著，山岗译 2004：26)，被解释为是"不是强制或给予报酬，而是通过魅力获得希望的结果的能力。软实力是由于国家的文化、政治理想、政策魅力而产生的"（Nye 著，山岗译 2004：10)。在中国的文化外交中"变成盟友的力量"

和"国家文化"主要是汉语、中国文化。但是"变成盟友的力量"并非仅仅如此。在执行文化外交的时候,中国系移民(华侨华人)变成中介,发挥了普及汉语、中国文化的力量,这从本稿的思考中可以窥见。也就是说,中国的文化外交,通过国家层面的政策推进汉语教育,同时通过这样的政策在民间层面将传达汉语、中国文化魅力的中介人(中国系移民)变成了"软实力"。

清楚地表明了这一点的是,马来西亚的董事会负责人所说的"将华裔留学生送到大陆,从长期的角度看,这将成为中国文化继承的软实力"。"将华裔留学生送到大陆"是因中国政府的文化政策而成为现实,实际留学的年轻华人在马来西亚"为传承中国文化"而竭尽全力。在"前言"中写道文化外交有两个方面,其一是在国家层面上由政府对对方国家国民实施的政策,其二是国家不介入的民间、市民层面的交流(渡边2011:22—23),这明确了中国系移民(华侨华人)将这两个层面的文化外交相结合的机制。而且,笔者认为,自20世纪初开始,通过侨务政策和中国的政治、文化活动已经开始了"文化外交",创造出作为中介者的"软实力"(中国系移民)布局已经形成。

最后,希望思考一下中国文化外交带给华人社会影响的"文化"的含义。这里所说的文化,包括"普通话"(标准中国语),还包括书法、中医、衣食住行习惯以及看不到的人际关系、消费行为等行为原理等。使用华语这一方言性语言的华人,在与普通话相遇时,以及实际踏入中国的年轻华人,是怎样理解中国文化的呢?只有思考这些接触的各种情况,才能发现围绕中国文化外交的微观对立竞争。对此,我想作为今后的课题,针对围绕东南亚年轻华人的中国留学的文化接触,在其他论文中进行讨论。

海外华人政治参与的局限性：
论马来西亚华人协商政治的困境
（1969—2013）

［马］祝家丰①

前　言

　　华人海外移民在居住国的政治参与长久以来一直受到学者的关注。由于居住国的国情各异，华人移民在各国的政治适应和政治参与亦有迥异的发展轨迹。因此研究个别国家的华人政治参与的具体情况或国与国之间的华人政治参与比较研究都有其实用和学术价值。在东南亚区域，中国华南移民于19世纪和20世纪期间大量移入并参与了当地的经济活动。早期南来东南亚的华人多是为了寻求更好的生活而暂时选择侨居，他们在内心都有落叶归根的打算。对于当地的政治发展往往是采取不过问的态度。但随着侨居日久，他们开始购置产业并对居住国有了感情。因此为了维护族群利益和福利，东南亚华人开始涉足居住国的政治。由于时代的号召，他们参加到反殖民的行列。过后他们也参与争取居住国的独立与建国。现今他们更参与了其国家政治民主化的进程。华人移民在东南亚各国的政治参与中展现了不同的发展轨迹。本文着重探讨马来西亚华人最大执政党——马华公会在参政历程中所实践的协商政治面临

---

　　①　祝家丰（Thock Ker Pong），马来亚大学中文系高级讲师。

之困境。

马来西亚华人和马来人（也称巫人）在政治上的关系可说是息息相关。有鉴于马来人是多数群体并在政坛上居于主导地位，因此马来人之政治权力嬗变一直牵动着华人之政治力量。由于马来西亚是由数个民族组成的多元社会（plural society）国家，民族问题与纷争一直困扰着国家领导人，所以许多政治学者认为多元社会在建国过程中所达到的民主并不稳固，因为族群间相互竞争与冲突将导致国家的失序和动乱。虽然马来西亚名为多元社会，但族群间的竞争主要局限在华人与马来人。这是因为马来人在马来亚独立前后在人口的比率上没占绝对的优势，而华人在经济领域却占了优势。这造成马来西亚的族群竞逐与冲突一直围绕在华巫这两大族群上。

马华公会号称是代表华社的最大政党，并拥有超过百万名党员，但在马来西亚的政治发展脉络里，该党可说是一直受到马来人统一机构（巫统）的牵制。从1958年马华公会发生了涉及林苍佑与陈祯禄的党争而受到巫统干预后，马华公会就走不出受巫统影响的阴影。虽然马华公会是执政党，国阵的重要成员党，但它常感叹其当家不当权的地位。该党在联盟与国阵体制下参加了多次全国大选。除了在1969年的大选里受到重挫外，马华公会都能在国阵的旗帜和庇佑下获得选民一定程度的支持。但于2008年3月8日举行的马来西亚第十二届大选，国阵与马华公会遭遇了前所未有的挫败。政治学者把该届大选所吹起的反风称为政治海啸。执政党失利之肇因是大量流失华人和印度人的选票。在大量失去华人之支持后，马华公会亦面对一系列的危机和困境。该党现今须解决多重边缘化的困境，以重获华人之支持。

一　巫统政治霸权下的华人政治边缘化与困境

马来西亚自1957年独立以来，虽然是实施协合主义（consociational-ism），即早期由巫统、马华公会和国大党所实践的联盟政治（coalition politic），其所组成的联盟政权却一直由巫统主导着。但自1969年5月13日种族流血冲突事件（"5·13"事件）发生后，马来西亚的政治体制起了影响深刻的演变。巫统的政治势力递增并掌控了国家机关，许多政治学者如 Funston 和 Vasil 等人都用政治霸权（political hegemony）来形容这种新政体。① 于是这个由巫统掌控及支配的政权推展了一系列以马来议程为主导的国家政策。当时发酵至顶点的马来民族主义是这种局面的催化剂，但它亦激化了马来西亚的种族政治。由于施政考量都是以马来人利益为依归，因此 Weiner 和 Ho Khai Leong 把 1969 年后的政权指称为种族霸权国家（Ethnic Hegemonic State）。②

虽然"5·13"事件后巫统领袖们还强调他们进行着协合式的联盟政治，但实际的政治局面是"巫统的霸权地位已控制了国阵政府的自主性，1969 年后的政治现实是党，即巫统支配了政府"。③ 这正是巫统以党治国时代的开始。巫统的政治霸权正是在一党独大的架构下形塑而成，马来政治精英就利用这个支配权来控制国家机关，这一点可从敦拉萨在 1970年接任首相职位时的谈话看出端倪：

> 这个政府是基于巫统所组成的，我把此责任交给巫统，以使巫统能决定其体制，政府应该遵循巫统的意愿与需求，并须实施由巫统决定的政策。④

在掌控了政治权力后，巫统政治精英就不需与马华公会领袖作协合式的协商了。他们可望达到以往所不能实现的马来议程。当国会于 1971年复会时，马华公会失去了内阁里重要的工商部长职位，接着从独立以

---

① 参见 John Funston. *Malay Politics in Malaysia: A Study of UMNO and PAS*. Kuala Lumpur: Heinemann 1980: 223 – 226 和 Raj K. Vasil. *Ethnic Politics in Malaysia*. New Delhi: Radiant Publisher, 1980: 208。

② 参见 Myron Weiner. "Political Change: Asia, Africa and the Middle East" in Weiner, M. & Huntington, S. P. (eds.). *Understanding Political Development*. Boston: Little Brown, 1987 和 Ho Khai Leong. Indigenizing the State: The New Economic Policy and the Bumiputra State in Peninsular Malaysia. Ph. D Dissertation. The Ohio State University, 1988。

③ 祝家华：《解构政治神话：大马两线政治的评析（1985—1992）》，华社资料研究中心，1994 年，第 89 页。

④ John Funston. *Malay Politics in Malaysia: A Study of UMNO and PAS*. Kuala Lumpur: Heinemann, 1980: 224.

来一直由该党议员出任的财政部长也于 1974 年改由巫统领袖接任。敦拉萨所主导成立的国阵政府虽然吸纳了由林苍佑领导的华人政治力量（民政党），但实质上华人的政治力量却进一步被削弱了。这是因为民政党和马华公会这两股在国阵里竞逐华人政治代表权的势力却形成相互制衡之局面而没能努力为华人争取权益。如此下来就形成了两党长久以来所面临的权威危机和协商困局。[1]

马华公会基本上弥漫了高度的功利主义，其党员只在追求个人功利时才看到参党的实际好处。[2] 党的各级领袖往往为了官位和权力而内斗。但当华社需要他们向马来领袖提出华人之切身问题与利益时，他们往往令华社失望。这主要是他们慑服于马来霸权所主导下的政治格局。其次是在大选时马华公会的国州议员很多时候必须依赖马来人选票才能顺利当选。Heng Pek Koon 就指出此种依赖现象更易使马华公会受制于巫统。[3]由此可见，华人的执政领袖必须靠马来政治精英之庇佑才能延续他们的政治生命。在巫统政治霸权的主宰和新经济政策的实施下，有关族裔间的政府大政策都已尘埃落定。因此马华公会已丧失了独立前与巫统谈判的角色。该党的角色已转变为在行政和官僚体制内作协调和修补的工作。该党领袖亦顺其自然地宣传他们扮演着极重要的"行政偏差"监督者之角色，并以"有人在朝好办事"的政治口号来争取华人的支持。此种角色并不能彻底解决华社长久以来所面对的各种问题，所以其领袖须经常承受华社的指责。这种当家不当权而又无法向华社交代的窘困局面，有学者把它称为"联盟的苦楚"（Agony of Coalition）。[4]

在华人反对党方面，由民主行动党所代表之华人政治反对力量得到不满国阵施政方针之华人的大力支持。这可从该党在 1978、1986 与 1990 年之普选中取得不俗表现显现出来。在上述大选中，该党分别赢

① 参见何启良《政治动员与官僚参与：大马华人政治论述》，华社资料研究中心，1995年，第 22—37 页。

② 何国忠：《今我来思》，十方出版社 1993 年版，第 131 页。

③ Heng Pek Koon. *Chinese Politics in Malaysia：A Study of the Malaysian Chinese Association.* Singapore：Oxford University Press，1988：269.

④ Khoo Boo Teik. *Paradoxes of Mahathirism：An Intellectual Biography of Mahathir Mohamad.* Kuala Lumpur：Oxford University Press，1995：283.

得了 15、24 与 20 个国会议席；马华公会却只能在上述大选每次取得 17 个国会议席，[①] 但由于该党只能在执政体制外争取华人利益，因此也没有能力影响国策的拟定。政治学者 Khoo Boo Teik 贴切地用 "futility of opposition"（反对的无效）的字眼来形容这股在野势力的困局。[②] 这样看来，代表华社的在朝与在野的政治势力都不能有效地为马来西亚华人争取权益。

马来西亚华人的困局并不只局限于政治方面，政府为了贯彻马来议程的内涵而实施的新经济政策使华人在经济领域面对巨大的冲击。于 1971 年开始实施的新经济政策是敦拉萨政权所推行的最重要国策，它以经济领域为出发点要全面改变马来族群的社会、经济和教育面貌，其目标是塑造一个马来工商社群。这项政策的设立与推展是为了因应 60 年代马来族群在经济领域的落后处境和不满情绪，它的背后策动力是当时正在膨胀的马来经济民族主义。[③] 在重组马来西亚社会的名义下，政府扩展了马来特权的范畴，并把它引申至各种对马来社会有利的优惠政策和配额制。除此以外，政府亦于 1975 年颁布工业协调法令以匡助马来商家。这一系列措施的推行是为了让马来人在教育、农业、商业和资本拥有权等领域占有固定的比例。以上的措施大大地侵蚀了华人的经济利益，因此华人不满与反对新经济政策之声在七八十年代可说是处处可闻。在这种困境下许多华裔企业家为了求存只好转向巫统政治精英和马来皇室以求取经济上的庇佑。[④]

在巫统政治霸权主导下，马来精英开始更改以往的多元文化建国之

① 何启良：《政治动员与官僚参与：大马华人政治论述》，华社资料研究中心，1995 年，第 48 页。

② Khoo Boo Teik. *Paradoxes of Mahathirism：An Intellectual Biography of Mahathir Mohamad*. Kuala Lumpur：Oxford University Press，1995.

③ 马来亚独立前，马来民族主义主要体现在政治范畴，但在独立后由于马来精英已获得政治主导权，那股推动他们继续前进的力量正是经济民族主义。有关这方面的详细分析可参见 Shamsul Amri Baharuddin. "The Economic Dimension of Malay Nationalism". *The Developing Economies*，Vol. Xxxv，No. 3，1997：240 – 261。

④ Heng Pek Koon. "Chinese Responses to Malay Hegemony in Peninsular Malaysia（1957 – 1996）" in Zawawi Ibrahim（ed.）. *Cultural Contestation：Mediating Identities in a Changing Malaysian Society*. London：Asian Academic Press，1998：68.

路。国家领袖实施一系列以马来中心主义为主的国家语文、教育及文化政策。此种趋势说明了当政者欲达到一种文化、一种语文的民族国家。所以当时的政府可说是尝试以同化之路来建国，[①] 如此的国策转向给华社带来极大冲击与困扰并引发许多抗争。于 1971 年 8 月 16 日至 20 日所拟定的以马来和伊斯兰文化为核心的国家文化政策正彰显了马来文化霸权。一位马来学者就有这样的评论：

> 国家文化政策体现了马来文化民族主义之崛起。"五·一三"事件过后的政治局势促使霸权式的民族主义与国家机关达至共生关系。在此种霸权下，民族主义的意愿可通过国家机关来达到；它亦衍生了土著主义并认为可利用单一文化国家（monoculture state）之模式来建构国族。[②]

由于国家文化政策之内涵是排他性的，文化政策执行者便利用塑造国家文化的三大原则来筛选与排斥他族文化。[③] 这就造成马来西亚华人文化不能直接纳入国家文化，因此政府就没有义务去发展它。更为严重的是，政府不只不支持发展华人文化，它还推进一步，不允许华人发展自己的文化。[④] 所以在七八十年代的华人舞狮表演、商店招牌及支票使用中文面对诸多刁难。

在教育领域，华人所面对的挑战更为严峻。巫统政治领袖欲实行单一源流教育政策以团结全民的思想一直以来都没有改变，这可从 1956 年的拉萨报告书里头的"最终目标"之精神明文列入 1961 年与 1996 年国

---

①　一直以来马来当政领袖都避免用"同化"这字眼来形容当时的国策，但首相马哈迪医生于 1996 年 8 月 6 日接受《马来西亚前锋报》专访时就承认时代已变，国家不能再走同化的道路。

②　Abdul Ghapa Harun. "Kebudayaan Kebangsaan dan Politik Pembinaan Negara-bangsa". Kertas kerja Seminar Serantau Kebudayaan Kebangsaan. Kuala Lumpur, 12 – 13 Disember, 1995：7.

③　这三大原则是：（1）马来西亚的国家文化必须以本地区原住民的文化为核心，（2）其他文化中有适合和恰当的成分可被接受成为国家文化的一部分，（3）伊斯兰教是塑造国家文化的重要成分。

④　何国忠：《独立后华人文化思想》，载何启良、林水檺、赖观福、何国忠合编《马来西亚华人史新编》第 3 册，马来西亚中华大会堂总会，1998 年，第 54 页。

家教育法令中得到佐证。在这单元化思想主导下，华文教育尤其是华文小学（华小）面对一系列的困境，如增建、师资与拨款不足。马来西亚时任教育部长纳吉敦拉萨曾申明政府的政策是不再增建新的华校。① 这种局面造成城市华小面对严重的学生满额之患；那些挤不进华小的学生被逼入读国小。虽然华小已在1957年的国家教育法令下纳入国家教育主流，但华小始终面对被改制的危机。80年代的3M制、综合学校计划与华小高职事件的发生正可证明改制的危机一再困扰着华小。虽然90年代有所谓的教育开放政策，但教总副主席陆庭谕表示政府并没有开放华文教育，华教之发展比过去更加严峻。② 1996年教育法令的拟定与宏愿学校之提出亦显示了华教的困境依然存在。

另一方面，通过新经济政策而推行的大学收生配额制剥削了许多华裔子弟升大学的机会。在华社的大力反对下，政府把土著与非土著收生配额比率定为55%对45%。③ 但政府20年来并不遵守这个比率。由国家经济咨询理事会发表的数据显示1988年、1990年和1999年的土著收生百分比分别为60.4%、65.9%与69.9%。④这配额制在前任首相马哈迪医生退休前，即2002年改为绩效制，但此新收生制还是依据大学预科班（专为马来学生而设）和马来西亚高等教育文凭两种不同的升学管道，所以它还是被华社所诟病。

这些以马来族群为中心点的政策之实施，不只侵蚀了非巫人尤其是华族的权益，而且进一步提升了国内的族群意识和排斥性心态。由于华社面对各种困境，再加上华人政党丧失了其正当性（legitimacy），这造成华人民间社团（华团）必须作出各种抗衡和参政举动来应对巫统政治霸

---

① 《星洲日报》1999年2月13日。此外根据马来历史学家 Zainal Abidin Wahid 的说法，华巫（马华公会与巫统）政治领袖早在东姑时代已达成协约，不再增建任何一间新的华小。由华社在争取增建新华小的艰辛过程看来，这份协约很有可能是存在的，参见 Zainal Abidin Abdul Wahid. *Bahasa*，*Pendidikan dan Pembangunan*. Siri Bicara Bahasa，Bil. 5. Kuala Lumpur：Dewan Bahasa dan Pustaka & Persatuan Linguistik Malaysia，2001：14。

② 《南洋商报》1999年7月20日。

③ 这项由巫统和马华公会于1979年6月28日所达成的收生方案可说是由独立大学事件逼迫下才获取的。当时为了安抚华社对政府于1978年拒绝独大之申请书的不满情绪，巫统做出让步。在这个方案下，非土著的收生率于1980年开始每年增加2%，直到45%为止。

④ 《南洋商报》2001年5月18日。

权主导下的国家机关。①

二　马来西亚华人政治参与和协商政治的滥觞：以马华公会为例

　　马华公会的诞生可说是与当时早已存在并相当活跃的华人社团（华团）息息相关。马华公会能于 1949 年出现在马来亚政坛是由华团领袖所催生的。当时英殖民政府为了要遏制马来亚共产党的势力而产生了要在华社组织一个亲英人政党的想法。② 为了促成此意愿，英人最先接触的就是华人社团领袖。当时的英国钦差大臣亨利葛尼爵士（Sir Henry Gurney）就接触了李孝式，并催促他筹组华人政党。③ 李孝式是当时华社的德高望重领袖，他除了是英人委任的联邦立法议员，亦是多个华人社团之领导人。他是马来亚中华商会联合会会长、雪兰莪中华商会会长、马来亚广东会馆总会会长、马来亚高州会馆总会会长。李孝式便与其他 15 位华裔联邦立法议员发信到全国各地的中华商会以要求它们协助筹组华人政党。这个华人政党——马华公会便在英人的庇佑和祝福下于 1949 年 2 月 27 日正式成立。

　　马华公会当初的领导层并没有广泛的华人群众基础。那时的主要领袖俱是有地位之商人或与大生意有关系的专业人士，而且大多数是受英文教育者，因此未能与华人社会的基层有重大的联系。④ 虽然说马华公会的诞生与华团有密切的关系，更贴切的说法是中华商会的领袖主导了马

---

　　① 这些政策造成华人在各领域的困境并催生华人的抗争行动。有关此方面的研究可参见祝家华《解构政治神话：大马两线政治的评析（1985—1992）》，华社资料研究中心，1994 年。

　　② 由于马来亚共产党的活动给英殖民政府带来巨大的压力，英人被逼于 1948 年宣布马来亚进入紧急状态。为了要切断乡区华人给马来亚共产党的各种资助与支持，英政府拟出了重新移殖乡区华人进入新村的构想。但此构想的实现必须依赖一个政党以说服和动员华人社群，因此英人便产生了要在华社组织一个亲英人政党的想法。有关此方面的详情可参见 Heng Pek Koon. *Chinese Politics in Malaysia*：*A Study of the Malaysian Chinese Association*. Singapore：Oxford University Press，1988：54 – 59。

　　③ Heng Pek Koon. *Chinese Politics in Malaysia*：*A Study of the Malaysian Chinese Association*. Singapore：Oxford University Press，1988：55.

　　④ 谢诗坚：《马来西亚华人政治思潮演变》，槟城：友达企业公司发行，1984 年，第 41 页。

华公会的创办。有鉴于如此的领导层结构，马华公会当初的创党理念是集中在保护和促进华人的经济及商业利益。在政治上，它是为了配合英殖民者的需要而被催生，因此它当初的政治理念是模糊的。这亦是它常常被称为"头家"政党之原因。

由于马华公会的初期领导层是由商人阶层主导，这就造成他们倾向于谋求此阶层的利益，广泛的华人族群权益如政治权力和华文教育需求反而被忽略。这种发展局面尔后便导致了那些为华人社会基层利益而斗争的其他华人社团对马华公会的不满。那些不满马华公会的社团主要是中华大会堂和会馆组织及后来成立的华人教育团体。在1955年首届由英政府主导的普选后，英人委任了李特宪制委员会以拟订马来亚的独立宪法。当时的华人社团领导人普遍认为1948年的马来亚联合邦协定否定了华人在马来亚地位及应享有的权益，所以他们视此次的宪法修订是华人争取更多权益的契机。在与巫统谈判独立新宪法时，他们认为马华公会的中央领袖须争取到华人与马来人拥有同等地位的条款。[①]他们要求马华公会利用此次的机会争取以出生地（jus soli）为基础的公民权、华文被接纳为官方语文及华文教育有更大的发展空间。这些社团之代表人物为刘伯群，此人曾任马华霹雳州联委会主席，他亦是当时马来西亚华社举足轻重的领袖。

但马华公会的最高领导层对上述华团有关华人权益之诉求有所保留。普遍的，他们认为要以此次重拟宪法的机会来改变马来人为主导的政治生态是非常艰辛的。在这种思维下，他们认为最实际的做法就是为华人争取以出生地为基础的公民权；他们的认知是当华人拥有了公民权，华人就拥有政治权力并以此权力来维护与争取华裔的各种权益。有鉴于此，为了得到巫统认可以出生地为基础的公民权，马华公会高层领袖认为可在马来特权、官方语文等课题上向巫统妥协。马华公会的上述立场明显地迥异于传统华人社团领袖。这批华社领袖往往有着双重身份，除了是会馆乡团之领袖，他们之中有好多也是地方上或是州内马华公会的领导

---

① Tan Liok Ee. "Chinese leadership in Peninsular Malaysia: some preliminary observations on continuity and change" in Leo Suryadinata (ed.). *Southeast Asian Chinese: The Socio-cultural Dimension.* Singapore: Times Academic, 1995: 122.

人。他们普遍认为由于马华公会的中央领导人多数是受英文教育，因此在官方语文和华教课题上这些领袖不能像他们一样拥有坚定的立场。立场的分歧导致了这批传统华人社团领袖组织了一个欲脱离马华公会的运动以筹组另一个华人政党。① 此项运动由华团领袖刘伯群、梁志翔、曹尧辉与林连玉四人领导。他们于 1956 年 4 月 27 日主办了一个华人社团大会，当时计有 400 个华人社团与会和大约 900 人出席。此次大会只有两个议程——拟定华人在宪法上的权益诉求和筹组一个包括华人基层的政党。② 虽然筹组另一个替代政党在最后一分钟失败了，③ 但那次大会亦成功组织了一个以刘伯群为首的华人社团代表委员会（Council of Representatives of Chinese Guilds and Associations）来争取华社权益。

　　李特宪制委员会报告书于 1957 年 2 月发布，它的内容显然与华团领袖的要求有很大差距。当时的华人社会可说是非常失望，这局面促使华人社团代表委员会决定派遣一个三人代表团亲自远赴伦敦以呈交华人社群之诉求给英政府。陈期岳在上机之前就愤慨地说："……1094 个华人社团所代表的马来亚两百万华人已把委托权交给我们。我们将实践这项委托……我们已不期望马华公会能为我们争取利益。"④ 传统华人社团领袖与马华公会领导层的分歧发展到这地步，已使到它们之间呈现裂痕，各自踏上分道扬镳之路途。虽然这两股势力都以争取华人权益为依归，但它们之隐含目的显然是为了竞逐华社领导权。上述发展说明了马华公会当时的领导人已体认到马来亚的政治格局是受到巫统的支配，尤为重要的是他们并没有打算利用当时华裔在经济上的优势来打破如此之格局。这种政治认知和思维已为往后马华公会所走的政治协商与妥协路线奠定了基础。马华公会所采取与巫统协商之手法虽然成功拟妥了马来亚的独

---

① Heng Pek Koon. *Chinese Politics in Malaysia：A Study of the Malaysian Chinese Association.* Singapore：Oxford University Press，1988，p. 238.

② Ibid.，p. 240.

③ 此项脱离运动以失败告终，因为曹尧辉与林连玉在最后一分钟变卦了。发生这种演变结果是因为马华公会高层成功击溃了上述四大领袖的团结心。马华公会领袖以华人需大团结之姿态来与巫统商谈独立宪章的理由成功说服曹尧辉与林连玉。有关这方面的详情，可参见 Heng Pek Koon. *Chinese Politics in Malaysia：A Study of the Malaysian Chinese Association.* Singapore：Oxford University Press，1988：240 – 245.

④ Raj K. Vasil. *Ethnic Politics in Malaysia.* New Delhi：Radiant Publisher，1980：105 – 106.

立宪法和促使马来亚获得独立，但其成果显然与华人社群所期待的平等社会有落差。

三　协商政治最好的年代：90 年代文化开放政策下华人的寄望

90 年代是国阵和马华公会实践协商政治的最好时代。虽然林良实在1986 年接任马华公会总会长时的最初几年敢于向巫统争取华社的权益和作出退出国阵的恫言，但到了 1990 年他对巫统之态度竟起了 180 度的转变。例如他就曾说既然华人已是少数民族，因此华人应有少数民族的心态与思维，不应再以抗争或斗争的方式来维护华人之权益。[①] 如此一来，马华公会在林良实领导之下非常强调与巫统协商，一切以和为贵；在党内则强调家和万事兴。为了进一步合理化其在国阵里的存在价值，林良实与其后的党领导人一直向华社强调"内部争取"策略的有效性，其宣传的口号是"有人在朝好办事"。

为了强化其"内部争取"的功用，马华公会积极向华社推销"一旦投选反对党将导致马华公会在朝实力被削弱"的论述。无论如何，当马来西亚华裔选民在 1995 年、1999 年与 2004 年的大选给予马华公会强力的支持时，马华公会并不能有效地为华社争取权益。华社一直以来颇为关注的华教课题，尤其是制度化增建华小，马华公会领袖们都避而不谈。为了缓和华社的不满情绪，马华公会以搬迁与扩建华小的策略来应对。[②] 总而言之，其领袖们由于没能力制衡巫统一党独大的局面，只好采取治标不治本的方法来合理化／正当化马华公会的功能。马华公会的前总会长李三春对该党如此的发展路向亦颇有怨言，他指出，"马华公会好像没有给马来西亚华人一个发展的方向，它只重视日常的管理"。[③]

---

① James Chin. "Malaysian Chinese Politics in the 21st Century: Fear, Service and Marginalisation". *Asian Journal of Political Science*, Vol. 9, No. 2, 2001: 85.

② 祝家丰：《海外华文教育辛酸史：马来西亚华教运动个案研究，1995—2008》，载刘泽彭主编《互动与创新：多维视野下的华侨华人研究》，广西师范大学出版社 2011 年版。

③ 《亚洲周刊》2000 年 9 月 4—10 日。

虽然如此，但马华公会可说是得益于执政政府的整体政策。这是因为进入 90 年代由巫统主导的政府施政方针显然以经济发展为主轴。它的施政核心哲学是利用经济发展来消弭国内的族群博弈与冲突。在经济前景一片大好声中，马来西亚华社的危机意识和抗争心态也骤降，华团领导人也对国内形势提出一套与以往迥然不同的看法，造成他们倾向于凡事"去政治化"。① 另一方面政治学者 Loh Kok Wah 和罗国华亦提出了当时的马哈迪政权运用发展主义（developmentalism）的策略来强化与巩固其领导的政权。② 这位学人认为发展主义在当时的马来西亚可谓是新政治论述，意指由于经济迅速发展，人民的生活也物质化和舒适化，因而经济发展与物质享受已成为人民，尤其是中产阶级的政治价值取向了。在此倾向下，他们为了能继续享有繁荣和安逸的生活，所以所注重的是政治稳定而不是追求各种民主政治与改革的价值。发展主义是发展型国家统治下形塑的政治文化，人民的生活条件因国家带动下的经济增长而获得改善，它所体现的行为是人民热衷于提升生活水平和大量消费。然而政治自由化并没有因此而出现。自由的动力反而衍变成人们对个体自由的追求、追逐个人成就及表达对本身的认同。③

在马哈迪医生的领导之下，国阵政权于 90 年代推展了一系列朝向"文化开放"（cultural liberalism）的政策。这些怀柔政策对非马来人，尤其是华人带来非常显著的效应。Milne & Mauzy 就认为国阵政府所做的改变是为了应对它在 1990 年普选所流失的华人选票。④ 这些开放/怀柔政策何指？具体而言，巫统领袖看来已不再强调或重新诠释马来人身份认同之标志。这些标志包括马来统治者、马来语言和马来文化及伊斯兰教。这些政策的推行使马来西亚的国族建构概念衍生变化，从较排斥性变成

① 张景云：《华团与政治：解去政治化的前景》，载何启良编著《当代大马华人政治省思》，华社资料研究中心，1994 年，第 98 页。

② Francis Loh Kok Wah. "Developmentalism and the Limits of Democratic Disourse" in Francis Loh Kok Wah & Khoo Boo Teik（eds.）. *Democracy in Malaysia：Discourses and Practices.* Surrey：Curzon Press，2002.

③ Ibid.

④ R. S. Milne & Diane K. Mauzy. *Malaysian Politics under Mahathir.* London：Routledge，1999：96.

较具包容性。① 如此一来，那些曾在七八十年代引起华社争议的课题就不再引发族群的争端。例如令华巫族群争议不休的国家文化政策在进入 90 年代已很少引起政治领袖和社会人士的兴趣。②

1991 年马哈迪医生推行了令许多华人"赞叹"的 2020 年宏愿计划，在这愿景下，他欲把多元民族的马来西亚国族打造成一个团结一致的马来西亚国族（Malaysian Nation）和公平地分配国家的财富。当时好多华人对一向以马来民族主义及马来人权益为斗争目标的巫统竟会提出"马来西亚国族"这样开明的治国理念感到喜出望外。许多华团领导人纷纷表示欢迎马哈迪这项体现民族平等的进步理念。这是马来西亚华人在政治上奋斗多年欲达致的目标，就是这个文化与政治论述把华人自独立以来的不满与怨恨消弭于无形中。

除此以外在与华团的关系上，马哈迪政权亦采取改弦易辙的做法，即是用包容性的手腕来收编和胁诱以达到统合化（incorporation）华团组织。他采用的第一个步骤是满足华社争取了九年所欲设立华人社团总机构的凤愿，马来西亚中华大会堂联合会（简称堂联，后改称华总）终于在 1991 年 10 月 17 日获准设立，并于较后由协商派夺得领导权。再加上于 1990 年 5 月 7 日被协商派代表人物林玉静所控制的雪兰莪中华大会堂一起，来进行所谓的"肃清"在这两个团体里的民权分子。但这项打压行动后来引发华团里的各种纷争和进一步造成华团分裂成协商型和施压型的组织。③ 借用葛兰西文化领导权理论的中心思想，即"一个社会集团或统治阶级的至高无上性是通过思想和道德的领导"来检验马哈迪的"文化开放"政策对华社的成效，我们可说它已取得了空前的成果。这可从 1995 年普选投票前华社的重要社团和领袖纷纷表态支持国阵的举动中

---

① Francis Loh Kok Wah. "Developmentalism and the Limits of Democratic Disourse" in Francis Loh Kok Wah & Khoo Boo Teik（eds.）. *Democracy in Malaysia: Discourses and Practices.* Surrey: Curzon Press, 2002: 28.

② 有关此课题的详细研究和分析可参见 Sharon Carsten. "Dancing Lions and Disappearing History: The National Culture Debates and Chinese Malaysian Culture". *Crossroad*, 1998, 13（1）: 11 - 64 的研究成果。

③ 时评人许光道痛恨协商派华团领导人引发各种纷争，严厉指责上述行动并把当时报上的批评文章编集成书，取名《豺狼当道》。相关的资料和分析可参见许光道编著《豺狼当道》，吉隆坡：Multi Consults 1992 年版。

得到佐证。如当时的 17 个华商团体（即马来西亚中华工商联合会及其各州属会）、华总和数十位文艺界人士皆分别发表联合声明，呼吁全体华人大力支持国阵政府。华社施压派的代表团体董教总亦在该届大选保持中立的态度。在此局面下，国阵就轻易地以狂风扫落叶的姿态赢得了该届大选。

四　2008 年政治海啸与马华公会的表现

2008 年 3 月 8 日马来西亚第十二届的大选成绩让许多政治观察家大跌眼镜。从 2004 年的狂胜到 2008 年的重挫，执政的国阵在 3 月 8 日大选之成绩可说是个大逆转。它不只丧失了在国会里的三分之二多数议席的优势，也失去了五个州属的政权。该次的大选成绩一举改变了马来西亚的政治版图，国阵的霸权局面亦被冲破。政治学者与观察家把该次的大选突变形容为政治海啸。但该次的政治剧变并没给大马政治生态带来灾难，反之它却促使马来西亚迈入政治的新里程碑。在该次大选里选民运用手中的一票，动摇了那盘踞 51 年的种族政治，他们明显地选择了多元族群政治。大选成绩说明了以单元种族路线为斗争方向的政党已得不到选民的青睐；选民们通过此次大选明确地宣示他们拥护走多元族群政治路线之政党。3 月 8 日后的政坛剧变亦说明了国阵已不是唯一能执政的政党；由人民公正党、民主行动党与伊斯兰党组成的人民联盟（民联）已崛起成为一个有能力取代国阵政府的阵线。马来西亚已正式步入国民期盼已久的两线制。

在 3 月 8 日大选里马华公会再次遭遇类似 1969 年大选时的重挫。这个号称代表华社的在朝力量似乎瞬间失去了其政治正当性，其存在价值亦顿生问号。马华公会在 2008 年大选竞选了 40 个国会议席和 90 个州议席，却只赢得了 15 个国席和 31 个州席。如此的成绩可谓惨败。该党在槟城州全军覆没，霹雳州只赢了一个州议席，雪兰莪州角逐 14 个州席只拿下 2 席，森美兰州竞选 10 个州席只一人中选。一些有党职与官职的重要领袖亦纷纷难逃落败的厄运，这包括了陈财和、胡亚桥、周美芬、姚长禄、庄祷融、尤绰韬等人。下表清楚列明马华公会在各州属的表现：

表1   马华公会在2008年大选所赢获的国州议席

州属	国席	州席
玻璃市	0	2
吉打	1	1
吉兰丹	0	0
登嘉楼	0	1
槟城	0	0
霹雳	3	1
彭亨	2	7
雪兰莪	1	2
森美兰	0	1
马六甲	1	4
柔佛	7	12
联邦自辖区	0	—
总数	15	31

资料来源：作者整理自2008年大选之报章报道资料。

在马华公会所赢获的15个国会议席中，其中两席，即亚罗士打与红土坎国席的候选人分别只以184张和298张极少数选票当选。另外的五席也是以少过5000张多数票胜出。这包括了时任马华公会总会长翁诗杰的国席，他只能以2961张多数票当选。在2013年大选，马华公会的候选人将难以守住这7个国会议席。下表列明在3月8日大选当选的马华公会领袖之多数票递减现象：

表2   马华公会2008年大选国席当选者之多数票比较

序	选区编号	选区名称/当选者	2008年多数票	2004年多数票
1	P 9	亚罗士打/曹智雄	184	14515
2	P 70	金宝/李志亮	2697	9490
3	P 74	红土坎/江作汉	298	11614
4	P 77	丹绒马林/黄家泉	5422	14693

序	选区编号	选区名称/当选者	2008 年多数票	2004 年多数票
5	P 80	劳勿/黄燕燕	2752	9752
6	P 89	文冬/廖中莱	12549	16839
7	P 100	班丹/翁诗杰	2961	14112
8	P 135	亚罗亚也/冯镇安	12884	22548
9	P 142	拉美士/蔡智勇	4094	10729
10	P 148	亚依淡/魏家祥	12909	15763
11	P 152	居銮/何国忠	3781	18698
12	P 158	地不佬/邓文梓	14658	26011
13	P 162	振林山/曾亚妹	8851	31666
14	P 163	古来/黄家定	11744	18144
15	P 165	丹绒比艾/黄日升	12371	23615

资料来源：作者整理自 2008 年大选之报章报道资料。

五　2013 年大选的战绩分析：协商政治的溃败

纳吉首相在 2013 年 5 月 5 日选战成绩揭晓当晚就以"华人海啸"来形容国阵的竞选成绩。如与 3 月 8 日大选所发生的"政治海啸"相比，他显然不满意国阵再次大量流失华人选票。虽然国阵在他首次领军作战下成功保住联邦政府的执政权，但其阵营的表现并不达标。纳吉原本预计能重夺国会三分之二的多数议席和雪兰莪州政权，可惜的是这两个目标都落空了。国阵在 5 月 5 日大选的成绩其实还比不上 2008 年普选的成绩。其所赢获的 133 个国会议席比上一届大选少了 7 席，州议席则从 307 席滑落至 275 席。聊以让纳吉与巫统领导层告慰的是该党的选战表现比上一届的成绩有显著的进步。该党的国席从 3 月 8 日大选的 79 席提升至 88 席，州议席则增加了 2 席至 241 席。巫统的略好表现也让国阵重夺吉打州政权和保住霹雳州政权。

国阵的整体表现可说是被其他成员的差劲表现所拖累，尤其是为华基政党的惨不忍睹的表现所拖累。由于华裔选民在 5 月 5 日大选中铁了心要实现政权轮替的局面，因此他们的选票都投向民联阵线。马华公会在这届大选中面临民政党在3月8日选战的命运。在马来西亚政坛叱咤几十年的马华公会几乎被第二轮的政治海啸连根拔起。下表对比了华基政党在5月5日大选与3月8日大选的表现：

表3　　马来西亚半岛华基政党在2008年与2013年大选的表现（国州议席）

政党	2008年大选		2013年大选	
	国席	州席	国席	州席
马华公会	15（40）	30（89）	7（37）	11（88）
民政党	2（12）	4（31）	1（11）	1（29）
民主行动党	26（35）	72（92）	31（36）	91（95）

注：（　）= 竞选议席总数。

资料来源：New Straits Times, 7.5.2013 和 Tew Peng Kooi. "Prestasi MCA, Gerakan dan DAP" in Joseph Fernando M & et al（eds.）. Pilihan Raya Umum Malaysia ke – 12: Isu dan Pola. Kuala Lumpur: Penerbit Universiti Malaya, 2011: 222 – 235.

马华公会的候选人在国州议席的竞选中兵败如山倒，该党的两名部长（江作汉与曹智雄）和两名副部长（何国忠与李志亮）皆在华裔选民的改朝换代之浪潮中无法捍卫其在上届大选所赢获的国席。马华公会在5月5日大选中只竞选了37个国席，比上一届少了3席。[①] 该党只能在7席的巫裔和混合选区中胜出。

表4　　　　　　　　2013年大选马华公会所赢获的国席分析

序	国席编号	州属	国席名称	选民族裔结构（%）				候选人	多数票
				巫裔	华裔	印裔	其他		
1	P077	霹雳	丹绒马林	53.49	27.25	14.02	5.24	黄家泉	4328
2	P135	马六甲	亚罗牙也	58.49	27.80	12.87	0.85	古乃光	11597
3	P089	彭亨	文冬	44.61	43.88	9.12	2.4	廖中莱	379

---

① 该党把3个国席，即旺莎玛朱、地不佬及关丹让给巫统出征，因为巫统领导层认为它们在这3个议席有更高的胜算。但巫统的候选人依然在这3区败选。

序	国席编号	州属	国席名称	选民族裔结构（%）				候选人	多数票
				巫裔	华裔	印裔	其他		
4	P142	柔佛	拉美士	36.53	46.46	15.08	1.94	蔡智勇	353
5	P148	柔佛	亚依淡	57.91	37.96	3.96	0.17	魏家祥	7310
6	P158	柔佛	地不佬	47.42	38.19	13.26	1.14	邱树祥	1767
7	P165	柔佛	丹绒比艾	52.11	46.50	1.07	0.32	黄日升	5457

资料来源：New Straits Times，2013 年 5 月 7 日。

从表 4 里可看出马华公会所获选的 7 个国会议席当中，其中的 4 个选区是属于巫裔选民占多数的选区。这包括了丹绒马林、亚罗牙也、亚依淡和丹绒比艾的选区，其巫裔选民都是超过 50% 而其赢获的多数票都超过了 4000 票。这可说明了该党需要巫裔的选票，才能获胜。但在另外 3 个属于混合选区的国席，即文冬、拉美士和地不佬，其多数票是 379 票、353 票和 1767 票。换句话说，马华公会在混合区当中只能以微差获胜，其微胜的原因还得依靠巫裔选民的支持，才能够保住此 3 个国会议席。

表 5　　马华公会 1999 年、2004 年、2008 年和 2013 年大选所竞选和获胜的州议席

州属	年份							
	1999		2004		2008		2013	
	竞选	获选	竞选	获选	竞选	获选	竞选	获选
玻璃市	2	2	2	2	2	2	2	1
吉打	4	4	4	4	4	1	4	2
槟城	9	9	10	9	10	0	10	0
霹雳	14	11	16	10	16	1	15	1
雪兰莪	12	11	14	12	14	2	14	0
森美兰	9	9	10	8	10	1	10	0
马六甲	7	4	8	6	8	4	7	3
彭亨	7	7	8	8	8	6	8	2
柔佛	11	11	15	15	15	12	16	2

州属	年份							
	1999		2004		2008		2013	
	竞选	获选	竞选	获选	竞选	获选	竞选	获选
登嘉楼	1	0	1	1	1	1	1	0
吉兰丹	1	0	1	0	1	0	1	0
总数	77	68	89	75	89	30	88	11
百分比	88.31%		84.27%		33.71%		12.5%	

资料来源：陈妍而：《种族霸权下的马来西亚华人政治：马华公会个案研究，2008—2013》，台湾师范大学文学院主办"2014 文史与社会国际论坛：全球视野下的亚太"研讨会论文集（B），2014 年 5 月 26—28 日。

　　表 5 清楚显示马华公会在近 4 届全国大选中所竞选和获选的 11 个州属之州议席。从 1999 年至 2004 年的大选，可看出虽然该党竞选的州议增加了 12 席，但其获选的议席却只增加了 7 席。但在对国阵有利的局势下，这还算是相当不错的战绩。接着，该党在 2004 年全国大选的胜选百分比从 84.27% 锐跌至 2008 年的 33.71%，其获选的百分比下挫了将近 50.56%，这让马华公会受到很大的打击。这可以理解为华裔选民开始不把手中的一票投给马华公会，同时催生了一场罕有的政治海啸。因此在 5 月 5 日大选来临之际，马华公会上下铆足全力，希望华裔选民再次支持该党继续成为内阁里的华人代表。但 2013 年大选的 2.0 版之政治海啸更是冲击该党至一个危险的状态，其获选的州议席百分比只剩下区区的 12.5%。从所竞选的 88 席中，只赢获 11 席，这意味着其余的 77 席已掉入民联手中。

表 6　　马华公会 1999 年、2004 年、2008 年和 2013 年大选所竞选
和获胜的国会议席

州属	年份							
	1999		2004		2008		2013	
	竞选	获选	竞选	获选	竞选	获选	竞选	获选
吉打	2	2	2	2	2	1	2	0
槟城	3	1	4	1	4	0	4	0

续表

州属	年份							
	1999		2004		2008		2013	
	竞选	获选	竞选	获选	竞选	获选	竞选	获选
霹雳	7	6	7	4	7	3	7	1
雪兰莪	6	6	7	7	7	1	7	0
联邦直辖区	4	1	5	2	5	0	4	0
森美兰	2	2	2	2	2	0	2	0
马六甲	2	1	2	2	2	1	2	1
彭亨	3	3	3	3	3	2	2	1
柔佛	6	6	8	8	8	7	7	4
总数	35	28	40	31	40	15	37	7
百分比	80%		77.5%		37.5%		18.92%	

资料来源：陈妍而：《种族霸权下的马来西亚华人政治：马华公会个案研究，2008—2013》台湾师范大学文学院主办"2014 文史与社会国际论坛：全球视野下的亚太"研讨会论文集（B），2014 年 5 月 26—28 日。

表 6 则显示了马华公会分别在 1999 年、2004 年、2008 年和 2013 年的全国大选中所竞选和获选的国会议席之数额与百分比。1999 年至 2013 年的选战成绩，彰显了马华公会一落千丈的表现。尤其是 2008 年的全国大选，马华公会经历了很大的打击和创伤。从 2004 年获选的 31 席国会议席，突然在 2008 年剧挫而剩下 15 个国席，其跌额超过了 50%，而获选的百分比只剩下 37.5%。同时，该党所竞选的其中 3 个州属，即槟城、联邦直辖区和森美兰竟然全军覆没。在接下来的 2013 年全国大选，其国席胜选的百分比只剩下区区的 18.92%。马华公会的参选者在所竞选的五个州属更是全军覆没。这包括了吉打、槟城、雪兰莪、联邦直辖区和森美兰。柔佛州一直以来是该党的堡垒区，但其所竞选的 7 个国席丢失了 3 席。因此，5 月 5 日大选后的另一个政治现实是，华人在联邦政府内的地位一落千丈。而这与华人的决定和集体投票反国阵，结果造成国阵的华基政党在联邦政府内没有代表权息息相关。

从马华公会在上述四届大选的国州议席之表现，我们可看出其大幅滑落始于 2008 年的大选，2013 年之大选更见证了其全线溃败。这样的选战成绩说明了华人对马华公会的政党认同已起了根本的变动，以往该党在各届大选所享有的认同板块已被转移至民主行动党和人民公正党。因此第十三届大选可说是华人选民的重组性选举。[1] 在华裔选民欲在 5 月 5 日大选实现政权轮替的浪潮催动下，马华公会与民政党可说是溃不成军。民联的华基政党、民主行动党是此次选战的最大赢家。从下表中我们可清楚地看出该党以狂风扫落叶之姿态赢完所有的西马半岛之华裔选民居多之国席。

表 7　　　　2013 年大选马来西亚半岛华裔选民居多选区的国席战绩

No	选区编号	州属	选区	选民族群结构（%）				胜选政党	多数票
				巫裔	华裔	印裔	其他		
1	P043	槟城	峇眼	15.48	69.53	14.68	0.32	民主行动党	34159
2	P045		大山脚	18.91	71.16	9.64	0.30	民主行动党	43063
3	P046		峇都加湾	20.59	55.70	23.32	0.38	民主行动党	25962
4	P048		升旗山	13.99	73.74	11.12	1.15	民主行动党	32778
5	P049		丹绒	5.21	85.23	9.19	0.36	民主行动党	28645
6	P050		日落洞	21.86	66.51	11.22	0.42	民主行动党	25750
7	P051		武吉牛汝莪	14.48	74.49	10.56	0.48	民主行动党	41778
8	P064	霹雳	怡保东区	14.17	79.32	5.48	1.03	民主行动党	34000
9	P065		怡保西区	13.58	62.18	23.59	0.65	民主行动党	29038
10	P066		华都牙也	10.71	73.89	14.99	0.41	民主行动党	38596
11	P068		木威	32.72	52.25	14.88	0.15	民主行动党	5057
12	P070		金宝	28.77	60.40	9.57	1.26	民主行动党	5400
13	P106	雪兰莪	八打灵再也北区	14.16	77.16	7.38	1.29	民主行动党	44672
14	P114	联邦直辖区	甲洞	4.52	88.43	6.38	0.67	民主行动党	40307
15	P117		泗岩沫	33.24	52.75	12.05	1.96	民主行动党	19199
16	P120		武吉免登	14.38	73.13	10.77	1.72	民主行动党	19399
17	P122		士布爹	5.32	87.98	5.84	0.86	民主行动党	51552

---

[1] 潘永强：《第十三届大选：华人政治的重组性选举》，载潘永强、吴彦华编《未完成的政治转型：马来西亚 2013 年大选评论》，华社研究中心，2013 年，第 59 页。

续表

No	选区编号	州属	选区	选民族群结构（%）				胜选政党	多数票
				巫裔	华裔	印裔	其他		
18	P123		蕉赖	10.32	81.79	7.25	0.64	民主行动党	37409
19	P138	马六甲	马六甲市区	35.73	59.09	3.65	1.54	民主行动党	20746
20	P145	柔佛	峇吉里	44.07	53.21	2.25	0.47	民主行动党	5067
21	P162		振林山	34.27	52.41	12.49	0.84	民主行动党	14762
22	P163		古来	33.12	56.13	10.27	0.48	民主行动党	13450

资料来源：笔者整理自各报章有关第十三届大选之新闻报道。

六　马华公会的选战败因

马来西亚首相纳吉标签第十三届大选为华人海啸。其发言主要是想要将国阵的败因归咎于华裔选民。无论如何，虽然大部分华裔选民把选票投给民联，但巫裔选民的投票趋向亦是不可漠视。国阵在西马城市选区大部分都失利，而非只是在单纯的华人区。因此，真正原因是反风在城市和其周边地区掀起，[①] 而导致国阵没办法夺回国会三分之二多数席。因此许多学者与政治评论家比较倾向于把 5 月 5 日大选成绩称为城市海啸。无可否认身为国阵的主干华基政党，马华公会代表华社的政治正当性在两轮的政治海啸冲击下已是溃败将殆。

马华公会败选的缘由可从几方面来分析。其中就包括马华公会的党争，让该党失去向心力和分裂。马华公会从 1949 年创党起始终无法逃脱党争的宿命。虽然涉及党内派系的斗争是政党政治的常态，但马华公会党争之历史重演和其激烈程度是罕有的。每逢党争之周期性重演时，都造成整个政党分化和分裂及威信尽失。在 2008 年至 2013 年的五年间，马华公会并没有从中吸取教训，只忙于党内斗争，这使马华公会失去其在华社的公信力和令华社感到厌倦。2009 年翁诗杰与蔡细历的斗争，就让华社有"谁还在乎马华党争"之叹。最为严重的是，每次的党争都只是

---

① 相关的城市选民与中产阶级对 5 月 5 日大选成绩的影响，可参见祝家丰《雪州政权争夺战：城市海啸催化民联的狂胜》，载潘永强、吴彦华编《未完成的政治转型：马来西亚 2013 年大选评论》，华社研究中心，2013 年。

涉及派系权力和利益，却从来不涉及党的执政理念。因此，马华公会没有把更多的精力和时间放在华社身上，对于华社的事务也一直没有太多关心和积极的作为。加上蔡细历总会长在没有任何官职的辅助下，其领导层没办法解决华社的困境和争取权益的突破。

另外，马华公会惨败的其中一个原因是国阵在治理马来西亚时所落实的各种扶弱政策或歧视性政策让华社深深感受到不公平的待遇。这可在华小拨款、建新华文小学、独立中学增设和经费问题、一直推迟承认统考文凭问题、华人子弟获优越成绩却没有获得政府奖学金的课题仍然年年上演等事件中可看出马华公会无法在"国阵协商精神"下，争取让华社满意的成果。这一系列问题引起了华社的不满。面对华社急需增加华小的诉求，国阵政府往往只会根据"政治需要"时才宣布搬迁和增建一些华小。在此情况下，搬迁和增建华小已沦为执政党捞取华裔选票而分派的"政治糖果"。① 在这样的格局下，华文教育课题已演变为政治问题，而马来西亚的华文教育必须由政治方法去解决。因此，华文教育问题的解决方案往往是在朝的华基政党与巫统政治谈商和妥协下的产物。治标不治本的迁校措施，以一校换一校的方法并不能有效地解决华社急需增加华小的需求。华文教育几十年来都一直处在边缘化和被打压的处境。

马华公会欲恢复华人对该党与国阵的信心可说是力不从心。这可从3月8日大选后的八场补选成绩看出来，国阵在西马的七场补选皆落败，它只在砂拉越的补选中获胜。巫统非常希望马华公会和民政党能拉拢华裔选民的心以在补选中胜出，但该希望还是落空了。当国阵在武吉干当和武吉士南卯补选中落败后，巫统的时任署理主席兼副首相慕由丁就指责华人不懂得感恩，受了国阵政府的恩惠却不把选票投给国阵，令国阵有被愚弄的感觉。② 事缘该次补选期间，慕由丁到武吉干当进行助选活动宣布发放给该区的华小高达一百万令吉的拨款。这是国阵一路来惯用的竞选手法，即在大选或补选来临之际才向华裔选民派发"政治糖果"。3

---

① 祝家丰：《马来西亚后308政治海啸与两线制下的华教发展：华教之路平坦了吗?》，《亚洲文化》2014年第38期。

② 《南洋商报》2009年4月13日。

月 8 日的大选成绩证明了如此收买华裔选民的手法已不管用。华人族群要求的是制度化的拨款与援助,并不是那种"快熟面或方便面"式的利惠。虽然马华公会之前任总会长黄家定在 2008 年大选后,国会会议首次召开时曾大声呼吁政府要制度化拨款给华小和公平对待各民族,但国阵政府依然故我。因此马华公会难以争取到华裔选民的支持。

马华公会在第十三届大选的竞选策略可说是差劲的,没有什么创新点,完全处于挨打局面。蔡细历总会长提出,若马华公会在 2013 年的全国大选成绩不如 2008 年的成绩,马华公会将会放弃进入内阁,其领导层想以此要挟华裔选民。如此的竞选策略显然是无视华裔选民的新变化和政治觉醒度大幅提高。再加上该党依旧大打伊斯兰国课题来吸引华裔选票,但华社已不畏惧伊斯兰党。蔡细历采取的老招数,反映马华公会在这一次大选的困局,该党显得彷徨无助和缺乏选举策略。马华公会领导人的患得患失,让他们在选举中缺乏斗志。诚然,在没有太大的理想和没有选举政略的格局下,马华公会在 2013 年全国大选中遭遇了创党以来最大的危机。这再一次显示了其领导层缺乏政治目标,一心只想依附巫统来延续其政治生命。此举让党内军心涣散,更让华社彻底失望。

七 后 5 月 5 日大选之马华公会:协商 政治的式微与华社的告别

对于 3 月 8 日政治海啸所促成的两线制和其后的发展,华人社群可说是乐见其成。在这方面国阵里华基政党领袖对两线制的出现亦持有积极的看法。这有异于 1990 年和 1999 年大选时他们皆不看好当时所出现的两线制。此次他们对新政治格局抱有积极的看法,可说是他们深深体认到巫统一党独大给国阵与各成员党带来的戕害。这些领袖支持两线制,因为他们极想国阵能作出改革以因应新的政治局面。在他们看来,两线制下民联的崛起将给国阵带来挑战并促使它作出改革。例如,当时的民政党代主席许子根就公开说明国阵不须畏惧两线制所带来的竞争,并认为那是一种健康的政治发展。[①] 另一名民政党时任领袖杜全焕欢迎 3 月 8 日

---

① 《星洲日报》2008 年 6 月 21 日。

大选所出现的政治新格局，并认为唯有两线制才能制造竞争的政治制度，进而把马来西亚的民主空间扩大。当时的马华公会总会长黄家定亦认为雏形两线制的出现对国家及人民都是个好现象，只要各政党能公平施政，健康的两线制也是人民所期待的发展。[1] 该党副总会长蔡细历也指出两线制让人民有选择的机会，他们可在比较国阵和民联后投票，人民欢迎此健康的竞争。

华社里的三股政治势力即国阵里的华基政党、在野华人反对势力和华团都支持两线制的出现。[2] 在这方面国阵里华基政党的接受和支持立场可说是出乎人们意料。马华公会和民政党支持两线制是希望巫统能作出改革，如此一来国阵才能重新获得人民的支持并恢复其政治正当性。它们希望巫统能放弃其一党独大之势力，并与它们共享权力或是以制衡的方式来削弱巫统的政治力量。虽然马华公会和民政党接受和支持两线制，但却无助于强化两线制的形塑。这两党的领袖无法把接受与支持两线制的力量转化为实际的行动。在3月8日选战后，制衡巫统以促使国阵转变为更有效率的阵线之呼吁声此起彼落。但在后3月8日大选的政治发展格局里，它们无法落实此项行动。由于这两党经历了3月8日和5月5日政治海啸的挫败后，他们已完全丧失了制衡巫统的政治实力。另外，巫统的一些领袖非常不满国阵里的华裔领袖指责巫统的一党独大是造成华基政党失利的原因。再加上5月5日政治海啸只冲击了国阵华基政党的政治势力，这使他们采取不协商与不妥协的立场。

在此种情况下巫统并没有解决华基政党的不满。因此巫统在国阵里的地位还是稳如泰山，继续支配国阵的其他成员党。该党的一些领袖和支持者还是依然故我地玩弄种族课题。有些领袖更是骄横自大。纳吉在2009年主政后和5月5日选战中选择了向中间选民靠拢的竞选策略，采取了中庸的施政方针，并积极向华裔选民发放各种好处以赢回华裔选票。但大选成绩宣示了华裔选民不买国阵政府的账，他们显然把选票都投向反对党以实现政权轮替的局面。如此的投票趋向使纳吉在失望之余就用

---

① 《星洲日报》2008年4月25日。

② 祝家丰：《马来西亚后308政治脉动与华人政治路向：两线制形塑评析》，载廖建裕、梁秉赋主编《华人移民与全球化：迁移、本土化与交流》，华裔馆，2011b。

"华人海啸"来阐明国阵的不理想战绩。① 但身为国家领导人以此种简单化的论述来概括选民投票趋向可谓是不明智之举。纳吉的这项指责使党内的保守与右翼分子趁势种族化 2013 年的大选成绩。接下来，华人便被许多巫统领袖标签为不懂得感恩的族群，其党喉舌《马来西亚前锋报》更于 2013 年 5 月 7 日在封面提出"华人你们到底还要什么？"的责问！更有甚者提出要向华社实施秋后算账举措。

在后 5 月 5 日的政治脉动中，有迹象显示巫统正加剧通过分裂国内族群和操纵宗教的课题来赢回马来民族的支持。在得不到华裔和城市选民的支持下，该党只好进一步巩固其基本盘，即乡区马来人的选票以确保该党能在第十四届大选中继续执政。由于乡区马来选民普遍上受教育不高，该党可轻易利用《马来西亚前锋报》来制造 2013 年大选后马来人已面临政治和宗教危机的假象，以达到煽动马来族群的情绪。另一方面，该党被发现资助右翼马来组织来继续渲染和煽动种族和宗教情绪。譬如马来西亚著名马来民族主义组织——土权（Perkasa）就公开承认得到政府的资助。② 此外，法国学者 Sophie Lemiere 对现今马来组织的研究更发现了巫统利用马来帮派组织来为其作政治动员，并默许其各种偏激活动以期达到暴力同谋的利益。③

从以上的事件看来，巫统这个霸权政党可说是不惜利用各种手段来维持其政权。在操控各种手段和政治论述下，巫统所主导的马来西亚党国体制可说是稳态型的和坚韧性的（resilient）。该党能塑造如此的政治体制全赖它拥有强大的体制修复能力，并作出各种快速的反扑行动。④ 在后 5 月 5 日大选新的政治格局下，由于国阵其他成员党的弱化，巫统掌控的党国体制更向该党倾斜。这可从 5 月 5 日选战后，巫统众领袖的心态与 3 月 8 日大选后所出现的忧虑与危机意识比较有着天渊之别。其领导的国

---

① 国阵在 2013 年大选的成绩不达标的因素除了华裔选民趋向支持反对党外，其他肇因是流失城市选民和中产阶级的选票，有关 2013 年的选战成绩和选民投票趋向分析，可参见潘永强、吴彦华《未完成的政治转型：马来西亚 2013 年大选评论》，华社研究中心，2013 年。

② Malaysiakini, 25.12.2013.

③ Sophie Lemiere. "Gangsta and Politics in Malaysia" in Sophie Lemiere（ed.）. *Misplaced Democracy: Malaysian Politics and People.* Petaling Jaya: SIRD, 2014.

④ 潘永强：《党国体制未受重创，巫统仍有修复能力》，载孙和声与谢伟伦编《敢教日月换新天：308 政治海啸掀新章》，吉隆坡：燧人氏，2008 年，第 34 页。

阵政权更执意要推行以马来人议程为主的国策，例如纳吉于 2013 年 9 月 14 日就高调地发布土著经济赋权政策，并明言这是为了回报马来选民的支持。因此，马来西亚的种族霸权国家更加稳固。马华公会在这种族与宗教激化的格局下，根本起不了政治作用，这也说明了为何马来西亚在 5 月 5 日选战后各种宗教与种族课题层出不穷。虽然马华公会领导层在 2014 年 7 月重新入阁并拥有 2 名部长职，但各种华社课题有激化的趋向。例如 2015 年华裔优秀生进不了国立大学的重要科系，虽然马华公会部长声明向政府争取了 100 个额外医学系名额，但许多学生依然徘徊在国立大学门外，让众多的华裔家长怨声载道。[①] 在日益缩小的国阵协商格局下，就有华团领袖建言华社需要有另类机制与管道向政府争取华人权益。有鉴于此，华社已不像以往那般需要依靠马华公会。诚然该党虽不至于陷入泡沫化，但已无可避免地步入式微与"被告别"的困境。

第十三届大选，则是华人选民明确宣示"告别马华"，期望重回政治主流的集体表态，马华公会无法解读这个时代精神，还错估形势，意图以不入阁来绑架华社主流民意，最后反遭民意厌弃。但是，华人选民为了重返政治，不惜短暂切割与建制的关系，不在乎失去华人部长，这种吊诡实反映出对现有建制的集体告别与彻底失望，在呛声与出走之间，皆需要勇气与决心，也是华人社会自主公民的艰难抉择。[②]

结 语

马华公会在马来西亚的参政过程彰显了东南亚海外华人在参与其居住国政治发展的局限性。这种局限性往往是因为华裔人士在海外是少数民族，其政治实力也因此受到掣肘。另外，早期的海外华人都没有计划在居住国落地生根，这就造成他们不热衷当地的政治。此种趋向使他们错失主导政治的先机。马华公会成立于 1949 年，这比马来人的巫统落后

---

① 虽然此项课题几乎每年都发生，但马华公会以往都能争取到一些能惠及华裔学生与家长的措施，如让公共服务局颁发奖学金，让这些学生到私立大学完成其医学课程。

② 潘永强：《第十三届大选：华人政治的重组性选举》，载潘永强、吴彦华编《未完成的政治转型：马来西亚 2013 年大选评论》，华社研究中心，2013 年，第 65—66 页。

了三年。当时英殖民地政府帮助华社成立马华公会，其主要目的是照顾新村里华人的福利，所以马华公会是以一个福利机构的机制出现的。但当时的巫统是马来民族主义高涨下催生的产品，因此它拥有很强烈的政治目的。相比之下，马华公会可说又在起点上被巫统抛在后头。虽然有这些劣点，无论如何马华公会在争取马来西亚独立和为华人争取公民权事项上有一定的贡献。有鉴于此，马华公会在独立初期的确扮演了其协合政治伙伴的角色并以行动证明其在华社的存在价值。

1969年所发生的"5·13"种族流血冲突事件对马华公会的政治发展起了决定性的作用。由该事件所衍生的种族霸权政制和巫统一党独大格局使马华公会面临前所未有的边缘化局面。除此以外，第四任首相马哈迪22年的霸权领导更加剧了马华公会被边缘化的困境。此局势造成了马华公会众领袖采取了逃离政治的策略来维持其政治正当性，但这样的政治路线大量增加了华社对该党的离心力。这亦是华裔选民在3月8日大选时唾弃马华公会的主要原因。2008年的政治海啸对马华公会来说又是一个政治分水岭，它面对的挑战与危机可比1969年来得更严峻。1969年的政治海啸后，马华公会还能存活下来并继续扮演其愈来愈小的角色。可是3月8日的政治大海啸却吞食了马华公会仅存的角色。在后3月8日的政治格局里，马华公会面临了多重边缘化的危机与困境。该党已几乎没能力扭转其被华裔选民唾弃的命运。尤为重要的是马华公会所推行的改革并没得到巫统的支持。如此一来，马华公会的改革行动步履维艰，其政治前路更是茫茫。由此可见马华公会将跨不出其危机与困境，只能跟随巫统的步伐继续在种族政治的框架里步履跟跄。虽然3月8日政治海啸已动摇了那盘踞马来西亚政坛数十年的种族政治，但马华公会与其他在国阵里的华基政党始终不能与操弄种族政治的巫统切割。

5月5日大选所产生的华裔选民重组性投票行为可说对马华公会的政治前景影响深巨。马来西亚华人对马华公会的政党认同已起了根本的更动，以往该党在各届大选所享有的认同板块已被转移至民主行动党和人民公正党。2013年大选不单单让马华公会全面溃败，尤为重要的是其党的社会基础也几乎在一夜中消失殆尽。虽然马华公会拥有强大的基层机制，但要让华社重新信任和支持它可说是一项艰难之事。由于马华公会在巫统霸权多年的淫威下早已丧失其政党功能，华裔选民在 3 月 8 日大选里大幅与该党切割，该党更在 2013 年的选战中"被告别"。因此马华公会要重拾其往日光辉并"把欢乐带回马华公会"可能需要经过一个艰辛的历程。

大陆新移民主导下澳洲华文
媒体的转型

[澳] 杨伊璐　潘秋萍　高　佳[①]

一　引　言

　　由于 20 世纪 80 年代后期中国改革开放的深入，大批中国留学生来到澳大利亚。经过他们几年的努力，大约 45000 名中国留学生获得澳洲永久居留权。[②] 这样大规模的移民给澳洲华人社区在人口构成、经济活动、组织模式以及社会文化生活等方面带来了一系列深远的影响。其中，最受瞩目的变化当属澳洲华文媒体的发展与转型。

　　尽管澳洲华人移民的发展历程已走过漫长的历史阶段，但早期华人移民的人口增长速度却很缓慢。20 世纪 40 年代末期，澳洲华人的人口不到 1 万。50 年代后，东南亚华人开始移居澳洲，华人人数下降趋势得到逆转。70 年代中后期，澳洲政府接收并安置了包括大量华裔在内的越南船民，使澳洲华人人口开始大幅增长，并于 1986 年增至 20 万人。[③] 90 年代初，澳洲政府安置 45000 名左右中国学生以后，澳洲华裔人口迅速完成

---

　　① 杨伊璐、潘秋萍，墨尔本大学亚洲研究所博士研究生；高佳，墨尔本大学亚洲研究所副教授、博士生导师。

　　② JiaGao, *Chinese activism of a different kind*, Leiden: Brill, 2013.

　　③ PookongKee, "*The Chinese in Australia: A brief historical overview and contemporary assessment*," in Chinese Association of Victoria, ed., Chinese Association of Victoria: 1982 – 1992 The First Ten Years, Melbourne: The Chinese Association of Victoria Inc., 1992, pp. 56 – 67.

了由 20 万向 30 多万的转变，并且从根本上改变了澳洲华裔人口构成。据统计，1996 年，澳洲华裔人口增至 343500 人；2001 年人口普查的结果显示，有 555500 澳洲人认为自己或自己的祖辈有华裔的血统；① 2011 年人口普查的数据表明，澳洲现有华裔高达 866200 人，并且他们中的 74% 是第一代移民。②

长期以来，海外华文传媒、华人社团和华文学校被看作海外华人社区的三大支柱。③④ 澳洲华文媒体的出现和发展，如半月刊、周报以及后来兴起的日报，直接反映了澳洲华人社区的形成和发展状况。19 世纪 50 年代的淘金热吸引了一大批华人到澳洲，第一份华文报刊就是在这样的背景下创办的，即 1856 年创办于维多利亚州淘金小镇巴拉瑞特的《英唐招贴》。随后，在澳大利亚人口最密集的新南威尔士州，当地华人社区出版了《广益华报》和《东华新报》。⑤ 在 1993 年以前，澳洲只有 4 份华文报纸，即悉尼出版的《星岛日报》《华声报》《新报》和墨尔本出版的《海潮报》；同时，在墨尔本华人社区还办有几份华文杂志，如《海外风杂志》和《汉声杂志》等。⑥ 1993 年，大批大陆留学生获得澳洲永久居住权，这不仅重新激起了中国向澳大利亚的移民热潮，使华人社区成为澳大利亚现代社会活跃且不可分割的一部分，也在其后的近三十年中大

---

① Henry D. Min-his Chan, "*Chinese in Australia*," in M Ember, CR Ember & I Skoggard, eds., Encyclopedia of Diasporas: Immigrant and Refugee Cultures around the World. Vol. II, New York: Springer, 2005, pp. 634 – 645.

② 澳大利亚统计局：《Cultural Diversity in Australia: Reflecting a Nation: Stories from the 2011 Census》，2012 年，www. abs. gov. au/ausstats/abs @ . nsf/Lookup/2071. 0main + features902012 – 2013，2017 年 2 月。

③ Minghuan Li, *We Need Two Worlds: Chinese Associations in a Western Society*, Amsterdam: Amsterdam University Press, 1999.

④ Leo Suryadinata, "*Ethnic Chinese in Southeast Asia: Overseas Chinese, Chinese Overseas or Southeast Asians*," in L. Suryadinata, ed., Ethnic Chinese as Southeast Asians, Singapore: Institute of Southeast Asian Studies, 1997, pp. 1 – 24.

⑤ Sing-Wu Wang, "*Chinese Immigration 1840s – 1890s*," in J. Jupp, ed., The Australian People: An Encyclopedia of the Nation, Its People and Their Origins, Melbourne: Cambridge University Press, 2001, pp. 197 – 204.

⑥ JiaGao, "*Radio-activated Business and Power: A Case Study of 3CW Melbourne Chinese Radio*," in Wanning Sun, ed., Media and the Chinese Diaspora: Community, Communications and Commerce, London: Routledge, 2006, pp. 150 – 177.

大推动了澳洲华文媒体市场的发展。

社区规模的扩大推动了关于澳洲华人的研究。尽管现有关于澳洲华人的研究已经很多，其中也不乏一些关于华人社区媒体的研究，然而目前对于澳洲华文媒体的研究，尤其是近几十年来其演变过程的研究还是十分有限。据澳大利亚的一项研究表明，2008 年北京奥运会以后，关于华文媒体的研究主要有两个角度。[1][2]

第一个角度是主流文化和多元文化的碰撞和交流，该角度主要分析像澳大利亚专门为移民社区开设的"民族台"[3]等官方媒体机构是如何面临文化多样性和语言多样性的挑战。"多元文化主义"于 20 世纪 70 年代在澳大利亚出现，并于 80 年代后越来越流行，该分析角度反映了多元文化主义的影响。尽管一些学者已经进行了有关课题的研究，但他们关心的主要是移民群体及社区是如何受到多元文化主义影响，而不是移民媒体的发展。而且，过去的研究隐晦地将社区判定为"特殊的群体"，将其媒体判定为非主流媒体和非主流文化。[4]因此，这样的分析角度至少未能反映澳洲人口构成的变化，并带有所谓主流社会的傲慢与偏见。

21 世纪后，关于海外华人的研究进入一个新的阶段，随之出现了另一个新研究角度，即关注澳洲华人社区本身及华文媒体的发展。随着华人社区的扩大及华人经济地位的提高，研究海外华人及其相关活动变得越发必要，这个研究角度的出现反映了社区扩大和发展的需求。现在有关海外华人媒体的研究已发展到涉及各个方面，包括主要移民国家华文媒体发展的历史、社区经济活动及媒介产品的衍生、媒介信息消费、媒体对文化认同的影响、新媒体科技和新媒体政策，等等。这些研究记录和分析了海外华文媒体的发展历程，为未来的研究奠定了一定的基础。但是，这些研究大多局限于某一个地点，某一个时间段，或者某一种媒

① Wanning Sun, JiaGao, Audrey Yue, & John Sinclair, "The Chinese-Language Press in Australia: A Preliminary Scoping Study," *Media International Australia*, Vol. 138, 2011, pp. 137 – 148.

② Wanning Sun, Audrey Yue, John Sinclair, & Jia Gao, "Diasporic Chinese Media in Australia: A Post – 2008 Overview," *Continuum: Journal of Media & Cultural Studies*, Vol. 25, No. 4, 2011, pp. 515 – 527.

③ 澳大利亚为移民社区开设的"民族台"，即 Australia's Special Broadcasting Service（SBS）。

④ James Ciment & John Radzilowski, *American Immigration: An Encyclopedia of Political, Social, and Cultural Change*, New York: Routledge, 2014, pp. 400 – 404.

体形式。当全球许多国家都见证着海外华人人口的飞速增长的时候，这样的研究角度未免单一而缺乏说服力。

同样是在这一新兴的研究领域当中，除了上述两个研究角度，还出现了第三个角度，即相对比较新颖的关于近几十年来海外华文媒体发展的跨国分析的角度。尽管前两个分析角度的研究已经揭示了海外华文媒体发展和变化的复杂性；然而，直到 21 世纪初，由于中国经济的飞速增长，中国在国际事务和全球经济中扮演着越来越重要的角色，许多华人移民开始更加注意他们与祖国的联系，这种复杂性才逐渐为研究者所注意。该分析角度不仅聚焦在华人移民在社区内部的经济需求和文化需求上，而且通过与跨国主义思维接轨，拓展了关于社区媒体的研究。跨国分析的角度认为，中国努力拓展其媒介网是其"走出去"战略[①]和发展"文化软实力"[②] 的重要组成部分，并认为"海外华文传媒是国内传媒在海外的延伸"[③]。然而，正是这种跨国研究的角度使一些研究将视角从华人移民社区中转移，忽视了华人社区内部的动力和变化。

为解决上述研究中存在的问题，本文将在全球化、科技创新以及中澳紧密关系的背景下，探讨澳洲华文媒体的发展与转型。中国正在经历飞速的现代化和全球化，澳大利亚也越来越重视其与亚洲国家的关系，特别是与中国经济的挂靠。很多学者也已经反复强调，海外华人研究特别应当注意不同国家的政治经济体制及全球的形势。考虑到中澳政治经济之间越来越紧密的联系，本文将从一种包括中澳关系、全球化以及澳洲移民政策演变等因素在内的政治经济学角度，分析 20 世纪 90 年代以来，澳洲华文媒体发生的变化、转型模式以及社区媒体的总体特征。本文还将考虑科技进步和新移民的投资能力等新出现的推动因素对社区媒体的影响。

本文主要依据笔者对澳洲华人社区及媒体的长期观察、近期的采访

[①]　Phoebe H. Li, *A Virtural Chinatown: The Diasporic Mediasphere of Chinese Migrants in New Zealand*, Leiden: Brill, 2013.

[②]　彭伟步、焦彦晨：《海外华文传媒的文化影响力与中国文化软实力的建设》，《新闻界》2011 年第 5 期，第 123—127 页。

[③]　程曼丽：《关于海外华文传媒的战略性思考》，《国际新闻界》2001 年第 3 期，第 25—30 页。

以及丰富的文本分析获取数据。根据近年澳洲华人人口构成的变化及由此带来的华文媒体市场的改变，本文的分析将分为三个部分，即 20 世纪 90 年代早期的"重塑"阶段、90 年代末期至 21 世纪头十年由于大陆移民激增而带来的"多元化"阶段以及由于科技进步和投资增加而导致的"转型"阶段。本文将考虑到新移民的人口特征、华人社区主要的经济活动、中国经济的发展及新科技的社会经济影响等因素，旨在为 20 世纪 90 年代后澳洲华文媒体市场发展变化提供一个相对完整的、系统的分析。

二 20 世纪 90 年代：华人媒体的"弄潮儿"

20 世纪 80 年代末 90 年代初，由于中国对外开放程度提高，一大批中国留学生来到澳大利亚，并在 1993 年获得了在澳永久居留权。但当时的澳大利亚正处于第二次世界大战后最为严重的经济萧条中，因此，这些刚刚来到澳洲的大陆移民在求职方面遇到了很大的困难。与之前的移民不同，这些大陆新移民大多在国内受过良好的教育，有较好的文化背景，其中一些甚至已经在国内有了很好的职业和声誉。为了在澳洲谋求良好的职业发展，他们做出了巨大的努力和牺牲。也就是在这个过程中，这些新移民完成了从媒介讯息的被动接受者到主动参与者和发展者的身份转变。

1990—2000 年，澳大利亚华文媒体市场涌现出 15 份华文周报和杂志，它们主要活跃在澳洲的主要城市，如悉尼和墨尔本。除了 90 年代前就存在的华文报刊外，这其中也包括一些新移民创办的刊物，如 1990 年在墨尔本创刊的《新移民杂志》、1992 年在悉尼创办的《华联时报》、分别于 1993 年和 1994 年在墨尔本创办的《大洋时报》和《华夏周报》。1994 年以后，不仅上述提到过的报纸和杂志依然保持着良好的运营状态，更多的华文报纸和杂志如雨后春笋般涌现在澳洲媒体市场上，例如 1994 年在悉尼创办的《自立快报》，等等。

从表面上看，澳洲华文媒体的蓬勃发展是由 80 年代末至 90 年代初的大陆新移民浪潮带来的。早期的一些研究也指出，新移民的到来带来了人口数量和结构的巨大改变，这足以为华文报刊的发展开辟出一片新天地，并支持其蓬勃发展。[1] 然而，也有一些研究分析表明，90 年代早期的华人社区和华人媒体的发展并没有看上去那么简单，其背后的原因引人深思。笔者认为，尽管华人社区和媒体的发展与新移民的人口激增不无关系，但在这个过程中，其他的一些因素可能起着更加重要的作用。

首先，与其他澳洲早期移民团体相比，澳洲华人新移民的受教育程度极为突出，并且新华侨还有着较好的社会文化背景。这不仅改变了澳洲华人的人口结构，而且在很大程度上影响了新移民在澳大利亚的职业规划和选择。据澳洲的一项研究表明，在 80 年代末 90 年代初的中国大陆新移民中，有 40% 受过良好的文化教育。[2] 尽管并没有官方的研究记载这一数据，但这个估计与澳洲前移民部长 Nick Bolkus 基于本部门对于移民的研究得出的华人新移民群体 "非常训练有素"[3] 的评论相一致。其他一些研究也证明，大陆新移民中的许多人曾在中国的一流大学和研究机构担任过职务，还有许多人曾经是中国中央和地方党政系统中中级或中高级的政策制定者或政府官员。[4] 这些研究在一定程度上肯定了澳洲华人新移民的教育背景和文化程度，也突出地表明了新移民和老移民之间的不同。值得注意的是，很多新移民从 90 年代初即开始在澳洲经营一些小生意，如奶吧和外卖店。在积累到一定资本后，新移民中那部分有着良好教育背景和上进心的人，很快将目光投向了社区媒体，将开拓华人社区媒体的市场作为其拓展职业生涯的最优选择。同时，这类新移民还将发展社区媒体作为他们在澳洲和中国赢得名誉、尊严、地位和金钱的有效手段。

---

① John Sinclair, Audrey Yue, Gay Hawkins, PookongKee, & Josephine Fox, "*Chinese Cosmopolitanism and Media Use*," in Stuart Cunningham & John Sinclair, eds., Floating Lives: The Media and Asian Diasporas, Brisbane: University of Queensland Press, 2000, pp. 35 - 90.

② Edmund S. K. Fung, & Jie Chen, *Changing Perceptions: The Attitudes of the PRC Towards Australia and China*, Brisbane: Griffith University Press, 1996.

③ 出自《悉尼先驱晨报》记者 Cynthia Banham 于 2002 年写的题为《Children of the Revolution》的报道，原文内容为 "He (Senator Nick Bolkus) says the decision (the 1993 decision) was a great opportunity to 'pick up an enormously highly talented group of people'." www. smh. com. au/articles/2003/12/25/1072308628745. html, 2017 年 2 月。

④ JiaGao, *Chinese Migrant Entrepreneurship in Australia from the 1990s: Cases Studies of Success in Sino-Australian relations*, Oxford: Chandos/Elservier, 2015.

其次，原有华文报刊所存在的问题为大陆新移民拓宽华文媒体市场、经营新兴华文报刊提供了可能性和推动力。例如，70 年代末期，来自越南、柬埔寨的华裔难民创办了《海潮报》和《华声报》；80 年代，来自香港的移民创办了《星岛日报》和《新报》。尽管这些报纸以中文出版，但其创办者及读者多来自与中国大陆存在文化差异的其他国家或地区，因此，当时的华文报刊问题重重。上述提到的四家报刊不仅使用繁体字，使用大陆新移民不习惯的中文表达和语法，而且采用竖向排版，读者需要从上到下、从右向左阅读报刊，这在一定程度上影响了华文媒体的信息传播。尽管《新报》从 1989 年便开始使用简体字出版以扩展他们的读者群，但是当时的华文报刊的中文水平已经完全不能满足新读者群的需要，原有出版队伍的水平也使得更新发展成为不可能。大陆新移民的到来使得原有华文报刊生存举步维艰。

其中，最根深蒂固的一个问题是原有华人报刊对于中国以及中国人的误解。原有报刊不仅对于中国大陆当时正在发生的、日新月异的变化熟视无睹，而且其表达的负面情绪之高已经达到了让大陆新移民感到自己是低级群体的程度，有些老移民甚至将新大陆移民妖魔化，认为他们是"可怜的远房亲戚"。诚然，在 80 年代末期至 90 年代初期，中国的经济依然并不发达，社会发展速度也相当缓慢。另外，新移民当时在生活上并不富裕，对于祖国的归属感和中国文化的认同也并不像现在这样强烈。但是，老移民并没有意识到新移民群体拥有着大量的文化资本、智力资本和社会资本，这些非物质资本不仅体现在他们所拥有的良好的文化教育背景上，更体现在他们所经历的中国复杂的政治社会变迁带给他们的对于中国社会制度和经济发展独到的见解和认识上。因此，尽管对于新老移民划分的解释有很多种，比如经常被提到的地域角度、次文化角度以及一些政治上或意识形态上的解读，但事实上，华人社区对于原有社区报刊日益增长的反感，和新移民对创建新报刊的热情所形成的鲜明对比，不失为划分新老移民的一个很实际的分析角度。

由台湾移民于 1994 年在悉尼创办的《自立快报》也反映了这种日益加深的新老华文报刊之间的区别。80 年代末期至 90 年代初期，悉尼和墨尔本涌现了大批由大陆人创建的报纸和刊物，这些新报刊大大改变了澳洲华文媒体的格局，重建了华文媒体市场。为了在重建的华文媒体市场上发声，台湾移民创立了《自立快报》，它是澳洲第一家采用彩版印刷的华人日报，在澳洲的主要城市发行出售。① 该报刊的出版发行实际上也映射了自 19 世纪末期以来清朝没落后，华人社区出现的政治断层与分化。1949 年中华人民共和国成立以后新的执政党上台所带来的政治立场的不同，以及同时期的冷战，都极大地加剧了海外华人社区的这种断层和分化。实际上，19 世纪 40 年代以后，由于来源地、身份认同和政治观点的不同，整个华人社区分化为不同的群体和阶层。《自立快报》就是在这样的背景下台湾移民在 90 年代初对华人社区人口构成改变做出的反应。

第三，澳洲华文媒体市场的重塑也与华人新移民的经济需求关系密切。很多新移民将创办华文报刊、发展华文媒体市场作为盈利、进而谋生的一种重要手段。早在 90 年代初，当新移民到达澳洲的时候，澳洲正处于战后最严重的经济萧条中。从 1989 年到 1993 年间，澳大利亚的失业率翻了 3 倍，达到了 11%，同期的新移民的失业率高达 32%。② 更糟糕的情况是，新移民既没有澳洲政府提供的失业保障，也没有就业指导和失业后的公共服务。在这样严峻的社会经济环境中，新移民不得不另辟蹊径，寻求谋生和发展的新途径。除此之外，一些大陆新移民还希望通过经营华文报刊在澳洲重塑自己的生活、最大限度地挖掘自己的潜力，以求得更好的发展。在墨尔本出版发行的《华厦周报》便是在这样的背景下出现的。

《华厦周报》是 90 年代早期在澳洲涌现的周报之一。起初，它是一份由大陆学生移民创办的合资经营的报刊，直至 2010 年前后，这份报纸一直由两名新移民控股掌握。其中一名所有者在到达澳洲之前是中国一所大学青年组织的部门主管，而另一名是中国一份省级报纸的编辑。同时，他们也是与非华裔地产商一起合作发展华文报刊的第一人，因此这份报纸在创办初期事实上名为《华厦地产导报》。③ 90 年代初期，由于新

---

① 任传功：《从澳华媒体的发展看中国的和平统一大业》，2008 年 4 月，http：//www. caogen. com/blog/infor_ detail/8094. html，2017 年 1 月。

② 澳大利亚统计局：《Year Book Australia 1995》，1995 年，www. abs. gov. au/Ausstats/abs@. nsf/Previousproducts/，2016 年 12 月。

③ 该报刊名记录于《华厦传媒集团大事记 1994—2016》，2016 年，http：//www. huaxia. net. au/portal. php？ mod = view&aid = 221。

移民并不知道如何获取关于房地产一类的信息，因此这份房地产指南很受欢迎，在推动社区媒体市场发展的道路中扮演了很重要的角色。但是，这份报纸的出现给其他媒体市场上的竞争者们带来了严峻挑战，由此引发了新一轮的激烈竞争。

三 20世纪90年代末至2010年：华文媒体市场竞争愈演愈烈

据保守估计，自90年代中期以来，悉尼和墨尔本媒体市场上至少存在过十几家华文报纸及杂志。《华厦周报》于墨尔本的创刊在华文媒体市场曾激起很大反响，同时期台湾移民创办的《自立快报》也在一定程度上激起了大陆新移民的强烈反应。从那以后，澳洲华文媒体市场继续扩张，并且竞争愈演愈烈。

（一）澳洲华文报刊发展的政治经济环境

1996年至2006年十年的时间里，澳洲华人的数量几乎增长了一倍，从343500人激增至669900人。① 与此同时，澳大利亚也经历了一个以积极靠拢亚洲，加强中澳合作为特征的重大转型期，向着国家建设的新阶段阔步迈近。在这种新时代背景下，华文媒体也面临着新的机遇和挑战。

澳洲1993年以后的新移民政策出现过几次重大调整，使之成为澳大利亚国家建设中一个重要的组成部分。因此，相比于以往的移民，澳洲新移民政策对于吸纳移民具有更大的选择性和针对性。正是因为这种近乎功利主义的移民政策调整，1993年后华人移民结构也出现巨大变化，其特征是不仅拥有高等教育背景的大陆华人移民越来越多，技术移民的数量也在稳定地增长。1996年3月，自由党—国家党联盟政府取代工党政府，在短短几个月内，新政府将吸纳移民的重心从家庭移民转移到技

---

① 澳大利亚统计局：《2006 Census of Population and Housing》，2007年，www.abs.gov.au/websitedbs/d3310114.nsf/4a256353001af3ed4b2562bb00121564/cb87f0d74f46adebca25723300177d71！OpenDocument，2016年12月。

术移民和商业移民（见图1）。

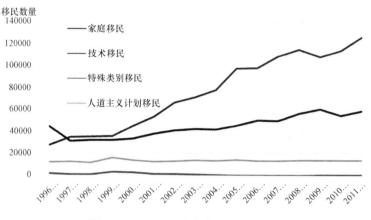

移民数量

图1 1996—2012年间永久移民类别

数据来源：www. aph. gov. au/About_ Parliament/Parliamentary_ Departments/Parliamentary_ Library/pubs/BN/2012 – 2013/SkilledMigration#_ Toc342559481.

上述以澳洲国家经济利益为中心的移民政策走向一直存在于过去的20年中，并导致不断引入各类投资移民新类别。早在90年代末期，80%左右的商业投资移民申请均来自华裔①，而且在接下来的若干年中，大陆新移民也保持了相当高的投资热情②。这些移民政策变化给当地华人社区及华人媒体带来了巨大的影响，华人社区的投资能力及运营能力迅速提升。就社区媒体市场而言，激烈竞争虽然不可避免，但华人社区在很多方面都发生了巨大变化，特别是他们比过去有了更强的投资能力和更大的发展潜力。

（二）澳洲华文报刊的竞争经营策略

为了更好地在激烈的社区媒体市场上生存和发展，各大华文报刊采

① Ann-Mari Jordens, "*Post-war no British migration*" in JamesJupp, ed. , The Australian Peo-ple：An Encyclopedia of the Nation, Its People and Their Origins, Melbourne：Cambridge University Press, 2001, pp. 65 – 70.

② The Age：《Business migrants boosting Victoria》, 2006年7月, http：//www. theage. com. au/news/business/business-migrants-boosting-victoria/2006/07/05/1151779011768. html, 2017年1月。

取了不同的经营策略，这在无形中也刺激了澳洲华文媒体市场的蓬勃发展。

1997 年，台湾移民投资的《澳洲日报》接管了《华声报》，这在一定程度上再次刺激了澳洲华文媒体市场，触发了又一轮市场竞争。和1994 年出现的《自立快报》情况相似，《澳洲日报》也被看作是亲台湾地方主义的同情者和支持者。由于《澳洲日报》从一开始就采用了与其他竞争者不同的竞争策略，明确显示出其雄厚的资金支持。具体地说，该报业集团在澳大利亚的各大主要城市都经营了一份日报，如《墨尔本日报》《昆士兰日报》等，还有一份周刊和若干网站，如 1688 网站。而且由于投资雄厚的原因，该报也成为澳洲华人媒体市场创办报刊网络版和网站的先行者。[1][2] 因此这个号称"澳洲中文报业集团"的台湾移民媒体公司，曾以其强大的资金支持和运营规模使同时期的其他竞争者很难与其匹敌。

《华夏周报》的经营者采用了另一种竞争策略，通过和地产商的合伙经营获得了良好的经济收益后，转而投入其他媒体。实际上，《华夏周报》最初的几位经营者在获利后便离开了该报，去进行其他业务的开发。剩下的两名经营者当时也无法从国内引进足够的资金以支撑，或继续发展他们的报刊业务。然而，90 年代后期，他们却发现了一个之前为华人所忽视的领域，那就是经营广播电台。经过不懈的努力，这两名经营者投入大量资金购买了墨尔本的 3CW 广播电台，并且于 1999 年起开始用中文进行广播。此后，这个新兴的 24 小时中文广播电台在股权转让后重新更名为 3CW 澳大利亚中文广播电台。通过《华夏周报》和 3CW 中文广播电台的交叉推广，该广播电台取得了巨大的成功，并且将华文媒体市场的复杂化和竞争激烈化再次推到一个新的高度。

第三种竞争策略是在《自立快报》《澳洲日报》和更新的《华夏周报》传统策略的高压之下产生的，即从纸媒向网络新媒体的转变。这一转变至今尚未完成，竞争依然令人瞩目。前两家报刊主要依赖吸

---

① 王永志：《澳洲华文纸质媒体与网络媒体崛起的成因和前瞻》，《国际新闻界》2002 年第 2 期，第 22—26 页。

② 该报刊网站的网址起初为：www.ausdaily.com.au，后改为：www.1688.com.au。

引大量资金来扩展经营规模，以此占有更多的市场份额。然而，对于其他竞争者或者想要涉足传媒产业的投资者来说，《华厦周报》经营3CW 广播电台的发展手段显然更具有吸引力，尤其是对于那些90 年代以后刚刚到达澳洲的年轻商业移民和技术移民有着更大的启发。他们跳出原有的思维模式和熟悉的经营领域，掀起了华文媒体市场由纸媒向电子媒体转变的第一股浪潮。"澳洲网上唐人街"① 就是1997 年开始由商业投资移民创办的第一批华文网站中的佼佼者。作为华人移民中一个相当主流的网站，该网站在发展初期不仅将自身定位为在线报刊，还是一个在线购物平台。据该网站的一名前雇员所说，这种做法在当时是非常先进的经营理念和发展方向，这大大提高了该网站发展壮大的可能性。

除了上述几种主要的经营策略以外，这些报纸还有一些其他的发展策略。例如墨尔本的《大洋时报》及悉尼的《自立快报》和《澳洲日报》的经营者试图通过媒体经营"标准化"，或者用一些经营者的话说是"主流化"，来巩固自己的市场地位。他们将目光从华人商店和餐饮店转向新闻代理机构，将销售报纸的部分收入作为推广费，让新闻代理机构为其做发行工作。为了吸引更多的读者，《大洋时报》甚至报道很多具有争议性的话题来吸引读者的注意。这实际上反映了两种不同方式的努力：对于《自立快报》和《澳洲日报》来说，主要是由于它们的大规模经营不得已而为之；而对于《大洋时报》来说，通过这样的方法，它可以建立其在传媒市场上的"主流"形象，以获得更多华人新移民投资者的注意力。

澳大利亚2001 年的人口普查表示，澳大利亚的中文使用者已经增长至401300 人，并且有超过555500 名澳洲人表明自己是华裔的后代。② 2001 年，因各种原因导致《自立快报》宣告破产，在一系列的协商谈判后，《自立快报》被广州的侨鑫集团所收购，并为董事长周泽荣所有。

---

① 该网站网址为：www. chinatown. com. au。

② Henry D. Min-his Chan, "*Chinese in Australia*," in M Ember, CR Ember & I Skoggard, eds., Encyclopedia of Diasporas: Immigrant and Refugee Cultures around the World. Vol. II, New York: Springer, 2005, pp. 634 – 645.

2004 年，该报再次出版发行，但已更名为《新快报》。

（三）华文媒体全球化的"推动者"——"世界华文媒体论坛"

动用资金数目是学术界分析中国在全球公共外交活动，及全球华人社区活动中经常使用的一个重要指标。其中，尤其引人注意的是在 2009 年，中国向其国际媒体机构注入高达 80 亿美元的资金，但很多学者却忽视了中国在"走出去"战略实行过程中对媒介全球化所作出的努力。21 世纪初期，台湾独立运动愈演愈烈，为此，中国政府制定并实行了媒体走出去的战略。在这个过程中，对华文媒体国际化影响最大的事件当属 2001 年在中国举行的第一届"世界华文媒体论坛"，许多澳洲新闻报刊经营者也参与了该论坛。

作为中国新政策的"执行者"和"开拓者"，该论坛在华文媒体全球化的过程中起到了重要的推动作用。自 2001 年第一届论坛成功举办以来，海外华文媒体单位与国内媒体机构合作的趋势越发清晰，澳大利亚也不例外。

2001 年，澳洲华文报刊经营者中，只有刚移民到澳洲的大陆新移民参加了当年举办的第一届论坛。然而，在第二届论坛中，由香港实体经营的《星岛日报》也开始参与其中。也正是那个时候，《星岛日报》开始与在上海创办的《新民晚报》合作开办了《新民晚报》澳洲专版，并且逐渐展开了和其他报刊的合作发行。①《澳洲日报》在 1997 年进入澳洲华文媒体市场后就被很多人看作台湾独立运动的同情者，迫于市场环境的竞争压力，该报业集团的主创人也在 2005 年参加了第三届"世界华文媒体论坛"。其后，《澳洲日报》的主创人和澳洲中文报业集团，也将目光越来越多地投向大陆以及大陆新移民读者市场。虽然自 2001 年《自立快报》被收购以后，这些澳洲报刊与中国媒体机构加强了合作，被视为将澳洲的华文媒体变成中国政府在澳大利亚的"喉舌"，但是这些评论已无法影响澳洲华文媒体与国内媒体合作的大趋势。几乎所有的澳洲华文媒体都发展了与中国传媒机构的合作关系。

---

① 李苑：《澳大利亚华文报纸的特点与发展趋势》，《湖南科技学院学报》2010 年第 7 期，第 195—197 页。

四 2010 年至今：转型中的
澳洲华人媒体

2010 年前后，由于越来越多的大陆新移民，特别是投资移民来到澳洲，社区媒体市场竞争越发激烈。有人认为，在全澳境内有将近 30 份华文报刊；[1][2] 也有人认为仅墨尔本地区就有将近 30 份华文报刊。但是，由于一些经营者同时经营着多家报刊，因此我们很难估计出准确的数字。例如，澳大利亚报业集团旗下就有 5 份日报、3 份房地产周报及若干份杂志；另一个活跃的媒体集团不仅经营着《华厦周报》，也在澳洲其他城市经营着 8 份报刊。此时的澳洲华人社区的商业活动，尤其是房地产业的活动，也变得异常活跃。因此，很多华文报刊的篇幅通常很长，少则一百多页，多达三百页以上。也就是说，华文媒体市场从未缺少过多元化和变化。2008 年北京奥运会前后，国际形势和澳洲国内的种种因素盘根错节，掀开了澳洲华文媒体发展的新篇章。

2005 年以来，中国大陆的移民人口已迅速增长为澳洲新移民人数的第三位，仅次于英国和新西兰。[3] 与此同时，亚洲，尤其是中国，已成为澳大利亚的主要贸易对象。2007 年，中国超过日本成为澳大利亚最大的商贸伙伴，此后，中国又成为澳大利亚规模最大且盈利最多的出口市场。同时，中国还为澳大利亚输送了人数最多的国际留学生及海外游客。此外，澳大利亚从工业经济时代到后工业经济时代的转型，也是澳洲华文媒体市场重塑过程中一个重要的因素。

尽管有很多因素推动了澳洲华人媒体市场的发展，其中有两个因素

---

① 陈弘：《中文媒体与华人移民的文化身份构建：澳大利亚的经验》，《华东师范大学学报》（哲学社会科学版）2014 年第 4 期，第 144—156 页。

② 刘康杰：《澳洲华文报纸的发展历程研究》，《新闻与传播研究》2013 年第 9 期，第 111—128 页。

③ 澳大利亚统计局：《2006 Census of Population and Housing》，2007 年，www. abs. gov. au/websitedbs/d3310114. nsf/4a256353001af3ed4b2562bb00121564/cb87f0d74f46adebca25723300177d71! OpenDocument，2016 年 12 月。

在该阶段澳洲华文媒体转型期中发挥了直接且重大的影响：一是华人投资澳洲的规模扩大、资金增加给媒体发展带来的机遇，二是新科学技术对媒体发展的影响。

（一）华人投资增加与澳洲华文媒体的发展

过去，澳大利亚对于华人投资的认识并不是很清晰，直到近几年才有越来越多的澳大利亚人意识到在2013—2014财年，中国已经赶超美国成为对澳洲最大的投资国。[1][2]　由表2可以看出，自2005年以来，澳大利亚已成为中国海外投资的第二大国。

这样大量的资金由中国流向澳大利亚引起了澳洲华人社区的一系列变化，其中最引人注目的便是现金充足的华人大量购买房产和农村土地。尽管澳大利亚吸引了大量中国投资，但澳洲毕竟是一个比较小的市场，投资者选择的投资范围有限。因此，一些大陆新移民投资者将目光转向华文媒体市场，将大量资金投入到发展华文媒体上。这样的投资就像一股颠覆性的力量出现在了华文媒体市场上。而且，一些华人投资似乎并不是以经济回报为投资的出发点，而是想通过这个手段来树立企业或个人形象，甚至以此达到海外华人常说的融入主流社会，或进入政坛的目的。

表2　　　　　　　　　前10位中国境外投资目的地

国家	2005—2015年总投资额（百万美元）
美国	99920
澳大利亚	78680
加拿大	43450
巴西	33120

①　Reuters：《China overtakes U. S. as biggest investor in Australia after property splurge》，2015年4月，http：//www. reuters. com/article/china-australia-investment-realestate-idUSL4N0XR32R20150430，2016年12月。

②　The Wall Street Journal：《Chinese Investment in Australian Real Estate Doubles》，2016年4月，www. wsj. com/articles/chinese-investment-in-australian-real-estate-doubles-1460265591，2016年12月。

续表

国家	2005—2015 年总投资额（百万美元）
英国	31240
俄罗斯	24520
意大利	18340
印度尼西亚	14730
哈萨克斯坦	13710
新加坡	13680

数据来源：www. businessinsider. com. au/this-is-why-australia-is-such-a-hot-investment-for-chinese-companies – 2016 – 4。

有两个例子可以很好地概括该阶段华人投资华文媒体的模式。第一个例子就是上面提到的3CW广播电台的转型，这在当时曾成为澳洲媒介上下瞩目的事件。2009 年，3CW 广播电台与中国国际广播电台达成合作协议，建立环球凯歌国际传媒集团。这是 3CW 中文广播电台与《华厦周报》分开后的一个主要经营策略，但这次电台运用的是与中国大陆国际传媒机构合作的方式。尽管这种合作受到澳大利亚主流媒体的激烈批评，因为他们认为这是中国全球化战略的重要一步，但这并没有阻挡 3CW 电台的发展壮大。新的环球凯歌国际传媒集团在西澳首府珀斯开办了波段为 FM104.9 的广播电台，并在西澳发行了《东方邮报》；与此同时，该集团还在澳大利亚首都堪培拉创办了波段为 FM88.0 的"堪培拉希望之声"中文广播电台和《东方都市报》；该集团还将生意拓展到了布里斯班，在布里斯班创办了"澳华之声"中文广播电台 AM1656。作为中国"走出去"战略的受益者，3CW 广播电台完成了向环球凯歌国际传媒集团的巨大转变。

尽管3CW 电台的变化在澳洲具有很大争议，但很多研究者都忽视了一个重要事实，即几乎所有的澳洲华文报刊都与中国传媒机构有着不同形式的合作。如此大规模的合作表明，不仅仅中国的"走出去"战略是这些合作的推动力，澳大利亚的自由贸易政策，以及其靠拢亚洲的两大政党共识，事实上也发挥着推动作用。华人社区媒体的经营者们也积极利用了与中国国内媒体机构的合作来减少其运营成本，为自己报刊的内容寻找免费来源，并以此寻求新的发展机会。

另一个中国投资澳洲华文媒体市场的例子，是一位大陆新移民女性企业家于 2010 年在墨尔本创办的中华卫星电视集团有限公司。该集团创办者依赖在中国东北投资的盈利，全资在澳洲创办电视节目公司，并动用资金为其公司和节目进行了大规模宣传和推广。然而，与之前提到过的 3CW 中文广播电台和网上唐人街不同的是，中华电视集团还在当地的电视 31 频道播放了自产的节目，并且向主流社会的大学教授、艺术家和其他名人宣传自己以争取支持。这也在一定程度上反映了许多华人移民想以自己的经济实力融入主流社会的强烈愿望。网站设计并非难事，但电视节目的制作却是一个相当耗费资金的业务。尽管澳洲华文媒体产业也获得了华人社区内部的一部分投资，但这部分投资相比于大陆新移民的投资显得微不足道。中华电视集团的案例表明，越来越多的中国企业家受到澳洲各种各样的商业投资移民机会的吸引，他们带来的资金甚至被认为远多于一些来自中国媒体机构在澳洲的投资。

（二）科技进步下迅速转型的澳洲华文媒体

21 世纪科技的飞速进步是再次改造澳洲华文媒体市场的另一种颠覆性力量。事实上，新的电子通信技术正在给澳洲华人社区媒体市场带来一种远比上面提到的机构投资和个人投资更为深远的影响。

墨尔本一家经营规模较小的华文周报《联合时报》的总编认为，随着科技进步而产生的电子媒体给报刊业经营带来的影响十分巨大，它已经使得三大主要广告的收入，即关于移民、房地产和旅行社方面的商业广告的收入，明显下降。很多年以来，这三类广告一直都是社区华文报刊的主要经济来源，但是最近几年这三类收入的份额却在逐步下滑。关于这些变化的解释和说辞有很多。其中有一些报纸经营者甚至将责任归到读者阅读习惯的改变，或是归罪于大批新来的华人商业移民带来的激烈竞争。但同时也有一些报刊经营者承认，虽然广告的整体营业额并没有下降，但传统纸媒的地位却渐渐被取代了。

以迅猛之势发展的电子通信科技给华人媒体带来的冲击不仅仅只是影响传统纸媒的广告收入。一些新媒体经营者已不再将纸媒作为发布信息的主要渠道，相反，他们已经开始通过网络及相继出现的网上华文社区媒体平台，来传播新闻信息。网络平台逐渐取代纸媒已经成为新时代消息传播的主要方式。21世纪初期，中文即时讯息服务平台腾讯QQ发展势头强劲，但那时澳洲华文媒体市场似乎对此类新技术并没有什么反应。然而，2009年，新浪将Twitter和Facebook进行了本土化改造后推出了微博，这一次年轻的大陆移民开始关注，并广泛使用微博。微博在当时迅速获得一代新移民的青睐，成为他们进军社区媒体的新渠道之一。2011年，微博的突来之势尚未散去，一款新的即时通信平台——微信，又异军突起。由于没有文字、图片、语音和视频的限制，微信很快成为流行的传递信息的方式之一。由此，一些媒体经营者将注意力从纸质媒体转向新媒体，开创了华文移动新媒体时代。

在这些电子媒体使用者中，一部分是移民中介和房地产中介的经营者，另一部分是新兴的代购行业及提供投资咨询服务的中介。例如，微信公众号"澳洲微报"及它的本土化版本"微墨尔本"就是新起点留学移民公司新的宣传平台。自2003年以来，新起点留学移民公司成为一个无论是在澳洲，还是中国都非常活跃的移民留学机构。在过去的13年中，它主要是依靠报纸来宣传自己的业务。自微信流行以来，新起点开始通过手机移动讯息平台来宣传包装自己，并逐渐减少了在报纸上的广告。该公司主要通过两份自营的手机报来宣传每日的信息，这两份手机报甚至还吸引了其他公司过来投放广告，其中甚至包括一些高端汽车品牌。

"聚澳传媒"也是一个很好地通过手机移动讯息平台实现营销业务转型的案例。自澳雅营销咨询有限公司创办聚澳传媒以来，它逐渐成为华文媒体市场上非常活跃的一员。它的市场影响力之大，不仅比竞争者覆盖了更多的社区活动的宣传，而且在公共领域也发挥着更大的影响力，例如，它在墨尔本国际机场入境通道设立的大幅广告牌和标志，以及微信技术的便利，极大增加其用户数量，提高了自己的市场份额。

（三）吸引投资和运用科技的"双生儿"

在澳洲华文媒体发展和转型的过程中，还有一些将引进投资和运用新科技结合起来，并获得成功的媒体公司，例如悉尼的今日传媒集团。该集团于2010年由一名专业为信息技术的中国留学生创办。那时正是微博刚刚兴起的时候，今日传媒的微博在短短一个月内便吸引了8000多名用户。其迅速发展的名气吸引了一些拥有投资资金的商业移民的注意。据介绍，今日传媒在 2011 年 1 月吸引到风险投资 30 万澳元。随后，该媒体集团建立了自己的门户网站。在 2011 年后半年，其微博用户增长到 10 万多。2012 年年初，该公司继续扩大规模，它的成功经营吸引到了额外 200 万澳元的资金，这使该企业不仅有能力继续通过"今日悉尼""今日墨尔本""今日昆士兰"等网站及八个微博账号为 60 多万读者和用户提供新闻信息和生活服务，还有足够的经济能力和由此带来的技术能力，去追随科技进步的步伐，加强通过同名的微信公众号传播信息。结合采纳新技术和吸引投资来发展海外华人社区传媒业务，使该企业成为澳洲华人社区中最活跃的新闻传媒组织之一。

五　结语

本文分析了 20 世纪 90 年代以来澳洲华文媒体的演变过程、发展变革的推动力及其转型模式。通过分析三个阶段的澳洲华文媒体市场，本文从不同的角度探索了华文媒体市场的历史和发展变化，这不仅包括媒体生产与消费的角度，还包括社区人口特征变化、华人社区经济活动、澳洲移民政策以及澳洲国家建设策略等其他因素的影响。本文所提出的要点可大致概括如下，希望能对未来的研究有所裨益。

首先，海外华人社区媒体是社区经济文化活动中重要的组成部分。对于新移民，特别是那些来自非英语背景国家的新移民来说，经营或继承一家传媒实体是一种新的自我就业形式，也是一种维持生计的有效途径。然而，现有的关于澳洲华文媒体的研究在一定程度上忽视了这个事实。尽管新闻媒体常常带有明确的，或者隐含的文化倾向和政治色彩，但从海外华人实际生活的角度分析，经营一家传媒实体的确是一种可以使新移民在移民国稳定下来的经济手段。自 90 年代初以来，澳洲华人移民数量激增。随后，澳大利亚将贸易合作对象重新锁定亚洲，特别是中国，这在很大程度上促进了澳洲华文媒体市场的迅速发展。也正是在这个过程中，许多大陆新移民依赖自主创业，逐渐在澳洲扎稳脚跟。

其次，在分析移民社区及其组织活动的过程中，研究者不该过分强调移民的跨国性，而忽视所在国的社会经济环境，尤其是不该忽视所在国国家建设和社会经济转型的特征。一些学者经常通过"他者化"或是"被他者化"来分析移民的跨国性，进而忽略了移民国当地的实际情况，也由此而忽略了一些由当地政治经济情况而引发的社会问题。澳大利亚也不例外，澳洲华文媒体市场是当代澳大利亚社会的一个重要组成部分。但很多澳洲所谓的主流媒体过分报道华文媒体与中国和中国文化背景的关系。他们似乎认为澳洲华文媒体的活跃与澳洲当地社会并无太多关系，而主要是由中国的崛起或其他一些原因造成的。这些分析忽视了澳洲社会的变迁，特别是忽视了澳洲国家建设中一个重要方面，即正是由于澳洲实行重视技术移民和投资移民的新移民政策，才使文化程度较高的华人移民澳洲，从而带来了澳洲华人人口数量的快速增长，以及人口结构的改变。而且，也正是由于澳洲就业市场不断萎缩，华人新移民才不得不将目光转向社区内的经济活动，从而推动了华文媒体事业的蓬勃发展。

最后，本文对于澳洲华文媒体研究的方法也有着重要的提示作用。之前的澳洲华文媒体研究大多都锁定在一个较短的时间范围，这使过去关于华文媒体的研究或者过于简化，或者将一些华人社区的活动都归结于单一的政治原因。本文不仅提供了不同的解释角度和分析方法，还扩展了该问题的研究时间段。在过去几十年中，澳洲华人对于澳洲的经济发展和社会进步做出了卓越的贡献。在这个过程中，华文媒体功不可没。因此，从澳洲国家建设的角度正确地认识华文媒体十分必要。但是，过去的研究往往聚焦于某一时段的媒体市场，这不仅隔断了澳洲华人与澳大利亚当地社会的联系，也将澳洲华人的生活轨迹强行分成了不同的阶段，孤立地看待这个问题使我们很难全面了解社区媒体发展的整体情况。因此，在我们思考移民及其社区活动问题的时候，我们应该跳出某一个时间段或者某一个事件，学会从一个相对合理的历史时间段中去分析和看待所研究的问题。

移民推展中国公共外交的优势、局限与对策建议

——以巴西浙商为例

杨宏云①

当前，中国在崛起过程中，面临着诸多结构性压力，交往过程中要应对许多误解和摩擦，仅靠官方外交渠道化解分歧既不可能，也难以面面俱到，甚至事半功倍。而海外华人一直是外界认识中国、了解中国的重要载体。其自身在居住国长期形成的优势或软实力，如合理利用，将能有助于中国公共外交的实践。而且，海外华侨华人因其国际性和本土性，在传递中国形象过程中也具有其他人和媒体宣传工具所不具有的优势。故而，华侨华人与民间外交，或称公共外交具有天然的耦合性。

对于巴西来说，作为南美第一大国，"金砖五国"之一，巴中两国在经济结构和资源分布上存在巨大互补空间，政治与经贸领域合作前景非常广阔。但因地理远隔之故，中国对巴西的了解十分匮乏。且巴西长期为美国势力范围，无论是精英抑或民间受美国干扰十分明显。中国对巴西外交有时感觉力所不逮，两国之间的外交关系也就不温不火。当前，面临政党轮替的巴西，与中国未来的关系如何发展，值得关注。

---

① 杨宏云，福州大学经济与管理学院副教授、博士。

良好的对巴外交关系，不仅事关两国之间友好合作和战略支持，还能带动中国与南美洲各国的互动。一定程度上，还会影响到中国对台湾的战略。因而，我国必须加大对巴西的外交力度，拓宽对巴西的外交层面，形塑中国与巴西持续的友好关系，尤其需要借鉴巴西华人群体的力量开展公共外交，上下结合形塑巴西与中国关系。其中，在巴西社会有着巨大影响力的温州籍华人更是责无旁贷。他们长期以来为巴西经济文化做出了较大贡献，由此而累积的社会资源，不仅能为两国经济、文化交流发挥正能量，更是中国致力于巴西友好关系的重要资源和支撑。本文即是在厘清他们的优势和局限基础上，就如何推进中国公共外交提出对策的思考。

一 巴西温州人的基本概况

华人定居巴西已经有 200 多年历史，大致经历了三个阶段。19 世纪初，大量华人以"卖猪仔"的方式进入巴西，主要从事开矿、修铁路、种茶、种棉等艰苦工作。在苦熬撑过卖身契上的年限获得自由后，他们一般在当地靠走街串巷贩卖小商品为生。可以说，华人最初是以一种屈辱的姿态踏上这块神秘的土地的。20 世纪中叶开始，非洲、美国等地的华侨华人因当地战乱或受到迫害移民巴西，与来自中国香港、中国台湾的移民共同形成过一个小的高潮。这些移民的经济条件和受教育程度高一些。及至 20 世纪 70 年代末，来自中国广东、浙江、福建、上海、北京等地的移民进入巴西，再次形成了一个移民高潮。这批新移民中虽然也有文化程度不高的，但也有一部分有文化、有资金、有专长、有现代化商业知识的。他们开始走入巴西的各行各业，诸如商人、律师、医生、政府官员等①。且个人实力和影响力也在逐步加强。

最早的华人移民是广东人，到目前已经到第四或第五代。这些人彻底融入了巴西的主流社会。目前的新侨则包括福建，浙江温州、青田等地的一些商人，以及北京、上海和一些中国大公司来巴西投资的

---

① 《追溯到两百年前，中国劳工把中国茶文化传到巴西》，网易新闻，2014 年 5 月 21 日，http://news.163.com/14/0521/11/9SP0NFHQ00014JB6.html。

人员等①。据不完全统计，截至 2010 年，在巴西生活的华侨华人在
20 万—25 万，其中 90% 生活在圣保罗②。而根据巴西华人协会会长、
华裔女议员李少玉的估计，巴西的华侨华人总数可能已经超过 30
万人③。

现今巴西华人已不同于先辈"猪仔""苦力"的形象，他们手头既有
资本，又有商业经营能力，主要是受巴西政府优惠投资政策的吸引而来。
他们的到来，给巴西华人经济增添了新活力。目前巴西华人经营范围极
广，项目繁多，农、工、商各业俱备，经济基础稳定，巴西已成为一个
新的华侨华人经济中心。从结构上来说，华人 80% 经营商业，其次为工
矿企业，再次为农牧业。近年来，华人从事的进出口营业规模逐步增大。
在工商实业界，魏书祺、林明训、毕务国、李群等杰出华人称"王"称
"霸"，令人瞩目④。

据不完全统计，目前在巴西生活的 30 万左右的华侨华人，其中很大
一部分来自中国浙江省。这些浙江籍侨民凭借浙商标志性的吃苦耐劳精
神和敏锐的商业头脑，在当地社会各行业中闯出了一片天地，不仅经营
规模和社会影响力逐年扩大，也通过平等诚信的经营理念和回馈社会的
慈善举动，赢得了当地社会尊重。根据前巴西华人协会会长吴耀宙（青
田人）介绍，"目前中国在巴西的浙商共有四五万人，仅次于台湾和广
东。其中圣保罗有三四万人，里约有一万多人。浙商中以青田人和温州
人最多，最近两年也多了不少杭州人。早年间的浙商在巴西基本上做轻
工业制品，而现在则转入利润更高的汽车配件、轻工机械等。"⑤ "最早闯
巴西的浙江人，大都是 20 世纪 50 年代来到巴西的。与广东商人比，浙江
人的起步晚，但胜在勤勉大气，懂得舍小利取大利，因而在各方各面都

---

① 《巴西华人和他们眼中的中国，巴西华裔移民的奋斗》，头条网，http：//www.
toutiao. com/i6252212279002006018/。

② 密素敏：《试析巴西华侨华人的社会融入特点与挑战》，《南洋问题研究》2015 年第 2
期，第 66 页。

③ 《巴西华人和他们眼中的中国，巴西华裔移民的奋斗》，头条网，http：//www. toutiao.
com/i6252212279002006018/。

④ 王光华：《不断壮大的巴西华人社群》，《侨园》2004 年第 4 期，第 22 页。

⑤ 《在圣保罗的三四万浙江人已成巴西经济不可忽视的力量》，东方网，2014 年 6 月 21
日。http：//news. eastday. com/eastday/13news/auto/news/sports/u7ai1824292_ K4. html。

很吃得开，在整个侨界的影响力上升很快。"①

浙商中又以温州籍较多，且绝大多数生活在巴西最大的城市圣保罗，里约则更多为青田籍华人。有人用"巴西的上海"来诠释圣保罗在巴西的经济地位，这里也是温州人最为集中的地方②。数量估计超过 2 万多人。"温州籍侨胞进入巴西分为三个阶段：一部分是 1988—1996 年的一批老华侨，当年大都跑单帮起家后，现各发展从事大、中型商场、饮食业，开起企业、公司，是一批成功的创业者。""1996 年后有一批作为投资者进入巴西，虽然受过不少挫折和走过弯路，但现基本都是成功的贸易批发商或公司老板。"③ 这里的温州人大部分从事贸易行业，也有经营餐馆、超市、汽修、电子商铺等。温州籍侨胞怀揣着淘金梦漂洋过海，他们在异乡奋力拼搏、努力创业的精神为人留下深刻印象，也有越来越多的人扎根巴西，融入社会，为推动巴西的发展，增进中巴交流做出贡献④。

二 巴西浙江人实践公共外交的优势和局限

温州华人长期在巴西生活与经商，在巴西，尤其是圣保罗的各个层面累积了一定的社会影响力，这使他们有着开展公共外交的潜力和优势。但也因许多移民自身缺陷及其他外力因素干扰，局限性也十分明显。

（一）优势

1. 早期浙江华人累积有强大的社会影响力

温州籍华人在巴西早期的发展过程中，凭借很强的经济能力，为巴西经济发展做出了巨大性的贡献，且又十分注重回馈社会，从而为温州华人在巴西的生存打下坚实的根基。

如林训明，既是对巴西工业发展有着突出贡献的企业家，也是在巴

---

① 《走进巴西的浙江商会 每天出货量以集装箱计算》，《杭州日报》2014 年 6 月 23 日。
② 胡阳：《巴西温州侨胞的桑巴舞曲》，《温州人》2016 年第 15 期，第 35 页。
③ 同上。
④ 同上书，第 34 页。

西历史上有着显赫声誉的企业家。他个人在巴西有着卓越的声誉和雄厚的社会资本，是温州籍华人能在巴西发挥突出影响力的代表。

早年到达巴西时，林训明以一己之力，推动了巴西的黄豆种植业发展。他在巴西推广黄豆种植的重大改革举措，被誉为巴西"农业的革命性事件"，造就了20世纪下半叶巴西黄豆的鼎盛繁荣时期。他也因此受到了巴西总统盖泽尔的嘉奖，被誉为巴西"黄豆大王"。可以说，林训明对黄豆的奉献改变了巴西整个农业结构的面貌。20世纪90年代后，林训明又转向石化企业。他的石化事业在巴西境内外都得以迅速扩展，其公司生产的无纺布产量居全巴西第一位，跻身巴西大企业行列。林训明又获得了巴西"石化巨子"的美誉①。

作为一位成功的实业家，林训明被誉为巴西乃至全球华人的楷模。他的事迹被美国《时代》周刊、香港《资本家》杂志、《巴西侨报》、巴西电视台等大众媒体广为报道。报道盛赞林训明对巴西经济的贡献，称他是"巴西华人大企业先锋"，"是华人在异邦白手兴家的杰出样板"②。为此，巴西前总统伊塔马尔·佛朗哥会见他时，颁令嘉奖他对巴西经济发展作出的杰出贡献；南大河州当局授予他"荣誉证书"；圣罗莎市和愉港市正式接受他为"荣誉市民"③。在巴西，他是一位受人尊敬的企业家，报刊、电视等新闻媒介经常登载或播出他的创业经历和业绩，宣扬他对巴西经济的贡献。多年来，总统出国访问，每每都受邀为随员。为了表彰林训明对巴西经济发展的贡献，巴西历届政府曾对他作过多次奖励，并荣获巴西总统颁发的"最大出口者之奖状"④。

2. 温州籍华人打造的"25街"，在巴西具有强大的经济影响力

目前在巴西生活的华人大多在巴西第一大商业城市圣保罗。这里的华人多数发家于同一个地方——25街，一个类似唐人街的商业区。在圣保罗，聚集着全巴西最多的浙江商人。可以说巴西圣保罗的25街，就是

---

①　林训明：《巴西"黄豆大王"》，《国际人才交流》2006年第8期，第11页。

②　《巴西的华商巨子——林训明》，巴西华人网，http://www.brasilcn.com/portal.php? mod=view&aid=28476。

③　林训明：《巴西"黄豆大王"》，《国际人才交流》2006年第8期，第11页。

④　李晓龙：《从"黄豆大王"到"石化巨子"——记舅父、巴西华人企业家林训明》，《文史天地》1996年第3期，第45—46页。

一部巴西浙商，尤其温州籍浙商的创业史①。

25 街区，有"巴西的唐人街"之称，这里不仅是巴西最大的货物集散地，也是南美各国批发采购的重要市场，由横竖几条街组成，集中了大批温商。1998 年开业，曾轰动一时的中华商城就在这条街区一幢 6 层的白色大楼内创建。这也是温州人建立的第一个境外中国商城②。如今不少在巴西商界赫赫有名的温商大佬也是从这里"起跑"。如今巴西最大的国内手机批发商，目前年营业额做到了 4 亿元人民币的温商李海飚；巴西温州商会常务副会长、巴西美凯眼镜公司老板，有着"眼镜大王"之称的王文捷；从做进口中国轴承生意开始，一炮打响，人们称他为"中国轴承老大""节能灯大王"的孙华凯；赫赫有名的"电子大王"黄海澄等。他们都是发迹于 25 家，成为巴西经济界声名显赫的华商。

根据巴西著名侨领、巴西中国经济文化发展协会会长郭京良说："25 街"区域已经发展成全巴西最大的批发市场及百货集散地之一，现有店铺 4000 余家，其中华人店铺现在已超过 3000 家③。巴西的一项调查显示，25 街已成为巴西高薪阶层心目中的购物天堂，前往 25 街的消费者中有 58% 属于中产阶级以上的阶层④。而创造 25 街的浙江温州商人，也由此而奠定了他们在巴西的经济实力和影响力。

3. 浙江籍华人有关的社团在巴西民间树立的正面形象十分可喜

浙江籍华人在当地生活，非常注重融入当地，回馈社会，得到民间社会的正面肯定。早期林训明在事业有成时，始终不忘回馈社会。在黄豆种植和养猪两件事上，也给巴西豆农与猪农带来巨大的经济利益，巴西政府和人民给予他很高的荣誉。林训明也努力造福社会。为增加儿童营养，他生产并倡导"豆奶"；为保护环境，他购地造林；他慷慨资助慈善医院、巴西妇女防癌协会和一些文化团体⑤。为华人，尤其是浙江籍华

---

① 《在圣保罗的三四万浙江人已成巴西经济不可忽视的力量》，东方网，2014 年 6 月 21 日，http://news. eastday. com/eastday/13news/auto/news/sports/u7ai1824292_ K4. html。

② 《温州人在巴西》，《温州都市报》2012 年 12 月 29 日。

③ 《新唐人街崛起之圣保罗"25 街"：深深融入当地社会》，http://ihl. cankaoxiaoxi. com/2015/0511/776189. shtml。

④ 密素敏：《试析巴西华侨华人的社会融入特点与挑战》，《南洋问题研究》2015 年第 2 期，第 67 页。

⑤ 林训明：《巴西"黄豆大王"》，《国际人才交流》2006 年第 8 期，第 11 页。

人的正面形象建设做出了贡献。

新时期浙江籍华人移民，在致力发展经济的同时，也注重回馈当地社会，积极开展捐款赈灾、救济贫民等社会慈善活动，赢得了巴西民众的尊重。如2007年岁末，巴西中国和平统一促进会将近3万公斤的糖、米、油、盐、豆、面、薯等巴西人主要食物，送到巴西最大的贫民区Rocinha；2008年，巴西圣卡塔林那州发生水灾，巴西华人协会、巴西青田同乡会、广东同乡会、温州同乡会等华人社团纷纷奉献爱心，捐款捐物，援助灾区；2009年年底，巴西里约华人联谊会募捐善款和物品，送交给INCATE老人孤儿院；① 2010年，里约州遭遇40年不遇的暴雨袭击，多个城市发生泥石流灾害，致使200余人死亡，数千人流离失所，无数房屋被泥石流吞没。巴西华人文化交流协会向受灾民众捐赠了价值一万多雷亚尔，数量达500个的食品篮②。

因为这些浙江人的卓越贡献，巴西温州同乡联谊会还于2012年获得圣保罗州议会庆华人移民巴西两百年表彰。而其中近一半是温州籍华侨华人的巴西华人协会因乐善好施的佳话被巴西民众传颂。温州商人林炳银领导的巴中国际总商会则协助巴西与中国企业走向国际市场，为树立巴西企业和中国企业产品的良好信誉和形象做出了应有贡献。

4. 较多的温州籍华人社团领袖获得巴西精英的认可

20世纪后期到达巴西的中国移民通过文化适应、积极融入巴西社会，并因自身乃至所领导社团的社会贡献，为华侨华人树立了良好形象。由此，巴西政府曾多次给予温州籍华人荣誉奖励。

如黄海澄，曾担任巴西华人协会副会长、巴西温州同乡会会长等职。多年来，勤奋创业的同时，不忘回馈当地社会，关心公益事业，为推动两国文化和经贸往来，树立华侨华人在居住国的形象，做出了自己的努力和贡献③。于2006年10月3日，被圣保罗市授予"荣誉市民"称号。

---

① 密素敏：《试析巴西华侨华人的社会融入特点与挑战》，《南洋问题研究》2015年第2期，第68页。

② 毕玉明：《巴西华人社团向泥石流灾区捐赠物资献爱心》，中新网，http://www.chinanews.com/hr/2011/01-20/2801120.shtml。

③ 《黄海澄：圣保罗的荣誉市民》，《瑞安日报》2012年1月9日。

他是首位获得该项荣誉的温州人,也是该市百年历史上第二位华侨"荣誉市民"[①]。2010 年 9 月,巴西华人协会主席孙特英女士被里约州州议会授予"追求巴西独立民族英雄勋章",即蒂拉登特斯勋章(蒂拉登特斯勋章由里约州议会于 1989 年开始设立,旨在表彰在公益事业上做出突出贡献的人士),成为第一位被授予该荣誉的华人女性[②]。2012 年 5 月 25 日,巴西圣保罗州议会纪念华人移民巴西两百年,为 12 名杰出巴西华人颁奖,其中授予李凌、朱定光两位温州籍侨商。李碎燕,先后担任巴西中华妇女联合会常务副会长、巴西华人协会副会长、巴西温州同乡人联谊会副会长、瑞安海外华人交流会副会长。2013 年 4 月 25 日,李碎燕被圣保罗州兄弟城市协会授予安年比圣十字勋章和证书。兄弟城市协会是圣保罗州政府的文化部门,由前圣保罗州州长 Prestes Maia 在 1934 年创办,是为来自世界各地的移民共同推动巴西经济文化发展而设立的机构,具有广泛影响力[③]。

5. 以温州籍华人为代表的商业文化影响力愈来愈正面

温州华人的商业文化影响力也越发正面。巴西圣保罗 25 街,是整个圣保罗,甚至整个巴西最大的一个小商品集散地,这里大多数商品,都是中国制造,每两间商铺,几乎就有一间商铺是由中国人经营,所以提起 25 街,巴西人两个反应,第一个是中国人,第二就是 Shopping[④]。巴西最繁华的保利斯达金融大道上的美好商场和正在竣工的完美商场,凝聚了巴西温州人的力量和情感。这是十年间温州华人的创业飞跃,摆脱了温州人就是搞小商品低廉品生意的帽子。

与此同时,为摆脱过去廉价、低质量温州商品的影响,巴西温州人逐步开始注重商品质量,注重品牌,也在重新形塑着他们在巴西的商业文化。著名箱包大户李凌女士,她闯荡巴西,艰辛创业近 20 年,至今发展了有一定规模的 SATINO 箱包公司,开辟了全国销售网,并出口南美各

---

① 《黄海澄:圣保罗的荣誉市民》,《瑞安日报》2012 年 1 月 9 日。

② 徐文永、谢林森:《华侨华人社团与中国公共外交——以巴西华人文化交流协会为例》,《八桂侨刊》2012 年第 3 期,第 21 页。

③ 《温州人在巴西》,中国温州网,http://www.wenzhou.gov.cn/art/2015/2/11/art_1216353_1377240.html。

④ 《拉美篇:圣保罗的"25 街"》,新浪网,2011 年 2 月 11 日,http://www.sina.com.cn。

地，把中国产品带上巴西高档次、高品牌的领域①。巴西箱包大王吴坚，成功地完成了他的品牌战略。其麾下的各品牌箱包已进入巴西高档商城、大型超市以及零售批发市场。与此同时，印有他的产品品牌的广告，赫然登上各大生活杂志，进入巴西大型国际商展，镶嵌在了日运输乘客数十万的圣保罗地铁站里……如此这般，使品牌在巴西达到了几乎家喻户晓的程度②。方激经营的中国品牌医疗教学设备，多次在巴西医疗界评审中获得产品优质奖和最佳企业家形象奖③。圣保罗华侨华人创办的华光语言文化中心，于2005年获得巴西圣保罗企业家联合会颁发的最高质量奖，2011年被巴西军事法庭及巴西历史文化艺术馆授予象征最高荣誉的若奥六世勋章④。

温州籍华人企业家，经过长期发展，逐步在改变温州华人与低质廉价商品的联系，不仅在商品质量上下功夫，也注重品牌塑造，逐渐在巴西社会塑造出新时期华人的正面、良好的商业文化。就如里约华人联谊会会长季友松介绍说，目前从事贸易的华商基本都已拥有自主品牌，告别了仿制欧美产品的老路子，因此经营比较稳定⑤。

此外，巴西的华侨华人，尤其是浙江籍华侨华人勤劳节俭、做事认真、注重家庭、重视教育等这些中华民族的传统美德也给巴西民众留下了深刻印象，构成了当地人心目中良好的中国形象，赢得了巴西人的尊重，并且丰富了巴西社会的多元文化。巴西总统卢拉曾赞扬道："华侨华人同巴西民众和睦相处，已经成为巴西进步的因素之一。"⑥

---

① 《温州电视台摄制组抵巴西采风温籍侨胞生活》，2012年9月25日，巴西华人协会，ht-tp：//www.bxqw.com/userlist/huaren/newshow‐20891.html。

② 《温州籍侨胞吴坚、李凌：携手创业做巴西箱包大王》，中国侨网，http：//www.chinaqw.com/hqhr/yxcy/200808/01/125591.shtml。

③ 《通讯：弱女子在巴西闯出一片天》，http：//news.xinhuanet.com/world/2013‐09/02/c_117186073.htm。

④ 程晶：《华侨华人与中国软实力在巴西的提升》，《湖北大学学报》（哲学社会科学版）2012年第6期，第107页。

⑤ 《走过2011：巴西华侨华人在安居乐业中自我完善》，http：//www.chinanews.com/hr/2011/12‐28/3566492.shtml。

⑥ 《各国政要向华侨华人拜年盼与中国"虎年一跃"》，http：//www.chinanews.com/hr/news/2010/02‐12/2123042.shtml。

（二）局限

浙江籍华人通过自身努力，发挥所长，成就了自身在巴西社会的资源优势。但不可忽视的是，华侨华人由于种种因素影响，存在的负面或局限性也十分明显。这对协助推进中国公共外交将带来不利影响。

1. 语言能力严重不足，支撑公共外交的基础不扎实

巴西浙江籍华人，来到巴西较早，但许多人文化水平并不高，语言能力存在严重不足。就像许多华人所说，仅靠计算器，他们就能完成生意。通过手势比画，也能完成交易，学习葡萄牙语并不是必要的。他们的生活圈子也大多是华人，这使他们缺少学习语言的动力。

葡萄牙语使用率不高，学习动力缺乏，这使得华人与巴西人之间无法开展更多层面的交流，遑论开展公共外交。长期以来，我国非常注重大国外交，注重英语教育，许多小语种的重要性国家认识不足，使我国葡萄牙语教育严重失衡，中国民众对葡萄牙语系国家不甚重视，对其语言的掌握和使用也有意或者无意地轻视。语言学习是认识一个国家、了解一个国家人文历史的重要工具。对葡萄牙语学习兴趣和动力不足，葡语应用水平普遍也一般，这对华人融入巴西社会，实践中国巴西民间交流有不小的障碍。没有语言的学习，难以深入了解巴西民间社会，这让我们沟通民间、实践公共外交缺乏基础支撑。就像华人协会会长、曾经的华裔女议员李少玉指出，中国在巴西投资公司相对欧美来说历史较短，在语言、法律、宣传等方面都存在问题。中国人应该在这方面多下一点功夫[①]。

2. 语言不足，导致交流欠缺，使巴西民众对中国人的认知度匮乏

巴西人对中国了解远不及对日本多。占巴西总人口数 1% 的日本人对他们影响颇深，当年来自日本的勤勉菜农凭一己之力供应了巴西利亚的蔬菜一事，让几乎许多巴西餐馆都可以吃到寿司等日本食品。但纵观整个里约，中餐馆也只有三家。向导小李介绍说，这是由于在巴西的华人实在太少，平常的时候，整个里约的华人也不过两万人，"而巴西的华人

[①] 《巴西华人和他们眼中的中国，巴西华裔移民的奋斗》，头条网，http://www.toutiao.com/i6252212279002006018/。

主要集中地圣保罗州，也不过 20 万—30 万人。不过，和日本人比还差得很多。"① 而且，语言能力不足，传播和宣传力有限，中国文化对巴西的影响远没有日本文化大，所以，巴西人把中国人当成日本人是常有的事。还有不少民众往往把中国、日本、韩国的文化习俗混同，说明相互间对两国的彼此文化认知还有限，加强两国之间的文化生活交流非常必要②。对于中国新时期的发展和经济建设，我们的宣传和传播力内容更是欠缺，这也使巴西民间对新中国的正确认知十分匮乏。包括许多精英对中国的影响还停留在改革开放之前。

3. 以浙商为主体的华人自身缺陷影响公共外交开展

海外民众往往从海外华人自身的解读，增强对中国的看法。因而，分布在世界各地的海外华侨华人，其行为取向自然引起他人对中国形象的联想。巴西亦然。

在 25 街，华商经济虽然发展很快，出现了一批知名华商企业，但也存在一些隐忧：大部分新移民经商者为小本经营，在资金、市场以及语言方面与本地企业竞争存在差距；部分行业高度密集，导致华商竞争激烈；在巴西 25 街，由于出售仿冒商品，华人商店屡遭当地执法者查抄。比如，2007 年，以打击假冒商品的名义，巴西司法部门查抄了圣保罗最大的华人商业大厦 25 街购物中心，共查抄华人商店近 50 家，6 人被拘捕。近几年，查抄查封华人商城的事件屡有发生。走私、非法经营等虽是个别现象，但不法商贩败坏的华人声誉，毕竟给华人形象带来了负面影响③。更有甚者，一些巴西华人还干起敲诈勒索的勾当，严重影响了中国人的声誉。而且，许多华商存在许多违规经营的状况，政商结合的陋习影响着民众对华人的观感。

华人最初被当作"猪仔"卖到巴西，过着奴隶般的生活，毫无地位形象可言。后来，华人形象转变为走街串巷的小商小贩。再后来，随着华商影响力的增加，负面新闻也随之而来。再加上有些华人小商贩只顾

① 《中国记者巴西手记：常被误为日本人 大商场多属中国》，凤凰体育，2014 年 6 月 16 日，http：//2014.ifeng.com/jz/detail_ 2014_ 06/16/36841045_ 0.shtml。

② 《巴西圣保罗议会与侨界座谈 拟设立"中国日"》，中国侨网，2016 年 3 月 29 日，http：//www.chinaqw.com/hqhr/2016/03 – 28/83569.shtml。

③ 《200 年沉浮：巴西华人的困扰》，《人民日报（海外版）》2013 年 1 月 7 日。

赚钱，把假冒商品带进巴西，严重损害了中国人的形象，败坏了中国产品的声誉，这些都是制约华人公共外交的影响因素。

4. 华人政治参与度不高，法律意识淡薄，影响公共外交的实施

巴西华人需要改变的不仅是生存方式，还有社会地位。200 年来，巴西华人在小商品经济方面颇有成就，但在参政等方面还处于劣势。日本人比中国人晚来巴西近一个世纪，如今巴西各级地方政府以及军队、警界，却随处可见巴籍日本人的身影。据资料显示，20 世纪 80 年代，圣保罗市出了一个叫"Sham Paio"的市议员，取了个中国名字叫沈百豪，自称有四分之一的中国血统。虽然他连十分之一的中国面孔也没有，却得到数以万计中国侨民的支持，可见华人多么渴望在政坛有一席之地。近 20 年来，陆续有巴西华人当选市议员、州议员，甚至是国会议员，他们为同胞争取了不少利益，但在众多参政人员中，华人依旧少得可怜①。

政治参与度低，法律意识淡薄。就如第一位华人巴西联邦国会议员威廉巫所言：25 街之所以经常发生华人遭抢事件，很大程度上是因为华侨语言不通，出事之后又常常不报案造成的。"其他国家的移民社区感觉到不安全的时候，会利用法律手段，当发生对社区不利的犯罪案件时，他们会去举证，但是在华人的社区里很难得到他们的支持去举证。事实上，如果案件对社区造成了消极的影响，由于华侨的保守思想，他们不去利用法律手段解决，没有人举证，久而久之，华人社区变成了犯罪分子最主要的袭击目标。"② 这使得华人聚居区也成为犯罪的天堂，成为警察、黑帮、政客沆瀣一气的区域，严重耗损着华人在巴西的软实力。

5. 不当的舆论宣传影响民众对中国的看法，波及对浙商的负面看法

现在中国有些国有企业开始到巴西购买土地，在巴西建企业，等等，巴西人对此警觉性是比较大的，有些人认为中国人在巴西购买土地、建立企业这种行为不是完全出于商业考虑，背后有一种战略上的考虑。巴西前外长就说中国现在已经买走了非洲，中国开始要买巴西。因为毕竟是这样一个主权国家购买他们的土地，进行实业投资，这方面引

---

① 《巴西华人现状：为生存打拼，与世界杯"绝缘"》，南方网，http：//sports. south-cn. com/2014fifa/focus/content/2014－06/27/content_ 103091240. htm。

② 《拉美篇：圣保罗的 25 街》，新浪网，2011 年 02 月 11 日，http：//www. sina. com. cn。

起的疑虑比较大①，而且，我们的舆论为了吸引眼球，采取一些夸大的宣传，久而久之，可能埋下冲突的隐患。如《温州人在巴西买下原始森林》《中国人在巴西购地当地主》等报道充斥媒体，为中国巴西冲突埋下隐患。

当前，巴西一些精英仍对中国有着负面的看法，以怀疑眼光看待中国企业，认为中国是一种威胁；认为中国是一种新殖民主义；认为中国与巴西合作，附加条件太多，比如必须使用中国制造的设备或中国工人。《圣保罗页报》是巴西发行量最大的报纸。从 2010 年年底到 2011 年年初，该报有很多文章抱怨巴中贸易问题②。"中国人从我们这里买走了巴西的天然橡胶，做成鞋又卖给我们，价钱还比我们这里的便宜，中国人很聪明！"③ 这是巴西普通百姓的言论，其所代表的无奈和抱怨，累积到一定程度，华人往往会成为替罪羔羊。

三　借助巴西浙江华人促进中国公共外交的建议

公共外交又称为公众外交，一般指的是一国政府对其他国家民众施加影响的外交形式，即通过情报、信息、文化交流项目、媒体等手段影响其他国家的民众并制造舆论，为一国在海外创设良好的形象，进而增进国家利用的战略工具与活动④。具体到侨务公共外交来说，海外华侨华人是主要参与者，其具体参与与实践是开展侨务公共外交的主要方式和核心。因此，立足于华侨华人实际，通过文化、人文、艺术等手段，建构起对巴西民众的吸引力，通过有形或无形的影响，服务于中国国家整体外交。具体应做到如下：

---

① 《王建伟：中国人在葡语国家的形象》，21CN 新闻网，2011 年 11 月 15 日，http：//news. 21cn. com/zhuanti/domestic/chahaer/2011/11/15/9808886. shtml。

② 《被中国制造改变的巴西：工业体系被毁沦原材料产地》，加拿大华人网，http：//www. sinoca. com/news/finance/2012 - 02 - 01/184935. html。

③ 《当巴西遇到"中国制造"》，凤凰财经网，2011 年 8 月 28 日，http：//finance. if-eng. com/news/20110827/4474645. shtml。

④ 林逢春：《华人华侨在中国公共外交中的功能与路径》，《五邑大学学报》（社会科学版）2013 年第 4 期，第 69 页。

1. 以 25 街为代表，持续加强浙江华人在巴西的形象建设

中国人移民巴西已经有两百年了，中国移民为巴西的经济发展做出了很大的贡献。但站在国家的高度看，政府应该把每一个有良好品德与业绩的华商看作贸易军团先锋和优秀士兵，很好地为他们提供支援。坚韧是中华民族的特质。目前中国在海外的影响很好，但仔细观察后发现我们走了太多的歧途，发生过很多重大损失，而且某些损失是无法弥补的。避免这些，需要很多正确信息。政府的商务部门以及各侨团有责任与义务提供这些资源。

为此，中国政府应依托 25 街创造的基础，提供一些详尽的巴西指南，从最基本的日常生活，以及医疗、法律、金融、商贸、教育的全部信息，并详细介绍巴西的风土人情，尊重巴西的风俗，避免不必要的生活习惯与意识形态造成的冲突。同时，协助建立广泛意义的真正团结的侨社，聚集一批有作为、有思想、有影响力、有语言能力的侨团领袖，加强对巴西的舆论宣传。加强前期辅导和合理引导，这对华人在巴西的自身建设有着莫大的帮助，间接地对中国在巴西的形象塑造、提升中国在巴西的公共外交形象有益。

同时，华侨华人自身也要努力，要做到奉公守法，合法经营，诚信经营，取得当地主流社会的信任和认同，多做社会公益事业，履行社会责任，这本身也是寻求自身发展的途径之一。间接地，亦能增强在巴西的软实力，从而为中国公共外交的实施提供帮助。

2. 掌握巴西语言，加强对巴西更接地气的舆论宣传

近年来，通过华侨华人的力量，中国政府举办各种文化活动，不单是面对华人，还要面对当地的民众。为消泯当地华人和巴西民众之间的隔阂有非常大的好处①。但是，对华人或者中国来说，对巴西的文化认识，仅限于足球、桑巴舞和咖啡，对巴西其他的文化了解十分缺乏。对巴西的语言学习更是没甚兴趣。由于对巴西语言的掌握有限，我们无法与巴西人有效沟通和进行思想交流，这对于公共外交影响人、吸引人的能力是硬伤。而且，没有语言的掌握，我们对巴西的宣传工作，无法采

---

① 《王建伟：中国人在葡语国家的形象》，21CN 新闻网，2011 年 11 月 15 日，http：//news.21cn.com/zhuanti/domestic/chahaer/2011/11/15/9808886.shtml。

用巴西人更易于接受的方式，受众面和接受度都受到影响。故加强对华人语言的培训，加强对巴西国情的介绍十分重要。

为此，中国政府和当地侨社可共同合作，创造途径提升华侨华人的语言掌握能力。政府与华社合作，提供或者创造相关的语言培训条件，加强华社华人的语言能力，不仅有助于华人融合，也为中国公共外交宣传提供助益。此外，发挥澳门的平台作用，建议开展诸如中葡论坛等形式，加强与巴西等葡语国家的交流，也是实施公共外交的良好途径。

3. 华侨华人要积极参政、议政

华侨华人参与政治是自身在巴西获得生存的手段，也是华人融入巴西的表征。通过政治的参与，巴西华侨华人更能取信于巴西社会。同时，借助参政的影响，巴西华侨华人能发挥自身的桥梁和纽带作用，在中国和巴西之间牵线搭桥，推动两国之间的友好互动，增信释疑，从而服务于两国人民。

近年来通过几十年打拼，特别是新的中国移民，开始在巴西社会树立起自己的形象，譬如说有一些中国人开的企业在巴西不单有经济影响，也开始有社会影响，有些比较知名的大企业连巴西总统也不能忽视，企业家要去见巴西总统基本上有求必应，因为这个对巴西的经济有非常大的影响。另外在巴西中国人除了经商以外，也开始参与政治，改变了过去巴西人认为中国人只是一种经济动物的观点，在政治上也开始参与当地的生活。总的来说这是一种积极的变化①。参政、议政是华人深入融入巴西社会，落地生根的重要表现。华人积极融入巴西社会，应在参政议政方面作出更大努力，实现从政治层面直接或间接影响巴西政府决策，创造有利于中国巴西友好的外交局面。

4. 引导、规范中国在巴西的华文教育

20 世纪 90 年代以来，中国软实力在巴西不断提升，出现了"中国文化热""汉语热"等，中国软实力在巴西的提升，以中国经济实力的增长和综合国力的增强作为背景，以中巴政治、经贸关系的稳健发展作为基础，同时也离不开华侨华人的促进作用。

---

① 《王建伟：中国人在葡语国家的形象》，21CN 新闻网，2011 年 11 月 15 日，http：//news.21cn.com/zhuanti/domestic/chahaer/2011/11/15/9808886.shtml。

近年来，随着中国经济的发展，极大地带动了中国文化在巴西的普及。汉语在巴西的流行就是一个最为明显的例子。在巴西圣保罗州州立大学，8 年前报名中文学习班的学生只有 3 名。这几年，巴西圣保罗州州立大学中文学习班几乎全部爆满，而且经常还要多开班才能满足学生的需求。如今在巴西，懂中文是一个非常大的就业优势，往往能优先入职，并且拿到相对更为优厚的工资待遇①。借此东风，依托华人力量和中国政府支持，通过华文教育，既可加强华人对中国的凝聚力，也能影响巴西本地民族对中国的认识，塑造一批热爱中国、了解中国、倾慕中国的巴西本地人，这将是我们推进公共外交的重要支撑。

5. 中国政府与华社合作，加强"中国移民日"的文化内涵

为了表彰中国移民为巴西的现代文明与社会、经济发展所做出的贡献，圣保罗议会将每年的 10 月 7 日定为"中国移民日"。对于这一有利、合法的宣传机会，中国政府应与华社共同合作，加强中国文化、经济等要素的宣传。

虽然在巴西能看到不少的中国文化元素，譬如中国针灸、中国舞狮、中国武术、中国电视剧，以及周润发、李连杰、成龙等。但巴西人对中国的发展历史欠缺了解，对中国新时代的文化发展不熟悉。这对树立中国的正面形象十分不利。因而，中国政府和华社应共同合作，充分利用巴西华人一年一度的"中国移民日"集会，展示中华民族悠久的历史文化，如中国餐饮、武术、书画、歌舞等项目，凸显当代中国的商业文化、科技文化、流行文化、体育文化等，譬如中国的国球——乒乓球，在巴西也是全民运动，利用中国的互联网科技，从而实现中国传统文化、新时代文化与巴西民众同享同乐，让更多巴西民众了解中国文化，让华人更融入巴西社会，与巴西民众共同建立和谐家园②。

四　结语

中国和巴西自 1974 年宣布建立外交关系以来，双方外交关系已超越

---

① 《在巴西，懂中文有很大就业优势》，《中国青年报》2014 年 7 月 22 日。

② 《巴西圣保罗议会与侨界座谈 拟设立"中国日"》，中国侨网，2016 年 3 月 29 日。http://www.chinaqw.com/hqhr/2016/03－28/83569.shtml。

双边层面，具有全球意义。但我们并不能由此而想当然，认为中国与巴西关系十分友好、亲密，沟通无间。在巴西，还有很多人对中国存有负面看法。传统上，拉丁美洲是美国的"后花园"，反对党不太信任中国，且视美国为巴西最重要的拍档。这是我们不得不面对的问题。因而，公共外交的开展十分必要。必须要多渠道、多手段地增进中国在巴西的软实力。依托华侨华人，尤其是在巴西政商各界有着莫大影响力的温州籍华人，合理引导，妥善谋划，增强中国在巴西的软实力，提升中国公共外交，很有必要。当然，我们也应该认识到华侨华人在提升中国软实力、推动中国公共外交中面临一些外部挑战和实际困难，如巴西华侨华人社团过多且过杂，缺乏统一规划和活动资金。一些华侨华人违法经营、偷税漏税等。

因此，中国政府一方面应该充分认识到巴西华侨华人在提升中国软实力中的独特作用，协助华侨华人在巴西的发展，从而提高华人实践公共外交的可能；另一方面中国政府也应注意方式、方法的使用，力争实现华侨华人与中国公共外交的双赢，推动中国与巴西的友好建设。

第 三 篇

海外华人族群与社区

闽南海商的兴起与妈祖信仰
的海外传播

——兼论妈祖信仰和华人族群意识的关系

庄国土①

福建的政治文化、学术思潮、宗教信仰等向来仰中原传统文化之鼻息，只有妈祖信仰可能是唯一由福建地方崇拜发展成为具有国际影响力的信仰。虽然福建的政治影响力和学术文化在全国的地位可谓乏善可陈，但闽南海商却主导中国海外贸易与移民活动数百年。而对妈祖信仰的广泛传播，学界多强调历代朝廷的封衔作用。因此，本文拟通过对闽南海商崛起及其与妈祖信仰传播之间的因果关系、妈祖信仰与海外华人族群意识的相互关系的探讨，试图解释何以弱势的福建民间崇拜竟能发展成为具有国际影响力的信仰，并说明妈祖信仰是如何成为华人族群意识的组成部分的。

一 宋元时期：闽南海商的崛起

闽南海外贸易的重大发展时期始于五代。闽南统治者励精图治，发展海外贸易以裕国，以至在五代十国战乱纷纷期间，福建却保持了32年

① 庄国土，厦门大学特聘教授，华侨大学讲座教授（Chair professor），丽水学院名誉教授。

的稳定时期，从而奠定了闽南海外贸易的发展。闽南先后治泉州的王延彬、留从效和陈洪进均奖励海外贸易，积极招徕番商。黄巢起义军对广州番商的大屠杀，是五代时期蕃商、"蛮舶"大批前往泉州的重要原因，也造就闽南海外贸易发展的先声。

两宋时期，中国社会经济的发展步入黄金时期，不但商品经济发达、人口迅速增长，而且各项科技发明层出不穷。因此，中国可堪称是当时世界上经济、文化、技术最发达的国家。这时，福建的开发也突飞猛进，茶、甘蔗等商品作物种植，瓷器、棉布、丝绸、造纸等手工业商品的生产，采冶金、铜等矿冶业和造船业等，均在全国居重要地位。至南宋期间，福建的经济、文化发展已居于国内前列。① 福建的经济发展为宋代泉州港繁盛和闽南海商集团崛起奠定了物质基础。

南宋期间，泉州与广州作为中国主要贸易港口的地位开始逆转，泉州港的贸易规模呈赶超广州之势。究其原因有二：一是宋室南迁杭州，福建距政治中心更近，加之部分宗室迁到泉州，以致朝廷对泉州的政治、经济地位更为重视；二是南宋发展与高丽等东北亚地区的贸易，泉州在沟通东北亚和南海贸易方面占有地理优势。到宋绍兴年后期，泉州的市舶收入与广州相当，表明泉州港的贸易规模已和广州并驾齐驱。在南宋最著名的关于海外贸易与海外地理的名著《诸蕃志》中，凡载中国与海外各国的航线、距离、日程、方位等，多以泉州为基准。② 尽管这也可能是因为著者是泉州市舶司提举，但泉州为中国最重要海贸基地之一却是不争之实。到元代时，"泉，七闽之都会也，番货远物，异宝珍玩之所渊薮，殊方别域，富商巨贾之所窟穴，号为天下之最"。③ 根据元代最著名的关于海外贸易与海外地理的名著《岛夷记略》载，当时与泉州通商的海外国家与地区达九十多个，比《诸蕃志》所载多五十多个；输出商品的种类也多出数十种，④ 这说明泉州的海外贸易规模与地位超过了广州。

---

① 徐晓望在对福建经济在全国的地位进行细致比较后认为，南宋时期的福建是中国经济、文化最发达的区域（参见徐晓望《妈祖的子民：闽台海洋文化研究》，学林出版社1999年版，第217页。

② 参见赵汝适《诸蕃志》（冯承钧校注本），台湾商务印书馆1962年版。

③ 吴澄：《吴文正公集》卷16《宋姜曼卿赴泉州路录事序》，四库全书本。

④ 参见汪大渊《岛夷记略》（苏继庼校注本），辽宁教育出版社1996年版。

当时游历泉州的威尼斯旅行家马可·波罗在其游记中就认为："刺桐港是世界最大的港口之一，大批商人云集于此，货物堆积如山。"[1]

对闽南海商崛起具有重要意义的尚有宋代漳州港的兴起。漳州通番舶可能始于五代，北宋时朝廷已在漳州设"黄淡头巡检"以维护航道安全和招徕海舶，民间的海外贩运活动亦频繁。虽然漳州的海外贸易规模不及广州和泉州，但对闽南海商，尤其是漳州地区海商的成长有其不可忽视的作用。

伴随宋、元时期以泉州为中心的闽南海外贸易的繁荣而来的，是闽南海商集团的兴起。闽南地区掌控和从事海外贸易活动的商人主要包括：番商及其定居泉州的后裔、外地商人和本地商人。随着番商、外地商人的本土化，及其与本地商人合流，进而形成闽南海商集团。

在北宋年间，主导泉州对外贸易的可能主要是番商。明朝人张燮说："市舶之设，始于唐宋，大率夷人入市中国。"[2] 直到南宋时期，番商及其后裔仍是闽南海外贸易巨擘，如蒲罗辛、罗智力、施那帏、蒲亚里、蒲寿庚等。这些番商有的是应宋朝廷招徕（番商生意的抽直达30万贯者，可授官职承信郎），"每岁以大舶浮海往来"，著名者如：佛莲，波斯人，蒲寿庚之婿，为泉南著名回回巨商，"凡发海舶80艘"，家赀"珍珠130石，他物称是"；[3] 大食番商施那帏"乔寓泉南，轻财乐施，作丛冢于泉州城外之东南隅，以掩胡贾之遗骸"。[4] 以回回商人为主的定居于泉州的番商成千上万，"胡贾航海踵至，富者赀累巨万，列居城南"，形成番人巷，[5] 现在当地的蒲、郭、丁、白、铁、金等姓者多是其后裔，而当时辟有的番商墓区亦保存至今（现称为"伊斯兰墓地"，是旅游点之一）。元朝末年，泉州的什叶派穆斯林和逊尼派穆斯林（蒲氏为首）之间发生教派冲突，关南门相互厮杀，伤亡数千人。泉州最有名的回回商人是蒲寿庚，其向背竟然关系到宋朝的存续。蒲寿庚擅长海外贸易，"擅番舶利三

---

① ［意］马可·波罗口述，鲁思梯笔录：《马可·波罗游记》，陈开俊等译，福建科技出版社1981年版，第192页。

② 张燮：《东西洋考》（谢方点校本）卷7，中华书局1981年版。

③ 周密：《癸辛杂识》续集卷下，中华书局铅印本。

④ 赵汝适：《诸番志》（冯承钧校注本）《大食条》。

⑤ 参见黄任《泉州府志》（乾隆）卷75《拾遗》上，同治年重刊本。

十年"，致产巨万，家仆数千，又因 1274 年平海寇有功，被授予福建招抚沿海都制使之职，成为官商合一者，与后来的郑芝龙相似。南宋小朝廷企图依靠蒲寿庚的财力、物力继续对抗元朝，升其为福建广东招抚使兼福建提举市舶，总领海上事宜。蒲寿庚归降元朝后，受封为福建行省中书左丞，权势炙天，在海外贸易上更是独占鳌头。

尽管由于历史和现实的政治原因（如元朝对色目商人的偏爱），宋、元时期泉州的巨商多为番商及其后裔，但当地海商群体的迅速成长更为引人注目。除朝廷朝贡贸易外，从事海上私商贸易仍以散商为主体。他们虽然资力微薄，惨淡经营，"海舶大者数百人，小者百余人……商人分占贮货，人得数尺许，下以贮物，夜卧其上"，[①] 但人数众多。随着海外贸易的发展，泉州本地商人逐渐成为一支不可忽视的力量。

闽南海外贸易兴起于五代，盛于宋、元。尽管如中国其他港口一样，番商很大程度掌控了当地的海外贸易，但同时客观上也推动了闽南本地海商群体的崛起。闽南海商包括本地商人、定居本地的番商、外地商人以及定居海外的商人。随着时间的推移，番商、外地商人逐渐当地化，与本地商人归为一体，形成闽南海商集团，成为中国海外华商经贸网络的重要组成部分。而中国海外华商经贸网络的肇基始于宋元时代，至 15 世纪初基本形成，并在 17—18 世纪经历扩张和发展而达到顶峰，从而形成一个以中国市场为中心覆盖东亚、东南亚的商贸网络。这个商贸网络还与欧洲人的远东经贸网络互相交叉、利用和补充，构成由欧洲人主导的东、西方经贸网络的组成部分。[②]

尽管福建在宋末元初的对外贸易规模已超过广州，但广州的海外贸易历史悠久，经营海外贸易网络的时间更长。在宋、元至明初时期，闽南海商在中国海商网络中的影响力可能还不如广东海商，至多在元末明初与广东海商各擅胜场。15 世纪初，在东爪哇杜板、新村、苏鲁把益（Sarabaya，现苏拉巴亚）和苏门答腊旧港等地皆有千人至数千人的华人

---

① 朱彧：《萍洲可谈》卷 2，《四库全书》第 1038 册。

② 参见庄国土《论早期海外华商经贸网络的形成（11—15 世纪初）》，《厦门大学学报》1999 年第 3 期。

聚居，其首领和成员还是以广东人为主。[①]

二　明代中后期至清代中期：闽南海商　主导海外贸易和移民

　　明代以降，泉州港逐渐淤塞，海舶难进，且明朝初年朝廷实行海禁，不许海上私商贸易，而将海外贸易集中于朝廷组织的朝贡贸易，以致宋、元时期活跃的泉州海上私商贸易迅速凋零。明朝初年，统治者惩治支持元朝的色目人，元代聚居泉州的数万色目番商及其后裔顿时星散，或逃离泉州或隐名埋姓。由于明朝厉行海禁，原有的通商港口悉被严查，中国海商将货物集散地、交易场所、仓储、补给基地等转移到沿海小岛和偏僻澳湾之处，形成从浙江至广东沿海地区的走私港网络。泉州海商以安平港为基地从事走私贸易，或多往漳州，参与当地活跃的走私贸易。日本人、葡萄牙人和东南亚商人群趋这些走私港贸易。漳州地区的经济、文化较泉州相对落后，且远离福建政治中心，不为朝廷官府瞩目，加之沿海岸有多处偏僻港口，又临近走私猖獗的粤东地区，因此在嘉靖万历年间，该地成为中国沿海走私贸易的中心区域。而将外国商船引到沿海走私港进行交易者多为闽南海商。嘉靖年间，漳州商人水手最早将日本走私船引到泉州："有日本夷船数十只，其间船主水梢，多是漳州亡命，谙于土俗，不待勾引，直来围头、白沙等澳湾泊。"[②] 明朝中叶倭患炽烈，勾结倭寇最多者似为漳州人。明朝末年最先将荷兰人引到福建的是漳州人李锦，[③] 即荷兰东印度公司档案中的华商"En p'o"。他久居马来半岛的贸易重地北大年，并曾在荷兰居住时接受过荷兰新教的洗礼而成为教徒，荷兰商人把他"当作是荷兰人而不是北大年人……"[④]

　　明朝廷武力镇压走私贸易的结果是"走私式"商人转变为"海寇式"商人，中国海上私商贸易由隐蔽的走私贸易转为武装对抗下的公开贸易，

---

①　参见张燮《东西洋考》卷 3《旧港条》。

②　《安海志》修编小组：《安海志》（新编）卷 12《海港》，1983 年，第 127 页。

③　参见张燮《东西洋考》（谢方校注本）卷 6《红毛番》，第 127—128 页。

④　伯克霍尔特（V. Boecholt）1611 年 12 月 1 日的信，海牙档案馆，K. A. 类 966 号。转引自［荷］包乐史著《巴城华人和中荷贸易》，庄国土等译，广西人民出版社 1996 年版。

并以劫掠沿海地区作为武力对抗手段。"海寇式"商人出于贸易、武装联盟等原因而勾结倭人，即日本海上浪人和海商，联合对抗朝廷的高压政策。东南沿海商民与朝廷海禁的长期斗争，终于使朝廷认识到，海禁愈严，盗氛愈炽，军事镇压的巨额开支使财政支绌的明朝政府不堪重负。[1] 而沿海地方督抚、士绅基于守土或本地利益，不断上疏要求开放海禁。这样，隆庆元年（1567年），明朝部分开放海禁。开禁地点定在既远离福建政治中心又是贸易繁盛之地的漳州的月港。

月港成为中国海商唯一合法的对外贸易港口对闽南海商主导海外华商网络有重大意义。如果说明代中期以后以漳州人为中坚的闽南商人在中国东南沿海走私贸易中是暂时拥有相对优势地位的话，那么，月港开放则使闽南商人在合法贸易中独占先机。月港开港时，正值欧洲人东进初期。欧洲人的远东贸易是用白银交换以香料为主的南洋热带产品和以丝绸为主的中国商品，而明代中国正开始以白银作为通货，从而急需大量白银。掌控中国出口商品的闽南海商到日本、马尼拉、澳门、巴达维亚与拥有大量白银的日本、欧洲商人进行交易，使闽南海商成为明代后期输入白银进入中国的最重要的华商群体。尤其是最为有利可图的对马尼拉的贸易，几乎为闽南海商独擅。

月港贸易不但使漳州海商在明朝后期主导中国商品的输出和白银的输入，而且推动了闽南的海外移民。当地的早期海外移民多为商贩水手，主要服务于海外华商网络。明朝后期，最重要的海外华人聚居地是长崎、马尼拉和巴达维亚。万历年间朱国祯的《涌幢小品》载："有刘凤岐者言，自（万历）三十六年到长崎岛，明商不上二十人。今不及十年，且二三千人矣。合诸岛计之，约有二三万人。"[2] 而长崎等日本诸地的华商应主要是闽南人。据载，泉州人李旦（Andrea Dittles）就是长崎的华商首领之一，[3] 另一闽南人颜思齐亦是当地的华商巨擘，他们在长崎及周边集合了一批华

---

① 闽抚许孚远在《请计处倭酋疏》提到："计山东、浙、直、闽、广备倭兵饷岁不下二百万两，积之十年，则二千万"（张燮：《东西洋考》卷11，中华书局1981年版，第233页）；仅漳南沿海一带，军事开支每年58000两白银（参见许孚远《疏通海禁疏》，《明经世文编》卷400，第4333页）。

② 朱国祯：《涌幢小品》卷30《倭官倭岛》，中华书局1959年版，第716页。

③ 参见［日］岩生成一《侨居平户的华人首领李旦》，《东洋学报》1958年第17号。

商及华人居留者。1708 年，日本幕府管理唐人街的 167 名文译员中，有 101 名专门译闽南语。① 17 世纪初，在马尼拉有华人近 3 万人，其中绝大多数是漳州人。闽南人何乔远在《名山藏》中记载，马尼拉"其地迩闽，闽漳人多往焉，率居其地曰涧内者，其久贾以数万，间多削发长子孙"。② 而在巴达维亚，闽南籍人至少占当地华人总数的 60% 左右。③

以漳州海商为主导的闽南海商集团在 17 世纪初迅速衰落，泉州海商取而代之。漳州海商集团衰落原因有三：一是在菲律宾西班牙殖民政府对马尼拉的漳州海商进行屠杀。1603 年，西班牙人对马尼拉的华人大开杀戒，华人殉难者有 2.5 万人，其中漳州海澄人十居其八。④ 马尼拉的华商被屠，以致漳州籍海商元气大伤，这是造成其地位日后被泉州籍商人所取代的主要原因之一。二是月港逐渐淤塞，其作为明代后期中国私商贸易中心的地位被厦门、安海等港取代。三是泉州籍人郑芝龙、郑成功父子以泉州安平为大本营组构"海上帝国"，郑氏主导的闽南海商集团以泉州籍人为主，漳州籍人退而为辅。

17 世纪初，远东水域的中国海商集团虽经多次分化、组合，仍是诸雄并立。在迅速打垮和收容其他海盗集团后，郑芝龙确立了其在华商贸易网络中的领导地位，福建沿海地区成为其"独立王国"和牢固的后方。1633 年，在明朝政府支持下，郑芝龙统率部下与荷兰舰队在金门料罗湾决战，击败了荷兰舰队。金门的胜利对中国海商集团具有重大意义。此役之后，"荷兰驻台湾总督蒲罗曼以武力打开通向大陆的努力宣告失败，荷兰人从此退出福建沿海"，⑤ 台湾海峡成为郑氏舰队的"内湖"。郑芝龙还违禁开辟了对日贸易，从此有了福建沿海地区这一稳定的货源地和转运中心，并确立了在与日本及大陆沿海各地的贸易中对荷兰人的优势。郑氏集团组构严密的国内外贸易网络，即著名的以金、木、水、火、土命名的陆上五商和以仁、义、礼、智、信命名的海上五商。陆上五商分

---

① 参见王赓武《中国与海外华人》，台湾商务印书馆 1994 年版，第 112 页。

② 何乔远：《名山藏》《王亨记三》之吕宋条，明崇祯刊本。

③ 参见庄国土《清初至鸦片战争前南洋华侨的人口结构》，《南洋问题研究》1992 年第 1 期。

④ 参见《海澄县志》（乾隆）卷 18，第 13 页，中国方志丛书本。

⑤ 参见 Leonard Blusse, *Tribuut aan China*, Amsterdam 1989，p. 49。

布于杭州及其附近地区，向公衙预支资本后负责采购贩运到海外的货物，交付海上五商，再与公衙结清账目。驻厦门及附近地区的陆上五商接货后，运往海外销售，返航后再与公衙结账。郑氏集团覆灭后，其海、陆商人想必定居当地，成为后来遍布东南沿海地区和东南亚的闽南人商贸网络的组成部分。

1661 年，郑成功挥师进攻荷兰在台湾的基地。荷兰人在被围困 7 个月后，正式向郑成功的军队投降。自此后，荷兰人撤出台湾，也就意味着其退出了南中国海以北的贸易。以郑氏集团为代表的华商贸易网络的优势进一步加强，而荷兰人被逐出台湾则成为其远东扩张的转折点，从此走上衰落的道路。

郑氏集团覆灭后，闽南海商独控中国海外贸易的局面不复存在。然而，闽南商人依托厦门港和东南亚的华商贸易网络，仍能长期主导中国的海外贸易。

清朝攻下台湾的次年（1684 年），颁令开海贸易。厦门作为福建唯一开放的口岸，被指定为前往南洋进行贸易的官方发舶中心，广东的澳门则被定为外国商船来华贸易之地，[①] 漳州、泉州的海商逐渐汇集于厦门。到清代中期，广东海商也被允许出洋贸易，厦门独享发舶南洋的特权不复存在。

清代前期厦门作为前往南洋的发舶中心，对巩固和扩展闽南人在海外华商贸易网络中的领先地位具有重大意义。闽南地狭人稠，无广阔经济腹地，物产有限，且与内地交通不便，因而该地成为中国沿海贸易中心的物资条件远逊于山东半岛、江浙与两广。明代中期以后闽南人开始主导海外贸易，直至郑氏时代独控海上贸易，除凭借闽南人无畏的冒险精神、熟练的航海技术、重商的人文精神和闽南地处偏远的地理位置使该地的海外贸易在朝廷对私商海外贸易的普遍压制的夹缝中发展起来外，与朝廷的解禁密不可分。正如明代后期漳州的月港被定为中国帆船的发舶地造就了漳州海商的发展机遇一样，清初厦门被定为前往南洋进行贸易的发舶地使海禁开放以后，闽南商人能掌控发展海外贸易和对外移民

---

① 厦门为中国商船前往南洋贸易的发舶地："粤省澳门定例，准番船入口贸易，厦门准内地之船往南洋贸易"（周凯：《厦门志》卷 5《船政》）。

的先机，以致东南亚诸港，如"葛拉巴、三宝垄、实力、马辰、哧仔、暹罗、柔佛、六昆、宋居唠、丁家卢、宿务、苏禄、柬埔（寨）、安南、吕宋诸国"，[①] 随处可见闽南商贩。18世纪以后，广东，尤其是潮州海商以澄海为基地发展海外贸易，开始活跃于东南亚各地。潮州人与闽南人都被称为"福佬"，是卓有声望的造船工匠，他们将其造船行当扩展到越南海岸和暹罗的阿瑜陀耶港。到18世纪中期，潮州人开始以削价为手段与闽南人竞争，因而在与暹罗进行大米贸易方面开始取代闽南人。[②] 1757年，清朝实行广州一口贸易制度，所有外国商船仅许在广州停泊交易，清朝初年常来厦门进行贸易的番船不得再抵厦门。由于欧洲商船能运来大量白银，所以不能在厦门与欧洲商船交易给厦门海商造成较大损失。但是，事实上，直到18世纪中期，从厦门出洋的船舶还大大多于广州，[③] 而当时广州的贸易规模、人口数量及该地在中国经济、政治格局中的地位要远远超过厦门。

　　中国帆船从厦门发舶，也使早已地狭民稠的闽南向东南亚地区的移民活动远较其他沿海省份便利。欧洲人在东南亚地区开辟殖民地需要大批劳动力，华商在东南亚地区贸易网络的扩大也需大量的辅助人员，而在鸦片战争以前帆船是中国东南沿海地区的居民移民海外的主要运输工具。因此，清代前期厦门作为官定发舶地，使闽南的海外移民活动在清朝初年就已开始大规模进行。直到清代中期，前往东南亚的华人移民中仍是以闽南人居多。直到19世纪中期大规模契约华工移民开始之前，除暹罗外，[④] 南洋各主要商埠的华人中都是闽南人占多数。[⑤]

---

①　周凯：《厦门志》（道光）卷5《船政略·洋船》。

②　参见 Ng Chin-keong, *Trade and Society*: *The Amoy network on the China coast* 1683 – 1735, Singapore，1983, p. 16.

③　参见陈国栋《清代中叶厦门的海上贸易》，《中国海洋发展史论文集》第4辑，中研院社科所1991年版，第71—72页。

④　清代中期以后广东的大规模海外移民活动主要是客家人前往加里曼丹开采金矿和潮州人移民暹罗。1768年，潮州（澄海）人后裔郑昭在暹罗称王，大力招徕华人，潮州人移民暹罗络绎于途。到19世纪中期，在暹罗以潮州人为主的华人约为70万人。（参见［日］郡司喜一：《十七世纪时期的日暹关系》，日本外务省调查部1934年版，第239页）

⑤　参见庄国土《清初至鸦片战争前南洋华侨的人口结构》，《南洋问题研究》1992年第1期。

闽南海商长期经营南北海上运输和商贩贸易，也可能是由于郑氏时代陆上五大商网络的存留，清代闽南海商在东南沿海地区，尤其是在江南沿海地区的商贸活动仍相当活跃。广东的澳门与闽南的渊源更深。由于明代中期以来漳州人在走私贸易方面最为活跃，加之其与葡萄牙商人的关系也较深，因而葡萄牙人在澳门开港后，闽南商人就云集于此。郑芝龙早年随其在澳门经商的母舅黄程来到澳门，学习葡萄牙语并担任通事。① 从明朝末年至 19 世纪中期，闽南籍人在澳门一直很活跃。从澳门到广州的广东十三行行商之一谢东裕，其祖籍就在闽南诏安。在广州，闽南籍商人的地位更为显赫。广州一口贸易制度实施以后，闽南商人的资本与生意也随之部分转移到广州。乾隆、嘉庆年间广东十三行著名行商中，潘同文（同文行）、任怡和（怡和行）、叶义成（义成行）、潘丽泉（丽泉行）、谢东裕（东裕行）、黎资元（资元行）皆为闽籍，刘东生为徽籍，卢广利、梁天宝、易服泰、关福隆、黎届成为粤籍，而闽籍行商全部来自漳州和泉州。② 鸦片战争以后，上海一跃成为中国的最大贸易港，一部分闽籍商人从广州和福建来到上海，继续经营对外贸易。

闽南商人的国内贸易网络除覆盖地域广外，还具有行业网络优势乃至行业垄断性。如在 18 世纪的外销茶贸易上，闽南商人虽非产地的商人，也非以外销茶集散地的广州为基地，却能仅以其在国内外贸易网络中的优势地位，组成外销茶叶的生产、加工、贩运、销售的一条龙网络，因而主导了 18 世纪初至 19 世纪中期最为有利可图的国际茶叶贸易。

闽南人还长期垄断对台湾的交通和移民。厦门作为 17 世纪末以后近百年内唯一与台湾对渡的港口和远东水域重要的贸易港，是台湾货物国际流通的转运港。对闽南移民而言，移居台湾与移居东南亚并无本质的不同。直到 1789 年设官渡以前，闽南人移民台湾一直络绎不绝，其主要

① 参见江日升《台湾外纪》卷 1，上海古籍出版社 1986 年版，第 3 页；Leonard Blusse，*Tribuut aan China*，Amsterdam 1989，p. 255。

② 参见梁嘉彬《广东十三行考》第 3 章《行名及行商事迹考》，上海商务印书馆 1937 年版。

方式是偷渡。到 19 世纪初，台湾人口已达 200 万人。在 1884 年设省以前，台湾在行政上一直归福建省管辖，居民中的绝大部分是闽南人及其后裔，区域文化特色与闽南无异，是闽南人社会的延伸。台湾成为闽南人主导的社会后，不仅使闽南人的海外商贸活动如虎添翼，而且也形成了更大规模的闽南方言群体。

随着闽南的海商和移民向海外扩张，闽南人的妈祖信仰也远播海外，并逐渐成为华人社区的共同信仰。

三　妈祖信仰的国际化及其对华人族群意识的影响

妈祖从民女到航海守护神女，先为福建沿海谋海为生者所崇拜，继而成为中国沿海乃至海外华人社区顶礼膜拜的最重要神祇之一。历代朝廷对妈祖累加封赠，从夫人、妃、天妃逐步升级，直至封为天后，为女神之极。朝廷的推崇固然是妈祖信仰为国人所接受的重要原因，但妈祖信仰在中国沿海地区、内地商埠和海外华人社区迅速传播的原因，则与闽南商人的海外商务扩张有莫大关系。妈祖信仰的传播途径和范围，大抵与 11—19 世纪闽南人的海外贸易与移民的扩张过程相一致。①

妈祖作为海神崇拜，与两宋时期泉州港地位的跃升有密切关系。妈祖本福建莆田湄洲的林氏女，死后被称为神女，显灵于元祐元年（1086 年），受民间建祠膜拜。宣和五年（1123 年），以庇护出使高丽之功，朝廷赐 "顺济" 庙额，开朝廷封赠之先河。② 莆田原属泉州，宋太平兴国四年（979 年）始于泉州游洋镇置兴化军，并割莆田、仙游等县以属之。③ 因此，莆田的妈祖被泉州人视为本地神祇，也为理当所然。元代，泉州为中国第一大港，闽南海商水手从泉州发舶，出没于风波浪尖，其足迹

---

① 参见庄国土《论 17—19 世纪初海外华商网络的形成和发展》，《梁披云先生九五华诞纪念文集》，澳门文化研究会 2001 年版，第 91—110 页。

② 参见郑彭年《妈祖历朝加封的历史背景》，《妈祖信俗历史文化研讨会论文集》，澳门，1998 年，第 12 页。

③ 参见《太平寰宇记》卷 102。

遍及东亚和印度洋各港，作为航海守护神的妈祖，更成为其膜拜对象。元代加封妈祖时，屡次称之为"泉州神女""泉州海神"，[①] 足见妈祖与泉州的密切关系，不仅在于地域上的渊源，而且因为泉州是当时中国海外贸易的中心。

由元朝至明代，随着闽南人向海外拓展及其在中国海上贸易地位的增强，妈祖作为海上守护神的地位也更加凸显。福建海舶将祭祀妈祖作为出洋远航的仪式，大小船舶多供奉妈祖神龛，"凡舶中来往，具昼夜香火不绝。特命一人为司香，不他事事。舶主每晓起，率众顶礼"。[②] 以闽南海商水手为主的福建航海者不但在本地、海上祭祀妈祖，而且将妈祖祭祀推广、扩展到其目的地。由于闽商在海外贸易的优势地位，从明末到 18 世纪中叶，闽南海外移民的规模和数量均居东南沿海各地之首。闽南海外移民仍奉妈祖为守护神，妈祖崇拜成为海外华人社区的主要信仰。中国南北沿海、台湾和东南亚各地所建的妈祖庙阁，多为福建商人，尤其是闽南商人和移民所推动。[③]

菲律宾的妈祖庙早在 1572 年就已经出现，为福建海商所建。到 20 世纪 60 年代，菲律宾群岛的妈祖庙已达 100 多处。大约在 1650 年前后，华人在爪哇的巴达维亚建金德院庙宇，可能已供奉妈祖。1751 年，巴达维亚的华人始建天后宫。印度尼西亚群岛的棉兰、廖内、苏拉巴亚、锦石等地，都有闽商所建的天后宫。越南会安的天后宫至迟在 1741 年就已经存在。缅甸的天后宫建于 19 世纪初。始建于 1673 年的马六甲青云亭为漳州人郑芳扬所倡建，其偏殿也供奉妈祖。仅在吉隆坡，就有 10 来处华人庙宇供奉妈祖。[④]

妈祖信仰的效能不但在于能寻求共同的心理安慰，而且是海外华人族群传统意识的体现，有助于华人群体的沟通和互助。同时，各地的天

---

① 陈佳荣：《万里海疆崇圣妃——两宋妈祖封祀辨识》，《妈祖信俗历史文化研讨会论文集》，澳门，1998 年，第 22 页。

② 张燮：《东西洋考》（谢方校注）卷 9。

③ 关于福建商人在国内妈祖庙宇建造中的作用，参见陈尚胜《清代天妃宫与会馆》，《妈祖信俗历史文化研讨会论文集》，第 41—59 页；关于福建商人在海外所建的天妃宫，参见钱江《妈祖信仰与海外闽商侨居社区》，《妈祖信俗历史文化研讨会论文集》，第 94—106 页。

④ 参见钱江《妈祖信仰与海外闽商侨居社区》，第 98—102 页。

妃宫常成为华人社群聚会和议事的场所，有的妈祖庙宇甚至是同乡会馆所在。其典型者如新加坡祭祀妈祖的天福宫，同时也是福建会馆所在地。在闽南商人和移民热衷于推动妈祖信仰的海外传播的过程中，对妈祖的崇拜已不单是寻求家乡神祇的保佑，妈祖更被塑造成闽南人共同的信仰，通过共同祭祀妈祖建立起统一的"神权"，并通过天妃宫的建造形成闽南籍社群早期的异域聚会场所。诚如钱江博士指出：华人"神权"的建立能加强"绅权"，从而实施对海外乡亲的领导。① 由闽南人推动的海外妈祖崇拜，由于历代朝廷对妈祖的推崇和闽南商人在海上贸易与海外移民活动中长期所处的优势地位，闽南商人和闽南海外移民的崇拜也为其他地区的商人和移民所效仿。妈祖不但是中国沿海地区崇拜的主要神祇之一，更成为海外华人社区的最重要的崇拜神祇之一。如新加坡的天福宫，固然主要为闽商出钱出力，但名义上则是新加坡全体华人所建，因而得到华人社会的普遍尊崇，成为华人共同的祭祀和社交场所。天福宫的建宫碑刻记载："新加坡天福宫，崇祀圣母神像，我唐人所共建也。自嘉庆二十三年，英吏斯临，新辟是地……数年之间遂成一大都会。我唐人由内地帆海而来，经商兹土，惟赖圣母慈航，利涉大川，得以安居乐业，物阜民康，皆神庥之保护也。我唐人食德思报，公议于新加坡以南直隶亚翼之地，创建天福宫。"②

二战以后，华侨华人作为移民或移民后裔的群体，也在近50年里经历了巨大的变化，传统的华侨社会由落叶归根转型为落地生根，归化为当地多元社会的组成部分。在这一归化过程中，不可避免地体现了或多或少的趋同于当地主体族群的趋势。但在族群认同层面，二战以后东南亚各地的华人仍程度不同地坚守华人的族群意识。在东南亚的华人族群认同中起主导作用的是族群文化意识，这种文化意识是族群的群体行为特性的概括，高度表现为自我的"华人意识"（Chineseness）。而由于二战后作为华人文化主要基础之一的华语在东南亚日益式微，东南亚华人文化的核心已非华语，而是"由一系列重要的价值观与习俗所组成，常

---

① 参见钱江《妈祖信仰与海外闽商侨居社区》，第104—105页。

② 陈荆和、陈育崧主编：《新加坡华人碑铭集录》，香港中文大学出版社1970年版，第57页。

在不知不觉中由个人或群体表现出来，构成华人的日常生活，这也是中国移民带来的文化包袱"。① 华人意识的保持不但是华人族群认同的基础，而且也是对他人和他族群的有意识的文化界定。因此，东南亚的华人族群很大程度是一种主观归属感，按照所认同的族群的典型来定义和评价自己，一个人也会根据他认为是该族群的行为规范所要求的去做。② 妈祖信仰崇拜，即是华人一系列重要价值观和习俗的主要内容之一，其构成了华人族群意识的组成部分。对妈祖的信仰不但表现了对华人特有信仰的主观认同，而且是华人之间心理沟通的渠道之一，因为共同的信仰能使华人之间产生共同的文化渊源和社群源流的认同，这一点在华人家庭成员之间的信仰和习俗沟通方面表现得更为明显。当老一代华人在家中供奉妈祖时，已潜移默化地对下一代灌输了华人的传统价值观和华人意识。家庭是海外华人的核心力量，是维持事业和华人族群意识的基本单位。家庭成员之间共同的信仰增进了家族的凝聚力，从而也加强了华人对族群的认同感。

而祭祀妈祖的活动，则为华人之间的社交提供了重要场合。东南亚各地祭奉妈祖的场所，多被华人用于增进同乡情谊、互通经济与政治信息、举办华埠慈善事务、推动华文教育和调解华人社会纠纷等。因此，共同的信仰和信仰沟通的场所、渠道成为华人社会凝聚力的重要组成部分，周期性的祭祀活动也不断唤起华人的文化和族群意识。通过妈祖信仰崇拜等各种文化活动，华人的价值观和传统习俗得到保持和增强，成为维护华人族群意识的重要渠道。迄今，全世界共有妈祖庙 1500 多座。在闽南商人活跃的台湾省和新加坡、马来西亚，妈祖庙和妈祖祭祀地最为密布，日本有数十处，台湾省有 500 多处，马来西亚有 30 多处，③ 而供奉妈祖的新加坡天福宫更是华人最重要的传统聚会场所之一，是新加坡华人追寻文化和族群根源的主要去处。

---

① Edgar Wickberg, Ethnicity, in Lynn Pan ed., *Chinese Encyclopedia*, Archipelago Press, Singapore, 1998, p. 114.

② 参见［新加坡］居维宁（Ann Wee）:《海外华人的种族认同》，载程希译、陈文寿主编《华侨华人新论》，中国华侨出版社 1997 年版，第 87 页。

③ http://www.mazu.net.cn/mzyy/y4_qsmgs.htm。

四　结　语

　　妈祖信仰地位的提升固然受惠于历代皇朝的封赠，但妈祖崇拜在海内外传播范围之广泛和地位之崇高，则与宋、元以后闽南海商集团的崛起有密切关系。闽南海商水手和海外移民视妈祖为第一保护神，凡闽南海商与闽南移民足迹所到之地，皆留存了妈祖崇拜之气息。而且，海外闽南人对妈祖的崇拜已不单是寻求家乡神祇的保佑，他们还把妈祖崇拜塑造成为共同的信仰，并通过共同祭祀妈祖建立起统一的"神权"。明初以降至18世纪中叶，闽南海商执海外华商贸易网络之牛耳，主导中国海上贸易与海外移民数百年，从而使妈祖崇拜成为东南沿海和海外华人社区的主导信仰。二战以后，海外中国移民及其后裔逐渐归化于当地，华人的族群认同意识越来越有赖于华人传统信仰和习俗的保持。为广大海外华人所尊崇的妈祖信仰，日益成为华人族群意识的组成部分。

法国华人流散族群概况[①]

[法] Emmanuel Ma Mung　李志鹏[②]

　　进入新世纪以来，法国华人流散族群与其他外来移民相比在数量上呈现出快速增长的特点，但相关研究却关注较少。我们认为对此类移民群体的人口定义和族群界定存在一定的困难是其主要原因。在法国，华人流散族群是由不同的移民群体构成。不同的移民群体依其抵达法国的时代，移民历程及来源地可进行区分。另外，一个易被忽略的原因是对该群体的学术调研往往存在相对困难性。

　　据我们所知，在中国学术界，尚未有学者正式提出"华人流散族群"（diaspora chinoise）这一基本概念并对其进行定义。为此，我们认为有必要对本文中所提到的"华人流散族群"概念进行界定。

　　首先，一个移民群体的社会融入程度具有多样性，此特性可从语言学视角中体现出来。从历史上来看，中国南方地区是中国外来移民的主要来源地。该区域以多样化且保持互相关联的地方方言为主要特征（如潮州话、广东话、客家话、闽南话，等等）。此种现实状况往往会塑造不同的移民谱系。不同的谱系就会形成有区别的移民群体。基于每个移民群体所拥有的共同语言（即方言），他们均可构建属于

---

　　① 关于 diaspora 的中文翻译版本众多，如散居、离散、侨民等。从词源及其内涵来看，作者认同李明欢教授将 diaspora 译为"流散"。详见李明欢《Diaspora 定义、分化、聚合与重构》，《世界民族》2010 年第 5 期。

　　② Emmanuel Ma Mung，地理学家，法国国家科研中心主任研究员、教授、博士生导师；李志鹏，法国国家科研中心国际移民研究所、普瓦提埃大学博士。

自己的移民经济关系网。我们将其归纳为"网络中的网络，流散中的流散"这一基本特征。当然，又能将不同华人移民群体统称为一个整体（华人流散群体），另一重要因素发挥了作用——中文普通话。因为大部分早期中国移民的文化程度比较低且很少会讲普通话，所以中文普通话在其后代群体中受到极大推崇。正如，流散族群成员在定居国往往能讲其在当地中文学校所学的中文普通话，而不再是他们上一辈所讲的方言。

不同的华人定居点之间所存在的基本联系与发展是具有国际性、民族性以及地域性特征。华人之间所保持的联系不仅表现在移民、经济及相关信息方面，而且在情感以及祖（籍）国眷恋方面有所体现。他们之所以被视为一个社会群体，主要是因其成员拥有一种"主观性信仰"，即所认为的共同祖籍地来源——中国。此内涵源于社会学家马克斯·韦伯所提出的"族群认同"这一概念。因此，我们将中国移民群体称之为"华人流散族群"①。

海外华人构建了一个流散族群，其特征我们还可以从地理形态角度来进行描述。即由"移民定居国的多重性"（华人往往分散在不同的国家而不是仅移民定居在某一国家）和"定居点之间内在关系所产生的相互依存性"结合而有所表现（如上所述，不同的定居点存在不同种类的密切联系）。移民定居国多重性和定居点之间相互依存性，在移民成员个体和当地社群当中往往会造就一个对祖籍来源地具有"效忠"和"忠诚"的特性。他们会对"来源国"②产生一种"多重归属感"。即使在定居国获得了国籍，他们也会对自己所认为归属的流散族群产生一种忠诚态度，犹如群体成员所想象并认为，他们拥有一个共同祖籍来源地，进而认为存在一个空间想象社会。多重维度的族群性可构成一个具有区域性和跨国性的流散群体。通过移民网络维持其自我发展，突出和构建其移民资

---

① 具体请参见 Ma Mung Emmanuel Le prolétaire, le commerçant et la diaspora, *REMI*, 2009 (25) 1, pp. 97 – 118。

② 此处"来源国"，既指包括一个对于近现代移民所指的当下的中国，也包括一个对于移民后代多少所认同且具有神秘感的中国，还包括在另外一个定居国生活的移民因其再移民而所指的出生国。

源所发挥的作用，促进移民人员的流动，开辟流通渠道，确定移民目的地，提供移民方式及其定居手段。流散群体从而获得独有的移民自主性，即作为一个具有移民习惯的组织结构，而产生并维持其持续发展的移民流动性。正如此种流散背景，能让我们强烈地勾勒出了当代中国移民历程。

都市人种学先驱 Charles Archaimbault（1952）[1] 在 20 世纪 50 年代对法国华人流散族群进行了最早的研究。此研究对在巴黎的华人经济活动进行了最早的详细分析。可以说是 50 年代仅有的华人研究成果。作者从人种学视角下提出了外来族群所引申出的"相异性"观点而进行探讨。直到 80 年代中期才第一次出现了大量有关外来中国移民的研究。Michèle Guillon 和 Isabelle Taboada-Leonetti（1986）[2] 两位学者第一次对聚集在巴黎十三区的大量外来中国移民进行深入调查研究，可被认为是法国华人研究的奠基人。同一时期，还出现了 Jean-PierreHassoun 和 T. Yinh-Phong（1986）[3] 以及 Anne Raulin（1988）[4] 等学者有关华人的研究成果。Emmanuel Ma Mung 和 Gildas Simon（1990）两位学者后来还对来自马格里布和亚洲的外来移民商人进行了比较研究。Yu-Sion Live（1991）在其社会学博士论文中从社会历史学的视野对《法国华人流散族群》进行了深入研究。学者 Huu Khoa Lê（1985）专门对东南亚难民群体进行了相关研究。基于已有研究成果，20 世纪 90 年代出现的研究呈现出了进一步延续发展。正如 Thierry Pairault（1995）对法国潮州人的研究以及 Zheng Li-Hua（1995）对华人面子问题的研究。上述研究成果，显然其主要研究对

---

① Archaimbault Charles（1952），《En marge du quartier chinois》［J］，*Bulletin de la Société d'Etudes Indochinoises*，17（3）：275 – 294.

② Guillon Michelle，Taboada-Leonetti Isabelle，*Le triangle de Choisy，un quartier chinois à Paris cohabitation pluri-ethnique，territorialisation communautaire et phénomènes minoritaires dans le 13e arrondissement.*［M］Paris，CIEMI-L'Harmattan，1995：210.

③ Hassoun Jean-Pierre，Yinh-Phong Tan，1986，Les Chinois de Paris：minorité culturelle ou constellation ethnique. Terrain，n°7.

④ Raulin Anne（1988），《Espace marchands et concentration urbaines minoritaires：la Petite Asie à Paris》，Cahiers internationaux de sociologie，Vol. 85，pp. 225 – 242.

象均为 80 年代初以难民身份抵达法国的东南亚华人。当然，在这些研究中，他们同样对来自中国浙江省的移民产生了关注。

进入 21 世纪以来，有关华人的研究成果虽在数量上层出不穷，但与其他有关国际移民研究对象不同的是，这些研究对象主要涉及经常被新闻媒体曝光而关注的移民群体。例如，出现了主要针对来自中国温州地区和东北地区的移民群体的研究成果。很少有再像过去主要以东南亚华人为主要对象的研究。一个令人惋惜的研究现状是不再被大众媒体聚焦的东南亚华人移民群体，有关其研究正大量减少。例如，今天我们对东南亚华人的现状了解少之又少。尽管如此，我们认为，此种状况又如同曾经在法国的西班牙、意大利或葡萄牙等外来移民群体曾经所面临的类似状况，今日同样很少被了解。20 世纪 90 年代末，一个为移民争取合法身份运动被称之为"第三团体"组织，史无前例地将一个具有神秘色彩且已融入当地社会的移民群体聚焦到了法国现实社会生活舞台当中。当然，华人移民群体今日所遇到的问题，如同来自撒哈拉、土耳其以及马格里布等地区的移民群体曾经所遇到的问题正同样被展现出来。

至此，大量的学术研究开始转向关注外来中国移民的现实生活状况，如身份居留以及非法劳工移民等问题。这些研究突出强调解释如何导致这些问题的产生并分析其问题产生的过程①。从某种意义上来说，华人研究方向的转变是伴随着移民历史进程发展而发生的。部分研究更加关注华人妇女权益的保护，尤其是出现了专门针对华人妇女卖淫方面的相关研究②。还有部分研究同样开始从跨国的角度，甚至有些研究专

---

① Cattelain Chloé, Poisson Véronique, Moussaoui Abdellah & alii, Les modalités d'entrée des ressortissants chinois en France [J], . Migrations Etudes, 2002 (108): 1 – 16.

② Gao Yun, Poisson Véronique, *Le trafic et l'exploitation des immigrants chinois en France.* [M] Geneva, International Labour Office, 2005: 160; Guerassimoff Carine, 2006, Gender and Migration Networks, New Approaches to Research on Chinese Migration to France and Europe. Journal of Chinese Overseas, vol. 2, n°1, pp. 134 – 145; Levy Florence, Lieber Marylène, Northern Chineses women in Paris: the illegal immigration-prostitution nexus. [J] *Social Science Information*, 2008, 47 (4): 629 – 642; Laurence Rouleau-Berger, 2007, Nouvelles migrations chinoises et travail en Europe, Toulouse, Presse universitaire du Mrail-Toulouse, p. 246.

门从性别角度来对华人进行分析研究。在几篇博士学术论文研究成果中，其中 Véronique Poisson（2004）[①] et Estelle Augun（2009）[②] 两位博士分别从历史学和社会学专门研究了在法国的外来温州移民。另外，包括 Richard Béraha（2012）[③] 专为该群体出版了一部论文合集。法国《人类和移民》（*Homme & Migration*）杂志还在 2005 年针对外来中国移民专门发行了一期题为"法国的中国人"（《Chinois de France》）的特刊，其大部分文章均来自上述学者的研究成果。最后，需要强调的是，近来还出现了针对在大巴黎地区并得到广泛关注的华人纺织服装批发业发展的部分研究成果（Ma Mung et Li 2012；Pribetich 2005）[④]。

同时，一些研究成果表现出了时代性特征，呈现出了新的研究方向。如学者 Ma Li（2012）针对第一次世界大战法国和英国雇用中国劳工出版了研究著作[⑤]。此研究成果是对 Yu-Sion Live 和 Véronique Poisson 已有研究的再一次延续。另外，学者 Wang Nora（2002）还针对 20 世纪 20 年代的中国勤工俭学进行了深入研究并出版了专著。

我们对法国华人流散群体的研究概况进行了简要梳理。本文将着重系统介绍华人流散群体的形成及其经济方面的发展。所以，并不涉及其他研究主题，如华人流散族群在其他定居国与来源国（中国，也包括东南亚部分国家）之间所保持的关系，以及在文化互动、社会融入、中文教育以及宗教方面等均不做讨论。

[①] Poisson Véronique, 2004a, Franchir les frontières: le cas des Chinois du Zhejiang en diaspora. PhD Dissertation in History and Anthropology, Ecole des Hautes Etudes en Sciences Sociales, Paris, p. 903.

[②] Auguin Estelle（2009），《L'éthique chinoise et l'esprit du capitalisme. La diaspora chinoise originaire de la région de Wenzhou》. Thèse de Sociologie, Université Paris Descartes, p. 423.

[③] Béraha Richard（dir.）（2012），《La Chine à Paris, enquête au cœur d'un monde connu》, Paris: Robert Laffon, p. 307.

[④] Ma Mung Emmanuel, Li Zhipeng（2012），The Transformations of the "Ethnic Chinese Economic Device" in France, communication au 3rd Wenzhounese Diaspora Symposium, Wenzhou, 17 – 18 oct., Pribetich Justine, 2005, La construction identitaire d'un quartier: l'exemple de Sedaine-Popincourt. Hommes et Migrations, n°1254, pp. 82 – 90.

[⑤] Ma Li, 2012, Les travailleurs chinois en France dans la Première Guerre mondiale, sous la direction de Li Ma, CNRS Editions, Paris p. 560.

一　华人流散族群的形成

我们介绍法国华人流散族群的形成，其目的是更深入地了解外来中国移民群体，并将其重置于"流散族群"理论当中重新诠释其移民的历史过程。

在法国，外来中国移民可被分为两大群体：一部分群体主要来自前法属印度支那国家（主要为柬埔寨、越南、老挝），具有后殖民特性的移民。更进一步来说，这部分华人主要是从中国南方地区移民至东南亚国家的移民及其后代，如潮州人、闽南人、客家人；另一部分群体主要是来自中国大陆，尤其是来自浙江（温州和青田）的移民。此外，还应该包括近十年来自中国东北（黑龙江、辽宁、吉林）以及一些大城市如北京、天津、上海及其他省份的新移民群体。来自中国大陆的移民群体虽与欧洲国家在亚洲殖民史并无直接关联，但从两大群体的移民浪潮来看，均呈现出了各自不同移民历史时代特征。换句话说，法国华人流散族群不同群体的形成与当今世界华人流散族群的历史形成是密不可分的。

（一）世界背景下的华人流散族群形成

20 世纪 80 年代初，世界海外华人的数量估算为 2000 多万，85% 的华人集中在东南亚。据北京官方统计，1982 年至 2000 年期间，离开中国大陆的年平均移民数量从 5.7 万人增长到 75.7 万人。据其他数据来源[①]，自 20 世纪 70 年代末，我们估算有 1800 万人离开了中国大陆，在近 30 年期间华人流散群体的数量几乎增长了一倍之多，其总体估算超过了4500 万。

（二）苦力贸易作为大规模中国移民的开端

当代中国移民属于 19 世纪中期的世界移民进程，并延续了其悠

---

① Kwong Peter, 2007, 17 July, Chinese Migration Goes Global, in *Yale Global* on Line. http：//yaleglobal. yale. edu/article. print？ id = 9437.

久的移民历史。19 世纪前已存在商业性移民活动，导致了大量的商人、水手、手工业者以及他们所需要的劳动力在东南亚国家开展活动。几万华人在中国南海区域的邻国港口已经定居，尤其是菲律宾、婆罗洲岛、苏门答腊岛以及马六甲海峡，大规模移民由此开启。伴随着多个历史事件的结合，大规模中国移民在 19 世纪中叶开始迅速形成。正如两次鸦片战争以及太平天国运动导致了中国体制开始瓦解以及社会出现动乱，尤其是在中国南部省份。此外，在 19 世纪上半叶期间，黑奴制国家逐渐废除了奴隶制，使奴隶需求被廉价劳动力需求所取代。但由于英、法、荷列强所殖民的东南亚国家（印度支那、印度尼西亚、马来西亚、新加坡等国）其劳工需求，尤其是在种植（橡胶、胡椒、甘蔗以及烟草等）以及开矿领域，无法通过使用奴隶或者当地劳动力而得到满足。至此，中国成为一个巨大劳动力资源供应储备，为此表现出了一个重要的潜在移民国。正如，鸦片战争期间签订的不平等条约，清政府被迫允许殖民列强雇用中国劳工来实现他们殖民领地的发展。苦力性质的条约导致大量中国劳工移民向加勒比海、印度洋群岛以及波利尼西亚迁移，尤其是向东南亚的迁移更得到了进一步加强。大部分劳工都是一些失去土地的农民、贫苦人士，他们为了生存以及家庭忍受着极其艰苦的工作。这些劳工大多数来自中国南方省份的广东、福建以及海南。

1876 年至 1901 年，近 500 万苦力从中国的南方港口城市被输出。20 世纪初，中国移民的数量估算为 800 万人，他们主要集中在亚洲，尤其是在"南洋"海域国家：几万人被移居到印度洋以及太平洋岛屿，几十万人分布在从太平洋东部的加拿大延至智利一带的区域，而且还被分布在加勒比海域国家，尤其是古巴（据估计，有超过 12 万人）以及牙买加。

从世界角度上来看，中国移民主要是来自广东和福建，他们在数量上显得尤为重要。当然，另外一个移民群体也是基于其移民本质不同的历史因素，也就是说他们与前者所不同的是该移民群体与苦力贸易条约并无太大关联。因为他们早已开始朝向欧洲的移民历史。

青田人与温州人，一个主要集中在欧洲的外来移民群体

青田移民历史悠久[①]。自 17、18 世纪开始，来自该地区的商人就开始活跃。他们穿越西伯利亚来到莫斯科和柏林，沿途兜售由石器制作的玩物，即作为该区域的特产且仅有的资源——青田石。因为从农业发展方面来看，青田是一个贫穷、落后、资源匮乏的山区区域。19 世纪下半叶，一些小流动商贩开始完全转变了他们曾经以周游各国为特征的经商活动，在欧洲几个国家开始定居下来（如法国、意大利、德国以及俄罗斯）。值得注意的是，该移民群体从青田出发，其主要目的是欧洲，且少有移民目的地朝向东南亚或者美洲，正如我们上文所提及。因此，我们认为此群体存在一种独特的移民特点：也就是说，从广东和福建移至国外的中国移民，他们首先都是在苦力性质条约的框架下进行的。然而，来自浙江的中国移民，更进一步说，他们显然不受苦力条约背景的影响。换句话说，他们是一个拥有流动经商传统的移民群体，凭借一个基于周游各地而开展商业活动所形成的移民网络，并以成立个人企业进而发展起来。他们在欧洲各国定居后构建移民网络节点，并在此基础上不断发展。20 世纪 20 至 30 年代，其移民数量达到将近 1 万人[②]：法国 3000 人，荷兰、奥地利以及意大利 1000 人，比利时、西班牙 300 人，葡萄牙 200 人。

自 20 世纪 20—30 年代开始，温州人开始紧随青田人开启了移民历程。今天，温州移民与青田移民具有相互重叠性，且常被统称为一个移民群体。更何况，一部分温州人也是来自青田，因为一部分青田人家庭早已在温州市所辖区域定居。

一个 "企业家" 流散族群

华人流散族群是一种具有企业家性质的群体。也就是说，企业确保了华人流散群体作为一个社会实体而进行 "再造"（企业家流散族群并非

---

① Thuno Mette, 1996, Chinese emigration to Europe: combining european and chinese sources. *Revue Européenne des Migrations Internationales*, vol. 12, n°2, pp. 275 – 296.

② Ibid.

意味着绝大部分华人都是企业家）。华人企业在就业方面扮演了重要角色，同时还提供有利于"群体归属再造"功能方面的产品和服务。华人流散族群的企业家特征同样可以从另外一种含义来理解，即族群成员为成为企业家而不断追随这一目标。广义上来说，此目标在中国移民历史模式当中经常表现出非企业"老板"即"无产者"①。

中国移民在大多数定居国会形成一个由商业性或加工性的小企业经济组织形式，该经济组织形式从地方角度来看，在产品供给、资金运用以及劳动力方面将企业之间保持紧密关系，进而会形成一个具有地方性的企业集群，同时一些企业又与其他本族群企业建立起跨国联系，进而又表现出了国际性特点②。

流散族群"企业家"的组织形式在当代移民进程中会显示出一个重要效应。因为该经济组织形式与每个相关定居国的主流劳动力市场供给相比能够更加满足本族群企业对劳动力的迫切需求。正如，大多数华人雇员经常在其同乡企业工作，此现象在法国显得尤为明显，我们会在接下来深入探讨。华人企业数量的增长刺激了一个有助于其企业发展的外来移民进程，作为反馈，在当地不能满足华人企业劳动力需求的情况下，外来移民方式的加强，其结果又进一步满足此种需求。

移民商业活动的再次兴起

自 20 世纪 80 年代改革开放以来，从中国出发的移民开始表现出多样化。从移民来源地来看，中国的移民输出空间地理区域已由沿海扩大到其他省份，其他省份的移民也表现出了重要地位。如此，"无产者"移民占大多数，技术移民以及留学生同样占据重要地位。此外，还应包括近十年来发展起来的小企业家。此种移民现状透露出中国社会现状所发生的改变，并表现出与其相关的两种现象：大众消费性产品的出口发

---

① Ma Mung Emmanuel，2009，《Le prolétaire，le commerçant et la diaspora》in *REMI*，2009（25）1，pp. 97 – 118.

② Ma Mung Emmanuel，2000，*La diaspora chinoise：géographie d'une migration*. GéOphrys Paris：Ophrys，p. 175.

展与小企业家数量的大量增长。在小企业家中，一部分是已在国外定居的华人，他们销售着由号称"世界工厂"的中国所生产的产品（服装、纺织品、自行车、摩托车、五金产品、家用电器、电子产品等）。此类商人与那些很早就在国外定居且已成为商人的人所不同的是，他们的发展历程经常伴随着创立企业而所需要的必要资金在海外逐渐积累，也就是说在移民定居国，其同胞可提供给他们创业的相关资源（如个人资金积累的实现以及通过"呈会"方式等筹集资金）。此类商人存在于当今世界许多国家。他们为华人零售商或本地零售商供货而发展的批发商城，犹如在定居国构建了一个商业柜台。自 2000 年以来，在大巴黎地区几百家华人进口批发商得到了发展：巴黎 11 区的色丹区（Sedaine-Popincourt）、2 区的桑迪区（Sentier）以及巴黎北郊的瓯贝维利耶市（Aubervilliers）产品集散地区域①。瓯市的批发商取得了巨大发展，尤其是在 2006 年 9 月一个容纳 170 多家的批发商城正式开业。同样，在意大利，尤其是在那不勒斯也出现了一个可容纳几百家店铺的批发商城②。在马德里、莫斯科或者布达佩斯，"亚洲商城"在中欧扮演了产品集散地的重要角色③。我们同样在非洲的约翰内斯堡观察到类似的发展模式。

二　法国华人流散族群现状

正如上文所提，法国华人流散族群可分为两大移民群体：一个是主要来自中国大陆的移民群体；另一个主要是来自东南亚国家的移民群体。

法国的第一次中国移民潮主要是由在第一次世界大战期间为英法军队提供后勤支援所雇用的 14 万中国劳工而形成。他们在军工厂工作或运

---

① 为行文方便，我们简称为瓯市。

② Schmoll Camille, 2004, *Une place marchande cosmopolite*, *Dynamiques migratoires et circulations commerciales à Naples*. Thèse de Géographie, Université Paris X, Nanterre, p. 550.

③ Nyiri Pal, 2007, Transnationalisme et 《minorité intermédiaire》: les entrepreneurs chinois en Hongrie, in Laurence Roulleau-Berger (ed.) *Nouvelles migrations chinoises et travail en Europe*, Toulouse: Presses Universitaires du Mirail. pp. 91 – 120.

送武器弹药，从事挖地壕的后勤任务①。此次移民潮因此也涉及苦力劳工性质条约的影响②。战后，大部分劳工被送回中国。然而，有 2000—3000 人通过谋生手段留在了法国。他们当中绝大多数来自青田。因为他们在巴黎遇见早已在一战前就在巴黎定居的青田老乡。据相关人口统计，两次世界大战期间巴黎的华人数量为 2800—3700 人。在 20 世纪 30 年代中期"商人"的比例达到了最高值（即 1936 年为 28%）。严格意义上说，这里所谓的"商人"在统计类别被称为"上门商贩和户外流动商贩"。更准确地来说，大多数商贩（上门兜售以及户外流动）都是来自青田的移民，同样也包括他们的近邻温州老乡。20 世纪 30 年代温州人陆续与青田老乡相聚。青田人与温州人专注于销售"巴黎纪念品"以及皮革类小产品（钱包、皮带以及背带，等等）。他们向巴黎三区的犹太批发商供货。正如学者 Charles Archaimbault（1952）对 1931—1937 年间华人经济活动所进行的描述：

> 中国人的殖民活动主要在沙龙（île de Chalon）一带集中，靠近里昂火车站，其发展正朝向三区的犹太人区，那里集中了大量犹太人店铺，之前是零售店铺，后来不久出现了批发商以及半批发商，时而还出现了新成立的公司：因为他们会两三人合伙购买一家店铺。他们定居后，如同手工业者一样开始制作皮革产品（尽管他们以前从未开展过此类活动）。他们模仿犹太人和法国人所生产的巴黎商品并在市场上推广销售。第二次世界大战结束后，部分中国人在庙街（Rue du Temple）进行批发销售，还有其他人从事皮包手工制作活

---

① Live Yu-Sion, 1991b, Les travailleurs chinois et l'effort de guerre. Hommes et migrations, Aux soldatsméconnus, pp. 12 – 14. Ma Li, 2006, Technical and educational diversity among the Chinese Labor Corps in France during the First World War. Paper presented at the ISSCO Africa Regional conference. Diversity in Diaspora: the Chineses Overseas. Pretoria, 4 – 6 December. Ma Li, 2009, Faguobeibuyizhanhuagong 法国北部一战华工》[Les travailleurs chinois de la Grande Guerre dans le Nord de la France], in Jianguo Zhang et al. (ed.) Zhongguolaogongyudiyicishijiedazhan 中国劳工与第一次世界大战. Shandong daxuechubanshe 山东大学出版社. pp. 56 – 75.

② Ma Li, 2006, Technical and educational diversity among the Chinese Labor Corps in France during the First World War. Paper presented at the ISSCO Africa Regional conference. Diversity in Diaspora: the Chineses Overseas. Pretoria, 4 – 6 December.

动。最后，还有一部分中国人开了餐馆。昨日的上门商贩，今天都
成了老板。

1949 年，巴黎的中国人主要集中在三区的爱美提区（Arts et
métiers）①，其中来自浙江的中国移民已是最重要的移民。同一时期，据
相关统计，该区域有 62 家店铺和 14 家手工作坊。今天，据我们实地调查
统计，该区域有 200—300 家店铺，这些店铺分别由温州人和青田人经营。

显然，两次世界大战期间中国移民仍然得以延续发展。尽管第二次
世界大战期间，法国的外来中国移民几乎处于停滞状态，但他们仍与家
乡保持着联系。中华人民共和国成立后，中国进入"共产主义时代"②。
其对外移民联系程度表现相对微弱。然而，自 20 世纪 80 年代以来，中国
大陆又开始重燃了移民活力。

20 世纪 70 年代末 80 年代初，受越南、老挝、柬埔寨战争对整个区
域的影响，大多数东南亚华人以难民身份到达法国。他们由不同方言的
移民群体所组成。不同的方言群体均建立在他们上一辈已移民到东南亚
而来自的地理区域。尽管在法国已存在自 1954 年越南独立战争后而移民
到法国的 35000 名越南华人（Lê，1985）③，但还有一部分是 20 世纪 70
年代末至 80 年代初以难民身份来法国并与前者团聚的华人（Guillon，Ta-
boada-Leonetti，1986）。

众所周知，大部分东南亚难民经历过一个悲剧性的移民历程。在柬
埔寨，朗诺在 1970 年对西哈努克王国政府发动了军事政变，并推行了反
华反越政策，致使少数华人族群向南越涌入。1975 年红色高棉胜利后，
波尔布特推行的消灭城市及清洗"异己"分子政策，致使生活在金边的
华人大量逃离。幸存者首先逃亡至泰国，随后向其他东南亚国家以及西
方国家的法国转移。在越南，1975 年南北越统一之际，大量南越的越南

①　此区域主要包括庙街（Rue du Temple）、哥拉维里街（rue des Gravilliers）、沙伯街（rue
Chapon）、道德街（rue des Vertus）、巴斯图尔街（rue Pastourelle）、档案馆街（rue des Archives）
等。

②　这里指新中国成立后到改革开放前的这一段时期（1949—1978）——译者注。

③　Le Huu Khoa，1985，*Les Vietnamiens en France*：*insertion et identité*. Recherches universitaires
et migrations Paris：L'Harmattan；CIEM，p. 297.

华人（Hoa）逃向中国香港、新加坡、泰国以及其他西方国家及地区。1979 年的中越战争又进一步强化了这一迁移运动，使其影响扩展至整个越南，因为生活在越南北部的华人被认为是与中国保持联系的危险分子。除此之外，老挝的华人也出现了同样的逃离现象。

（一）法国华人流散族群数量的估算

法国华人流散族群的具体数量估算是十分困难的，其详细原因，我们不在本文全面展开论述。但就其主要原因是如何对一个来自中国的个体进行准确定义：也就是如何确定一个拥有中国国籍的人，又如何定义一个出生在中国进而获得法国国籍的人，一个出生在中国之外而其父母均出生在中国的人，一个拥有法国国籍但其父母一方表现出前者所述的情况之一等。另外，法国统计机构并不会对每个人的祖籍来源地进行统计，甚至更不会对一代或二代移民进行区分统计。

当然，依据法国国家统计局（INSEE）的统计数据，我们可把来自中国、越南、老挝以及柬埔寨的外来移民数量进行相加。

表 1　　　　　　　　　　**2008 年法国亚洲外来移民统计情况**

出生国	数量
中国	78406
越南	74813
老挝	34094
柬埔寨	52527
总计	239840

资料来源：法国国家统计局，2008 年统计数据。

此数量高于实际情况，因为在东南亚外来移民人口中只有部分移民来自中国（据 1980 年的研究估算，华人在东南亚移民中占到了 70%）。2008 年，东南亚外来移民人口总计为 239840 人。来自中国的外来移民占到了 32.7%，来自越南、老挝、柬埔寨的外来移民占到了 67.3%。这些数据并没有考虑出生在法国的外来移民子女，也没有考虑出生在法国的族群混合夫妻的混血子女情况，更没有考虑非法外来移民的情况。但是，此数据却显示出了来自中国移民潮的迹象，且需要进一步补充估计其整体数量。基于以上所述，我们只能给出一个非常粗略的近似值。我们估算在法国的华人流散族群总体数量为 30 万—50 万人。

20 世纪 80 年代，东南亚华人占到全法国华人的四分之三。但随着来自中国大陆的外来移民再次兴起，现在来自东南亚的华人占到了全体华人总数的不足一半。大部分华人定居在大巴黎地区。其余部分分布在法国其他大城市如马赛、里昂、里尔，还有越来越多的华人更广泛地分布在其他中小城市。

（二）转型中的族群劳动力市场

"华人流散族群经济组织形式"主要是由从事商业或手工业活动的小企业构成，在产品供货、资金以及劳动力方面之间表现出了地区关联性。其中，在企业主与工人之间所表现的华人就业人口特征是值得关注的。从社会职业类型方面来看，1999 年华人企业家在所有华人就业人口中所占的比例接近 10%（1999 年的统计数据为 9.8%）。此比例高于全法平均比例（6.3%），但其涉及的绝大部分都是小企业（据统计只有 4% 的企业其员工数量超过 10 人）。大部分就业人口是由工人和职员构成。同样，其比例高于全法平均水平。与之相反，知识分子、高层管理干部以及自由职业者占到了少于 5% 的总体比例。此外，据估算在法国的中国留学生数量为 2.9 万人[1]。

对华人来说，就法国就业市场来看，首先存在一个"族群劳动力市场"。该就业市场基于供求关系而进行调节，是建立在族群归属基础之上的经济合作伙伴关系（即老板与"无产者"）。华人企业主要雇用来自中国的移民劳动力，华人员工也主要在华人企业中工作。非华人员工在此就业市场中处于边缘化。据一项调查研究[2]表明，少有华人员工离开其本族群就业市场，而到法国企业或其他族群企业工作。一般来说，其主要

---

[1]　来源：《法国自由报》2011 年 3 月 29 日。

[2]　Cattelain Chloé, Poisson Véronique, Moussaoui Abdellah & alii, 2002, Les modalités d'entrée des ressortissants chinois en France. Paris: Ministère des Affaires Sociales, du Travail et de la Solidarité; Direction de la Population et des Migrations, p. 183.

原因是法国主流就业市场提供较少的工作岗位，华人法语水平不高以及存在非法身份问题。另外一个比较重要的原因是留在本族群就业市场可促使他们停留在一种社会关系网当中（如获取商业信息，利用"呈会"来筹集资金以及其他经济发展机会等）。大多数华人员工认为通过此体系将其利用并可获得相关资源，且在不久的将来可为成立自己的公司而奠定基础。换句话说，成为企业主且能获得一种互助可被视为他们一致共有的愿望，这也是促使他们能容忍一切现实状况而保持的最大动力。部分人取得成功后就会促使他人看到希望，激励其获得动力进而延续。因此，脱离本族群就业市场就会切断其与族群社会关系网所保持的紧密联系，也就是说，他们会放弃其所渴求的社会地位晋升计划，并永久地停留在工薪阶层地位。

（三）华人经济活动多样化

法国华人的经济活动与中国多个领域的发展转型有着直接或间接的关联：史无前例的消费性产品的大量增长，出国移民条件的自由化以及小企业家阶层地位的上升等。

在法国华人经济体系中，从企业数量和就业方面来看，"三把刀"行业在企业数量上显得尤为重要："菜刀"（餐馆业），"皮刀"（皮件业）以及"剪刀"（服装业）（Béjà，2002）[1]。三把刀行业在最近二三十年发生了转型。正如，餐馆业一直是华人重要的经济活动，但却表现出了多样化的发展特征。例如，传统类型的中餐馆一直占据数量优势。由华人经营的日餐馆在数量上迅速增长（据统计，华人经营的日餐馆在小巴黎已经超过传统型中餐馆），"亚洲快餐"类型的华人餐馆也同样出现了快速增长。皮件业批发商在巴黎三区集中并大量存在。此行业不再像过去以手工作坊形式进行生产加工，随后直接批发销售。而且，今日手工作坊几乎消失。同样的情况也出现在服装业。据统计，过去有百来家华人手工作坊，但如今数量大为减少。

---

① Béja Jean-Philippe（2002），《Un exemple de communauteé émigreée: les Chinois de Wenzhou》，*in* Isabelle Attané（ed.）*La Chine au seuil du XXIe siècle: Questions de population, questions de société*［C］，Paris，INED：499–514.

皮件业和服装业的生产性活动之所以出现大量减少，主要是因为中国进口批发业自 2005 年以来取得了飞速发展。巴黎三区的华人批发商数量从 1985 年的 103 家增长到了 2012 年的 254 家（Ma Mung，Li，2012）[①]。这些批发商基本上专门进口中国产品并进行批发销售。当然，它们也会销售部分在法国生产的高档产品。2004 年法国进口纺织品配额取消后，服装进口批发商呈现出几何数量的增长，不可忽视。20 世纪 80 年代在巴黎仅有十几家批发商，如今仅在巴黎 11 区的色丹区就有 388 家。此外，在巴黎北郊瓯市（Aubervilliers）已发展到了 361 家服装批发商，还聚集了销售其他产品的进口批发商。

上述发展现状所产生的一个重要影响是华人就业市场中的劳动力需求明显降低。因为华人经济活动转型新出现的大量商业性机构无法补偿其所减少的劳动力需求。换句话说，此类商业性机构（即非生产性）对劳动力需求程度变得非常弱小。以 2013 年为例，就外来新移民经济融入状况来说，其生存状况在华人经济发展中正变得越来越困难。我们可通过多方面来解释：进口商业的发展已导致大量在法华人生产性的经济活动减少；加之经济危机对华人企业的冲击，导致其经济活动进一步锐减；移民数量的不断增长与就业市场低迷，造成了低就业甚至完全失业状况；移民政策的僵化收紧使华人非法身份案例增多；相关部门的管控增强致使非法移民的生存状况变得更加脆化。正如，雇主会对无合法身份的移民的聘用抱有犹豫不决的态度，这就会使一些劳工工作条件变得更加苛刻。因为雇主会重新综合考虑其雇用非法劳工所冒的风险与收益。非法移民的不稳定状况，就其本身来看，会带有与社会隔绝、高额债务束缚、暴力以及诈骗等消极因素，这些因素的结合都会对新到法国移民造成一种“脆弱性”社会问题。

（四）族群公共空间展现

海外华人在公共空间的展现，首先由一种具有现实或想象的同根同

---

① Ma Mung Emmanuel, Li Zhipeng (2012), The Transformations of the "Ethnic Chinese Economic Device" in France, communication au 3rd Wenzhounese Diaspora Symposium, Wenzhou, 17–18 oct.

属的中华符号象征（如中文牌匾）在华人商业集中区域和居住聚集区域而显现。该空间展现会使一个华人定居点打上一种具有持续性文化因素的烙印，如每逢在春节之际，巴黎的几个华人商业集中区域以及法国其他城市会举行舞龙舞狮以及春节游行活动。

2000年以来，华人空间展现还通过其他活动，如游行请愿。正如上文所述，为无合法身份移民争取合法身份的"第三团体"所组织的游行。还有最近2010年和2011年在巴黎美丽城为维护华人安全利益而组织的大规模游行示威活动，也包括最近2016年以来所组织的反暴力要安全的游行活动。这些游行活动主要是针对在华人聚集区域（如美丽城区域以及四条街区域）的华人暴力事件的激增而发起。因为，这些区域受害者经常面临着暴力抢夺（如手提包以及手机等财物被抢），尤其是会对带有现金进行抢劫后又暴力袭击致重伤的行为。当然，我们不能仅仅认为让人不安的暴力事件激增这个事实就可以来论证华人在公共空间的存在。毫无疑问，请愿游行示威活动，是法国华人流散族群在方式上所呈现的一个重要转折标志。

三　结　论

当前的法国统计体制无法用数据分析来描述大巴黎地区外来中国移民的具体集中区域。因此，我们只能通过主要集中的商业活动区域进行有需要的分析描述。正如我们提及在法国存在的两大中国移民群体，他们分别集中在不同的地理区域，时而表现出单一群体集中在某一空间区域，或两大群体重叠并存聚集在同一空间区域，或一个群体相继接替另一群体曾经集中的空间区域。

（一）以单一群体集中在同一区域为特点的状况

巴黎十三区的中国城，又如 Michèle Guillon 和 Isabelle Taboada
（1986）两位学者称其为"舒瓦西三角"（Triangle de Choisy）的区域，集中了大量来自东南亚的华商。三区的爱美提（Arts et métier）区域作为华人移民历史悠久的区域，主要集中了来自青田和温州的华商。正如我们所提及的新商业性移民，他们也是主要来自温州地区，尤其集中在巴黎

11 区的色丹区（Sedaine-Popincourt）以及瓯市（Aubervilliers）的货物集散地区域。

（二）以不同群体并存出现和两群体相继接替为特点的区域

巴黎的美丽城首先在 20 世纪 90 年代主要集中了来自东南亚的华商，随后逐渐被来自温州地区的华商取代。此外，在巴黎 19 区，以如安街（rue de Joinville）为中心而聚集的华人商业区呈现出了来自温州地区和东南亚的华商并存的发展特征。此华人商业集中区域延至巴黎 18 区的橄榄街（rue de l'Olive），那里曾经主要集中东南亚华商，如今其同族的温州人也开始在此区域出现。

从移民历史及其祖籍来源来看，法国的外来中国移民表现出了巨大的多样性特征。伴随着近十年由来自中国沿海地区省份扩展到其他省份的移民的到达，此特征正得到加强。来自其他省份的移民为华人流散族群经济组织形式提供了充足的劳动力资源。与此同时，吸收移民劳动力的能力正变得越来越弱，进而使部分移民生活状况出现困境，从而导致新职业活动的出现。正如一种类似"推车人"的华人职业活动（如某些男性或女性华人推着超市购物车，到处搜集一些可能会被售卖到二手市场的废弃物品）或沿街销售小商品的男女销售者。显然，他们已远离不再足以为其提供就业机会的族群就业市场。这说明华人社会的流动机会正趋于减少。这些男女推车人沿街销售回收物品，如今已发展成住房及共享信息的销售网络，在不久的将来可能发展成为一种更加盈利的华人经济活动。

与此同时，"地缘接近"有助于同化其内部存在的差异，即大部分外来移民所从事的"行业"活动均在同一经济体系中发展。尽管会出现以某些同质特征的外来中国移民，但其发展趋向正变得越来越名副其实。

留学生在海外华人社区建设
中的作用

——基于英国诺丁汉华人社会的调查

［英］武　斌①

一　引言

同中国的大国崛起相关联，中国国际移民从 1990 年的 409 万增长到 2013 年的 934 万，增长了 500 多万②。在此浪潮中，中国留学生移民的贡献不能忽视。例如，出国留学人数从 1998 年每年不到 2 万人增长到 2013 年的超过 52 万人。排除学成归国人员，到 2012 年累计总共有 155 万中国留学生或暂时或永久居留海外（王辉耀和苗绿，2013）。

中国留学生的快速增长对海外华人社会影响深远。以英国——欧洲国家中最受中国留学生青睐的目的地为例，华人被认为是 2000 年以来人口增长速度较快的少数族群之一，在英国 2011 年人口普查的登记人口超过 43 万，较 2001 人口普查的数字增加了 75%（ONS，2012）。此外，大多数华人新移民来自中国大陆，他们当时进入英国时的身份是留学生

---

①　武斌，英国诺丁汉大学商学院高级研究员，诺丁汉大学中国研究中心主任，《华人研究国际学报》英文版主编。

②　http://news.xinhuanet.com/yzyd/overseas/20140903/c_1112346861.htm, accessed 24 October 2016.

（Unterriner，2015）。这表明，留学生移民是英国华人人口增长的一个重要推手（Wu，2016）。

中国留学生在英国和其他西方主要高等教育市场国家的快速增长，对所在地海外华人社会而言，既是挑战也是机遇。就挑战而言，困扰华人社会的老问题，诸如"多元性""碎片化""缺乏凝聚力"会变得更加突出（刘宏，2013：236）。与之相交织的是留学生大潮出现的新问题，如跨文化学习、适应及其融入当地社会（Liu，2016 年）。就机遇而言，西方主流社会近年来兴起的中国文化热、汉语学习热，不仅为中国留学生参与当地社会提供了合适的契机，也为当地华人团体同非华人社区之间的交流沟通、互动合作提供了新的契机。中国留学生的这种新角色，已超越了跨文化教育或侨民研究的传统边界，需要发展一个新的理论视角，用以把握海外华人社会发生的新变化、新趋势，分析中国留学生、当地华人居民和非华人社会之间的三角互动关系。此外，中国留学生融入社会课题，对于西方国际化大学也很重要，它有助于更好地理解、满足中国留学生的群体需求，并为促进所在地各少数族裔与主流社会之间的交流互动、理解合作作出贡献（Gao，2016；Thogersen and Wu，2016）。

21 世纪大学国际化在促进当地华人社区发展方面的现实或潜在作用，可以概括为"海外华人社区建设"（Wu，2010；武斌，2011），它设想华人社区发展的重心，逐步从老一代低技术移民群体转移到新一代具有新视野和高技能的移民群体，并吸引非华人群体参与中华文化传播，践行新的价值理念和全球公民意识，促进华人社会的内外开放、团结互助，为促进中国与所在国人民之间的相互理解、文化交流、更好地融入国际社会作出贡献。构成上述设想的一个关键环节，是有关大学及其中国留学生在华人社区建设的作用及相关证据。

基于上述考虑，笔者于 2013 年夏在英国诺丁汉市进行了一个田野调查，着重探讨中国留学生涌入对当地华人社区变化的影响。本文试图回答的问题是：在何种程度上，中国留学生可以视为海外华人社会的一部分？他们是通过何种途径同当地社会进行交流互动的？留学生参与海外华人社区建设的资源、条件、贡献和限制是什么？

本文的结构安排如下。下一节将简要介绍"海外华人社区建设"的理论背景，接下来是相应的分析框架与研究假设。第 4 节是有关英国和诺丁汉华人社会的背景信息以及田野调查方法，第 5 节展示了调查分析结果，而第 6 节总结讨论了研究发现及其理论意义。

二　海外华人研究的文献简述

关于"海外华人社区建设"形成的理论背景及其建构理由，可以通过海外华人研究方面的三种理论取向加以把握，它们分别是：文化适应论、跨国主义和多元文化论。

文化适应论流行于 20 世纪 50 年代和 60 年代，在跨文化研究领域影响至今，它关注新移民在目的地的适应调整过程，强调单方面的学习能力，以便较快消除新移民与主流社会之间在收入分配、文化教育、社会福利等方面的差异和不平等（Gordon，1964）。在此过程中，任何交流沟通障碍或问题，往往会归因于新移民本身，而不是主流社会。文化适应论并非一成不变，其理论发展的趋向是强调新移民与主流社会之间的双向沟通和互动，多层次、分阶段适应同化（Zhou，1997）。例如，Berry（1997，2005）区分了四种类型的文化适应状态或策略。除了单向同化之外，其他三种战略包括：分离（或隔离，新移民强力保持原有的生活方式、文化传统，与其他族群体之间没有或很少接触），边缘化（新移民既没有保留好自己的文化也不接受主流文化）和整合（新移民既学习接受所在国主流文化又保持自己的文化，从而使两个文化有机结合）。尽管有上述发展，我们仍不清楚的问题是：为什么和通过何种途径措施，主流社会成员会改变他们的态度与习惯，实现社会不同群体的相互尊重、互相学习、双向交流？

跨国主义在过去 20 年间得到了长足发展，它强调了国际移民的流动性以及移民跨国社会网络建设对接受国和输出国双方经济社会发展方面的积极影响。这种理论思路特别适用于中国的情况，部分原因是中国"走出去"的国家战略，强调发展和加强跨国合作网络建设，以促进中国资本、技术和人员的全球流动（刘宏，2013）。在全球化时代，跨国主义理论阵营亦有两种不同观念：一种是自上而下的跨国主义，它"以国家为中心"，强调移民输出国在管理移民跨国活动中的作用，通过强化的移民身份认同来推动海外族裔社区建设；与之相左，自下而上的跨国主义是"以代理人为中心"，它强调移民与他们的原籍国在经济、文化和政治方面的联系，以及由此形成的民间交往互动对双方的影响（Zhou and Liu，2016：31—32）。基于对在美国和新加坡的新移民的比较研究，作者提出："少数族裔社区在促进个人和国家在跨国互动实践中的作用"（Zhou and Liu，2016：32）。沿着同一思路，Liu 和 van Dongen（2016）认为，国家主导的跨国主义观点"忽略了跨国主义的实践者，特别是这些新移民，在推动相关国家社会结构变革中的作用，以及他们跨国行动背后的复杂动机和利益诉求"。

与文化适应论或跨国主义不同，"多元文化论"学者更加关注中国崛起对华人身份形成、认同及其变化的复杂影响。这是因为"在当地语境中的'文化'嵌入过程，会产生多种多样的关于华人身份（Chineseness）的表达方式"（Kuehn et al，2013：8）。从少数族裔文化认同的角度来看，霍尔（1990）提出全球化的三种后果，包括："与祖籍国联系的民族身份的固定化……（由此导致）'另类'和'文化多样性'的出现"；"强化所在地认同"和"产生出新的身份认同"。根据 Xie（2005）的研究，上述三种后果在海外华人社会均有表现，导致"杂交文化"的出现。与之相呼应，Ang（2013：28 - 29）提醒我们关注对中国崛起的不同观点：杜维明（TuWimiming）的"文化中国"，指出了"处于边缘地带的海外华人，在关于中华文化现代性方面，具有某种超越中国大陆中心的优势"，而"大中国"的理念，则强调以中国国家"为中心的一个新的民族主义，它覆盖和包括所有（天下）华人"。

简言之，全球化和中国崛起所导致的大规模的出国移民与回归移民相结合的双向过程，不仅使"'华人'和'非华人'之间的界限变得模糊"（Ang，2013：18），而且使海外华人社会的构成更加复杂化、多元化。理解上述过程及其后果并非易事，除非我们把在全球化（中国崛起）和地方化（融入当地社会）这两个维度放在一起加以把握，在这方面，中国留学生的国际流动及其在所在地的社会融入，或许能为我们理解上述问题提供有益的启示。

三 "海外华人社区建设"的分析框架

在中国崛起的背景下，海外华人社区建设概念是指"旨在使所有利益相关者，包括华人、非华人以及处于社会最底层的移民劳工，他们携手并肩，共同为当地华人社区的可持续发展所做出的任何新的探索、活动、过程或成果"（Wu，2010；武斌，2011）。虽然海外华人社区建设概念的特征可以从不同的角度加以把握或描述，但本质上它包含两个维度：一方面是不同文化间交流互动关系，另一方面是超越地理边界、规模层次的社会网络建构维系。

跨文化交流互动维度，反映的是海外华人社区内部不同团体之间以及华人与非华人群体之间的关联和互动关系，据此我们可以区分两种完全不同类型的海外华人：一种是完全自我封闭的华人群体，他们不仅与非华人群体打交道甚少，而且同其他华人团体间亦缺少交流合作；另外一类华人则是对内对外的完全开放，这种开放甚至超越了种族、职业和社会阶级/阶层的边界，以便最大限度地利用资源，实现互动多赢的目的。

社会网络维度用于衡量与海外华人社会发展相关的动力源泉、机会条件及其限制因素，据此我们可以把海外华人区分为两大类型：一类是本土化的社会网络，它服务于所在地不同华人团体之间、或华人与非华人之间、或二者皆有之，但与中国大陆的政府或民间组织之间缺少联系；另一类是跨国性的社会网络，它着力打造或服务于与中国崛起相关的跨界业务或跨文化建设，但对所在地社会文化发展以及新移民融入当地社会等方面，关注不够、作用甚微。毋庸置疑的是，无论是跨文化交流维度还是社会网络维度，均存在若干介于两种类型之间的状态或亚类型。

将上述两个维度结合在一起，海外华人社区建设概念可以重新表述为：海外华人多层次、跨文化社会交流网络的建构、维系，由此形成同所有利益攸关方或群体间增加的互赖、互动、趋向平衡的过程。图1表明，海外华人社区建设概念是由四个元素及它们之间的关联互动关系构成的：华人与非华人之间的跨文化关系（水平轴）及全球化与本地化之间的社会网络关系（垂直轴）。

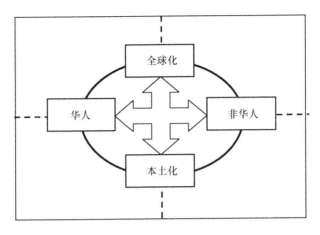

图 1　海外华人社区建设的分析框架

图 1 为进一步认识海外华人社会的复杂性和多样性提供了新的研究思路，据此我们可以将海外华人在中国崛起背景下的身份认同、价值取向、行为模式，归纳概括为以下四种类型：

● 去中华文化的华人（De-Chinese）特指这些移民后代（也包括极少数新移民），他们完全同化于所在国的主流文化，对中华文化失去兴趣，不愿意同华人社会发生任何关系或刻意保持距离。

● 本土化的华人（Localised Chinese）是指的这些海外华人，他们尊重、弘扬中华文化并擅长学习、吸收所在国各类文化的优点，自觉融入当地多元社会文化中。由于诸多原因，他们对中国大陆缺乏了解或认同，不愿意或较少同来自中国大陆的新移民交往。

● 全球化的华人（Global Chinese）指的是这样一部分来自中国大陆的新移民，他们善于利用与中国崛起的各种机会，进行投资、商贸活动，以最大限度地获取经济利益，但对学习、融入所在国社会缺乏兴趣，"世界温州人"也许是这类人群的典型例子。

● 跨国互动华人（Transnational Chinese）适用于这些新老移民，他们依赖于过硬的专业技术知识，在东道国建立起稳固的经济、社会基础，并善于借助中国崛起的机遇，为促进所在国和中国之间双向开放、共同发展服务，其典型的例子是近一二十年来华人专业协会的大量涌现，他们与所在地同行及相关组织之间有良好的工作关系，但与当地华人团体则缺乏联系和交往。

然而，本文的目的不是验证海外华人的类型分布或结构变化，而是基于上述框架，揭示来自中国大陆的新移民同当地华人及非华人社会之间，是否存在着关联互动？如果有的话，他们之间是如何相互影响的？在这方面，来自中国大陆的留学生为我们提供了一个好的案例，这不仅是因为他们是中国大国崛起的一个重要的载体和标记，也是目的地华人社会人口、经济、社会增长或发展的重要推手。从某种意义上说，中国留学生也许可以视为所在国华人社区变化的"推动者"或"加速器"，因而为海外华人社区建设提供了新的动力。如果上述论断是正确的话，我们可以由此提出如下命题或假设，以此作为田野调查的依据和数据分析的基础：

（1）参与当地社会实践：中国留学生与当地社会（校园外）不同族裔群体之间，无论是华人还是非华人，也无论是出于何种目的，都存在着一定的关联互动。类似他们在大学校园内的跨文化交往，他们参与当地的项目经历，对他们理解多元文化与社会和积累工作经验十分重要。

（2）跨文化交流互动：在这方面，中国大陆留学生的社交网络应该有校园内与校园外的区分，二者间存在着一定的互补性。此外，跨文化交往并不限于华人和非华人之间的交流，也应包括华人内部以及华人留学生内部不同团体之间互动。把两种类型的网络放在一起考察，有利于开阔视野，深化对留学生融入社会的理解，因为留学生社会网络越宽阔、立体化，同当地社会交往的机会越多，越有利于他们理解、参与和社会融入。

（3）多样性：华人留学生在处理跨文化关系问题上的态度、行为等方面不可能是一样的、同质的，这是因为华人留学生并不局限于来自中国大陆的学生，还包括来自中国香港、中国台湾、新加坡、马来西亚、菲律宾等国家或地区的华人学生。我们假定留学生因其国籍或价值观念的不同，形成不同的社交网络模式、策略，影响其参与社会实践的态度及其结果。

（4）凝聚华人社区的新契机：留学生大量涌入对当地华人社区产生的影响，可以从留学生社会网络建设的范围、规模、功能等方面予以揭示，其网络构成越单调、范围越窄，则对当地华人社会影响越小；反之，随着留学生内部、留学生与当地华人及非华人之间交流沟通的增加，华人社会的内部凝聚力和外部影响力均有可能得到很大的提升。

（5）国际化大学对海外华人社区建设的影响：这主要体现出了留学生、华人社区、当地社会之间新的三角关系，它可以为当地政府发展同中国的商贸、社会、文化交流与合作，提供新的机会，也为当地华人社区发展提供了丰富的人才、信息和志愿者储备。

四　背景信息和田野调查

根据英国 2011 年人口普查数据，华人是英国少数族裔中人口增长较快的群体之一，其注册人口总数从 2001 年的 247403 人增长到 2011 年的 433150 人，十年增长 75.1%，而占英国全国总人口的比例则由 0.45% 增至 0.69%。进入 21 世纪后，英国华人人口的迅速增长同工党政府实施的高等教育国际化战略有着密切的关系。据英国官方数据，来英就学的华人留学生人数，包括来自中国大陆的学生和其他国家与地区（如中国香港、新加坡、马来西亚）的华人学生，从 2001 年的 2 万人左右增加到 2011 年的 8 万余人，其增长部分基本上是由中国大陆留学生增长提供的，因为来自大陆以外的留学生人数几乎没有变化；此外，华人人口增长主要集中在有大学的城市，这里的华人人口增长是没有大学城市的两倍以上（Wu，2015）。

大学国际化对英国华人社会的影响，可以从诺丁汉华人社区的变化情况加以说明。据英国最新的人口普查资料，2011 年，有 8930 名华人居住在诺丁汉地区，其中的三分之二居住在诺丁汉市。与 2001 年相比，华人人口在诺丁汉地区增长了 2.4 倍，而在诺丁汉市为 3.5 倍。从某种程度上说，在过去十年中诺丁汉地区的华人分布及其增长态势，可以代表英国中小城市（伦敦、曼彻斯特和伯明翰等大城市除外）华人社区的变化发展情况。比如，2011 年诺丁汉华人在英国的华人总人口所占的份额是 2.35%，比诺丁汉当地总人口占英国总人口的份额（2.05%）略高

（Wu，2013）。

诺丁汉地区华人的快速增长，与诺丁汉市内两所高校积极发展与中国的合作关系密切相关。诺丁汉大学是西方国家中第一个在中国建立校园的大学，为诺丁汉市政府提出和发展"中国战略"，强化同浙江省和宁波市在经济、社会、文化等方面的深入合作，奠定了坚实的基础。在此背景下，诺丁汉市中国大陆留学生数量十年间（2001—2011）增加了8倍，达到2819人。考虑到交换学生和访问学者等不包括在官方统计数据中，则诺丁汉中国学生人口的实际数量超过4000人，占诺丁汉市华人人口的比重亦超过40%（Wu，2013）。

研究留学生对当地华人社区影响的想法，源于诺丁汉地方政府及其社区组织的鼓励支持，以便同2003年的诺丁汉市政府作的调研报告相衔接，揭示华人社区的最新发展和需求（武斌，2015）。为此，笔者于2013年夏对诺丁汉华人社会进行了一次综合调研，方法包括社区观察、座谈会、深度访谈、调查问卷等形式。调查问卷作为此次调研的主要手段，包括两个相互联系又有所区别的版本：针对华人留学生的问卷和针对当地华人居民的问卷。本文的留学生包括来自中国大陆的学生和来自中国香港、新加坡、马来西亚等地的学生，其中前者占留学生参与者总数的70%。把大陆学生与其他华人留学生放在一起研究，有助于更好地观察和比较二者社会行为方式的异同。对留学生的问卷调查主要是通过网络形式（Survey Monkey）来进行，我们共收到了311份有效问卷，其中学生问卷162份。表1列出了诺丁汉华人社会两次问卷调查（诺丁汉市政府"2002年调查""2013年调查"）的基本情况。同十年前的调查相比，一个突出变化是说普通话的受访者由2002年的40%增加到2013年的70%。

表1 　　　　　　　　　诺丁汉华人社会两次调研的比较

项目	2002 年调研	2013 年调研
调研主题	生活质量	社区凝聚力
样本量	620	311
留学生比重	48.1%	52.1%

项目	2002 年调研	2013 年调研
说普通话	39.6%	70.0%
说粤语	39.1%	13.4%
女性比例	51.8%	64.3%
18—24 岁的参与者	32.9%	44.9%
诺丁汉居住超过 10 年	30.8%	14.7%

注：除本表 2002 年数据来源于诺丁汉市政府外，本文所有表格的数据均来自笔者 2013 年的调研。

五　数据分析结果

同前述的理论框架和研究假设相衔接，本节力图呈现诺丁汉华人留学生的社交网络与他们参与当地社会的关联性。为此，我们在调查问卷中要求受访者在四种类型的校园朋友中确认自己的社交范围。表 2 显示，四分之三的受访学生表示有同类华人朋友（如同为来自中国大陆的或新加坡的学生），一半受访者表示有国际学生为朋友。而拥有英国本土学生的朋友和拥有不同类型的华人学生朋友的比例接近，均高于受访者的30%。观察发现，大陆学生同非大陆华裔学生之间存在明显的区别。例如，大陆学生与同为大陆来的同学结为朋友的比率为 80%，远高于与非大陆华裔学生接纳同类学生为朋友的比率。相比之下，非大陆留学生则拥有更多的国际学生和英国学生朋友。

表 2　　　　　　　　你在校内的朋友是哪些人（N = 162）

原籍国/地区	相同华人	不同华人	国际留学生	英国学生	社交范围指数
大陆学生	82.5%	27.2%	37.7%	24.6%	1.7
非大陆学生	56.3%	43.8%	64.6%	45.8%	2.1
总计	74.7%	32.1%	45.7%	30.9%	1.8
权重	40.7%	17.5%	24.9%	16.8%	—

考虑到每个受访者会存在多种朋友类型（意味着会有重复选择），本

文设计了一个指数来衡量留学生校内社交情况。0 表示所有受访者没有任何社交，4 表示所有受访者同时拥有这四种社交类型。表 2 最后一栏表示所有受访者的平均社交范围指数为 1.8，来自大陆留学生的社交范围指数为 1.7，低于非大陆留学生平均 2.1 的社交指数。这一结果显示：首先，受访大陆学生的社交范围（或朋友圈）绝非像某些没有严谨调研数据基础上所断言的那样，即他们都仅限于自己的小圈子。相反，他们中的许多人试图突破"小圈子"的束缚，尽力拓展他们的社交范围，同来自不同国家或地区的学生交朋友。其次，相对于中国大陆学生，非大陆华人学生更善于结交国际学生和英国朋友，他们的朋友圈比起大陆学生，显得更为开放和多元化。

进一步，华人留学生的社交圈并非仅限于校园内部。我们的调查问卷显示，70% 的受访学生表示自己在校园以外也有朋友，其中非大陆留学生为 83%，比来自大陆的留学生高了近 20 个百分点。对于那些与当地社区有交往的受访者，我们请他们就这些朋友的类型提供进一步细节，包括：是否为受访者的亲戚或父母的朋友，或是否为同类华人（如同为大陆或香港来的华人，简称"相同华人"），不同类别华人（如大陆与香港学生，简称"不同华人"），或非华人朋友。有校外朋友的受访者中，表 3 显示，40% 的受访者表示有相同华人作朋友，32% 表示有非华人的朋友，只有 22% 的人表示有不同类别的（或来自不同国家地区的）华人朋友。值得注意的是，将近 10% 的受访者有亲戚或者家人的朋友在诺丁汉生活，而对于非大陆留学生来说，这个数字比平均数字又翻了一番。总体而言，非大陆留学生的社交范围指数是 1.44，而大陆留学生的平均指数只有 0.85。很明显，在与当地社区居民（包括华人和非华人）的社交活动方面，大陆学生同非大陆学生之间存在着较大的差距。

表 3　　　　　　　　你在校外的朋友有哪些人？

学生原籍国/地区	亲戚	相同华人	不同华人	非华人	指数
大陆学生	5.3%	36.0%	17.5%	26.3%	0.85
非大陆学生	18.8%	47.9%	31.3%	45.8%	1.44
总计	9.3%	39.5%	21.6%	32.1%	1.03

综合表 2 和表 3 的信息，诺丁汉留学生可以根据其社会网络的范围和构成区分为四种类型：

•类型 1：封闭同质结构（closed & homogeneous circle）适用于这类学生：他们的交往圈仅限于与他们的文化背景、成长经历相同的学生，同校园以外的群体则缺少接触，这类学生占样本总数四分之一强（26.3%）。

•类型 2：开放同质结构（opening & homogeneous circle）是指那些善于与来自不同国家和地区的同学交往，但与校园以外的社会接触不多，这类学生占样本总数的 11.7%。

•类型 3：开放异质结构（opening &heterogeneous circle）是指那些有兴趣同校外华人以及（或）非华人交往并取得一定成果的学生，三分之一的受访者（33.8%）属于这一类型，位居样本学生之首。

•类型 4：多元开放结构（multiple & opening circle）是类型 2 与类型 3 的叠加，体现为学生不仅擅长校园里的跨文化交流，还积极参与所在地华人或非华人组织的各类活动，成为当地社区的重要成员。这类学生占受访者的 28.3%，在样本学生中位居第二。

基于以上分类，接下来的任务就是要揭示不同类型留学生的群体特征，相关因素及其行为差异。表 4 显示，样本学生的类型分布与他们的国籍有着统计相关性（但不是因果关系）：超过四分之三的非大陆学生属于类型 3 或类型 4 的群体，高出大陆学生群体近 20 个百分点；尤其是超过 40% 的非大陆学生，他们的社会网络特征可以用多元开放结构来概括（类型 4），而 30% 的大陆学生生活在封闭同质（类型 1）的社会网络之中。其次，留学生的社会网络结构不是一成不变的，而是随着留学时间的增长而变化调整，趋向开放多元。再次，在所在地有无工作经历对留学生的社交网络结构有着重要影响。例如，在有工作经历的学生中，超过 80% 的人属于类型 3（开放异质结构）或类型 4（多元开放结构）的群体，比没有工作经历的学生高出 27 个百分点；而后者中近 30% 的人属于类型 1，即封闭同质结构的群体，高出有工作经历人的一倍以上。

表 4　　　样本学生的类型分布、群体特征及其相关因素（%，N = 162）

因素	指标	类型 1	类型 2	类型 3	类型 4
原籍国/地区	中国大陆	29.9	12.5	33.2	24.5
	非中国大陆	14.3	8.9	35.7	41.5
旅居英国时间	一年或更短	31.7	15.9	31.7	20.0
	一至两年	15.6	8.6	46.6	29.3
	三年或更长	22.6	3.6	26.4	47.2
有无工作经历	无	28.1	16.4	31.5	24.5
	有	13.8	3.8	41.3	41.3
总计		26.3	11.7	33.8	28.3

留学生的社会网络结构，影响他们选择是否或如何参与当地社会的行动。例如，问卷调查中参与学生被要求指出，在华人社区或当地社会组织举办的一些重要活动中，哪些是他们参与过的，哪些是他们知道但未参与过的。反映他们对当地社会的关心了解程度，表 5 显示，除了华人春节联欢晚会之外，超过一半的受访者不知道华人或非华人社区举办的重要的社会活动。此外，不同类型的学生群体对这些活动的了解情况，也存在很大的差异性。其中，类型 1（封闭同质结构）学生中只有 20% 左右的人知道校园以外的重要活动，远低于样本学生的平均水平；而类型 3（开放异质结构）和类型 4（多元开放结构）的学生，则普遍高于样本学生的平均水平。聚焦于当地华人社区活动（即表 5 的头两项），类型 3 的学生似乎比类型 4 的学生更为积极踊跃，而后者对当地文化活动的了解，则略胜一筹。

表 5　　　　　　　你知道下列社区活动吗？（%）

事件	类型 1	类型 2	类型 3	类型 4	总体平均
春节联欢晚会	42.1	77.3	80.0	73.7	68.5
华人社区活动	21.1	55.5	60.0	54.4	46.9
当地教会活动	15.8	40.1	57.8	68.4	49.4
大学社区开放日	26.3	54.5	62.2	61.4	52.5
当地重要社会活动	21.1	27.3	60.0	56.1	45.1

　　就其外部因素引导或影响留学生参与当地社会活动而言，三个事件值得引起注意：一是每年一度的春节联欢晚会，由大陆留学生社团牵头组织，得到大学各部门和地方政府的大力支持，已成为吸引当地华人和主流社会参与的盛会；二是大学社区开放日，由诺丁汉大学校方举办，吸引成千上万的当地市民参与，也为华人留学生发展与社会各部门、团体的合作提供了平台；三是当地宗教组织对留学生的吸引、服务功能，对促进华人留学生内部各团体之间以及留学生与当地社会之间的交流互动，起到了一定的积极作用。

　　除了对当地社会的了解，留学生社交网络结构同他们参与当地华人社区发展项目的意愿，也有一定的相关性。根据问卷调查前我们在华人社区的实地观察、座谈和访谈的汇总情况，我们把华人社区需求概括为七个领域，并以此来了解学生参与此类项目的经验、态度、意愿（见表6）。总体而言，大多数都有参与华人社区相关项目的意愿，即使是这些相对封闭（类型1）或同当地社会接触少（类型2）的学生中，亦有相当的人希望有参与当地社会的机会。此外，学生参与的需求及其渴望程度同他们所在的社会网络类型密切相关。表6显示，网络的开放和异质化程度越高，学生参与的意愿也会随之提高。

表6　你是否愿意参与下列华人社会需求相关的项目或服务工作？（%）

项目领域	类型1	类型2	类型3	类型4
英语	31.6	59.1	71.1	70.2
中文*	39.5	50.0	62.8	76.7
翻译	28.1	59.1	57.8	61.4
老人服务	31.6	54.5	53.3	63.2
艺术类	23.7	54.5	60.0	61.4
体育类	31.6	68.2	57.8	64.9
私人家教	28.9	54.5	64.4	70.2

注：* 中文服务一项未通过统计检验。

六　研究发现和结论

　　在高等教育全球化的背景下，本文旨在揭示中国留学生与当地华人社会及其他社会群体之间是否存在着一定的关联互动，如果回答是肯定的话，则他们对华人社会增强其内部凝聚力和改进融入当地社会方面的作用或潜力会如何。上述问题的回答，在很大程度上取决于研究视角的选择。为此，本文假定华人留学生是当地华人社会的一个重要组成部分，并提出了一个关于海外华人社区建设（CCB）的分析框架，用以观察和分析留学生参与当地社会的行为。利用这一分析框架，本文提出了五个假设和三个具体的研究问题：在何种程度上，中国留学生可以视为海外华人社会的一部分？他们是通过何种途径同当地社会进行交流互动的？留学生参与海外华人社区建设的资源、条件、贡献和限制是什么？基于我们在英国诺丁汉华人社会的调查分析结果，相关的研究发现及其理论和政策意义，可以概括如下。

第一，留学生参与校园之外的社会活动并成为他们社会网络一部分占调查样本学生的62%（类型3与类型4之和），其中，大陆学生为58%而非大陆学生为77%。这表明，留学生在所在国校园以外的社会实践，与大学校园内跨文化相比，几乎同等重要。校园之外的社会实践之所以如此重要，是因为它有助于留学生更好地理解当地社会文化的多元性，以及积累他们的社会工作经验。上述发现部分回答了第一个问题，即留学生是否同当地社会（包括华人社会）有联系以及联系程度如何。

第二，样本分析显示，多方面因素影响留学生的社会实践及其关系网络建构，包括：他们的国籍，在英居住时间，以及有无当地工作的机会等。上述发现部分回答了第三个问题，即影响留学生参与海外华人社区建设的条件或因素。结合上述两个发现，我们可以得出这样的结论，中国学生的国际流动不应该同他们所在地的社会实践相分离，否则无法全面理解他们在海外的成长过程，亦无法理解对当地华人社会的影响。也正是在这一点上，本文弥补了学术研究的不足。

第三，留学生社会网络的范围、结构及其差异性，可以通过他们的社交网络指数（SNI）来反映。同留学生之间的网络相比，留学生校园外社会网络的建构水平或结构复杂程度要差得多（1.8∶1.0），只有70%的样本同当地社会有一定联系，且这种联系首先是同来自相同国家或地区的华人（相同华人，包括一些家庭朋友或亲戚），其次是非华人群体，最后是来自不同国家或地区的华人（不同华人）。上述发现，回答了第二个问题，即他们是通过何种途径同当地社会进行交流互动的。此外，中国大陆学生与非大陆学生在社会网络结构及其交往指数方面，存在着明显的差异，后者比前者更开放、多元化和平衡。由此证明了我们先前提出的第三个假设，即华人留学生之间社会网络的差异性与他们来自的地区背景（涉及社会体制、主流意识形态、价值观念的不同）有着密切的关联性。

第四，基于调查分析结果，本文揭示了留学生的社会网络可以分为四种类型：一端为封闭同质结构，表现为缺乏跨文化交往能力，而另一端为多元开放结构，表现为较强的跨文化交流和融入当地社会的能力。介于二者之间的，是开放同质结构和开放异质结构。无论是大陆学生还是非大陆学生均可用上述结构加以描述，这一方面说明本文提出的分析框架的有效性，另一方面则说明华人留学生本身的复杂性和多样性。因此，对华人留学生这一华人社会中的一个特殊群体的认识和区分，不能简单化、脸谱化。

第五，留学生社会网络类型区分，为我们进一步揭示留学生群体对当地华人社区发展的作用，提供了新的思路和方法。首先，大多数受访者都程度不同地表达了参与华人社区项目的意愿，了解学生的这一需求不仅对华人社会及其所在的地方政府和相关的社会组织很重要，而且对大学管理者、教师及学生福利提供者亦很重要。其次，留学生参与当地社会并不仅限于华人社会，而且包括非华人群体，这有意无意地为当地华人与非华人之间的交流合作，开辟了新的通道，架起了新的桥梁，对打破华人社会固有的封闭性，有一定的积极作用。最后，不同学生在参与和促进华人社会的开放交流、互动合作方面，既不能估计过高也不能一视同仁。在这方面，本文展示的有限证据，至少可以得出这样的结论：即留学生的社会网络越开放、异质、多元，对当地华人社会的影响和发展的贡献的可能性就会越大。

第六，中国留学生对海外华人社会建设的积极的（或潜在的）作用必须放在中国崛起和大学国际化的大背景中加以理解。在这方面，大学作为一个关键的利益相关者，所扮演的角色（积极的或潜在的），可以从已经或正在形成的留学生、华人社会、当地（非华人或主流）社会之间的新的"三角互动"关系予以把握。基于我们的调查证据，大学的作用可以从以下三个方面来概括：一是英国华人社会人口增长的一个主要推手；二是华人社区发展所需人才、信息、志愿者及其他相关资源的"蓄水池""加油站"；三是华人社会同中央和地方各政府部门、非政府组织、民间团体、相关企事业单位交流沟通的"桥头堡""孵化器""中转站"。

最后，值得指出的是，本文所描述的留学生的社会网络及其参与社会实践，是我们随机问卷调查数据分析的结果，基本上反映了留学生自发或无项目干预背景下的生活和行为。鉴于留学生社会实践对他们毕业后的国际流动、就业选择、职业发展的重要性，西方主要高等教育供给国政府、大学管理者、地方政府部门及相关组织，有责任和义务在帮助、支持留学生参与社会方面，提高认识、明确分工、相互配合、共同努力，因为这不仅有利于华人留学生个人和群体的健康成长，更有利于华人融入当地社会，强化所在国同中国之间经济、社会及文化等方面的交流与合作。在这些方面，有大量的研究课题有待展开，相关的政策意义有待探讨。

参考文献
中文
刘宏：《跨界亚洲的理论与实践——中国模式·华人网络·国际关系》，南京大学出版社 2013 年版。

王辉耀、苗绿编著：《中国留学发展报告（2013）》，社会科学文献出版社 2013 年版，第 2 页。

武斌：《海外华人社会建设：障碍与新动力因素》，载王晓萍、刘宏编《欧洲华侨华人与当地社会关系：社会融合、经济发展、政治参与》，中山大学出版社 2011 年版，第 45—62 页。

武斌：《当代留学生与海外华人社会：关于英国诺丁汉华人社会的实证研究》，《华人华侨历史研究》2015 年第 2 期，第 1—11 页。

英文
Ang, Ien. 2013. "No longer Chinese? Residual Chineseness after the rise of China", in Kuehn, Julie; Louie, Kam; and Pomfret, David M. (eds), *Diasporic Chineseness after the Rise of China: Communities and CulturalProduc-*

tion, Vancouver, CA: UBC Press, pp. 17 – 31.

Berry, John W. 1997. "Immigration, acculturation, and adaptation", *Applied Psychology: An International Review*, 40 (1): 5 – 68.

Berry, John W. 2005. "Acculturation: Living successfully in two cultures", *International Journal of International Relations*, 29: 697 – 712.

Gao, Jia. "More active outside the classroom: Chinese international students' interactions with Chinese communities in Australia", *Journal of Overseas Chinese*, 12 (1): 15 – 39.

Gordon, Milton M. 1964. *Assimilation in American Life: The Role of Race, Religion, and. National Origins*, New York: Oxford. University Press.

Hall, S. 1990. "Cultural identity and diaspora", in Rutherford, J. (Ed.), *Identity*, London: Lawrence and Wishart, quote from Xie, Wenjing. 2005.

Kuehn, Julie; Louie, Kam; and Pomfret, David M. (eds) "China Rising: A view and review of China's diasporas since the 1980s", in Kuehn, Julie; Louie, Kam; and Pomfret, David M. (eds), *Diasporic Chineseness after the Rise of China: Communities and CulturalProduction*, Vancouver, CA: UBC Press, pp. 1 – 16.

Liu, Hong and van Dongen, Els. 2016. "China's diaspora policies as a new model of transnational governance", *Journal of Contemporary China*, 25 (102): 805 – 821.

Liu, Lisong. 2016. "Chinese student migrants and American religious organizations", *Journal of Overseas Chinese*, 12 (1): 122 – 153.

Theogersen, Stig and Wu, Bin. 2016. "Introduction: Chinese overseas students' integration and engagement in host societies Chinese", *Journal of Overseas Chinese*, 12 (1): 3 – 13.

Unterreiner, Anne. 2015. "Corridor Report on the UK: the case of Chinese and Indian migrants", Migration Policy Centre, EuropeanUniversityInstitute. http://cadmus.eui.eu/bitstream/handle/1814/34799/INTERACT – 2015 – 03. pdf? sequence = 1, accessed on 11 November 2016.

Wu, B. 2010. "Overseas Chinese community building (CCB): Approach and practice", *China Policy Institute* (*CPI*) *Policy Papers Series*, No. 65, Nottingham: CPI, online at http://www.nottingham.ac.uk/cpi/publications/policy-papers/2010/index.aspx

Wu Bin, 2013. Nottingham Chinese Community in Transition: A survey of community cohesion, integration and university engagement, Centre for Chinese Migration Centre, University of Nottingham,

Wu, Bin. 2016. "Chinese student migration, social networking, and local engagement in the UK", *Journal of Overseas Chinese*, 12 (1): 40 – 67.

Wu, Bin. 2016. Chinese student mobility, local engagement and transformation of Chinese communities in England: an empirical study, in Wang, H. Y. and Liu, Y. P. (eds), *Entrepreneurship and Talent Management from a Global Perspective: Global Returnees* (Cheltenham: Edward Elgar Publishing). pp. 109 – 133.

Xie, Wenjing. 2005. "Virtual space, real identity: Exploring cultural identity of Chinese diaspora in virtual community", *Telematics and Informatics*, 22: 395 – 404.

Zhou, Min. 1997. "Segmented assimilation: Issues, controversies, and recent research on the new second generation", *The International Migration Review*, 31 (4): 975 – 1008.

Zhou, Min. and Liu, Hong. 2016. "Homeland engagement and host-society integration: A comparative study if new Chinese immigrants in the United States and Singapore", *International Journal of Comparative Sociology*, 57 (1 – 2): 30 – 52.

两大历史进程对澳洲华人社区的改造

——基于双重嵌入视角的分析

［澳］潘秋萍　杨伊璐　高　佳①

一　引言

　　20 世纪 80 年代中期以来，中国和澳洲都经历了一系列深刻的变革。随着改革开放的开展和深入，中国经济蒸蒸日上，成为世界上举足轻重的经济体。澳洲也在 70 年代废除"白澳政策"、施行多元文化政策的基础上，开始推行"面向亚洲"的新国家发展战略。与此同时，中澳关系不断深入发展，中国成为澳洲第一大贸易伙伴和第一大海外投资来源国，澳洲则成为备受中国新移民青睐的移民目的地。澳洲华人社区迅速扩大，并在人口构成、经济活动、社会参与等方面发生了一系列显著变化。

　　澳洲华人社区历史悠久。华人移民澳洲的历史可追溯到 19 世纪 40 年代。当时，澳洲各殖民地经济快速发展，但很快便面临严重的劳工短缺问题。急需廉价劳动力的澳洲将目光投向了中国。② 鸦片战

---

　　①　潘秋萍、杨伊璐，墨尔本大学亚洲研究所博士研究生；高佳，墨尔本大学亚洲研究所副教授、博士生导师。

　　②　Daley, C., "The Chinese in Victoria". *Victorian Historical Magazine*，1931.14（1）.

争后，清政府被迫开放口岸，一批华人也因此作为契约工人被招募到澳洲，从事牧羊、厨师和仆人等工作。有学者认为，这些华工人数不多，甚至可以忽略不计。[①] 19 世纪 50 年代初，澳洲发现金矿的消息传遍全球，并随之掀起一股"淘金热"后，大量来自四邑和珠三角等地区的华人涌入澳洲。据统计，1854 年，全澳华人总数仅为 2000 人左右。仅三年后，即 1857 年，华人人口便飙升至 25424 人，[②] 增长了十多倍。在澳洲淘金热主要发源地维多利亚州，1857 年华人人口仅占总人口的 6%。而短短两年后，这一数值便升至 12%。[③] 淘金热时期庞大的澳洲华人社区长期以来都是学术界关注的重点。关于淘金热时期澳洲华人社区的研究，主要通过援引早期华人移民生活的各类记载，分析 19 世纪澳洲华人的生活经历和遭受的种种不公正对待。[④⑤⑥⑦⑧] 因此，从历史角度研究澳洲华人生活及社区活动便成为澳洲华人研究的传统视角。

步入 20 世纪后，澳洲华人人口经历了"过山车"式的起落。1901 年，澳大利亚联邦政府宣布成立。新政府在成立之后最早通过的法案之一就是"白澳政策"。在"白澳政策"的影响下，华人不

---

① Fitzgerald, J., *Big White Lie: Chinese Australians in White Australia*. 2007: UNSW Press.

② Wang, S., *The Organization of Chinese immigration 1848 – 1888: with Special Reference to Chinese Emigration to Australia*. Chinese Materials and Research Aids Service Center Occasional Series, 1978 (25).

③ Gao, J., *Chinese Migrant Entrepreneurship in Australia from the 1990s: Case Studies of Success in Sino-Australian Relations*. 2015: Chandos Publishing.

④ Lovejoy, V., "Depending Upon Diligence: Chinese at Work in Bendigo 1861 – 1881". *Journal of historical and European studies*, 2007. 1: pp. 23 – 37.

⑤ Frost, W., "Migrants and Technological Transfer: Chinese Farming in Australia, 1850 – 1920". *Australian Economic History Review*, 2002. 42 (2): pp. 113 – 131.

⑥ Bowen, A. M., Archaeology of the Chinese fishing industry in colonial Victoria. Vol. 3. 2012: Sydney University Press.

⑦ Bagnall, K., Rewriting the history of Chinese families in nineteenth-century Australia. Australian historical studies, 2011. 42 (1): pp. 62 – 77.

⑧ Bowen, A., The merchants: Chinese social organisation in colonial Australia. Australian Historical Studies, 2011. 42 (1): pp. 25 – 44.

仅被禁止入境，在澳洲境内的华人权利也受到种种限制，遭受各种排挤，甚至受到驱逐。因此，澳洲华人人口逐年下降，到 1947 年仅剩 8365 人[1]。二战之后，因战后经济复苏所带来的劳动力短缺和快速经济发展的需要，澳洲开始实施新的大规模移民方案。然而，受"白澳政策"以及传统种族歧视观念的影响，华人以及其他"非白人"仍被排除在澳洲战后大规模移民计划之外。如图 1 所示，20 世纪 70 年代，澳洲移民仍以来自英国和其他欧洲国家的移民为主。

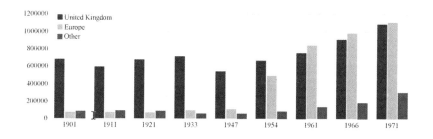

图 1 澳大利亚海外移民人口：1901—1971

图表来源：Department of Immigration and Border Protection（DIBP）. A History of the Department of Immigration. 2015；Canberra. p. 16.

澳洲华人人口在经过几十年低度徘徊后，最终从 20 世纪 70 年代中后期开始明显增长。1973 年，澳大利亚正式废除臭名昭著的"白澳政策"，并开始施行多元文化主义政策。其后，澳洲接受并安置了包括大量华裔在内的越南船民，使澳洲华人从 20 世纪 40 年代的不到 1 万人增长到 1976 年的 5 万人左右。[2] 然而，由于当时中国仍处于封闭状态，大陆对外

① Crissman，L. W.，G. Beattie，and J. Selby，"The Segmentation and Integration of the Chinese in Brisbane"，*Australia. Journal of Comparative Family Studies*，1985；pp. 181 – 203.

② Kee，P. K.（1992）"The Chinese in Australia：A Brief Historical Overview and Contemporary Assessment" in the Chinese Association of Victoria（ed.）*Chinese Association of Victoria*；1982 – 1992（Melbourne：Chinese Association of Victoria），pp. 56 – 67.

移民也基本处于停滞状态。当时移民澳洲的华人大多通过澳洲战后的"科伦坡"计划，或难民计划，以及由此带来的家庭团聚途径而来到澳洲。除了中澳建交初期中澳双方安排的数千新疆移民外，50年代到70年代末，中国大陆人基本上没有人移民澳洲。因此，在80年代之前，澳洲华人社区的主要构成部分是所谓的老移民和来自东南亚的华人，而非中国大陆移民。

20世纪80年代末至90年代初是澳洲华人人口加速增长的转折点。随着45000名中国大陆留学生相继于1990年或1993年获得永久居留权，华人社区迎来了数量上和性质上的双重转变。一方面，华人社区人口规模急剧扩大，由1986年的近20万人增加到1996年的343523人；2001年人数进一步跃升至555500人，2011年达860200人，其中74%为第一代移民。① 另一方面，在人口构成上，大陆新移民取代东南亚华人，成为澳洲华人社区的主流。数据显示，1975—2011年，大陆新移民数量从约20000人上升至387000人，增长约20倍。

随着澳洲华人人口的急速增长，关于澳洲华人社区的研究也日益受到关注，成为学术界研究的热点。现存有关澳洲华人的研究文献大致可分为两类：一类主要延续传统的研究角度，即从移居国角度出发，将澳洲华人视作澳大利亚具有代表性的少数族裔群体，并用其作为案例来探讨澳洲社会的种族歧视、多元文化等问题。②③ 第二类研究则将研究重点放在了华人社区本身，关注点包括华人社区生活的方方面面，从政治参与、经济活动到社会活动、身份认同、婚恋关系、媒体使用、教育问题，

---

① Australian Bureau of Statistics, *Cultural Diversity in Australia*: *Reflecting a Nation*: *Stories from the* 2011 *Census*, 2012. www. abs. gov. au/ausstats/abs@. nsf/Lookup/2071. 0main + features902012 – 2013, date accessed 6 November 2016.

② Lake, M. and H. Reynolds, *Drawing the Global Colour Line*: *White Men's Countries and the Question of Racial Equality*. 2008: Melbourne University Publishing.

③ Jakubowicz, A., "Chinese Walls: Australian Multiculturalism and the Necessity for Human Rights". *Journal of Intercultural Studies*, 2011. 32 (6): pp. 691 – 706.

等等，不一而足。①②③④⑤⑥⑦⑧ 另外，受 20 世纪末兴起的跨国主义理论影响，也有部分研究文献着重探讨澳洲华人开展的各类跨国活动。⑨

虽然现有研究文献在很大程度上增进了我们对澳洲华人社区的理解和认识，但是，到现在为止，几乎没有研究同时结合中澳两国社会经济发展的历史进程来分析中国大陆新移民移居澳大利亚的整体模式、发展趋势和关键特征。当然，近年来已有一些研究意识到应当将中国的发展、澳洲的移民政策与澳洲华人社区的变迁联系起来考虑，但这类研究仍仅限于将这些因素作为背景，进行简单描述，并未深入研究其中的关联和作用机制。部分文献从居住国角度出发，深入分析了澳洲的移民政策对澳洲华人社区发展的影响。然而移民接收国只是移民全过程的一端，只是移民行为链的一个组成部分。不结合对祖籍国政治经济环境的分析，我们对澳洲华人社区形成和发展的理解难免会失之片面。特别是在大陆华人祖籍国发生史无前例变革之际，海外华人研究不能不考虑中国因素。澳大利亚社会学家安德鲁·雅库波维奇（Andrew Jakubowicz）就曾指出，对华人新移民的研究必须置于"民族国家的政治经济"情境下考虑，⑩ 可惜此类研究并没有得到广泛的关注。另外，学术界侧重于研究华人移居

① Gao, J., "Entrepreneurship and Community Sustainability: The Chinese Migrant Experience in Australia". *ACRN Journal of Entrepreneurship Perspectives*, 2013. 2 (2): pp. 1 – 20.

② Collins, J., "Chinese Entrepreneurs: the Chinese Diaspora in Australia". *International Journal of Entrepreneurial Behavior& Research*, 2002. 8 (1/2): pp. 113 – 133.

③ Kuo, M., *Making Chinese Australia: Urban Elites, Newspapers and the Formation of Chinese-Australian Identity*, 1892 – 1912. 2013: Monash University Publishing.

④ Sun, W., et al., "Diasporic Chinese Media in Australia: A Post – 2008 Overview". *Continuum*, 2011. 25 (4): pp. 515 – 527.

⑤ Gao, J., *Chinese Activism of a Different Kind: The Chinese Students' Campaign to Stay in Australia*. 2013: Brill.

⑥ Ang, I., *On not speaking Chinese: Living between Asia and the West*. 2005: Routledge.

⑦ Ho, C., "Migration as Feminisation? Chinese Women's Experiences of Work and Family in Australia". *Journal of Ethnic and Migration Studies*, 2006. 32 (3): pp. 497 – 514.

⑧ Choi, C., "Patterns of Migration and Marriage among the Chinese in Australia". *TheAustralian Journal of Social Issues*, 1972. 7 (2): pp. 141 – 150.

⑨ Shen, J., "The Transnational Phase of Chinese Organisational Development in Australia". *Journal of Ethnic and Migration Studies*, 2016. 42 (12): pp. 2031 – 2048.

⑩ Jakubowicz, A. "New Groups and Social Cohesion in Australia" in J. Higley et al. (eds.) *Nations of Immigrants: Australia and the USA Compared*. 2009: London: Edward Elgar, pp. 115 – 131.

澳洲之后的生存和发展状况，则进一步模糊了我们对澳洲华人社区形成和发展的政治经济环境的认识。

澳洲华人社区的形成和发展始终受祖籍国和移居国的各种政治、经济因素的影响。因此，关于中澳政治、经济环境对澳洲华人社区影响的讨论是一项亟待填补的学术空白。本文着重探讨以下两个问题：中澳两国近30年来的政治、经济环境变化是如何影响澳洲华人社区变迁的，以及后者又是如何反作用于中澳两国发展的。有鉴于此，本文使用"双重嵌入"理论来分析中澳政治、经济环境和澳洲华人社区发展的相互作用。近来，已有少量研究将"双重嵌入"（dual-embeddedness）这一理论视角运用到海外华人研究中。[1] 在一份对新加坡华商的研究中，学者运用"双重嵌入"这一概念探讨了华商在祖籍国和移居国的"双重"融入和参与的过程与特征，指出"本土化"和"跨国性"是相互交织和互动的一个进程的两个主要方面。[2] 本文运用的"双重嵌入"概念与上述研究略有不同。本文使用的"双重嵌入"概念包括两层含义：其一是海外华人社区的发展和变迁与祖籍国和移居国社会变迁密不可分，两者有着高度的关联性；其二，海外华人会同时参与到祖籍国和移居国的社会发展过程中，这种双重参与属性体现出海外华人社区和祖籍国和移居国之间密切的互动关系。"双重嵌入"这一概念的核心变量是华人社区的自身嬗变，其实质是海外华人社区与祖籍国和移居国的关联与互动。本文将分两部分展开讨论，第一部分主要论述澳洲新华人社区是中澳两国两大社会历史进程共同作用的产物，即中国的改革开放及国际化，以及澳大利亚的靠拢亚洲发展战略；第二部分分析在中澳两国政治、经济环境不断变化，特别是两国经济关系空前密切的情况下，澳洲华人在中澳两国经济发展中扮演的重要角色，以及由此带来的社区地位的变化。在本章结束部分，笔者还将探讨本研究的理论意义以及对未来澳洲华人研究的建议。

---

[1] Tsuda, T., "Whatever Happened to Simultaneity? Transnational Migration Theory and Dual EngagementinSending and Receiving countries". *Journal of Ethnic and Migration Studies*, 2012. 38 (4) pp. 631 – 649.

[2] Ren, N. and H. Liu, "Traversing Between Transnationalism and Integration: Dual Embeddedness of New Chinese Immigrant Entrepreneurs in Singapore". *Asian and Pacific Migration Journal*, 2015. 24 (3): pp. 298 – 326.

二 两大历史潮流下的澳洲华人社区变迁

历史上，中国和澳大利亚都是以闭关锁国著称的国家。在澳洲两百多年的历史中，排华曾成为其"白澳政策"的核心内容。自 19 世纪末 20 世纪初至 20 世纪 80 年代，澳大利亚基本上中断了与中国大陆移民的往来。现在的澳洲华人社区，则是中国改革开放和澳大利亚靠拢亚洲国家发展战略两大社会历史进程共同作用的产物。

（一）20 世纪 80 年代：国门重开与中澳教育政策的转变

20 世纪 80 年代以来，中国政府为培养经济发展急需人才，为公费及自费留学大开方便之门。1978 年改革开放后，为了满足国家建设的需要，中国决定逐步恢复向国外派遣留学生。1978 年，教育部发布通知，选派 300 名左右留学生、进修教师和进修翻译人员，以及 200 名左右的科技留学生赴海外学习、进修。1978 年 6 月 23 日，邓小平在清华大学讲话中提出，要快步恢复向海外派遣留学生，"我赞成增大派遣留学生的数量……要成千上万地派，不是只派十个八个"。[1] 教育部也随之发布了《关于增选出国留学学生的通知》，[2] 明确 "从高等院校教师、科研机构的研究人员以及科技管理干部、企事业的科技人员中" 选拔出 3000 名以上的出国留学人员。1984 年国务院出台的第一部关于自费出国留学的文件——《关于自费出国留学的暂行规定》，标志着中国为自费出国留学大开方便之门，进一步推动了当时涌现的 "出国潮"。1981 年，国家还分别在北京、上海和广州三地成立出国留学生集训部。因为享有更为优越的政治地理位置和通信条件，广州、北京、上海等各大城市的年轻人率先掀起出国潮。希望自费出国的学生广泛利用各自的社会关系筹措出国学费和路费，迈出出国留学的第一步。

处于经济危机前夜、就业市场不断萎缩的澳大利亚，敏锐地注意到

---

① 元青岳、婷婷：《新时期中国留美教育的发展历程和趋势》，《当代中国史研究》2015 年第 1 期。

② 钱江：《改革开放后首批公派留学生公开选拔记》，《党史博览》2016 年第 4 期。

其他西方国家出口教育、赚取外汇、开拓就业门路的做法，也开始积极招揽市场潜力巨大的中国大陆留学生来澳就读。事实上，面对中国这一新兴教育市场的开放，包括加拿大、德国、日本、澳大利亚、新西兰在内的其他国家迅速做出反应，纷纷向中国留学生市场抛出橄榄枝。虽然在改革开放初期，中国经济并不发达，但澳大利亚的经济窘境和开拓新市场的强烈愿望，促使澳大利亚将本国置于至今方兴未艾的国际教育出口市场之中，积极地开发中国市场。尽管澳大利亚的国际教育出口产业早在 20 世纪 50 年代便已出现。然而，直到 80 年代，澳大利亚经历数次经济转型失败之后，教育产业才成为澳大利亚赚取外汇、增加就业的新兴经济部门。[1] 1986 年，为了吸引海外自费留学生源、赚取外汇，澳大利亚推出了为海外学生开设的英语短期课程——ELICOS（English language Intensive Course for Overseas Students），[2] 并在推出的首年便吸引了数百名中国学生。[3] 部分匆忙组建的 ELICOS 学校甚至远道到中国做宣传推广，在中国引发了一阵澳洲热。1988 年后，被澳洲 ELICOS 学校录取的中国语言学生蜂拥而至。据估算，仅 1986 年至 1989 年到澳洲学习英语课程的中国学生数量就逾 10 万。[4] 因此，在 80 年代赴澳的中国大陆人员中，所谓的语言生是其中的最主要部分。

（二）80 年代末 90 年代初：中国改革深化和澳洲战略调整

80 年代末 90 年代初，澳大利亚华人社区迎来了人口迅速增长的转折点。这不仅与当时中国改革开放的深入密不可分，而且也是澳大利亚全面推行"面向亚洲"的国家发展战略的必然产物。1992 年，邓小平视察南方并发表一系列重要讲话，表明中国将进一步深化经济和社会改革，并进一步开放市场。1992 年年初，澳大利亚总理保

---

[1]　Gao，J.，*Chinese Migrant Entrepreneurship in Australia from the 1990s：Case Studies of Success in Sino-Australian Relations.* 2015：Chandos Publishing.

[2]　Marginson，S.，*Educating Australia：Government，Economy and Citizen since 1960.* 1997：Cambridge University Press.

[3]　Gao，J，*Chinese Activism of a Different Kind：The Chinese Students' Campaign to Stay in Australia.* 2013：Brill.

[4]　Ang，I.，*On not speaking Chinese：Living between Asia and the West.* 2005：Routledge.

罗·基廷提议召开亚太地区政府首脑会议，并于 1993 年宣布"澳大利亚将全面面向亚洲"。① 作为融入亚洲发展战略坚定的推行者，基廷政府将当时在澳中国留学生视作今后与中国及其他亚洲国家发展关系的战略性人力资源。②

20 世纪 90 年代初，近 4.5 万名大陆留学生获得澳大利亚永久居留权，这极大地改变了澳洲华人社区的人口构成，大陆移民开始成为澳洲华人社区的中坚力量。80 年代末，澳大利亚政府曾开展一项调查，并公布数据显示澳大利亚当时居住有 15405 名中国公民。③受当时国际政治环境影响，澳大利亚政府决定向部分符合条件的中国学生发放短期居留签证，以便这些中国学生能在完成英语课程学习后继续在澳洲工作。此后，为保护提供英语短期训练课程的语言学校的利益和保障澳洲国内日益减少的就业机会，澳大利亚政府在加强签证审核的条件下，又批准约 2.5 万名中国学生到澳洲学习英语语言课程。④

面对这数万名中国留学生抵达澳洲后强烈的永久居留权意愿，澳大利亚政府从国家长远利益出发，决定允许上述 4 万多名大陆学生永久性居留澳洲。因此，这一决定事实上是澳洲"面向亚洲"发展战略中的重要一步。自中国改革开放以来，澳大利亚一直将中国视为最具有潜力的贸易伙伴之一。早在 1980 年，澳大利亚就已成为中国的第五大贸易伙伴，中澳双边贸易总额达 12.7 亿澳元，⑤ 其中澳洲贸易顺差高达 6.5 亿澳元，远远超过澳大利亚当时与中国台湾和中国香港的贸易顺差。⑥ 同时，中澳

---

① 张秋生：《澳大利亚与亚洲关系史：1940—1995》，北京大学出版社 2002 年版。

② Gao, J., *Chinese Migrant Entrepreneurship in Australia from the 1990s: Case Studies of Success in Sino-Australian Relations.* 2015: Chandos Publishing.

③ Birrell, B., "The outcome of the 1 November 1993 decisions [regarding the status of Chinese nationals who refused to return home after the expiry of their visas.]". *People and Place*, 1994. 2 (3): p. 39.

④ Dunn, H. and E. S. Fung, *Sino-Australian relations: the record 1972 – 1985.* 1985: Centre for the Study of Australian-Asian Relations.

⑤ Fung, E. S. and C. Mackerras, *From Fear to Friendship: Australia's Policies towards the People's Republic of China*, 1966 – 1982. 1985: St. Lucia, Queensland, Australia: University of Queensland Press.

⑥ McGillivray, M. and G. Smith, *Australia and Asia.* 1997: Oxford University Press, USA.

双边贸易的平均增长率高达 24.5%，几乎是澳洲出口增长率的两倍。[1] 时任澳大利亚移民部部长和多元文化事务部部长的博尔库斯（Nick Bolkus）在翻阅这些申请永久居留的中国学生资料之后，就曾高度肯定这批大陆留学生的素质，"在（澳洲）国内，我们有着一群年轻的中国精英中的精英"。[2] 与此同时，中国留学生也并没有消极地等待澳大利亚政府做出是否让他们居留的决定，而是在澳大利亚全国范围内积极地自发组织起来，通过各种方式积极游说澳洲政府。[3] 终于，在 1993 年，基廷政府决定尊重工党前总理霍克的"任何中国学生都无须违背个人意愿被迫返回中国"的承诺，做出所谓的"11 月 1 日决定"。[4] 至此，约 4.5 万名符合条件的在澳中国留学生获得永久居留权。[5]

随着这几万大陆留学生获得澳大利亚永久居留权，大陆新移民逐渐取代了东南亚华人在澳洲华人社区的主导地位，并再度开启了中国大陆移民大规模移民澳大利亚的历史新篇章。更重要的是，它意味着澳洲作为中国人心目中"新金山"的地位再次出现在了华人新移民的词汇中，成为大陆具有强烈移民愿望的年轻人青睐的移民目的国。

（三）90 年代初以来：中国经济腾飞与澳洲移民政策调整

澳大利亚在 20 世纪 80 年代末 90 年代初，从处理中国大陆留学生居留的过程中，尝到了获取海外中高端人才的甜头，并取得了很多成功经验。因此，1993 年之后，澳大利亚施行了更为严格、更为功利主义的移民政策。1996 年 3 月，工党政府被霍华德领导的自由—国家党联盟政府取代。霍华德政府迅速推翻了之前工党政府重视家庭团聚的移民政策，

---

① Dunn, H. and E. S. Fung, *Sino-Australian relations: the record 1972 - 1985. 1985*: Centre for the Study of Australian-Asian Relations.

② Bourke, E., "Post-Tiananmen Migrants Leave Lasting Legacy". 2009: ABC Radio.

③ Gao, J, *Chinese Activism of a Different Kind: The Chinese Students' Campaign to Stay in Australia. 2013*: Brill.

④ Birrell, B., "The Outcome of the 1 November 1993 Decisions [regarding the status of Chinese Nationals who refused to return home after the expiry of their visas]". *People and Place*, 1994. 2 (3): p. 39.

⑤ Gao, J, *Chinese Activism of a Different Kind: The Chinese Students' Campaign to Stay in Australia. 2013*: Brill.

果断将移民重点转为技术类移民。[1] 1997 年，霍华德政府正式宣布，将减少家庭团聚类移民的名额，增加技术类移民人数，优先考虑商业移民和技术移民。在新移民政策出台后，澳大利亚当年的技术移民比例就从 29% 迅速增加到了 37%。[2] 如图 2 所示，澳大利亚移民政策的重心 90 年代中期开始并完成一次根本性的转变。

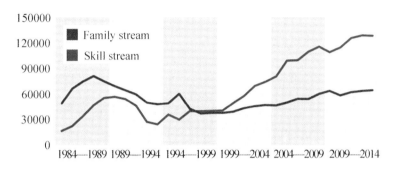

图 2　澳大利亚家庭团聚移民与技术类移民人数对比

图表来源：DIBP（2015）A History of the Department of Immigration（Canberra：DIBP），p. 71.

随着中国改革开放的深化，以及 "走出去战略" 等新兴战略的实施，中国经济对世界经济的影响日渐突出。为了从中国经济崛起中获益，霍华德政府不仅继续招收大陆学生到澳大利亚大学读书，而且出台了一系列更具有诱惑力的新政策，如允许在澳洲攻读大学课程的中国留学生在毕业后可以通过申请技术移民，定居澳大利亚。这项政策不仅极大地刺激了澳洲大学的发展，还进一步扩大了大陆新移民和专业人士在澳洲华人人口中所占的比重。除技术移民之外，澳大利亚政府还大力鼓励商业移民。截至 20 世纪末，大陆华人在澳洲所吸引到的商业移民总额中占高达大约 80% 的比例，[3] 而且更为重要的是，这一趋势一直延续至今。例

①　Department of Immigration and Border Protection. *A History of the Department of Immigration：Managing Migration to Australia*2015：Canberra.

②　Ibid.

③　Jordens，A. "Post-war no-British migration" in J. Jupp（ed.）*The Australian People*. 2001：Melbourne. Cambridge University Press，pp. 65 – 70.

如，21 世纪初，维多利亚州的政府担保商业移民中，84% 都来自中国大陆。[①] 澳大利亚官方数据显示，2008 年金融危机以来，"三分之二的商业和技术移民签证都发放给了中华人民共和国公民"。[②] 由此可见，20 世纪90 年代以来，随着中国经济的持续发展，以及澳洲移民政策的调整，越来越多的中国留学生、专业人士和商界精英移民并定居澳洲，进一步改变了澳洲华人社区的基本特征。表 1 的统计数字虽然不能反映上述华人社区人口类别的巨大变化，但从基本人数这一侧面反映了澳洲华人社区正在演变为一个以大陆移民为主的社区。

表 1　　　　　　　　　　澳大利亚华人社区人口构成

年份	中国	香港	台湾
1981	25200	15300	
1991	84600	62400	
1996	118640	75760	19380
2001	153360	73920	24140
2006	251960	81360	25490
2011	387420	85990	33450
2015	481820	84460	55110

数据来源：Richards，E.（2008）. Destination Australia：migration to Australia since 1901，UN-SW Press. The rest of statistics is sourced from ABS（2015）. Estimated resident population，Country of birth，Sex ratio – 30 June 1992 to 2014，ABS. Stat beta. Available at http：//stat. abs. gov. au/ Index. aspx？DataSetCode = ERP_ COB.

三　扎根新金山：澳洲华人社区的转型

20 世纪 80 年代中期以来，中国经济发展以及良好的中澳关系，为澳洲华人社区带来了前所未有的发展良机，澳洲华人社区的整体经济地位也因此有了显著提高。作为同时嵌入在祖籍国和居住国社会经济发展两

---

① Murphy，M.，"Business Migrants Boosting Victoria". 2006；*The Age*.

② Department of Immigration and Citizenship，*Australia's Migration Trends* 2011 – 2012，2013：Canberra.

大历程中的典型移民社区，澳洲华人社区一方面成为中国改革开放和澳洲"面向亚洲"战略转向的受益者，转型为澳洲社会公认的"模范社区"和"中产阶级社区"。另一方面，澳洲华人社区成为中澳发展的支持者、参与者和推动者，为澳洲的国家建设、社会发展及中澳交流合作都作出了巨大贡献。在过去的30年里，中国迅速地从澳洲第五大贸易伙伴成为第一大贸易伙伴、第一大海外投资来源国以及第一大游客和国际留学生来源国。澳大利亚也同时成为中国第二大对外投资目的国家。中澳之间民间交流愈加频繁、广泛和深入。

（一）中国经济发展和中澳人员往来的受益者

经过近几十年的努力，现在澳洲华人社区经济活动和社会地位显著提高，整个社区已在澳洲步入了"模范社区"和"中产阶级社区"的发展阶段。澳洲华人社区近几十年来的成功，在很大程度上与他们和祖籍国的联系有着千丝万缕的联系。同时，他们在中澳关系发展过程中不断重新自我定位的能力和努力，也是澳洲华人社区迅速步入了"模范社区"的主要原因。现在，澳洲华人社区中相当一部分成员都从事着与中国有关的经济活动。正如本文下面即将讨论的，华人经营的这类与中国有关的经济活动本质上既属本土性质，也属跨国性质。因此，澳洲华人不仅积极贡献于中澳两国间的经济联系，而且他们活跃的经济活动也对他们适应澳洲生活、融入主流社会产生了积极的影响。

首先，通过引进"中国制造"，澳洲华人在澳洲一些市场抢占了大量份额。在定居初期，很多大陆新移民因受语言能力和当地工作机会有限的限制，被迫放弃了与原先所学专业技能相关的工作机会，转而从事如便利店、外卖店、洗衣房、生鲜店等个体生意。在转战商场的过程中，一部分华人通过引进"中国制造"商品，成功地在澳洲抢占一定市场。在澳洲这样的自由经济体中，市场通常由少数大型公司垄断。所以，在20世纪90年代后期至21世纪初，在新移民进军澳洲市场的初期，他们只能通过引进其他大公司的采购经理不会采购的商品来抢占市场。华人商界人士和这些采购经理对市场份额的争夺，可以说曾经是一场没有硝烟的战争。以康佳电视为例，1994年，当澳洲进口第一批康佳电视时，该品牌在澳洲根本无人问津，连主流家电零售连锁企业（The Good Guys）

都拒绝销售。通过华文媒体推广，康佳电视才首先在华人社区打开销路。康佳电视在华人社区中的成功对主流家电零售连锁企业造成巨大的市场压力，最后只得做出让步。康佳电视随后便逐步迈入主流市场。到 2003 年，康佳电视在澳大利亚的市场占有率达 10%，随后在 2004 年飙升至 20%，并在 2008 年成为澳大利亚第二受欢迎的电视机。①

其次，华人社区经济的繁荣也直接得益于中澳之间日益密切的人员往来和合作。随着越来越多的中国游客和留学生来到澳大利亚访问、观光和学习，华人社区中大批商界人士奔波于澳大利亚和中国之间，为中国游客和学生提供各式服务。据统计，仅仅是为中国游客和学生在澳大利亚境内提供的服务，如旅游、文化交流、商务考察、会议会展、接待、购物、食品和住宿等，每年就能给华人社区带来数以亿计的澳元收入。华人社区在这些领域的经济活动还显著改变了唐人街以及其他华人聚居区的传统格局。现在，除了华人餐馆外，华人还在唐人街及其他聚居区经营着大量华人旅行社、回国礼品店，以及向中国寄送澳洲产品的快递店等。以成立于 1994 年成立的宏城旅游集团为例，该公司在全澳目前拥有 8 家对外营业门店。此外，为了方便大陆游客直接垂询，宏城集团还在北京、上海和广州开设有办事处。其公司官方网页显示，在过去的 20 年中，该公司已接待海内外游客数百万人。

澳洲华人社区经济活动的活跃和带来的经济繁荣，还反映到社区高度活跃的媒体市场上。随着社区经济的发展，华人社区对于广告宣传的需求也日益增加，各式社区媒体也因此应运而生。自 20 世纪 90 年代初期以来，澳洲涌现了大量华人的报纸、杂志和广播电台。在悉尼和墨尔本，包括周报、日报、杂志在内的华文报纸从未少于十家。② 更重要的是，中国新移民不仅是社区媒体的消费者，更是创业者和经营者。新移民从未因媒体市场的激烈竞争而望而却步，反而竞相进入华文媒体市场。在 1993 年获得永久居留权之后，一些曾在当地华文报纸，如《新海潮报》

---

① Gao, J., *Chinese Activism of a Different Kind: The Chinese Students' Campaign to Stay in Australia.* 2013: Brill.

② Gao, J. "Radio-Activated Business and Power: A Case Study of 3CW Melbourne Chinese Radio" in W. N. Sun (ed.) *Media and the Chinese Diaspora: Community, Communications and Commerce.* 2006: London, pp. 150 – 177.

工作过的中国留学生纷纷开始自立门户，创办自己的报纸。90 年代后期，涌现了一批包括《华夏周报》《大洋日报》《大洋时报》在内的、至今仍活跃在当地市场的华文报纸。在过去的 20 多年里，华人社区人口的增长和经济的发展一直强力地推动着社区媒体市场不断扩大，因此，社区媒体市场成为反映华人社区经济活跃程度的一个重要指征。

澳洲华人社区成功的另一个方面体现在代际间的上向社会流动性。下一代的成功是移民家庭幸福程度的重要指标。无论家庭收入高低，几乎所有的华人都在子女的教育上倾注大量精力，投入大量财力。在每年主流报刊公布的高中会考状元榜上（在维多利亚州称为 VCE，在新南威尔士州称为 HSC），华人学生一直占有非常高的比例。这些榜单还显示，华裔学生除了精于数学、物理、化学和中文等传统优势科目外，在英语考试中也名列前茅。澳洲大学入学率同样反映出华裔学生的学习成就。在过去的 20 多年里，越来越多的华裔学生进入大学攻读学位，这一趋势一直呈延续上升状态。华裔学生所读专业越来越集中在法律、医学、药学、工程、建筑、会计、金融等高就业、高需求以及高社会认可程度的领域。现在，很多学生早已完成大学学业，进入所学专业领域，成为各行各业的专业人士。

由此可见，澳洲华人社区经济的发展，既不是一个仅仅通过买卖"中国制造"产品而建起的侨商大市场，即通过贩卖小商品繁荣起来的社区经济，也不完全是一些西方学者提出的通过引入新移民作为廉价劳动力而增强竞争力的"族群市场"模式。[①] 相反，澳洲华人社区经济依托于祖籍国的经济腾飞，将自己的创业努力扩展到推动中澳两国间人员往来等其他新领域。

（二）中澳关系发展的参与者和推动者

如前所述，澳洲华人社区通过在中澳交流上发挥"牵线搭桥"的作用，在一些市场领域占据很大的市场份额，并由此增强了投资其他领域的经济能力。然而，澳大利亚华人社区经济的发展很大程度上受惠于，

---

① Portes，A. and R. D. Manning， "The Immigrant Enclave：Theory and Empirical Examples". *The Urban Sociology Reader*，2005. 38：pp. 583 – 594.

澳大利亚"面向亚洲"的发展战略转向。在世界经济高度全球化的今天，华人社区的经济活动帮助澳洲开拓了亚洲市场，极大地促进了澳洲经济发展和社会进步。因此，尽管澳洲个别媒体不时质疑澳洲华人的经济活动，如华人推高房价等负面报道，澳洲华人社区的发展与澳洲的经济发展及其国家建设的历史进程，有着高度的一致性，而且是澳洲经济发展动力的主要来源之一。

（三）对旅游业和教育出口的贡献

在过去的 30 年里，澳洲华人社区极大地推动了澳洲旅游业和教育出口产业的发展。在全世界范围内，澳大利亚是从中国近几十年社会经济高速发展获益最多的几个国家之一。因此，在经济上，澳大利亚成为西方国家最依赖中国经济的国家。90 年代中期以来，随着赴澳大利亚的中国游客和留学生数量的稳步增长，澳大利亚的国际旅游业和教育产业发展速度惊人。如图 3 所示，入境旅游和教育出口已成为澳大利亚第二和第三大国民经济支柱产业。

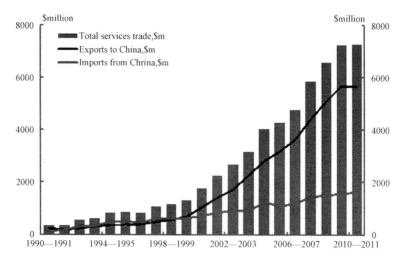

图3　中国作为澳大利亚最大的服务（教育和旅游）出口市场

图表来源：The Treasury（2012）Australia-China：Not Just 40 Yearswww. treasury. gov. au/PublicationsAndMedia/Publications/2012/Economic-Roundup-Issue4/HTML/article1，date accessed on 6 June 2016.

改革开放以来，中国的经济发展势头强劲，国民收入水平迅速提高，中产阶级规模不断扩大。中国人民生活水平的提高直接带动了出境旅游的发展，人们出国旅游的热情也日益高涨。由于地理位置等原因，越来越多的中国游客选择赴澳大利亚旅游。目前中国已成为澳洲第二大游客来源国，仅次于由特殊原因造成的新西兰人出入境人数。然而，在游客消费上，中国却远远超过了新西兰人在澳洲的消费，十年来一直雄踞首位。2015 年，中国总计有 1.2 亿游客出境旅游，其中超过 100 万中国旅客选择了澳洲。这一数字使澳洲提前五年实现了 2020 年吸引中国游客100 万的中长期计划。同样据 2015 年统计，中国出境游客共花费 2150 亿澳元，其中澳洲共赚取 77 亿澳元。[1][2]

除游客以外，中国还一直是澳大利亚国际留学生的最大来源国。在过去十年，中国留学生占澳洲国际留学生总数近三成。[3] 90 年代初，澳大利亚的国际教育产业产值仅约为 10 亿美元。2007 年，澳大利亚吸引了大约 50 万海外学生，教育产业曾一跃成为矿业之后的第二大出口产业，产值达约 130 亿美元。[4] 澳洲教育出口产业产值在 2009 年到达顶峰，创收高达 190 亿美元。其中国际学生数量占澳洲大学学生数量的 22%，但很多地处大城市大学的海外学生比例高达 40% 以上。[5] 尽管 2009 年后，国际教育产值有所回落，但国际教育部门仍然是澳大利亚最大的服务出口产业。在 2012 年澳洲教育出口创收为 150 亿澳元，创下若干年收入最低

---

[1] Freed, J., "Annual Chinese Visitor Numbers Exceed 1 million for First Time". *The Sydney Morning Herald*. 2016. www.smh.com.au/ business/ the-economy/ annual-chinese-visitor-numbers-exceed – 1 – million-for-first-time – 20160111 – gm3shn.html. date accessed on 08 November 2016.

[2] Petroff, A. "Chinese Tourists Spent ＄214 Billion Abroad Last Year". *CNN*. http：//money.cnn.com/2016/03/21/news/economy/china-travel-tourism-record-spending/, date accessed on 6 June 2016.

[3] Australian Council for Private Education and Training. *The Economic Contribution of International Students*, www.acpet.edu.au/uploads/ files/Reports_ Submissions/2013/Economic-Contribution-Executive-Summary.pdf, 2013. date accessed on 6 October 2016.

[4] Tsukamoto, K. "The Interconnection between Australia's International Education Industry and its Skilled Migration Programs" in J. Fegan and M. Field （eds.） *Education across Borders：Politics, Policy and Legislative Action*. 2009：New York, pp. 49 – 60.

[5] ABS. *Australian Social Trends December* 2011：*International Students*, www.abs.gov.au/AUSSTATS/abs@.nsf/Lookup/4102.0Main + Features20Dec + 2011, 2012. date accessed on 6 June 2016.

点，但这一收入远远超旅游业的收入。

（四）对零售业的贡献

除了促进澳大利亚服务出口产业的发展，华人社区对澳大利亚经济的另一大贡献是刺激澳洲零售业的发展。这一贡献至少可分为进口和出口两个方面，而对后者的分析仍迟迟未能反映到研究文献中。事实上，在出口方面，澳洲华人抓住中国不断扩大的中产阶级群体对于食品安全和健康的追求，通过各种形式的宣传推广，将澳洲商品销售到庞大的中国市场。他们的主要推销策略是宣传"澳洲制造"的安全、天然和健康。他们当中很多人还利用国内电商平台（如阿里巴巴）和新媒体（如微信公众号），以及个人的社会网络，向中国消费者推广和销售澳大利亚生产和制造的婴幼儿奶粉、保健品、葡萄酒和羊毛制品等商品。近来，随着中澳自贸协定的签订和施行，现在澳洲代购的生意甚至扩展到包括樱桃、牛肉、海鲜在内的生鲜产品。据澳洲媒体估计，华人代购产业年产值约数十亿澳元，[①] 仅墨尔本的一家航空公司就每周往中国运送 20 吨的澳洲商品。一家知名婴幼儿配方奶粉公司执行总裁表示："我们认为代购不仅有利于当地经济……也对我们的生意有利。"[②] 由此可见，若是没有当地华人的参与、智慧和努力，特别是熟悉中国大陆、在大陆有着直接人际网络联系的新移民的努力，澳大利亚不仅不可能快速地吸引如此之多中国游客和留学生，而且也不可能说服如此众多的中国消费者购买澳大利亚产商品和服务。

（五）澳洲华人的社会参与

澳洲华人社区也日益积极地参与澳洲的社会事务和政治活动，成为

---

① Swati Pandey, J. B., "Chinese Hunger for Australian Food as 'Daigou' Leave ＄1 Billion Tax Hole", *The Sydney Morning Herald*. 2016. http：//www. smh. com. au/business/the-economy/chinese-hunger-for-australia-food-as-daigou-leave－1－billion-tax-hole－20160927－grpfqs. html date accessed 10 November 2016.

② Battersby, L., "China's 'Daigou' Shoppers Leading Australian Retail Drive", *The Sydney Morning Herald*. 2016. http：//www. smh. com. au/business/retail/chinas-daigou-army-plan-fresh-assault-on-our-stores-and-this-time-theyre-coming-for-our-cherries－20160126－gme8ec. html date accessed 10 November 2016.

澳大利亚多元文化社会的一个重要组成部分。不同于传统刻板印象，如今的澳洲华人已经不再是一个不关心所谓澳洲主流社会事务、自我封闭的少数族裔。在如火如荼地发展社区经济的同时，由于利益相关性的增加及人员素质的提高，澳洲华人越来越积极地参与公共事务，成为构建澳大利亚公民社会的一支活跃力量。在政治生活中，澳洲华人参政热情日益高涨。[①] 据不完全统计，仅 2013 年，大墨尔本地区地方市政厅选举过程中就涌现出近 20 名华人参选者。除正式参加澳洲各级立法机构选举以外，华人社区还采取游行、抗议、游说议员、政府官员等方式反映社区诉求，与政府展开积极对话，开拓沟通渠道。澳洲一些媒体关于华人团体及企业家政治捐款的负面报道，也反过来说明澳洲华人社会参与的广泛程度和深度。此外，澳洲华人社区还通过参加澳大利亚的国立庆典活动、各种多元文化艺术节、诸多慈善活动等方式，积极参与澳大利亚当地社会事务和文化活动。除澳洲个别媒体外，澳洲华人的努力和贡献得到了主流社会的广泛认可和嘉奖。在一年一度的澳洲勋章颁奖仪式上，越来越多的华人以其对澳洲社会做出的卓越贡献而获此荣誉。除个人以外，不少华人社团也因其卓越贡献广受澳洲社会和政府认可。以 1993 年成立的澳大利亚华人专业人士俱乐部（Chinese Professional Club of Australia）为例，澳大利亚联邦政府为了表彰其为保护澳大利亚环境作出的数十年如一日的努力和贡献，特向该俱乐部颁发了 2001 年国际义工年的"团体贡献奖"。[②]

（六）与中国的交流和互动

随着中澳各领域交流与合作的持续扩大和深入，澳洲华人在新的历史机遇面前扮演着越来越重要的角色。通过其跨国活动的开展，澳洲华人社区为中国的发展及中澳友好合作，做出了卓越的贡献。除上面提到的其他形式的中澳交往，澳洲华人社区与中国的交流合作还体现在以下两个方面：

---

① 高佳：《澳洲华人的中产阶级地位及其参政诉求：2007 年大选以来的变化》，《华人华侨历史研究》2013 年第 3 期。

② Chinese Professionals Club of Australia.《CPCA 二十年》. 2013：Melbourne.

首先，澳洲华人社区通过直接投资和慈善捐助等传统方式，参与祖籍国的发展。依托于澳洲较高的收入水平以及华人社区优良的经济状况，不少澳洲华人将在澳洲积累的部分财富用于对中国的直接投资。在中国发生地震等严重自然灾害时，澳洲华人慷慨解囊，捐款捐物，帮助灾区民众重建家园。其次，澳洲华人通过参与各种促进中澳友好的合作交流活动，积极参与到中国"走出去"、"一带一路"和软实力建设等一系列新兴国家发展战略的实施过程当中。在经济领域，澳洲华人社区通过对中澳两国市场、社会和政府的了解，协助中国企业商务考察、提供在澳投资的各种信息，或者主动在中澳公司、企业及政府部门间牵线搭桥，扮演重要的中间人角色。仅 2016 年，在澳华人社团就组织了数十场包括"澳中企业家对话""中澳贸易投资展""澳中商贸投资展"在内的大型交流活动。中国目前已经成为澳洲第一大海外投资来源国，而澳洲也成为仅次于美国的中国第二大投资目的国。与此同时，澳洲华人社区在中国和澳大利亚各自的对外文化宣传和公共外交活动中扮演着重要角色。随着中国国力的增强，中国更加频繁地组织国内艺术团体到国外举行文艺公演，或者各类展览，以此扩大中国的国际文化影响力和提升国家形象。澳大利亚新老华人社团对参与，甚至组织这类中澳文化交流活动始终保持着非常高的热情。华人社团通常通过共同主办、承办或者协办的方式，为这些文化交流活动安排人力物力，提供资金支持，并运用在当地的社交网络和资源推广宣传，使这类活动在华人社区和主流社区都获得了较大的影响力。由此可见，经过改造的澳洲新华人社区在很大程度上已经成为中澳经贸合作、文化交流与民间交往中的主要参与者和推动者。

四　结论

目前关于澳洲华人的研究越来越多，而且有越来越多学者的注意力正在转向这一研究题目，但现有研究的深度和广度都远远落后于澳洲华人社区发展的速度。因此，现有研究仍无法对澳洲华人社区近几十年来的变化提供令人信服的解释。本文从政治经济学的角度出发，运用双重嵌入的理论，分析了近三十年来中国改革开放和澳大利亚向亚洲靠拢这两大历史进程对澳洲华人社区的影响。本文力图着眼于澳洲华人社区发展的社会、经济及政治因素，探讨澳洲华人社区的形成和发展与中澳两国间宏观政治经济环境变化的联系。本文认为，澳洲华人社区具有"双重嵌入"的属性，其演变既嵌入在澳大利亚的社会历史演变进程中，同时也嵌入在中国的改革开放、国际化等发展线索中。澳洲华人社区与二者休戚相关，并在这两大历史进程的互动中得到改造和提升。中澳两国以及两国之间宏观的政治经济因素，共同影响着华人移民和定居澳洲的总体趋势、发展模式及具体过程。

澳洲华人近几十年来的经济地位和社会地位显著提高，在很大程度上依赖于他们与祖籍国千丝万缕的联系，也取决于澳大利亚20世纪70年代以来逐渐形成的靠拢亚洲的国家发展新思维。更为重要的是，他们的新地位还取决于，以中国大陆新移民为主的澳洲华人社区在上述两大历史进程的互动中，在中澳经贸关系、民间往来和文化交流发展过程中，准确找到的社区自我重新定位，以及他们共同做出的努力。经过改造的澳洲新华人社区通过积极开展与中国有关的经贸活动，通过参与澳大利亚积极开拓海外市场的努力，极大地提高了社区自身的经济水平和社会地位，缩小了与澳洲其他少数族裔社区的差距，成为澳洲的"模范社区"和"中产阶级社区"。在世界经济高度全球化的今天，澳洲华人社区的经济活动极大地提高了澳大利亚对亚洲的理解和认识，并改变了澳大利亚人对亚洲既鄙视又恐惧的心态。他们不仅有效地协助了内需有限的澳大利亚在亚洲开拓其特有的市场，增进了中澳之间的友好交流与合作，而且改变了澳大利亚人对其在亚洲地位的理解。因此，澳洲华人社区既是中国改革开放和澳洲"面向亚洲"战略转向的受益者，同时也是中澳发展进程的参与者与推动者。澳洲华人社区双重嵌入的特质表明海外华人社区的发展可以和移居国及祖籍国的发展并行不悖、相得益彰，也证明中国新移民可以成为祖籍国和移居国共享的财富和资源。

总之，本文对未来有关研究在理论上具有一定参考价值。本文指出澳洲华人社区的变化不仅要从澳洲国家发展战略调整和社会变迁的角度来理解和分析，而且从中国自80年代以来的政策转变和经济发展来考虑。这两大历史进程或社会变迁都同样深刻地影响着澳洲华人社区的生存和发展。尤其是对中国新移民群体来说，他们的经济成就很大程度上依赖于中国经济发展带来的机遇。同时，本文还简明扼要地分析了澳洲新老华人是如何解读其所处历史环境，主动抓住中国经济发展提供的有利契机和利用澳洲面向亚洲战略转向创造的新机遇的。这一多因素、较长时间段的分析将克服单一因素或维量分析的缺点，克服基于一时一事新闻跟踪报道式研究的不足，为今后分析移民行为和社区活动提供一个新的例证和视角。

海外华人聚落与"在地化侨乡"

郑一省　陈思慧①

研究侨乡文化，建设侨乡文化，我们不仅要立足国内，还必须以国际眼光或国际视角，即站在全球或更广阔的角度上观察侨乡文化的产生、发展和演变。一个侨乡的形成与发展，不是孤立的，它既具有国内的背景、原因和产生的条件，也与中国移民的海外迁徙、海外华人聚落的形成、"在地化侨乡"的出现以及"在地化侨乡文化"与"原先侨乡文化"的互动、交流密切相关。

一　移民与海外华人聚落的形成

在一定意义上来看，移民是人类社会的普遍现象，因为人类的历史其实就是一部移民史。人类的迁移是指个人或一群人穿越相当的距离而做的永久性移动。移民应该包含着两层含义。一是指一种人或人群，一是指一种行为或社会。人类社会的移民既有国内跨地域的迁移，也有向境外或异域他国的迁移。

中国人向海外的迁移历史到底始于何时，因资料的匮乏而无从考证。一些学者研究，早期前往海外的主要是中国的海商，其在公元初就开始出现，②循着中国海商的足迹，一些中国人移居到邻近的东南亚地区，乃

---

① 郑一省，广西民族大学侨乡文化研究中心主任、教授，《八桂侨刊》主编；陈思慧，广西民族大学图书馆馆员。

② 庄国土：《世界华侨华人数量和分布的历史变化》，《世界历史》2011 年第 5 期。

至向世界其他地区迁移，而造成中国人大规模向海外的迁移，应该是在16世纪，特别是在晚清时期，即1840年后达到高潮，有人估计在1840—1911年间迁出的人口在1000万以上。到20世纪50年代初，世界华人总数1200万—1300万人，90%集中在东南亚。[①]

从查阅资料和调查来看，早期中国移民移往海外充分显示出一种连锁移民网络的地域性特征，如暹罗华人多来自潮汕；荷属东印度（印尼）闽籍者最多，次为客家和广东肇庆籍；新马华人闽籍过半，次为广东肇庆、潮州；法属印度支那华人广东肇庆籍最多，次为潮州、客家和闽南籍，英属缅甸华人多滇籍、闽籍和广东肇庆籍；菲律宾华人则九成为闽南人，而北美、澳洲、非洲、拉丁美洲等地多数来自广东肇庆地区，少数来自粤东与福建。这些地域性特征形成了海外华人社会，特别是东南亚华人的"帮权（群）"社会结构，诸如被学者们称之为福建帮、广东帮，等等。例如，早期的马来亚槟榔屿华人社会亦是建立在"帮"的基础上。早期槟榔屿华人帮群，学者一般用"福帮"（或闽帮）、"广帮"（或"粤帮"）来概括。"福帮"是指操闽南语的泉州、漳州府的人，而"广帮"则是一个突破地域藩篱的跨帮组织，具体可以分为广府帮、潮州帮、客家帮、海南帮。从槟榔屿华人社会的帮权结构来看，这种帮权势力的强弱与帮群人口规模的大小有很大关系（见下表）。

槟榔屿各帮群占华人总人口的百分比　　　　单位:%

年份	福建	广府	潮州	客家	海南	福州	福清	兴化	广西	三江	其他
1921	47	23	14	11	3	0.9	—	—	0.01	0.1	1.08
1931	45	23	16	16	3	1.1	0.4		0.2	—	1.1
1947	43	22	20	20	4	1.2	0.04	0.1	0.1	—	0.6

资料来源：陈剑虹：《槟榔屿潮州人史纲》，槟城：槟榔屿潮州会馆2010年印。

除了显示连锁移民网络较强的地域性，早期的中国人移民海外时，又凸显出连锁移民网络的另一种特征"族缘性（宗族或同乡）"，

---

① 葛剑雄：《人口与中国疆域的变迁》，http：//www.toutiao.com/i6324904994352923138/。

即海外的中国移民喜欢聚族（群）而居，从而在海外形成了大大小小的聚落，即村落或社区。比如，闽人何乔远有关菲律宾华人聚落的类似记载："其地迩闽，闽漳人多往焉，率居其地曰涧内者，其久贾以数万，间多削发长子者。"① 这种聚落，即我们现在仍然可以常常听到或看到的所谓"唐人街"。可以说，在中国移民不断向外迁移的历史长河中，东南亚华人聚落较早出现，已有几百年的历史，而在当今各类型的聚落仍大量存在。

所谓聚落，即村落或社区。华人的聚落是在移民与拓殖，或人为的圈定（划定），或因各种原因而聚居形成的。在东南亚，由于华人的居住习惯，以及历史上的一些原因，在许多迁入国已形成了被称之为"华侨社会"的移民聚落，这是凭着地缘、血缘关系而吸引着更多同乡与同宗向同一地区外迁。东南亚华人的聚落较为常见，其大致分为两类。

（一）移民拓殖而成的华人聚落

在东南亚，移民拓殖而成的华人聚落较为常见，我们可以马来西亚砂拉越、印尼西加里曼丹和柬埔寨实居省来说明这种现象。

在当今马来西亚砂拉越的诗巫，早期被称之为"新福州垦场"，这是福州籍人黄乃裳引领其同乡几经艰难岁月而拓殖起来的。1900 年 7 月 27 日，黄乃裳与沙捞越第二代统治者拉者查尔斯·布鲁克（Rajah Charles Broke）签订了一项移民合约。随后，黄乃裳便回国招募垦民，前后组织了三次移民：第一批 92 人先锋队伍，由力昌与陈观斗带领，于 1900 年 12 月 23 日由福州乘"丰美"船，经新加坡于翌年 2 月 20 日抵达诗巫时只有 72 人；第二批由黄乃裳亲自率领 535 人，于 1901 年 3 月 16 日抵达；在安顿好垦民之后，黄乃裳又回国进行了第三次招募，并于 1902 年 6 月 7 日带回 511 人。三批共 1118 人②。

---

① 何乔远：《王亨记三》，《名山藏》之吕宋条，明崇祯刊本，第 12 页。

② 关于福州人三次移民的人数，学者们有不同的看法，此处采用当地学者刘子政《黄乃裳与新福州》书中说法。详见陈琮渊《砂拉越诗巫省华人社团联合会研究 1977—1997》，砂拉越华族文化协会 2005 年版，第 43 页。

不同于闽南人的自发性移民，这三批早期移民是黄乃裳从其福州[①]的家乡招募而来的，到达诗巫后，多从事垦殖工作，因此诗巫也被称为"新福州垦场"。由于黄乃裳是闽清人，他招募的垦民也是以闽清为中心的，闽清和古田两县占绝大多数，他们到达诗巫后被分别安置到新珠山和黄师来两处。这些福州移民得到安置之后，便开始进行垦殖活动。与拉者签订的合同规定，垦民获得土地，但必须种植水稻。由于环境的差异，中国的经验显然不能适用于热带的沙捞越，头几年的收成非常不好，加上水土不服，病害困扰，许多人或死或逃，据黄乃裳的《绂丞七十自叙》所言："越三年病卒者三十有七，可知水土嘉喜矣，又未习操舟，而强为水者，死者十有一，不惯抛乡井耐劳苦而自归者百有余，弃而他往者，百三十余，粤有孝廉邓家让者……愿以稍厚工值雇吾农四十余去，而场中不满七百人矣。"[②] 后来，在富雅各（Hoover）的改革下从新加坡引进橡胶种植。在国际胶价上涨的背景下，福州人种植的橡胶获得好价钱，种植者越来越多，垦民的生活水平也因此得到了提高，并开始吸引更多家乡亲友前来。1909 年福州人从政府中获得了土地特许，他们可以向政府申请永久地契，使得这个移民社会有了发展的根基。1911 年至 1919 年间，共有 4132 名福州人前来诗巫，其中尤以 1916 年为最多，达到 1227 人[③]。

这批南来开荒拓殖的福州人，先是在诗巫开垦，后又拓殖到民丹莪、泗里街等乡村从事农耕业，形成了许多福州人的聚落，他们集数十户或少至十多户人家，向政府申请一大片土地从事耕种。例如，1920 年马鲁帝蒲悦的垦场或稍后老越区的垦场，他们申请到土地与政府签了协约之后，即胼手胝足，而后形成一个新的移民社区。[④]

---

① 彼时的福州指的是"福州十邑"。福州十邑正式定名是在清朝，当时设立的福州府，下辖闽县、侯官、长乐、福清、连江、罗源、古田、屏南、闽清、永福共十县。迄今，闽县与侯官已合并称闽侯；福州市又从中单列，辖鼓楼、台江、仓山、马尾、郊区；平潭从福清中分出设县；福清、长乐撤县改市；永福改称永泰；古田、屏南归宁德地区所辖。

② 黄乃裳：《绂丞七十自叙》，载陈立训等《诗巫福州垦场五十周年纪念刊 1901—1950》，诗巫：福州公会 1951 年版，第 1 页。

③ Daniel Chew. Chinese pioneers on the Sarawak frontier：1841 – 1941. New York：Oxford University Press，2004：154.

④ 田英成：《砂拉越华人社会史研究》，砂拉越华族文化协会 2011 年版，第 70 页。

这些华人聚落，也在沙捞越的其他地区出现。在沙捞越第一省古晋郊区的石隆门（Bau），西连（Serian）一带，第二省成邦江（Simang-gang）、三马拉汉（Samarahan），以及第四省美里廉律（Riam road）地区，都可以发现客家族群的聚落。田英成先生曾前往美里廉律地区调查，探讨了当地客家族群聚落的情况。他认为，在古晋，沿着晋连公路两旁的华人农村，多是河婆客的耕种地，石隆门路一带亦然，这一群人勤劳苦干，乃是著名的农耕者。最早到廉律开垦的是河婆蔡荀等人，他们到达廉律，居住在"三渡桥"一带（今五条石），开始时种植胡椒及蔬菜等。这个地方乃是廉律最早开发的地方，在这之前，该地只有数户伊班人，他们以狩猎为生。当蔡荀等落户廉律之后，陆续有同乡从中国南来，其中包括廉律第一任村长杨交环以及张竹琴及蔡通宝等。当廉律人数逐渐增长，并且大部分定居下来，河婆同乡闻悉此处有发展机会，更多同乡于是陆续南来。在 20 世纪 30 年代至 40 年代初，由于中国动乱，这是河婆客移民到廉律的高潮期，而廉律也俨然成为"河婆村"。①

印尼的西加里曼丹，早期华人聚落也随处可见。据资料显示，1770 年在东万律发现新金矿后，几乎每年约有 3000 华工来到西加。受金矿的诱惑，大批华人移居西加，从喃吧哇转移到坤甸（Ponti-anak）、邦戛、三发（Sambas）等地。西加里曼丹的金矿在 1812 年有30 多个矿区，以东万律金矿最大。全部采矿工人约 3 万。早期到西加开采金矿的华人，都各自组织公司，较大的公司有东万律的兰芳公司、鹿邑的大港公司、三条港公司、和顺公司等，这些公司主要是梅县、大埔人等。随着越来越多华人前来西加里曼丹，后由于开采金矿容不下，就转移生产目标，即向西加的市镇以外的森林地区垦荒务农，所以西加里曼丹各偏僻地区都散居了华人，他们开荒垦种椰子园、橡胶园、胡椒园，成立小乡村，甚至有些小乡村全是华人，没有其他族群，在内陆丘陵地带的园区都是华人开辟的，即使交通很不方便的地区都有华人的小村落。

在柬埔寨，虽然华人较早和较深地融入当地社会，即高棉化。但当今柬埔寨华人的这种聚族（群）而居的聚落也时有发现。我们曾于 2016

① 田英成：《砂拉越华人社会史研究》，砂拉越华族文化协会 2011 年版，第 12—14 页。

年 1 月前往柬埔寨的实居省调查，该省的洛良格乡就存在着一个土生华人①占相当大比重的村落，即狮子桥村。据我们的访谈口述及查阅的资料发现，狮子桥村共有 74 户人家，其中土生华人有 44 户，高棉人有 30 户，占整个村庄人口的 60%以上。这 44 户土生华人的祖籍都是在中国潮州地区。我们曾对狮子桥村早期的 17 块潮州人墓碑进行调查，发现揭阳人的墓碑就占了 14 块，普宁人有 1 块，剩下 3 块未标明原籍地，这说明狮子桥村多数土生华人的祖辈是来自潮州地区的揭阳县。狮子桥村的土生华人长辈回忆，狮子桥村最早有 3 户人家，一家姓郑，一家姓林，一家姓陈，他们都是从中国潮州地区过来的，定居于此地。后来他们之间互相通婚，再加上一些外来的华人，形成了现在占较大比例的华人村落。② 实际上，最早开垦狮子桥村这块土地的是从中国漂洋过海过来的潮州人，而且，在波尔布特时代以前，没有高棉人定居于狮子桥村。正如另一位潮州籍土生华人所说："狮子桥村以前基本是华人，在波尔布特之前就是这种情况，应该达到了 100%。"③ 从聚居的数量和居住方式来看，狮子桥村属于沿公路两旁聚居的密集型农村聚落。当地的"130 号"公路贯穿整个狮子桥村，该村的土生华人是居住在公路两旁，高棉人大多居住在离公路较远的村落里面，而且土生华人是受血缘关系、宗教习俗的影响聚集而成的，即以潮州人为主，主要信仰道教，他们聚居在一起，过着自给自足的生活。

（二）人为圈定（划定）的华人聚落

这一类聚落，主要是因特殊的年代、特殊的事件而形成的。从目前的调查来看，这一类华人聚落在马来西亚和印度尼西亚较为常见。

在马来西亚，除了我们在上面所指出的因移民的拓殖而形成的华人聚落外，马来西亚的华人聚落中有许多被称之为"新村"。一般认为，这

---

① 学界对土生华人的定义有两种解释，一是华人与当地民族通婚后所生的孩子即混血儿，二是土生土长的华人。本文所指的柬埔寨土生华人是在当地出生且土生土长的华人，当地人称土生华人为"召真"（音译）。

② 2016 年 1 月 31 日下午 4 时在柬埔寨实居省森隆东县洛良格乡狮子桥村与平·坤的访谈。

③ 2016 年 2 月 4 日下午 4 时在柬埔寨实居省森隆东县洛良格乡狮子桥村摩托车修理店与林春乐（男）的访谈。

些华人"新村"是英国殖民政府在 1950 年年底，推行"布力格斯计划"① 下所设定的村落。当时马来半岛有 40 多万华人被迁至约 500 个新村，进行垦殖，受影响的大多为华人垦民，占总数的 86%。此计划从 1948 年开始至 1960 年结束，除了政府的资助，迁移计划也得到了马来亚华人公会的配合，在金钱与其他方面给予协助。在布力格斯计划下，英殖民政府给村民们提供某些基本设备，例如水电供应、警察局、民众餐馆、医疗所、学校、巴刹和道路等。不过，在刚建立新村的时候，除了警察、闸门和有刺的篱笆网，许多华人新村并没有获得预期的基本设施，甚至有人把新村形容为集中营。②

　　英国殖民政府为了断绝华人垦民与森林中的马共的联系，将散居在新村附近的华人垦民移入新村，以便集中管理，而在此机缘下，反而对具有聚族而居的华人各方言群（同乡或同族）形成聚落尤为有利。换句话说，因为许多方言群通过连锁移民网络来到马来亚，而又因各自的垦殖原因散居各处，英国殖民政府的政策无意间促成了许多方言群（同乡或同族）聚落的诞生。

　　我们于 2016 年 7 月 26 至 8 月 24 日来到马来西亚彭亨州的文冬，该地自 20 世纪 50 年代也即在"布力格斯计划"实施期间建立了 4 个新村③，分别是玻璃口新村、金马苏新村、暹猛新村和力巴士新村。这几

---

　　① "布力格斯计划"因马共问题而起。1948 年，马共为了把在马来亚建立共产政权视为最终的斗争目标，为此展开了一系列行动来号召民众加入反殖民运动行列。英国殖民政府认为此举严重影响了他们在马来亚的政治与经济利益，宣布马共为非法组织，以打击他们的活动。马共在这种情况下，决定采取武装斗争而进入森林与英国殖民政府展开游击战。以森林作为基地的马共成员，获得了住在森林边缘以华人为主的垦民的资源供应。为了切断马共的生命线，即华人垦民为马共提供粮食、药物、武器、咨询和经济资源等，英国殖民政府就委派了布力格斯中将（Lieutenant-General Sir Harold Briggs）担任指挥，重新拟定作战计划以解决这类问题。此计划即"布力格斯计划（Briggs plan）"，其策略的重点就是执行"移植计划"，在此移植计划下，马来半岛的华人新村便因此而诞生。

　　② 闸门是新村的检查站，外出的村民都要接受检查，每天早上 6 点钟左右由闸门出去，下午 6 点之前必须回村。篱笆网将整个新村围住，避免马共和村民之间有任何联系。

　　③ 当地是 5 个村庄，即玻璃口新村、旧玻璃口村、金马苏新村、暹猛新村和力巴士新村。其实旧玻璃口村与玻璃口新村有很大的关系，即在建立玻璃口新村之前，旧玻璃口村似乎已经存在，也就是玻璃口新村的居民大多数是来自旧玻璃口村。这从一个侧面说明，新村的建立，也可能是在原有的基础上形成，即使不是直接在原有的地域上形成，起码也是在其附近形成，玻璃口新村便是一个例证。

个新村与马来西亚其他新村有着一个共同的特征，即许多新村是以同方言群建立起来的聚落。例如，玻璃口新村的广西人占90%以上，力巴士新村客家人占80%，而金马苏新村和暹猛新村则是以福建人为主建立起来的村庄。

在印度尼西亚，也有许多是因特殊年代、特殊事件而人为划定（圈定）的华人聚落。这些华人聚落在外岛的苏门答腊岛、西加里曼丹岛等地都有分布。现今北苏门答腊省首府棉兰近郊有一批难民村庄，这些村庄的村民是1965年"九卅事件"后，分别从亚齐地区班达亚齐、司吉利、司马委、美仑、伊迪、瓜拉新邦、冷沙等地被迫迁移而来的华人难民。这些亚齐难侨刚来到棉兰时，被安置在棉兰市区和郊区共14个收容所：棉华中学收容所、棉兰民礼路山亭收容所、勿老湾路老人院收容所、HELVETIA 四号寮收容所、HELVETIA 二号寮收容所、丹南呼鲁（DAN-DAM HULU）四十号寮收容所、丹南呼鲁四十一号寮收容所、丹南希利（DANDAM HILIR）二十四号寮收容所、丹南希利二十五号寮收容所、丹南希利二十六号寮收容所、苏涯加冷（SUNGA I KARANG）四十七号寮收容所、苏涯加冷四十九号寮收容所、苏涯加冷五十号寮收容所、苏涯加冷五十四号寮收容所。① 当时，这些在收容所被收留的华人难民达1万余人，除了由中国派出"光华号"等轮船接走了4000多人外，剩下的5000多人，在当地华人的资助下，当地政府将这些难民分别安置在棉兰周边地区的烟寮等地，而这些华人难民逐渐在这些地方建立起丹绒巫利亚村（美达村）、路颂牙村、星光村、和平村和双湿亚古村。在这些难民村庄，大多数是客家村落，其中以丹绒巫利亚村（美达村）的客家村落最大，居住了客家籍华人3000多人。②

靠近西加里曼丹山口洋（Singkawan）的郊区，有5—6个华人难民村，这些难民村庄是1965年印尼排华期间，山口洋附近的三发县发生全县骚乱，住在内地山里的华人被凶残彪悍、持枪持刀的暴民抢掠，部分被杀戮，华人居住的村庄被烧毁，一片火海中，历代前辈开垦的耕地，胡椒园毁于一旦，至亲骨肉各奔东西，几千难民从山里逃往城市，大部

---

① 印尼苏北华侨华人历史会社：《印尼苏北华侨华人沧桑史》，2015年，第639页。

② 印尼调查时在访谈者口中获得，是否准确，目前还在查询中。

分涌进山口洋，后来被安置在难民营之中，最后形成了现在的这几个难民村落，这些村落有以客家人为主的村落，也有以福建人和广东潮州人为主的村落。

二　海外华人聚落 = "在地化侨乡"？

有关"侨乡"的概念，始于 20 世纪 30 年代陈达《南洋华侨与闽粤社会》著作中的阐释，他把侨乡称为"华侨小区"，认为它的特征是"迁民人数较多，历史较长，迁民对于家乡有比较明显的影响"。很显然，陈达对侨乡的界定，是从华侨的角度去解释的，而且从其"人数""历史"和"影响"来加以佐证。

自陈达阐释"侨乡"的概念后，一直到 20 世纪 80 年代中国华侨研究开始盛行时，"侨乡"概念有了进一步的探讨。有的学者认为，侨乡是"华侨在中国的故乡"。出国华侨，绝大多数为闽、粤、琼等省人民，这些省出国华侨较多的县份，向有侨乡之称；[1] 另有学者认为，"'侨乡'原是指与华侨有广泛联系的中国村落"；[2] 还有学者认为，侨乡是"与海外乡亲联系密切，受海外影响明显的中国移民的重要移出地，它与非侨乡在人口结构，形成海内外联系网络，受海外经济力影响，中西文化交融有明显的差别"[3]。此外，以上学者和其他学者，还从侨乡形成的原因、侨乡的特点（或特征）等完善或丰富了陈达"侨乡"概念的内涵。

从学者们对"侨乡"概念和特点的阐释来看，侨乡具有历史性、地域性和人文属性。换句话说，侨乡是在历史过程中形成的，除了地理环境的自然属性之外，很重要的就是人文属性，而地域自然属性与人文属性又有着不可分割的关系。

海外华人聚落的形成，应该是与中国移民迁移海外同步的，即使是

①　周南京主编：《世界华侨华人词典》，北京大学出版社 1993 年版，第 506 页。

②　潘翎主编：《海外华侨百科全书》，香港：三联书店（香港）有限公司 1998 年版，第 27 页。

③　李国梁：《侨乡研究与华侨华人学建构》，载胡百龙、梅伟强、张国雄主编《侨乡文化综论》，中国华侨出版社 2005 年版。

人为圈定（或划定）的华人聚落，至少已有半个世纪或几十年的历史过程了。我们认为，华人聚落是中国村落（社区）在海外的"延伸"。海外华人聚落其实是"原乡侨乡"的"翻版"，即"海外侨乡"，不过它是一个"在地化侨乡"，是在海外诞生和成长起来的。"在地化侨乡"与原乡侨乡有许多共性，即不仅仅体现在它的历史过程、地域特征，而更重要的是人文属性，即华人所具有的聚族而居的习性，以及聚族而居所形成的文化。所不同的是，在地化侨乡是在异国他乡形成的，带有在地化的烙印，是一个具有"混合型文化"的海外侨乡，它实际上也具有与原乡侨乡一样的"亦土亦洋"特征。我们以被誉为"大马广西人村"的玻璃口新村为例，来说明这种现象。

玻璃口新村坐落在马来西亚彭亨州文冬市区的西面，与文冬市区只隔一条河，即文冬河。该新村也是1948年"布力格斯计划"实施期间建立起来的。玻璃口新村目前有500多户人家，人口大约有2800人，以广西籍，主要是北流、容县等籍人士居多，占全村人口超过90%，因而有"广西村"之称[①]。在玻璃口新村，广西籍人士占绝对比重，是一个以方言群或所谓"帮群"，聚族和以地缘因素而建立起来的一个"在地化侨乡"。

据调查，玻璃口新村居民最早来到文冬的一代可以追溯到爷爷辈，大多数访谈者都认为其父辈在20世纪20—30年代从中国来到文冬，刚开始在新村周围的山芭里割胶或务农。在山芭里割胶的，一般先是帮人割胶，后来有点积蓄后，就想方设法买了一块胶园，以便自己种橡胶而成为园主。务农的，主要是在森林或胶园边缘开荒种菜或养猪。也有一些广西人有了积蓄后做小贩，沿街走村贩卖小商品。现今有一部分玻璃口新村村民，仍在丘园从事种植，不过他们已经从以前的种植橡胶而改种榴莲或其他经济作物了，而新生一代大多放弃父辈的种胶割胶生计，或弃农经商，或到城市从事其他行业。

玻璃口新村早期的房屋多为木材所建，屋顶则铺上晒干的亚答叶，然后才逐渐改变为半砖半木式房屋，即底部3尺为砖块所砌，其上则是木板结构，锌片屋顶。（见图1）

---

① 据初步调查，在"广西村"其他籍贯人士不超过20人，福建人有一家，其他是高州、东莞籍的华人家庭。

图1　玻璃口新村早期的房屋

　　目前，有的房子材料是水泥砖瓦，也有些欧式建筑风格的房屋，外表甚为富丽堂皇。许多村民的住房从以往的平地屋发展到两层或三层的高层建筑了。（见图2）

　　随着自然人口的增长，居民家里小孩长大后一家分成几家，玻璃口新村的房屋因此不断增加，其土地已接近饱和状态，房屋鳞次栉比，人口相当稠密，以致在20世纪70年代，一些玻璃口新村的居民为了解决住的问题，迫不得已涌进祖辈们曾经在玻璃口新村附近住过的一块地方，在那里建立房屋，由于没有获得当地政府的许可，这些自建的房屋成为非法屋，1978 年 10 月初，彭亨州土地法组来到建筑非法屋的地方拆毁非法屋，引起当地民众的抵触，后经当地的国会议员丹斯里陈声新和拿督林亚礼向当地州务大臣请求停止拆屋行动，使村民们避过一场浩劫。除了较早期拆的 7 间木屋外，终于保存了剩下的 129 间。这个早期被父辈们开发的地方，在后来各方的大力协助下，从一个非法木屋区变成一个合法的村庄，这便是现在的旧玻璃口村。

玻璃口新村成立了许多社团组织，其中血缘组织有谢氏联宗会、卢氏联宗会、张氏联宗会，等等，这些血缘组织对于加强新村的宗亲之间的联系，起着原乡宗祠所扮演的角色与作用。其他的社团组织还有玻璃口民众图书馆、雀友俱乐部、青运及青团运组织、自愿消防队，政党有马华公会、民政党、行动党的支部，还有一些公开的私会党如马来西亚泗公联谊也在该村建立了分部。在玻璃口新村还专门建立了一个"特殊儿童康复中心"，专门为该村和周边村庄的智障及其他残疾儿童提供服务。

图 2 玻璃口新村居民的豪宅

玻璃口有一所小学，即"玻璃口国民型华文小学"，其创立于1951年，正值英国殖民政府颁布紧急法令，附近胶园住户被迫集中在后来所成立的玻璃口新村居住。当时该村是文冬区最大的新村，人口众多，当时任太平局绅的广西人陈生先生倡议创办玻璃口华文小学，以教育村民子弟。此提议提出，获得各界人士积极响应，很短时间便筹得2.8万余元。1951年8月中旬完成第一座亚答屋顶的校舍，计有一间大礼堂、一间办公室、六间教室及三间独立式教师宿舍。并于是年9月开学，是时，学生200余人，教员7位。至20世纪90年代，该校校地已扩至六英亩，拥有四座校舍，计有教室22间，一间办公室，一间冷气资源中心，还有一座食堂等，一个篮球场，设备相当完善。学生将近700人，教职员工40多人，可以说是一间已具相当规模的学校。①

广西人先辈来到南洋之后，并没有舍去家乡的信仰文化，在这里建庙祭祖，祈望在陌生、充满变数的异乡同样获得祖先和神明的庇护。在玻璃口新村，每个家庭的客厅都有祭拜祖先的神位，而大多数家门口都建有一尊天公赐福的神龛。（见下图）

_____

① 彭亨文冬：《玻璃口国民型华文小学建校四十周年纪念特刊》，联邦教育用品社有限公司1992年版，第16—17页。

图 3 玻璃口新村村民门前的"天公赐福"神龛

玻璃口新村有一座福安殿，建立于 1952 年，便于当地的村民向神明祈福求平安，而在旧玻璃口村则有紫竹林佛堂、仙四师爷庙。这些寺庙提供了一个进行祭祀仪式和同乡聚会的场所。（见图 4、图 5）这不仅可以凝聚人心，壮大力量，彼此之间还可以互相慰藉，提振精神。在 2016 年的农历八月十四中元节，玻璃口村有不少村民和庙宇，甚至学校都进行了施幽祭拜的活动。

图 4 紫竹林佛堂的施幽祭拜

图5　玻璃口国民华小教职员工的施幽祭拜仪式

除了祭祖和修建庙宇，举行宗教仪式保护传统文化外，玻璃口新村的广西人还传承了广西的饮食文化，并有所创新地将当地的饮食吸纳进来。在文冬，流行着一种美食，这就是"广西三宝"，即"味念鸡""扣肉"和"酿料"，无论是在小食店，还是在大餐馆、大酒楼，"广西三宝"都是客人常点的美味菜肴。在当地，还有一种畅销的产品"文冬姜"，据说这是早期来南洋的广西人，将家乡的生姜种子带出来，后来在当地种植培植出来的一种优质生姜，经过加工成为一个家喻户晓的调料品或补品。玻璃口新村有许多村民会制作这种"文冬姜"，有一些家庭为此专门开了这种制作姜的作坊，产品制作好了就拿到文冬及其他地方销售。在文冬，还有一种备受青睐的食品"豆腐卜"，这也是玻璃口新村居民生产的食品。整个文冬，生产这种"豆腐卜"的家庭作坊有三家，其中两家在玻璃口村。一家在玻璃口新村，另一家在靠近旧玻璃口村的山坡上，还有一家在文冬街上。

据调查，玻璃口新村许多老一辈的广西籍华人，对自己的祖籍地仍然保持着深深的记忆，在经济稍微宽裕和中马关系变得好转时，都会找机会回到祖籍地家乡看看。我们在访谈中得知，一些老一辈广西籍华人几乎每年都会回容县或北流探亲，特别是清明节或重阳节，都会前往祖籍地家乡祭拜祖先。有时他们也邀请中国的亲戚来文冬玩一玩，叙叙亲情。在平时，他们都与祖籍地家乡保持着联系，早期以书信，而现在主要靠电话。当然，有问到一些人祖籍在哪里，他只能说出他爷爷或父辈是从广西的哪里来的，并不能说出准确的位置，祖籍地家乡具体在哪里，只是一个遥远的记忆了。玻璃口新村的村民，说着被他们称之为"广东话"的语言。特别是在公共场合，这种"广东话"是村民们交流的通用语。虽然老一辈有的还能说地道的广西话，但大多数年轻的广西籍华人，似乎都不能讲这种方言了。

在玻璃口新村，早晨是最热闹的时光，该村唯一的巴刹（市场）从清晨5点多钟就开始喧哗起来，家庭主妇们在这里买菜，挑选其他的物品。围绕着巴刹的前后两条街有十几间咖啡馆和茶餐室，新村的村民聚集在那里喝咖啡，吃早餐，谈天交流，或看电视，形成此时新村最热闹的场所。中午后，村民睡午觉，一直到下午四点左右，老人和妇女们又聚集在咖啡馆或茶餐室、会馆或住家串门子，或者是搓麻将、玩纸牌或看电视。黄昏一到，学生回家，成人下班，回家人潮涌现。晚饭时刻，便是一家人团聚的时间。不过，有许多家庭的儿女要么到国外新加坡打工，要么在吉隆坡等地工作，只剩下留守的老人和孙子们在家里。许多家庭已成为"空巢家庭"。只是在每年的春节或其他的节日，子女们都会从马来西亚的各个地方，以及新加坡回来，平时较为冷清的玻璃口新村，又变得热闹非凡了。

玻璃口新村是一个中国村落在海外的延伸，更是一个"在地化侨乡"，其特征在于地理空间上的独立性，同方言群或同族聚居，坚守着早期的传统文化，其不仅与祖籍地保持着密切的往来关系，还通过其子女与其他国家发生着这样或那样的联系。

三 结 论

早期前往海外的主要是中国的海商，其在公元初就开始出现，循着中国海商的足迹，一些中国人移居到邻近的东南亚地区，乃至向世界其他地区迁移，而造成中国人大规模向海外的迁移，应该是在16世纪，特别是在晚清时期，即1840年后达到高潮。

早期中国移民移居海外，建构了一种连锁移民网络，这种网络的地域性特征形成了海外华人社会，特别是东南亚华人的"帮权（群）"社会结构，连锁移民网络的另一种特征"族缘性（宗族或同乡）"，即海外的中国移民喜欢聚族（群）而居，从而在海外形成了大大小小的聚落，即村落或社区。

在东南亚，由于华人的居住习惯，以及历史上的一些原因，在许多迁入国已形成了被称之为"华侨社会"的移民聚落，这是凭着地缘、血缘关系而吸引着更多同乡与同宗向同一地区外迁。东南亚华人的聚落较为常见，其大致分为两类：其一是移民拓殖而成的华人；其二是人为圈定（划定）的华人聚落，这一类聚落，主要是因特殊的年代、特殊的事件而形成的。

海外华人聚落的形成，应该是与中国移民迁移海外同步的，即使是人为圈定（或划定）的华人聚落，至少已有半个世纪或几十年的历史了。其实，华人聚落是中国村落（社区）在海外的"延伸"，它是"原乡侨乡"的"翻版"，即"海外侨乡"，不过它是一个"在地化侨乡"，是在海外诞生和成长起来。"在地化侨乡"与原乡侨乡有许多共性，即不仅仅体现在它的历史过程、地域特征，而更重要的是人文属性，即华人所具有的聚族而居的习性，以及聚族而居所形成的文化。所不同的是，在地化侨乡是在异国他乡形成的，带有其在地化的烙印，是一个具有"混合型文化"的海外侨乡，它实际上也具有与原乡侨乡一样的"亦土亦洋"特征。

中东欧华人社会意象之转变：
相互凝视下的捷克人、中国人与越南人

郑得兴[①]

一　回顾中东欧地区中国移民的变化[②]

中东欧与中国是在 20 世纪 50 年代初建立全面性的友好关系，双方基于社会主义政权属性，在苏联的居中联结下，与美欧集团形成冷战抗衡

──────────

①　郑得兴，台湾东吴大学社会学系副教授，捷克查理大学社会学博士。

②　本篇文章主要是参考笔者过去所发表的相关文章，再写作而成。郑得兴：《欧洲联盟之移民政策与多元文化主义之挑战：捷克个案探讨》，载刘以德主编《欧洲联盟文化政策之脉络与实践》专书，台湾欧洲联盟中心 2016 年版，第 386—428 页。郑得兴：《华文报纸与华人移民社会》，捷克《捷华日报》访谈纪要 2015 年 9 月号，第 32 期，台北《巴黎视野》（季刊）2015 年 9 月，第 8—14 页。郑得兴：《捷克的越南移民：社会融合与认同》，《巷子口社会学》，2015 年 7 月，http://twstreetcorner.org/2015/01/06/chengterhsing/。郑得兴：《普实克与捷克汉学发展》，《巴黎视野》（季刊）2013 年第 25 期，第 18—23 页。郑得兴：《中东欧的中国移民——九零年代纪实》，《巴黎视野》（季刊）2013 年第 24 期，第 9—15 页。郑得兴：《欧盟共同移民政策与会员国之挑战——捷克的"移民整合"及中国移民视角》，载张台麟主编《欧盟推动建构共同对外政策之发展：机会与挑战》，政治大学外语学院暨欧盟莫内教学模块计划，2013 年 8 月，第 257—293 页。郑得兴、胡丽燕：《捷克的中国移民及越南移民之比较——社会融合的观点》，《巴黎视野》（季刊）2012 年第 20 期，第 14—20 页。Ter-hsing Cheng & Liyan Hu, 2015. 7, "The Dual Identity and Social Integration of International Immigrants in the Czech Republic—A Survey Research on the Second Generation of Chinese and Vietnamese Immigrants", *Tamkang Journal of International Affairs*, Vol. 19, No. 1. Ter-hsing Cheng, 2014. 12, "Between Sinology and Socialism: The Collective Memory of Czech Sinologists in the 1950s", *Mongolia Journals Online*, Vol. 19.

的另一端——社会主义阵营。1950 年年初中东欧与中国互派留学生，双方将对方视为最亲密的国际战友。中东欧国家亦派遣农工专家队伍，纷纷来到中国乡村及城市进行友好协助。但随着中苏关系的恶化，追随苏联的中东欧国家与中国基本上处于内部冷关系的维持。20 世纪 70 年代中国与美国关系大幅改善，中国与苏东集团的对峙要到 80 年代才渐趋缓和。尽管中东欧与中国同属社会主义国家，中国建政之初也即刻受到中东欧国家的正式承认，不过双方在冷战期间的实质往来并不密切。

1978 年中国在改革开放政策的推动下，中国人开始新一波海外迁徙，但因为中东欧社会主义国家的封闭与经济发展相对落后，海外华人并未发展到中东欧这个区域。最早的突破口应该是 20 世纪 80 年代末匈牙利与中国签订相互承认免签证协议，1989 年中东欧国家历经激烈的政治、经济与社会转型，国家政休民主化、经济市场自由化与社会对外开放，中东欧国家原来透过互助理事会协议所引进的社会主义国家人民，是社会主义时期重要的外来人口来源，主要有苏联地区、古巴、朝鲜及越南人等，但古巴及朝鲜 90 年代留下来的人不多，大多是苏联地区与越南留在中东欧国家的外来人口。90 年代新的外来人口就属中国人与新越南移民最多，匈牙利估计有数万中国人，捷克等其他国家有数千中国人不等，这对于刚面对改革开放的中东欧社会，带来不小的心理与社会冲击。尤其中国与越南移民所带来的小商品经济，给中东欧社会及市场带来新兴的生活形态。

具有中国社会主义特色的经济发展在 20 世纪 80 年代仍具有不小的试验性质，其中苏南模式与温州模式在冲撞原有国有经济上具有特殊性，尤其温州模式的"小商品、大市场"带动温州人及青田人迁徙的积极性，他们不仅国内四处流动，也向海外寻找生机。80 年代中国向海外迁徙的重要人口来源是浙江及福建，而迁徙的方向主要是西方国家，而非东南亚。浙江的传统侨乡青田及温州在历史上即与欧洲，特别是法国有所关联，80 年代末当他们搭乘北京出发的国际列车，经过莫斯科转到匈牙利，他们许多人的目的地仍是以西欧为主，中东欧是迁徙的跳板及中继站，结果他们却发现改革开放不久的中东欧国家有更大的商机，不仅他们在中东欧留了下来，也有已到西欧国家的中国人辗转来到中东欧。90 年代的中东欧国家并没有完善的移民政策及太多接受国际移民的经验，匈牙利政府在 90 年代初立即片面毁约，并大量强迫中国移民离开匈牙利，他们于是来到了罗马尼亚及捷克等周边国家。温州人在 80 年代中国改革开放中，勇于尝试各种生活机会，他们开始累积人生的启动资金，也愿意共同赞助亲人往海外发展，当时的偷渡风气很盛，据说每人需要交付蛇头的代价为十万人民币，但这不保证偷渡一定会成功。不过这笔费用在 80 年代是代价相当高昂的人生赌金。

20 世纪八九十年代的中东欧社会还在适应刚从集体主义转型而来的市场经济新生活，90 年代的捷克社会突然冒出了"越南村""越南市场"，以及在许多火车站外围设有贩卖衣服、鞋袜、玩具、日常生活器具等的摊贩，他们带给中东欧社会很多生活便利与乐趣，不过在捷克人或其他中东欧人眼里，他们的社会地位低，整体的社会意象不佳。他们很多生活方式及文化差异与在地社会格格不入，因此中东欧在地人一方面看不起这些中国人与越南人，但一方面又涌向越南村采购民生必需品。尤其是越南人的穿透力更强，就捷克而言，越南人分布在捷克境内各处，不像中国人七成集中在布拉格。这些是居住在中东欧的第一代中国人与越南人，他们不顾形象在异地讨生活求生存，90 年代是他们市场机会最好的时候，中东欧经济还没发展起来，因此在地人对越南村（在匈牙利是中国城）等级的商品是趋之若鹜的。同样受儒家文化影响的中国人与越南人，勤奋赚钱，同时也肯花力气教育第二代，短短的一二十年，中东欧社会对越南人与中国人的社会意象有了明显的转变。因为他们太会赚钱，其子女课业成绩太优异了，他们抱着惊讶与带着恐惧的心理看待跟他们一起生活的这些亚洲人。

捷克人或者中东欧国家的人因为过去的封闭，年长一辈的人适应开放的社会比较困难，他们仍然带着犹豫来面对外国人，1989 年之后出生的年轻人比较没有排斥外人的心态。随着中东欧国家陆续加入欧盟，社会环境越来越复杂，为了配合欧盟的移民政策，中东欧国家陆续制定了严格的移民法案或外国人法。21 世纪的第一个十年是中东欧国家社会发展的转折点，2004 年有八个前华约国家加入欧盟，2007 年及 2013 年分别有两个及一个前华约国家加入欧盟。中东欧国家主要是位于欧盟的东部边境，把守欧盟东部边疆，以防非法偷渡进入欧盟区域的第一道防线。他们没有长久的国际移民历史，他们不愿意配合西欧国家的难民政策，拒绝收留来自叙利亚、伊拉克地区的难民。他们同时也把移民政策及外国人法案制定得越来越严格，外国人需要通过语言及国情考试，才能取得永久居留权，想获得公民权或归化在地国籍的条件更为严苛。中东欧国家针对外国人所设下的许多规定，表示在地人对外来人具有一定程度的排斥与不信任。不过，外国人对于移民到中东欧地区的意愿是否随其生活环境变好而有所提升呢？至少中东难民明确表示他们的目的地是德国，不是中东欧。但进入 21 世纪的中东欧是否对中国人还有吸引力？在中东欧国家对国际移民所设定的种种条件而言，中国移民到中东欧的意愿为何？随着中国崛起的影响，中东欧人是否仍然歧视中国移民？越南人在捷克有 5 万至 6 万人之多，为中国移民的十倍，他们对在地融合表现得相当积极，捷克人今日又如何看待越南移民？另外，中国移民及越南移民本身又如何认知其身处的移民社会环境？

二　国家政策下的移民推拉

推动中国、越南与中东欧三地的移民流动背后都有国家政策的作用。20 世纪 50 年代通过双方友好的互助，中国与中东欧有了最早的学生交流计划，50 年代培养出来的年轻中东欧专家或汉学家，对往后中国与中东欧的互动有相当正面的作用。80 年代越南通过互助理事会派遣大量的留学生及劳工到中东欧国家，尤其是波兰及捷克斯洛伐克，他们在 80 年代末有部分并未回越南，而是留在中东欧，对后来推动在地社会融合起了最大的贡献度。2013 年捷克政府批准越南成为捷克的第十三支少数民族，显示越南移民留在捷克扎根的强烈意愿。同一年成为捷克第十二支少数民族的白俄罗斯人，他们的人数约 5000 人，跟中国移民人数差不多，不过白俄罗斯人在捷克生存的历史悠久，归化成为捷克的人数也比较多，因此他们能被捷克少数民族委员会同意成为捷克的少数民族。越南移民积极争取捷克少数民族地位，受到越南母国的支持，越南认为通过少数民族的地位确认可以整体提升越南人在捷克的社会形象。捷克人确实也感受到越南人在捷克想积极融入在地社会的决心，因此捷克人曾发出这样的感叹："捷克的下一代要靠越南人了。"越南移民第二代的学业成就确实改变了捷克人对越南人的刻板印象，越南第二代在语言及行为模式上几乎与在地人没有太大差异，越来越多的越南第二代目前已走出校园，在各界都有不错的表现，甚至已有越南移民出来竞选国会议员。

中国与越南都很重视其侨民在国外的地位与作用，因此华侨与越侨都是母国积极争取向心力的对象。2015年越南政府派出庞大的宣慰越侨的表演团体前往布拉格，在捷克最大的国际会议厅上演着越南与捷克的友好关系。这是越南政府对2013年捷克政府批准越南移民成为第十三支少数民族的肯定与庆祝。2008年北京奥运会是许多海外华人感觉到骄傲的时刻，伴随着欧债危机与全球经济不景气，中国的经济实力不断跃升，中国崛起是21世纪第二个十年的重要全球现象与事实。中国的软实力"孔子学院"走出去，中国的硬实力"企业体"走出去。2012年中国与中东欧16个国家在华沙签订了"16＋1合作"协议，2013年习近平更宣示了"一带一路"倡议也要走出去。中东欧国家成为中国"一带一路"倡议最重要的衔接地带，中国重返中东欧是通过国家作为领头羊，由国家领导人亲自带队一波又一波前往中东欧，签订协议、招商引资、推销"一带一路"倡议、成立中国金融机构分行，等等，短短时间内，效果相当积极。中东欧国家对中国人的社会意象开始产生了变化，不过正负面评价都有。

随着中国崛起的影响力，其实不少中东欧的华人移民在取得当地的永久居留权之后，纷纷选择回到中国寻找商机，不再以长住在中东欧地区为人生最后依归。如以中东欧国家加入欧盟的2004年作为分界点，除了在此之前的中东欧国家合法的华人移民数之外，亦有为数不详的非法华人移民，因此总数通常都还要再增加一半或一倍，不过2004年之后，华人移民的数目并没有再明显增长，而偷渡的非法移民人数应是急遽的滑落。在欧债危机之后，也差不多是中国崛起及一带一路倡议的推动下，中国企业及金融业"走出去"政策不断往外拓展，随着中国新一波海外企业及金融业的设点，包括民营及公营公司，带来新一波的移民潮，这一群有着高等教育素质及文化水平的中国移民，带给中东欧在地社会耳目一新的感受。另外，伴随着中国崛起的实力，中国观光客也大量地"走出去"，这两年中国的国际航空公司就新开设了几条中东欧新航线，中国旅客大量进入中东欧国家旅游，这是新兴现象，光是2015年前往捷克旅游的中国观光客人数就达30万人之多，这是好几倍的成长量。过去中东欧国家担心孔子学院的中国威胁论，也引起越来越多的中东欧在地人民学习中文的兴趣，原本不设立在首都布拉格的孔子学院，也回到布拉格设立了孔子学院的分校。不管是越南移民还是中国移民，与中东欧国家近年来的互动，我们都可以观察到这些国家移民的推拉背后都有国家政策的介入。

三　中国人、越南人与捷克人的相互凝视

中东欧相对于西欧而言有其地理、历史、文化及社会诸多方面的差异性，中东欧对国际社会的开放性不如西欧国家，目前大部分的外来人口大多仍局限在前社会主义国家的移民。尽管中东欧与中国及越南等东亚国家的文化差异性大，不过对于过去共同的社会体制背景，多少还是感到相似性与亲近性。相较于最近来自中东的难民潮，中东欧国家可以联合起来抵制欧盟及西欧国家难民配额的强制要求。随着中国（1978）与越南（1985）的改革开放，中国与越南移民共同联手以小商品进军中东欧国家，并在中东欧社会生存了下来。中国移民及越南移民在捷克是可见的外来族群，这是不同于国际观光客的潮来潮往，中国餐厅、越南杂货店、中国与越南学生、中国导游、中国与越南批发商，到现在的中国与越南企业与银行等，都是与在地社会共同生活的人们。然而，在几年前的捷克媒体仍出现以下这种言论，未来的布拉格市长将可能是中国人，而中国人的布拉格市长有天会决定拆除有六百多年历史的查理大桥，另外建盖现代化桥梁，以符合布拉格经济增长的需求。种族歧视在人类社会中有可能完全消失吗？答案是显而易见的，或许可以降低程度，但很难消弭于无形。这是出于在地人民对主体性的忧虑，国际移民虽是少数，但对于在地社会而言，外来者对于在地秩序的冲击总是被放大检验。直到今日的捷克，警方仍然是重兵围剿越南人的仿冒市场，尽管越南人犯罪的情况相当少，但警方总能多少找到他们想要的仿冒品，于是捷克社会至今虽然接纳越南作为其少数民族，但仍对越南人有着仿冒造假的刻板印象。

随着中国崛起的事实，捷克与中国领导人在近二年频繁互访，捷克总统 Zeman 大力推销中国，捷克人对中国及中国移民的好感度确实有上

升。不过捷克是民主国家，捷克人民一般都不太喜欢政治人物，除了哈维尔前总统之外，捷克人很少认同政治人物的强势作为。捷克社会对华人社会意象的确有了转变，不过就某层面来看，却是从社会地位卑微移转到财大气粗。但事实上，汉文化在中东欧或在捷克是有根基的，中华文化在中东欧的再兴，唤起人们对古老中国的想象与好奇，中国与捷克的双边文化交流近来相当密切，捷克原来的汉学家尽管已逐渐凋零，但中国大使馆通过不同场合来重新唤醒捷克人对汉文化的好感。中国崛起带动起来的是中国人的自信，也是因为这股中国人的自信，中国移民的目标仅止于永久居留身份的取得，不会再进一步归化成为捷克人。这跟越南移民的情况就很不同了，越南移民是从社会融合、经济融合，再进一步到政治融合与文化融合，最后越南人家庭就将祖籍地的祖先牌位都安奉到捷克的家里去了，明确地要落地生根。

笔者在 2010 年曾在捷克与友人进行华人移民与越南移民的问卷调查，其中部分问题是有关社会融合与社会歧视等议题，调查结果显示越南移民第二代比中国移民第二代更能融合于在地社会，不过越南移民第二代觉得受到在地社会的歧视又显著高于中国移民第二代，这显示越南移民的自信不足，尽管他们可能已获得捷克公民权，但越南族群的背景仍然让他们倍感歧视。越南移民第二代有很大比例想成为捷克人，但中国移民第二代不这么想。这是从中国移民与越南移民本身来想象捷克人如何看待他们自己，其实也都是自己心理想象的结果。捷克人、越南人与中国人的相互凝视下，越南人似乎对中国人特别有好感，甚至部分越南人也学中文。然而中国人看待越南人基本上仍是复制自己在国内时对越南国家及其民族性的刻板想象，因为他们认为越南人特别会打仗，所以他们在捷克奋斗求生存时，就特别英勇与具有韧性。

笔者主要站在一个第三人的视野角度来审视捷克（中东欧）人，越南移民及中国移民彼此间如何看待对方及自己。20 世纪 80 年代末中东欧是中国移民的新大陆，随着中东欧（捷克）与中国社会的变迁，中国移民社群本身也相对应地产生变化。八九十年代的中国移民主要是来自浙江与福建，浙江移民又主要来自温州及青田，福建移民来自福清与闽南地区。他们借由小商品买卖开始他们人生在国外的第一步，他们复制在中国居住地的经商模式，同时也有中国移民开始集资经营中国餐馆及其他事业。90 年代的中东欧社会秩序仍有点松散，中国移民把握了赚钱的黄金时期，努力地工作存钱。中东欧国家刚从社会主义体系下解放生产力，不过在地人却也惊觉市场经济下的工作机会都被这些来自亚洲的越南人及中国人所占有，不仅如此，越南市场便宜的服饰及日常生活用品，逐渐淘汰了中东欧传统的服饰工艺及其产品。在捷克，中国移民经常与越南移民被摆放在一起做比较，捷克人看越南移民及中国移民，经常分不清人种，评价一般也大致相当。不过中国人又如何凝视在地社会呢？中国人经常看中文电视台，他们经常与中国社会脉动同步，他们分享中国崛起的民族自信，因此当捷克人歧视中国人之际，中国人也不把在地捷克人放在眼里。毕竟中国是泱泱大国，而捷克只是蕞尔小国。

本篇文章匆忙写成，仅将笔者这几年的总体社会观察，以最直白的论述写成在地社会与移民社群的互相凝视，笔者以一定距离来观察捷克社会、中国移民社群及越南移民社群三者之间的互相凝视的观感与意象，这像是一篇社会观察的田野笔记，同时也整理过去笔者所发表有关中国移民文章的社会意象这个部分。笔者针对中国移民做探讨的同时，也无法忽视越南移民的参照作用，中国移民或多或少分布在中东欧各国，但越南移民主要在捷克、斯洛伐克及波兰等国，越南侨民也是分布在世界各地，中东欧的越侨有其生成及发展脉络，越南移民的精神有值得敬佩之处，这也是许多中国移民感叹中国社群没有越南社群的团结，因此越南移民在捷克等国家的势力是远超过华人移民的整体实力。国家政策的介入多少会给侨社带来影响，中国的"一带一路"倡议是国家发展的重大策略，这项政策对中国移民未来的影响是值得观察的。

四　结　论

中东欧的中国移民潮主要是在 20 世纪 80 年代末产生，是相当晚近的事，尽管只有 30 年左右的时间，中国移民小区却也历经了不小变迁。90 年代中国移民有许多来自沿海城市的穷乡僻壤，他们以家族集资的方式筹备高额的出国费用，甚至以非法偷渡的移民方式来到中东欧，碰巧遇到中东欧政治转型的社会秩序尚未健全，这些先到中东欧的中国移民承担起赚钱以及安排家族其他人前往中东欧的责任，这也是为何中东欧国家的中国移民来源地大都集中在沿海的温州及青田等地。而这些浙南移民的经济模式恰好复制到中东欧刚面临改革开放的市场经济。不过，中东欧中国移民的小商品经营模式，尤其在捷克、斯洛伐克与波兰等国，起初大都必须要与越南移民合作经营，因为越南移民比中国移民更早进入中东欧地区，他们占了地利之便的先机，另外他们对中东欧社会运作及在地语言比较精通，中国移民刚进入中东欧地区，往往是先寻求与在地越南移民的合作。中东欧与中国双边关系因为70年代的断裂，而使中国移民无法再进入中东欧国家，原先的中国留学生也被迫离开中东欧。越南的情况适好相反，因为社会主义国家的互助理事会之合作模式，中东欧接收了许多越南学生及劳工等。因此，在1989年之后中东欧越南移民成为后来中国移民的先驱。再者，中国移民与越南移民的经营模式不仅相似，同时也兼顾了合作伙伴及竞争对手的双重角色。在中东欧国家中，中国移民与越南移民有许多共同属性。

中东欧的中国移民以小商品的经营模式，参与了中东欧移民社会的新兴市场建构，中国移民与越南移民将最经济实惠的日常用品提供给中东欧人民使用，同时维持了市场经济最初的活力来源。换言之，中国移民与越南移民的小商品经济对于改革开放之初的中东欧市场及社会，是有实质的贡献的。近几年中东欧的中国移民小区又开始产生了变化，主要是过去的"老移民"有许多选择回中国定居或发展，新一波的中国移民比较具有知识与技术，有不少是中国国营企业或民营事业的驻外干部。新旧中国移民的一来一回，并未造成中东欧地区中国移民数目有明显的增减。由于目前中国的国家政策注重与中东欧地区的关系，中国的"16＋1政策"与"一带一路"倡议明显地促进了中国企业前进中东欧。这些中国新移民不同以往来自沿海省份的中国移民，他们是来自中国各地的精英阶层，这是目前中东欧新一波的中国移民潮流。

中国移民在中东欧地区的发展需要硬实力，同时也需要软实力。中国的经济实力确实影响了中东欧各国竞相与中国示好，中东欧地区学中文的人口也明显增加不少，他们希望能与中国做生意。中国在中东欧的社会形象正在转变当中，中东欧地区老一辈的汉学家是真正倾心于中国文化的老学究，冷战时期中东欧各国对中国的"文化大革命"并无好感，他们也纷纷断绝了与中国的往来。1989年之后，中东欧的中国移民潮带进了便宜服饰，打垮了在地的服饰工业，但是这波中国移民毕竟来自沿海地区的偏僻地区，移民素质普遍不高，中东欧人对中国的印象主要是来自他们当初可遇见的中国移民。随着中国崛起，新一波的中国移民素质已提升不少，再加上中国成为世界大国的认知，中东欧地区人民对中国的社会观感也在不断改善中。这里也说明了，实际上中国的硬实力是同软实力一样重要的。

第 四 篇

华商经济与国际移民法

试论世纪之交非洲华人经济的发展、演变及其特点（1990—2010）

李安山[①]

20世纪90年代以来的非洲华侨华人经济发生了巨大的变化，主要体现在以下几个方面。首先，从经济地理的角度看，华侨华人逐步形成了人数相对集中的三个地区，而且每个地区有一个相对重要的引领国家。一是西印度洋地区，[②] 其特点是这些国家（地区）均以传统华人为主；二是南部非洲地区，又集中在南非及周边国家；三是西非地区。其次，从政治局势的发展看，南非从一个长期实施种族隔离制度的国家通过和平手段转变为一个种族和谐民主平等的新南非，这是一个巨大的政治变革，给非洲地区特别是南部非洲的华人经济带来积极影响。再次，毛里求斯进行成功的经济改革对周边诸多国家产生了溢出效应，特别是从80年代开始致力于发展旅游业对其他非洲国家产生了重大影响，从整体上拉动了周边国家的发展，华人经济从中受益匪浅。当然，中国经济的快速发展以及中非合作水平的不断提升促进了中国与非洲大陆的双向移民。本文分为三个部分，分别阐述了非洲华商90年代面临的挑战与机遇、非洲华人经济的持续发展以及新移民为非洲经济发展带来的动力。最后，作

---

① 本文为国家哲学社会科学重大项目"中非关系历史文献和口述史料整理与研究"阶段性成果，项目号为：16ZDA142。李安山，北京大学国际关系学院亚非研究所教授、非洲研究中心主任。

② "西印度洋地区"实际上是指西印度洋诸岛，即马达加斯加、毛里求斯、留尼汪、塞舌尔、科摩罗等位于西印度洋中的岛屿。为了不与西印度洋群岛混淆，此处称为西印度洋地区。

者还就非洲华人的家族企业发表了自己的看法。

一 非洲华商面临的挑战与机遇

（一）三个区域的商业经营

华人经济开始向三个地区集中的这一特点首先表现在非洲华商方面，即以传统华人居多的西印度洋地区，包括毛里求斯、马达加斯加、留尼汪、塞舌尔、科摩罗等；以20世纪80年代进入的台湾华商为引领的南部非洲，包括南非、莱索托、斯威士兰以及安哥拉、莫桑比克、津巴布韦等邻国以及和以60—70年代香港华商首先投资的西部非洲，以尼日利亚为轴心逐步向外扩散，包括加纳、利比里亚、冈比亚、科特迪瓦、尼日尔、几内亚、塞内加尔、多哥等国家。这些国家有的商业贸易方面比较突出，有的则在吸引外来制造业方面的投资比较成功。（见表1）

表1　　　　　　　　非洲主要国家华商贸易情况一览表

地区	国家	商业	贸易进口商	杂货店	餐馆	备注
西印度洋	毛里求斯	3700			5%	经营杂货日用品占80%
	马达加斯加	600	50		多家	餐馆和外卖多由中国新移民经营
	留尼汪	1599			130	超市10余家，餐馆含服务业
	塞舌尔			70		
南部非洲	南非		193	57	50	南非从事制造业投资的比较多
	斯威士兰	21		7	5	21家商业中国台湾华商占15家
	莱索托	5	4	35		商业者为汽车代理及保养
	安哥拉		5		1	方胜公司规模较大
	博茨瓦纳				3	有五金行和童装行各1家
	马拉维		3	2	3	餐馆资本100万美元，占当地10%
西部非洲	尼日利亚		100	6	22	贸易商多为行商无固定商店摊位
	加纳		1	150余	1	该国华商主要经营工业
	塞拉利昂		1		1	贸易为进出口业

续表

地区	国家	商业	贸易进口商	杂货店	餐馆	备注
西部非洲	利比里亚		1		5	餐馆2家独资，3家承包
	科特迪瓦	18	5		7	该国华商主要经营工业
	尼日尔		1		2	
	多哥		1		1	陈添六经营农产品进口与餐馆
	塞内加尔			200余	1	贸易和餐馆集中在达喀尔
	马里				75	贸易和餐馆集中在巴马科
	几内亚		2		1	进口商分别为郑景穗和苏堆龙
	冈比亚		10		4	包括布匹进口商2家
其他地区	中非共和国		1		1	分别为台湾人和大陆人经营
	埃塞俄比亚				多家	原有1家中餐馆，现有多家
	肯尼亚		1		2	餐馆为刘太太经营
	刚果（金）		4		1	
	喀麦隆		1			

资料来源：华侨经济年鉴编纂委员会：《华侨经济年鉴1997年》，台北，1997年，第922—932页；华侨经济年鉴编纂委员会：《华侨经济年鉴1998年》，台北，1998年，第810—869页；Rachel Laribee，"The Chinese Shop Phenomenon: Trade Supply within the Chinese Diaspora in South Africa"，Africa Spectrum，43：3（2008），pp. 353 – 370；Antoine Kernen，"Small and Medium-sized Chinese Businesses in Mali and Senegal"，African and Asian Studies，9（2010），pp. 252 – 268；Cornelia Tremann，"Temporary Chinese Migration to Madagascar: Local Perceptions, Economic Impacts, and Human Capital Flows"，African Review of Economics and Finance，5：1（December 2013），pp. 7 – 16；展易（Karsten Giese）：《无心插柳柳成荫：西非中国新移民商人与当地草根社会创新的关联互动分析》，《华人研究国际学报》2016年第8卷第1期，第37—55页。

上述数据来自20世纪90年代末台湾方面的统计数字和几位国际学者对21世纪非洲诸国的个案分析。不容否认的是，由于台湾资料着重台商，这些统计局限性很大。此外，21世纪华人商业在非洲发展很快。① 从以上表格看，非洲的华商经过长时间的发展，逐步形成西印度洋地区、南部非洲和西部非洲三个比较突出的区块。有意思的是，从地理分布看，三个地区都有一个国家处于绝对优势地位，该国的华商在商店的分布和经营规模上都远远超出区域内的其他国家，成为该区域的领头羊。西印度洋地区以毛里求斯为先，商铺有 3700 余间，远远多于其他地区，是处于第二位的留尼汪的两倍多。在南部地区，南非华人店铺的规模（约 300）也无其他国家可比，甚至比周边国家合起来的数目还多。尼日利亚（128）在西非的领先地位也十分明显。华商的这种地理分布可以称之为以点带面，由一个领头国家引领并带动着周围其他国家，在布点、进货、销售和服务等方面逐渐铺开，即有榜样效应，从某种意义上而言也降低了整体的风险。

（二）非洲华商的新形势

非洲华商经济在这一时期有以下特征。其一华人所在国的局势至关重要，这主要包括两个方面：政局动荡或商人信誉。这两个因素直接影响华商投资。其二是进口贸易商的急剧增加，这与亚洲特别是中国经济的快速发展呈正相关关系。其三是华商经济呈现出传统经济与新兴模式共存。超市对传统店铺的冲击是另一个非常明显的特征。

国际大环境的变化固然重要，华人所在国的小环境也非常关键，国家政局和商业信誉也在某种意义上直接影响华商的稳定。这虽然算不上特点，但却提醒了华商投资的某种脆弱性。有的国家因不同因素使华商移民的起伏较大。例如莫桑比克，独立后的政局动荡使以前的华人纷纷

---

① 1998—2005 年，在马达加斯加商业区（Behoririka）注册的华人店铺从 40 家增加到 500 余家。Cornelia Tremann，"Temporary Chinese Migration to Madagascar：Local Perceptions，Economic Impacts，and Human Capital Flows"，*African Review of Economics and Finance*，5：1（December 2013），pp. 7 - 16. 南非约翰内斯堡唐人街商业区的购物中心增长非常快。P. Harrison，K. Moyo& Yan Yang，"Strategy and Tactics：Chinese Immigrants and Diasporic Spaces in Johannesburg, South Africa"，*Journal of Southern African Studies*，38：4（December 2012），pp. 899 - 925. 对塞内加尔首都达喀尔的实地调研表明，2007 年约 160 家华人店铺，2011 年达 215 家。Antoine Kernen，"Small and Medium-sized Chinese Businesses in Mali and Senegal"，African and Asian Studies，9（2010），pp. 252 - 268；展易（Karsten Giese）：《无心插柳柳成荫：西非中国新移民商人与当地草根社会创新的关联互动分析》，《华人研究国际学报》2016 年第 8 卷第 1 期，第 37—55 页。

迁移到邻近国家或欧美，从鼎盛时期的 5000 余人减少到数百人。1997 年，马普托只剩 300 余人，2006 年减至 50 家，200 人左右；贝拉港从繁荣期的 3000 余人到目前只剩 2 名老华侨。[①] 安哥拉的情况也类似。尼日利亚的问题又是另外一种，"因当地商信用欠佳，时起纠纷，华商多谨慎从事。" 1997 年的贸易业有 100 余家，1998 年统计只有 70 余家，且多属行商性质，仅四分之一设立机构及仓储。尼日利亚餐馆在一年内似乎也有减少，从 22 家减少到 15 家。[②] 南非也一样，1989 年，台湾企业家建立了 150 家工厂，资本达 3 亿美元；1990 年工厂数翻倍，达到 300 家。然而，1992 年，工厂下降到 276 家，主要原因是经济衰退、政局不稳、劳工问题，当然还有自身的问题如缺乏充分的市场调研。[③]

　　1997—1998 年正是政局变化之年，南非决定在 1998 年与中华人民共和国建立外交关系，从而放弃与台湾的"外交关系"。这一决策使众多的台湾华商采取了谨慎或规避的策略。将 1997 年与 1998 年的统计相比较，我们发现华侨经营贸易业者从 193 家减少到 94 家，杂货店从 57 家减少到 48 家，餐馆从 50 家减少到 47 家。[④] 马达加斯加 1991—1992 年长达 8 个月的罢工，对华人经济的影响颇为严重。1991 年，在莱索托的华侨已达一千余人，其中绝大部分来自中国台湾，也有来自中国大陆的 80 余名新华侨。1991 年 5 月，因印度商人将一名当地妇女打死，莱索托发生了针对印度商人的排外事件，也殃及在当地居住和经商的华人。华人只好到南非边境小镇勒迪布兰德（Lady Brand）避难，有的白天到莱索托做事，晚上仍回到南非小镇居住；有的则干脆迁往他国。到 1994 年，此地的华人减至 450 人左右。[⑤] 科特迪瓦在华人经济兴旺的 1980—1990 年时曾有 350 余台商的规模。自从 1999 年 12 月发生兵变以及 2002 年内战以来，

---

　　① 剑虹：《莫桑比克华侨的历史与现状》，《西亚非洲》2007 年第 5 期，第 57—60 页。此数字未包括新侨。

　　② 华侨经济年鉴编纂委员会：《华侨经济年鉴 1998 年》，台北，1998 年，第 854 页。

　　③ Melanie Yap and Dianne Leong Man, *Colour, Confusion and Concessions The History of the Chinese in South Africa*, Hong Kong University Press, 1996, p. 421. 南非驻华大使馆将此书送给本人，在此表示感谢。

　　④ 华侨经济年鉴编纂委员会：《华侨经济年鉴 1997 年》，台北，1997 年，第 926 页；华侨经济年鉴编纂委员会：《华侨经济年鉴 1998 年》，台北，1998 年，第 862 页。

　　⑤ 华侨经济年鉴编纂委员会：《华侨经济年鉴 1994 年》，台北，1994 年，第 929 页。

国家机器的正常运作受到极大损害，政治秩序无法保障，整个社会人心惶惶，致使2004年台商下降至10余户35人左右。①

2007年，津巴布韦颁布本土化法案，规定任何企业必须由当地人控股51%以上。所谓的"当地人"并非拥有津巴布韦国籍的公民，而是专指黑人。不仅拥有津巴布韦国籍的白人最多只能控股49%，像朱惠琼这样参加过民族解放运动并担任过政府部长的德高望重的华人政治家也只能如此。这个法案出台后，在华人中间引起极大恐慌。不少华人和其他族群的企业联合以应对本土化的挑战。一些人不仅停止投资，还开始撤资或转移资产。津巴布韦著名华人政治家朱惠琼的妹夫李玉海是当地的资深华人，他对这一政策也是无可奈何。他担心自己在津巴布韦几十年来辛苦挣来的企业资金因本土化而缩水，更担心失去对股权的控制后企业会周转不灵。作为对策，他开始将自己的生意重点转向巴西。②

这一时期的华商经济活动的另一个特征是从事进口生意的贸易公司大大增加。毛里求斯的华人从事进口贸易的公司除了朱梅麟创设的州应公司外，还有公兴父子有限公司、永生有限公司、谢氏兄弟公司及联合进口公司等，成为毛里求斯对外商品交易的主要促进者。如前所述，留尼汪的华商失去了20世纪80年代的扩充机会，但一些具有战略眼光的华商（如周国亮等人）很快意识到适时应变的重要性，开始改革。马达加斯加的新侨中绝大部分从事进出口贸易业务，其中多以经营广货为主。以杨代雄成立的FDC公司为例。该公司主要从南海采购坚美牌铝型材原料，然后按照当地的需求加工成门窗、橱柜等产品，瞄准的市场是价格比较便宜的中下端产品。FDC的业务发展很快，每年与南海有近5000万元人民币的贸易业务，公司在马达加斯加铝型材市场占有超过50%的份额。③

尽管非洲有各种关于中国产品质量低不耐用的抱怨，总体而言，中

---

① 中华经济研究院编：《华侨经济年鉴欧非篇2002—2003年》，台北，2004年，第280—281页。

② 袁南生：《走进非洲》，世界知识出版社2011年版，第246页。

③ 殷民：《马达加斯加的新华侨华人》，载吕伟雄主编《海外华人社会新透视》，岭南美术出版社2005年版，第27—32页。

国产品价廉物美的特点比较明显。① 德国记者弗兰克·泽林提到一件有趣的事。他在尼日利亚拉各斯的唐人街碰到一位买中国床垫的尼日利亚人。

一位身穿鲜艳宽大长袍的尼日利亚男子指手画脚，正在指挥两名中国帮工将一只巨大的床垫抬过路面的积水，搬上一辆货运出租车。床垫上的图案简单而醒目，那是密密麻麻的北京 2008 年奥运会图标。我走上去，和男子打了声招呼，然后问他，为什么到中国人这里来买东西。"我不是冲着中国人来买东西，我买它，是因为它又便宜又好。"②

非洲地区华商的进口贸易商快速增加，归结于以下三个原因。一是欧洲一直将非洲作为自己的商品市场，非洲国家也颇为依赖欧美产品。新一批华商的涌入带来了香港、台湾、大陆等地的产品及销售信息，这给非洲带来了新的供货渠道。特别是价廉物美的中国产品得到了广大非洲民众的喜爱。二是大陆迅速成为世界工厂，其产品以价廉物美而著称，从而吸引了越来越多的非洲消费者。在这种情况下，作为贸易商的华人地位不断提高。三是随着中非关系的升级，双方需求日益增多，贸易商的利润空间不断提升，从而吸引了更多的华人从事进口业务。

第三个特征是传统的店铺经济与新兴的经商方式的并存。一方面，大量的华商店铺仍然存在，相当多的华商仍在以传统的经商方式经营着自己的小店。另一方面，各种不同的经营方式涌进来，有华人加盟从欧洲移植过来的各种超级市场，也有华人自己学到的经营方式，如独价市场等，还有不少华人开始经营与商业贸易密切相关的其他业务，特别是进口贸易、旅游业等领域。留尼汪的侯兴长与兄弟侯元长联手，创立一家食品批发公司，1960—1980 年属留尼汪最大的批发公司之一。后来，侯氏集团转向电器贸易，从法国、中国、日本等地进口产品，并涉及房地产、红酒、摄影、酒店等业务。现今侯氏集团的 FASCO INT'L 重新聚集食品贸易。超市对传统店铺经济的冲击明显，给华人的传统经营方式

① 德国全球与区域研究中心（GIGA）汉堡亚洲研究所高级研究员展易用塞内加尔和加纳两个例子说明中国新移民在批发中国商品过程中与当地草根阶层的互动关系对社会结构和行为规范产生的冲击。参见展易（Karsten Giese）《无心插柳柳成荫——西非中国新移民商人与当地草根社会创新的关联互动分析》，《华人研究国际学报》2016 年第 8 卷第 1 期，第 37—55 页。

② 弗兰克·泽林：《中国冲击：看中国如何改变世界》，社会科学文献出版社 2013 年版，第 179 页。

构成了极大的威胁。

(三) 超级市场对华人店铺的冲击

在传统的商业领域,华人在人数较多的毛里求斯、留尼汪、马达加斯加等国家或地区一直占领着重要甚至是统治地位。然而,形势的发展不断给华商经济带来挑战,习惯于小商店的华人店铺经济面临着超市的巨大挑战。1980 年,留尼汪 95 家小超市中华人经营 75 家,18 家大型超市中的 10 家由华商经营。这些大型超市大都是法国连锁品牌的特约加盟商。20 世纪 80 年代对留尼汪的华商是至关重要的时期。当时,法国政府推行新的税收减免政策,大力支持海外省的发展,鼓励本土居民过去投资。当时,政府颁布特许经营执照,很多小超市顺势而为,通过与其他商业集团合作或是发展成大型连锁超市,或是将生意延伸到食品零售之外的领域。正是在这一时期,原来经营糖厂的白人乘势扩张,开始挤进商品贸易领域,从而对在经商方面占传统优势的华商构成极大威胁。1986 年,圣但尼市政府划出一块地以鼓励华商创建一座大型商场,并承诺给予优惠。然而,由于大批华商长期以来对小生意的经营方式已经产生依赖,满足于小打小闹的中小型超市,这种眼光短浅和守旧观念使他们失去了一次自我发展的机会。周国亮认识到了这一点:"资金障碍是存在的,但我认为真正的原因或许在于华商不相信大型商场在留尼汪会有发展前景。80 年代,他们眼中的配给领域是中小超市的天下……我想主要就是在那个时候,华商错过了飞跃的机会。"①

留尼汪华人采取的应对措施主要有三种。有的家族适时应变,将商店改为平价超市,如留尼汪的刘氏家族。这个家族企业坚持创新,不断拓展,在 1992 年 10 月发布的一份商业调查结果中,刘氏集团平价超市的营业额在留尼汪的商业企业中排名第 14 位。②

一些家族企业调整经营策略,将店铺转变为小型或中型超市或自选

---

① 汤曼莉:《海上传奇:留尼汪华人华侨志》,北京飞和文化传播有限公司 2013 年版,第 85 页。本人于 2016 年 11 月参加西印度洋地区历史学会研讨会时,当地侨领钟松芳、侯沐凯和陈庆添等热情接待并赠送此书。在此表示衷心感谢。

② Edith Wong-Hee-Kam, *La DiasporaChinoise our Mascareignes*: *Le Case delaRéunion*, L' Harmattan, 1996, pp. 451 – 452.

超市。曾宪建担任采购合作社会长时，曾推动华裔商人顺应食品贸易的要求，将孤立的小商店发展为更受顾客欢迎的自选超市。1949 年在圣伯努瓦开小店的陈锡用（Pichan）夫妇在半个多世纪以后将店铺发展为 Pichan 超市。林利洋（Lam-Tow Joseph）曾为其他批发商工作，也曾被聘请到马达加斯加从事物流和销售等方面的工作。后来，在朋友的劝说和妻子的帮助下，他决定自己创业，还与 4 位华商一起创办了 CADRE 采购合作社，会员达到 30 名。在国际连锁超市品牌进入留尼汪以前，采购合作社的营业额为全岛第二。经过多年的努力，他现在拥有 3 家连锁超市，公司总部设在圣皮埃尔。他自己的感悟是："现代社会对人的要求很高，管理能力、眼界是必不可少的，家族成员的团结互助也很重要。我是一个乐观的人，虽然眼下生意人的日子并不好过，但只要你有热情和梦想，就会有未来。我已经 70 多岁了，但仍在工作。有人建议去散步或做些园艺活计放松放松，我的回答是：办公室是我的花园，生意就是我的花朵，要让鲜花怒放，就要用心去呵护。"①

更多的华商意识到丧失了 80 年代发展的机会，决定采取抱团取暖的方式，加盟法国本土品牌。留尼汪华人一直存在着南、北之分。当华人抵达留尼汪初期，南海、顺德人定居在北部，而客家人多在南部安家，两者很少往来。然而，时代发展与商业需要使两部分华人开始寻求合作，北部的广府人周国亮（Pascal Thiaw-Kine）和南部的客家人张财元（Joseph Chong-Fat-Shen）之间的合作即是典型一例。当时，留尼汪主要有 E. LECLERC、LP（Leader Price）、Geant Casino、Hyper U、家乐福等多家法国超市品牌。周国亮 1987 年从巴黎学成回来，他曾担任留尼汪 Leader Price（LP）旗下多家超市总裁。LP 的主要服务对象是中低收入家庭，价格往往低于品牌产品 15%—20%。这家超市的另一个特点是员工业务多能，从而节省了人力。来自南部的张财元也曾在波尔多学习，有多年的商场打拼经验，他的经营理念是与最优秀的人才和合适的生意伙伴合作。两人联手获得 E. LECLERC 特许经营权，标志着南、北华商企业的第一次重大合作，也是一次双赢的合作。张财元表示："将加盟品牌从家乐福更换成 E. LECLERC 后，我们超市的营业额从 2500 万欧元提升到 4000 万

---

① 汤曼莉：《海上传奇：留尼汪华人华侨志》，第 86—88 页。

欧元左右。"E. LECLERC 董事长周国亮则踌躇满志，要将市场占有率从目前的 15% 提高到 20%—25%，提振留尼汪华商的实力。此外，还有先后将法国连锁超市 Champion（2000 年）和 Leader Price（2009 年）引进留尼汪的陈锡用，将 Hyper U 引进留尼汪的谢伟国（Davie Soui Mine），将 Geant Casino 引入该岛的以陈彬贤（Thierry Kin Siong）为首的陈氏集团（Kin Siong Group）。①

毛里求斯的华人店铺也受到超市的冲击。1986 年，毛里求斯归侨刘新舞第一次回到他的第二故乡毛里求斯。当时，毛里求斯只有一家白人开的大型现代化超市，坐落在库雷皮佩。一些顾客常常到这家超市购买东西或游览。当时，他从未听说过华人提到这个超市对他们的生意有什么影响或威胁。"然而，1995 年 1 月我第三次访问这个岛国的时候，在库雷皮佩以北不远的菲尼克市（意为凤凰城，毛国华侨译为非奇史）新开了一家规模更大，名叫'康直乐'的超级市场，经营日用品和食品。这家超级市场开业前后大力搞宣传做广告，结果门庭若市。这家超级市场的出现，对华人商界震动不小。"刘先生的一位侄女在附近一座城市经营一家杂货店。一天晚上 9 点半了，她开车到他妹妹家来与刘先生会面。她说，这家超市开张以后，每天非常热闹，她店铺生意受到影响，她不得不推迟打烊的时间。②

当时，这家超市的开张牵动了不少华人的神经，当地的中文报纸《镜报》刊载消息：

> 据利华旅行社总经理熊国曾君透露：继非奇史"康直乐"超级市场开业后，又一家超级市场将步其后尘来毛开业，这家超级市场并非经营日用品和食品，而是经营建筑材料，从一枚铁钉到钢筋、水泥，全部建筑所需材料应有尽有，只要顾客开一张单，保证送货上门。熊国曾君因此说，他希望各社团负责人平日除搞宴会活动外，能抽点宝贵时间研究侨商怎样才能长期生存的问题。面对如此严峻

---

① 汤曼莉：《海上传奇：留尼汪华人华侨志》，第 143—150 页。
② 刘新舞：《他山之石》，中国文联出版社 2000 年版，第 117 页。

形势，我侨商唯有团结自救才能立足于毛岛市场。①

这一条消息既说明了超级市场给毛里求斯华人店铺带来的冲击，也表现了当地华人的一种习惯性的忧患意识。

二　非洲华人经济的持续发展

从 20 世纪 90 年代到 21 世纪这样一个世纪交替的时期，非洲华侨华人的经济经历着各种发展和变革。其中一个相当显著的变化是第三产业的兴起。这一现象既是一般经济体在发展过程中的必经阶段，也是 90 年代以来非洲华人经济的显著表现。在剖析非洲华人经济中的第三产业之前，我们先介绍非洲早期华人中的精英。从第三产业到包括教育、文化、科学研究、卫生、体育等行业来看，这些精英是华人第三产业的先驱者。

（一）华人第三产业的崛起

第三产业包括交通运输业、邮电通讯业、商业饮食业、物资供销和仓储业。还包括金融业、保险业、地质普查业、房地产业、公用事业、居民服务业、旅游业、咨询信息服务业和各类技术服务业等。客观地说，华人涉及非洲国家政府、军队教育、文化等事业部门的仍然是少数。

西印度洋地区华人移民历史长，现在的华人社区多为华裔。他们的父辈经过打拼，打下了坚实的基础。他们自己受过良好的教育，知识面广，视野宽阔，凭借着各自的才智与勤奋在当地立足，可谓人才辈出。华裔中很多人从事诸如医生、律师、建筑师、房地产商、公证员等自由职业，华人企业还涉足再生能源、新闻、印刷等行业。在当地政府部门及银行、港口等部门，也有华人担任重要职务。出口加工区的设立促进了诸多相关行业的发展，如运输业、仓储以及餐饮等第三产业的发展。

毛里求斯华人中的第三产业与制造业特别是 70 年代兴起的毛里求斯

---

① 《镜报》1995 年 1 月 14 日，转引自刘新舜《他山之石》，第 118 页。

加工工业区联系紧密，后来发展的金融业和旅游业也随着经济发展日益兴盛。

徐惠琳（Patrick Chui Wang Cheong）医生在毛里求斯享有盛誉，这并非因为他是医生，而是他 20 余年来坚持周五为当地民众免费就诊的习惯。根据徐惠琳医生的自传，他的父亲（Chui Wan Cheong）于 1906 年 9 月 25 日出生在梅县，1925 年 5 月 25 日出现在毛里求斯移民登记处。他的编号为 93 号的移民证上的日期是 1925 年 5 月 23 日，因为他比预期的抵达时间晚了两天。徐惠琳于 1932 年 10 月 25 日出生在梅县，1934 年 5 月 26 日，母亲带着 19 个月的惠琳来到毛里求斯与父亲团聚。[①] 惠琳在毛里求斯的华文学校完成了中学学业后，回到父亲的店铺帮忙。他回忆："我在路易港的新华学校读书，一直到 14 岁。我的父亲想让我回中国继续深造，然而，由于当时国内社会不稳定，我只能放弃这个打算，转而去了 Bhujoharry 中学学习英文和法文。我在伦敦大学入学考试中取得了很好的成绩。那个时候，我为那些去 Curipipe（即居尔皮普，旧译鸠必）找 François Darné 医生看病的中国人做翻译，Darné 医生是当时从英国来的唯一一位'外科医师皇家学院'的会员。他鼓励我去爱尔兰学习医学，主修儿科。"[②] 1951 年，他有幸赴爱尔兰接受大学教育。1958 年他从爱尔兰国立大学都柏林大学学院完成医学学习后回到毛里求斯，开始了他毕生的事业。在从医的半个多世纪里，他坚守自己的道德价值观：生命中最重要的是，在你追求高尚的事业时，要努力和奋斗；如果一个人不能切实地履行誓言，保证遵守医生救死扶伤的道德守则，那他就不应该成为一名医生。徐惠琳医生在公共服务部门工作了数年后，于 1968 年在路易港开设了都市医院。虽然其他的民办诊所主要为富裕的家庭服务而一般民众只能在国立医院排长队等候，他却明确表示：我想减轻病人的痛苦，跟进病人的治疗，直到他们痊愈。尽管开始时他碰到了招募职员等方面的困难，但他从未动摇过。他的诊所向毛里求斯所有阶层开放，他因此

---

① Patrick Chui Wan Cheong, *A Dragon in Dodoland*, *Dr. Patrick Chui Wan Cheong*, *Pioneer of hi-tech medicine in Mauritius*, Coromandel: City Clinic Limited, 2009, pp. 7 – 11. 有一种说法："徐医生三岁时，他们终于一家团聚"，参见 "Dr. Patrick Chui Wan Cheong（Senior）", *China Town Magazine*, December 2015, p. 23. 此说有误。

② "Dr. Patrick Chui Wan Cheong（Senior）", *China Town Magazine*, December 2015, p. 24.

得到了一个高尚的绰号："穷人医生"。他一直坚持中医传统医学，并加以正规的西医疗法。他指出，"西医疗法讲求病症，而传统的中医疗法则讲求阴和阳，即人体内部正负能量的平衡。当两者相结合，就会创造奇迹。"由于他在医学上和国家社会发展上作出的杰出贡献，徐惠琳医生于1997年获得了"路易港市荣誉市民"的称号。[1]

毛里求斯学者达尔嘉十分强调创建一个企业家阶层来推动就业和国民财富的创造。他认为，毛里求斯成功的最重要经验是独立以来在经济发展中本土企业家所起的作用，而这一点却鲜有学者关注。[2] 在兴建出口加工区（工业村）的过程中，当地华商出力不小。林满登教授是这一计划的创始者，参与了整个加工区的设计。[3] 据1995年的统计，已有30余家华商在工业村内投资设厂，投资额约占总投资额的52%，其中来自中国台湾、香港等地的华商资本约占42%，毛里求斯华商资本约占10%。[4] 由此可见，达尔嘉所指的这个"企业家阶层"中，华人占有非常重要的地位。

在留尼汪，今天的华人绝大部分是第三、四代华裔，其中也有混血儿。第三代华裔吴玉莲自称是"克里奥尔人"。她的祖父很早就来到留尼汪，父母在留尼汪认识。她从法国本土的法律专科学校毕业。虽然刘锡江及刘锡辉的儿子让都读过法律专业，但吴玉莲是留尼汪第一位毕业于律师学校并获得律师从业资质的华人。作为一名独立律师，她擅长公司法，对处理与企业经营有关的事务和法律十分熟悉。侯慧慧（Isabelle Ah-Sing）是企业家侯兴长之女。她在法国留尼汪银行工作多年后，成为

---

① Patrick Chui Wan Cheong, *A Dragon in Dodoland*, pp. 65 – 94, 157 – 192; "Dr. Patrick Chui Wan Cheong (Senior)", *China Town Magazine*, December 2015, pp. 23 – 27.

② L·阿米迪·达尔嘉：《毛里求斯的成功故事——为什么一个岛国成为非洲政治和经济的成功范例？》，载莫列齐·姆贝基《变革的拥护者——如何克服非洲的诸多挑战》，上海人民出版社2012年版，第199页。

③ Pascale Siew：《唐人街毛岛往事》，Port Louis：Edition Vizavi，2016，第94—95页。感谢李立大使和韩康敏参赞在本人2016年11月访问毛里求斯期间提供方便，组织各种活动，特别是送给本人这部著作。有关活动，详见 http：//www.fmprc.gov.cn/web/wjdt＿674879/zwbd＿674895/t1415960.shtml。

④ 《毛里求斯华人经济概况》，载梁英明主编《华侨华人百科全书经济卷》，华侨出版社2000年版，第321页。

该银行的二把手，这在男人为主角的银行界颇为罕见。她对自己作为高层经理会议中的"协调人"作用很有感觉，觉得女人在人际关系中更敏感，更容易发现一些细微问题并及时处理。"为了证明并持续发挥自己的实力，我们付出的比男性更多，面临的挑战还包括平衡日常工作与家庭生活。"①

李传毫（Chan Liat Michel）是留尼汪著名的全科医生。他曾在法国图卢兹读了9年医科，从第5年起开始学习针灸。后来，他又到广州深造，成为留尼汪能用针灸治病的少数医生之一。他不仅医术高明，对社会工作也十分热心，1982年创办了一家中国音乐电台，1989年被任命为圣但尼市副市长，并一连干了6年，后又以市议员的身份为社区服务了10年。② 他的儿子李永裕（Chan Liat Damien）也是一名医生。克拉丽丝是第三代移民，目前经营着一家印刷厂和旅行社，丈夫也是当地华人。她谈到自己小时候没有学习中文的条件以及后来如何学习中文："我小时候，并没有学习中文的条件，最开始我得到一本带磁带的教材，每天自学中文，而对我的子女，在他们小时候我就给他们报汉语班，鼓励他们去中国学习，人总要知道自己从哪里来。"③

运输和机械租赁是伴随着贸易和进出口业的发展而兴盛的行业。李木良（Cheung Ah Seung）14岁时跟着亲戚从梅县来到留尼汪。他从经营杂货店开始，1960年就买了一辆车帮人搞运输。1974年，他收购了留尼汪人开的搬运公司，并将业务拓展到甘蔗运输。1979年，他有机会买下一家经营状况良好的运输公司。李木良在第二年又购进了一批更先进的卡车。从90年代起，李木良运输公司（Transport Cheung-Ah-Seung）成为北部华人中第一位从事运输业并获得成功者。后来，他将运输公司交给后代经营。作为李氏家族企业第三代的李顺成（Jean Cheung Ah Seung）于2000年进入公司，弟弟尼古拉斯（Nicolas）于2005年与他一起经营这家运输公司。他父亲创立了ABC机械公司（ABC Equipement），从欧洲、

---

① 汤曼莉：《海上传奇：留尼汪华人华侨志》，第98—100、169页。

② 《李传豪》，载周南京主编《华侨华人百科全书人物卷》，第266页；汤曼莉：《海上传奇：留尼汪华人华侨志》，第135页。

③ 《留尼汪华人的一缕乡愁》，2015年8月23日，http://news.ifeng.com/a/20150823/44496346_0.shtml.

美国和中国进口各种大型工程器械设备如装卸机、升降机等，或是出租搬运，或是出售维修，或是直接提供服务。公司不断发展，现已在留尼汪有四家分公司。李顺成认为："在这样一个狭小但竞争激烈的市场环境中，企业必须做到尽善尽美，将流程改进到国际顶尖水平，企业家们必须到世界各地学习取经，然后将先进经验充分运用到企业中，如此才能永续经营。"①

侯沐凯（How-Choong Alex）的垃圾环保处理厂（HC Environnement）是在商场上经过多次起落和多年磨炼后建立的公司。他早年在巴黎留学，回到留尼汪后曾帮助舅舅曾昭敏管理 15 家超市，后因石油危机，舅舅投资失利。侯沐凯在 30 岁时成为留尼汪工商协会（CCI, Chambre Commerce et d'Industrie）的成员。这个有着法国官方背景的协会管辖着留尼汪机场、港口及专科院校等要害部门，一度由白人控制。3 年后，侯沐凯成为这一协会的会长，是该协会历史上最年轻的会长，也是首位非白人会长。他所经营的环保厂从事垃圾的分类、回收和处理，拥有 250 名员工、150 辆配备高新技术手段如 GPSr 垃圾回收和处理车。这一行业不仅为留尼汪的垃圾处理作出了贡献，也可以将垃圾变废为宝。"再生资源是资源循环的新起点，也是循环经济的重要组成部分。在创造财富的同时为社会贡献价值，是企业家义不容辞的责任"。他与弟弟侯炎凯共同经营的仓储物流公司（Logistisud）是一个物流及仓储服务平台，具有多个不同温度的冷冻库，物品按照不同标准分类存放，高度智能的信息化系统对各个冷冻库的温度及库存情况实施监控。侯氏兄弟能抓住机遇，从事这种涉及高科技的环保和物流行业，确实具有战略眼光。另一家专门处理废旧轮胎的环保工厂 Solyval 再生能源公司的总经理是华人刘锐成（Johnny Law-Yen），他于 2000 年创立这家公司，每年能回收 4000 吨左右。该项目已得到当地政府支持，被纳入公共环保事业的一部分。②

马达加斯加的第三产业发展很快。1996 年，马达加斯加的华人约

---

① 汤曼莉：《海上传奇：留尼汪华人华侨志》，第 53—57 页。

② 汤曼莉：《海上传奇：留尼汪华人华侨志》，第 180—184 页。本人在 2016 年 11 月应邀访问留尼汪参加西印度洋历史周研讨会时，应侯沐凯先生之邀，参观霍明祥医生家（政府作为历史遗产专门列出经费保护），并与当地侨领和精英人士共进晚餐。本人在此向侯先生和霍先生及孔子学院管美玲院长表示衷心感谢。

27000 多人，华商占 80%。第三产业较为突出的有 7 个领域。第一，杂货零售业已增到 600 家左右，资本为 3000 万马达加斯加法郎，占当地份额的 30%。第二，旅馆业已达 100 余家，投资额增至 5000 万马达加斯加法郎。第三，从事贸易业约 50 家，资本总额达 8000 万马达加斯加法郎，约占当地份额的 5%。由于当地购买力有限，多从中国台湾、香港和大陆进口中低端日用品如食品、成衣、电器、玩具及农具产品，出口马达加斯加的海产品及木材、宝石、矿砂、咖啡、香草、丁香等土特产。第四，机械及食品专业贸易商 5 家，资本约 2 亿马达加斯加法郎，占当地资本的 2%。华商与中国企业合作，进口中国制造的锯木、碾米、磨石机械及医疗器材等。第五为服务业，主要是旅游及相关行业。马达加斯加的生物多样性世界闻名，各种原汁原味的旅游景点甚多，只是法国和马达加斯加航空公司实行垄断价格，致使机票偏贵，加之当地政局不稳，旅游者并不多。第六，运输业华人也有涉猎，共 15 家，资本总额 1 亿马达加斯加法郎，占当地份额的 2%，此外还有海运业，但多为小型船只的内陆航运，不过前途无量。第七，华人经营娱乐业约 10 家，包括戏院、录影带出租店、放映店等，还有带娱乐性质的酒店和夜总会数家。当代华人生活相对安稳，巨商不多。吴绍英经营酒厂、铝器厂、木材家具厂、汽车进口代理、进出口贸易、电器行及收购食米等，拥有资产总额 10 亿—20 亿马达加斯加法郎，为华商首富，在马达加斯加工业界占相当重要的地位。[①]

　　南部非洲地区的制造业比较突出。在南非，由于长期的种族隔离制，华人主要是从事商业贸易。新南非诞生后，一些具有专门技术或接受过高等教育的华裔逐渐加入其他第三产业的行列，他们或是成为白领，从事批发、房地产、报关、旅游业，或是成为律师或医生。南非比较特殊的是除一般进出口贸易、杂货店、餐饮业外，还在一些重要领域有份额。华侨经营的金融保险业有 3 家，资本额为 1860 万美元，航运业 5 家，包括南泰海运、立荣活动及建恒海运，均在南非设立分公司，占台湾—非洲航运量的 50%。医药业 2 家及各种报关、健康、生活、移民等方面的咨询服务。台湾新移民陈仟蕙女士白手起家，现拥有投资顾问、建设开

---

① 华侨经济年鉴编纂委员会：《华侨经济年鉴 1997 年》，台北，1997 年，第 923—924 页。

发、房地产、农业及进出口等 7 家公司，曾获得各种奖项，包括南非全国性的"杰出创业妇女奖"。[1] 位于南非境内的斯威士兰的第三产业发展较快，华侨经营商业共 21 家，包括杂货店 10 余家，餐馆业 5 家，贸易业 6 家，还有旅馆 2 家。[2]

从上述例证可以看出，诸多非洲华商的第三产业与制造业紧密联系在一起。

（二）华人制造业的持续发展

第三产业在非洲华人经济中迅速崛起的主要原因有四点。其一，在毛里求斯、留尼汪、马达加斯加等早期华人相对较多的地区，有的华人早已开始涉猎这些领域。其二，对外贸易特别是进口贸易行业的发展进一步推动了运输业，加上一些出口加工区的产品全部对外出口，这不仅带动了交通运输业，也推动了第三产业的相关行业如餐饮、仓储、保险、交通运输、机票代售业务、信息咨询服务等行业的发展。其三，随着一些国家或地区特别是毛里求斯、留尼汪、马达加斯加、南非、肯尼亚等认识到发展旅游业的重要性，甚至将旅游业作为国家发展的战略支柱后，一批旅游公司顺势而起，这也拉动了旅游产品的开发，而旅游纪念品促进了农业食品与轻工业产品特别是纺织品的发展，而旅行箱包则推动了塑胶、皮革等相关行业的发展。最重要的是，旅游业的发展进一步拉动了房地产市场的繁荣，而这给钢铁、水泥及建材市场等行业以极大的推动。

2001 年 12 月 2—9 日，留尼汪华人青年企业家们举办了两场研讨会，主题是"我们究竟是什么人?"分为三个题目："我们的前途何在?""如何看待未来""以后要怎么做?"结论是要加强与祖国的关系，要将自己的根找回来，要充分发挥自己的华人优势;留尼汪太小，华人要进一步发展，必须加强与祖国的关系。[3] 利用中国经济发展的机会，搭上中国建设的快速列车，这大概是诸多非洲华商的一致想法。

---

[1]　华侨经济年鉴编纂委员会:《华侨经济年鉴 1997 年》，台北，1997 年，第 926 页。

[2]　华侨经济年鉴编纂委员会:《华侨经济年鉴 1998 年》，台北，1998 年，第 868 页。

[3]　《留尼汪华人的困惑》，https://book.douban.com/reading/10178775/.

如果你在留尼汪旅游，应该买上一个"李氏出品"冰淇淋。李秀奎（Chan LiatLoius）从小在梅县出生长大，虽然父母一直在留尼汪打拼，但他直到1951年才应父母的要求来到留尼汪。抵达留尼汪的第二年，他就在留尼汪创立了自己的冰淇淋小型工场。当时，冰淇淋全部用手工制作。李秀奎出外推销业务，妻子在家主持家务和厂务。1969年，陈绍宏的家族集团加盟著名品牌开始制造冰淇淋。然而，李秀奎团结家人，坚守冰淇淋这个领域，在生产上引进成熟的技术。1973年，李秀奎成立专门生产冰淇淋的兄弟有限公司（ADELIS Les Glaciers Réunis），在圣但尼郊外建了一座大型冰淇淋厂。该公司生产的冰淇淋畅销于留尼汪大小餐厅，"李氏出品"也因之成为留尼汪的品牌。此外，具有200多个品种、占据30%市场份额的杨氏面包公司（Boulangerie Yong）生产的冷冻面包、刘福华面包公司（Au Pain Long Temps Boulangerie）生产的传统法式面包也都成为留尼汪华人不可或缺的家庭主食。三代华裔麦娜莉（Nathalie Vitong）经营的肉制品加工厂（CharcuetrieMak Yuen）是留尼汪第二大肉制品加工厂，公司生产的法式烟熏火腿和其他肉制品占有30%的市场份额。虽然留尼汪岛上的华人企业多由儿子继承，麦娜莉却是一个例外。她对企业管理的经验是"企业家就像一名船长，你跟所有的船员同舟共济，共享欢乐，共渡难关。这是一种真正意义上的冒险。与按部就班的生活相反，他必须敢于挑战，自己做决定，每一天都是一个新的开始。"[①]　正是在这些华商的努力下，留尼汪生产出具有自身特色的冰淇淋、面包、肉肠等食品。

达尔嘉在总结毛里求斯的工业化经历时强调了四条经验，他深刻地指出："尽管外国直接投资是重要的，但在制造业中没有比本土的企业家精神——包括关键的中小企业（SMEs）——更为重要的了。"[②]　当出口加工区创建时，毛里求斯政府为外国投资者提出了各项优惠制度。然而，毛里求斯从一个弱小的岛国成为一个为世人敬仰的国家，其中本土华人

---

① 汤曼莉：《海上传奇：留尼汪华人华侨志》，第136—137、173—177页。

② 其他三条经验如下：附加值比原料更重要；竞争性不完全在于定价，而在于一系列因素；国家必须兼顾国内和出口两个市场。L·阿米迪·达尔嘉：《毛里求斯的成功故事——为什么一个岛国成为非洲政治和经济的成功范例?》，第200—201页。

在制造业方面的贡献功不可没。客家人胡水秀当时便以 10 万多美元投资纺织厂创业，他的毛里求斯纺织公司（CMT）成为毛岛最大纺织企业之一，资本额已达五亿美元，雇用员工 2000 多人，每年出口 500 万件名牌服饰，主要销往英国、法国和美国。虽然毛里求斯的纺织和服装业遭遇到中国所谓"廉价纺织品"的冲击，但正如达尔嘉所言："竞争性不完全在于定价，而在于一系列因素。毛里求斯设法与中国出口的服装竞争，不是在定价的基础上，而是在其生产的灵活性以及按时保质地为顾客提供服务的能力上。"毛里求斯可以从其他方面超过竞争者。另一位企业家杨锡元是 1937 年离开梅县家乡来到毛里求斯的客家人。他凭着勤劳刻苦的精神和客家人的精明，从小店做起，发展到今天拥有占地一万多平方米、员工近千名、商品万余种的超级市场。①

朱梅麟家族企业 ABC 集团由他的两个儿子朱长淼（Vincent AH-CHUEN）和朱长坪（Donal AH-CHUEN）掌管。ABC 集团业务在汽车销售方面做得比较出色，公司代理日本尼桑（NISSAN）和中国宇通（YU-TONG）两个品牌。该集团在金融行业的发展也不错，ABC 银行最近在香港设立一个代表处。阙氏家族产业已分为两个集团快乐园（Happy World）和英诺蒂斯（Innodis）。英诺蒂斯分给阙兆忠，快乐园分给他的弟弟安东尼（Antoine Seeyave Jr. 其英文名跟父亲一样）。阙兆忠 2013 年退休，将英诺蒂斯集团交给维克多负责。英诺蒂斯集团现在不断拓展，除制造、仓储和批发外，还有养鸡场和宰鸡厂。作为毛里求斯的龙头企业，还有自己的饲料厂（Meaders Feed），并在莫桑比克投产鸡肉加工。该集团还生产奶制品，如冰淇淋、酸奶，等等。原料奶粉从澳洲和新西兰进口。快乐园主要业务是房地产、运输和办公室设备等，集团在首都路易港和艾奔赛博城拥有标志性大厦。②

马达加斯加的情况相对较为平稳。一些外资的进入为马达加斯加的制造业带来了活力。与中国建交后，台湾的商品需要从东南亚地区转口

① 巫秋玉：《客家文化在海外的传承与发展——以毛里求斯客家人为例》，《八桂侨刊》 2009 年第 1 期，第 21 页。

② 参见 ABC 集团网站，http：//www.abcgroup.mu；英诺蒂斯集团参见 http：//www.inno-disgroup.com；快乐园集团参见 http：//www.happyworld.com。

输入，因而增加了成本；这样，马达加斯加华侨多进口大陆货，活跃了当地的市场。90年代以来，马达加斯加政府开始借助毛里求斯工业自由区的经验，华侨经济因之得到了新的发展机会。（见表2）

表2　　　　　　　　马达加斯加华侨经济一览表（1994）

行业	公司数目	资本额	占当地经济（%）
商业	600左右	1500万马法郎	30
餐饮业	100余	2500万马法郎	10
贸易业	40	5000万马法郎	11
机械仪器业	5	2亿马法郎	
药业	20	5000万马法郎	
观光业	无信息	无信息	
海运业	10	1.5亿马法郎	6
娱乐业	无信息	1亿马法郎	
酿酒与食品加工	50	1.6亿—1.8亿马法郎	50
电子及电器工业	16	2亿马法郎	2
塑料制品业	10	1亿马法郎	5
建筑业	10	8000万马法郎	1
针织成衣业	14	10亿马法郎	50
农林渔业	20	1亿马法郎	5
矿业	20	1.5亿马法郎	

资料来源：华侨经济年鉴编纂委员会：《华侨经济年鉴1994年》，台北1994年，第923—925页。

从上表可以看出以下几点。第一，马达加斯加华人经济分为传统工业与新兴工业两个部分。传统部分在当地影响力还是比较明显的，如商业在当地的比重为30%，酿酒和食品加工为50%。第二，新兴工业部分的规模相对要大，这从资本量可以看出。传统工业全部在1亿马法郎以下，新兴工业的资本额几乎全部在1亿马法郎以上。第三，传统商业和轻工业（特别是酿酒和食品业及针织成衣业）在当地占有重要地位。马达加斯加唯一一家以甘蔗酒精蒸制威士忌的酒厂即属于华侨；除酿酒外，还有面包、糕点、酱油、冰淇淋、辣椒酱等食品的制造，也多由华侨包揽。在电子及电器工业，华侨参与的时间并不长，M/C 公司开业仅两年即在东部和中部各开设分公司一家，资本总额约 1 亿马法郎，这已占整个华商在电子及电器业资本总额的一半。

西印度洋地区制造业也在分化和外溢。从 20 世纪 90 年代开始，华人的制造业已逐渐分化为两个部分，一部分是老华侨所从事的生活用品如肥皂、火柴、牙刷牙膏、蜡烛以及酿酒、饼干等食品工业；另一部分是新兴工业，专门生产如电子、电器、纺织、成衣、毛衣等专供出口的产品。这些工厂或是有眼光的本土华商适时调整所建，或是从台湾、香港、大陆来的移民投资所致。①

值得注意的是，毛里求斯和留尼汪华商除了在本土积极投入第三产业或是制造业外，还积极到其他国家投资。例如，90 年代后期，留尼汪开始发展纺织、成衣等密集型产业，获欧盟国家免配额优惠，中国香港、新加坡的华商前往投资并示范，毛里求斯一些有能力的华商也参与其中。在斯威士兰，毛里求斯华人从 90 年代初期就投资当地的商业。侨营企业共有 21 家，涵盖杂货、餐馆、贸易、旅馆，其中台湾华商创业 15 家，其余 6 家都是毛里求斯华商投资的。毛里求斯华人投资了一家杂货店。他们投资的两家餐馆生意不错，资本额分别为 50 万美元和 100 万美元。②

还有的非洲华商将触角伸向其他地区。例如，留尼汪华商张财元从 2007 年起就关注柬埔寨的大米生意。当他到生活在柬埔寨的堂妹那里探亲时，发现了一个奇怪的现象，当地盛产大米，却喜欢从邻国泰国进口大米。经过市场调研后，他与一位柬埔寨承包商合作，在距离金边 50 多公里的乌栋开了名为柬埔寨黄金米（Golden Rice Cambodia）的工厂。投资总额为 4000 万欧元。他的经商理念表现了他的战略眼光：留尼汪人要打开富国的市场。"我们的高档米已经过留尼汪的市场测试，下一步是进入购买力强的国家，如美国、中国、俄罗斯。"集团与新加坡达成了销售协议，在意大利也有订单，还试图打开中国大陆和香港市场。③

---

① 华侨经济年鉴编纂委员会：《华侨经济年鉴 1994 年》，台北，1994 年，第 923 页。
② 华侨经济年鉴编纂委员会：《华侨经济年鉴 1993 年》，台北，1993 年，第 868，873 页；华侨经济年鉴编纂委员会：《华侨经济年鉴 1998 年》，台北，1998 年，第 868 页。
③ 汤曼莉：《海上传奇：留尼汪华人华侨志》，第 154—156 页。

三 新移民对华人经济的持续刺激

20世纪70—80年代是华商走进非洲的黄金时代。第一，在非洲诸多国家，外来华商的进入为当地经济带来了活力。这些投资商来自中国台湾、香港或东南亚。他们的到来一方面为当地社会注入了大量资金，带动了当地经济的发展，特别是以某个领域为重点，推动了当地的工业化。第二，他们投资办厂吸收了大量的劳动力，解决了一部分人的就业问题，提高了当地的生活水平。第三，他们的塑胶厂生产的各种日常用品和拖鞋，纺织厂和成衣厂完成的棉纱和成衣，玻璃厂生产的玻璃制品等各种不同工厂的产品，均为当地民众带来了便利。第四，他们的投资一方面获得了不少利润，另一方面也通过交纳税收为非洲国家的国库或当地政府增加了不少财政收入。这种由外国投资拉动国民经济的理念和做法90年代仍在非洲流行，并取得了一定的效果。

（一）新移民的动力：来自香港的华商

住在比勒陀利亚的劳伦斯·张是20世纪80年代中期从香港移民到南非的。"我不喜欢香港的生活方式，它太快太乱了。我不想让我的孩子在一个乱哄哄的社会里长大成人。"他当时任南非政府的经济顾问，具有经商天赋。"我从不过问政治。我在这里没碰到过任何问题，关心政治就像读一本杜撰的书。我只想为我的家庭寻求一个较好的环境。"离开官职后，他与一位南非人弗莱德·范·斯代登和一位台湾人合作，创办了一家合资企业阿波罗汽车制造厂，这被证明是明智的选择，后来这种车在豪华型大客车和公共汽车市场上占据很大份额。"南非有第一世界的基础设施，在投资和制造业领域有许多机会，最大的市场在黑人居住区。这是一个与众不同、极富特色的市场。现在，14岁以下的黑人儿童肯定不下于1000万，如果他们每天买你一个1兰德（Rand，现译为兰特，南非货币）玩具，那就是1000万兰德的生意。这个巨大市场还有待开发，需要探索途径，要努力干。"一方面是市场生意红火，另一方面是国际社会取消对南非制裁，这些使张先生的生意发展迅速。后来，张先生还承接了为轻型飞机喷漆的代理业务。

当南非被国际社会制裁时，它与中国台湾关系十分紧密，从而使大量的台湾投资者和游客涌入南非各个城市。这种机遇使张太太琳达·梁成为南非第一位正式的中文女导游，并逐渐成为南非旅游方面的专家。"我是从金珊瑚开始从事旅游工作的。我到那儿去，其实只是玩玩而已，无意中问起他们'要不要一个会讲中文的导游'，他们说一直想找一个既能讲普通话又能讲广东话的人。旅游公司老板跟我见了面后，感到很满意。"作为导游，琳达定期要带团坐私人飞机去参观动物保护区，让游客有机会见到狮子、大象、犀牛和水牛等南非特有的动物。她发现，每到一处，当地人总是喜笑颜开，根本的原因是她带的团为当地人带来了丰厚的收益。两人的生活十分惬意，他们在比勒陀利亚买了一幢舒适的住宅，拥有多辆轿车，还有一辆跑车。"南非提供了许多机会，进出口将会腾飞。不过我也不想勾画一幅玫瑰花盛开的美好图景——玫瑰花有刺——但机会就近在咫尺。关键是适应你所在国家的生活，不然的话，你会发现自己凡事均不如意。"①

另一位南非的香港华商是吴少康。1960 年他出生于福建省晋江市，18 岁时，就只身一人前往香港从事家电贸易，十几年后生意渐成规模。当发现与他合作的台湾老板在南非的生意颇为兴隆时，他决定到南非发展自己的事业。1995 年，35 岁的吴少康终于如愿以偿地来到南非，经过一番考察，在约翰内斯堡的西罗町主街开了一家"永兴电子行"。初到南非并不顺利，人生地不熟，英语不好，合作的股东之间又出现分歧，电子行生意也很惨淡。那时，南非货币兰特也一直在贬值，对于进口商来说，进口的货物越多，赔得也就越厉害，所以，进口商们都格外谨慎，渐渐不敢进货了。吴少康以他敏锐的商业直觉逆流而上，开始大量囤积货物，用的都是多年积攒的"老本"。2001 年年底，南非成功度过金融危机，南非国内消费市场回暖，南非币逐渐升值，吴少康将先前赔本囤积的大量电视、DVD 等家电大批量出售，短时间内赚到了第一桶金。不久，他创立南非飞力通科技集团，分别在中国大陆与香港设下分公司，成为名副其实的企业家。

---

① 马克·格雷厄姆：《在南非的华人》，赵光新译，《编译参考》1992 年第 11 期，第 28—29 页。

全球金融危机导致兰特汇率浮动太大，保证自己的财产不随之缩水成为吴少康思考的主要问题。他很快认识到，如果以美金为衡量单位，兰特的贬值只会使南非房地产越来越便宜，这时候可以买入房地产，房地产一般不会贬值。吴少康开始涉足房地产。2002 年，他买下"亚洲城"。第二年，他又联合其他小股东买入"东方商城"。后来，随着南非货币和物业的双重升值，这两个商城果然给吴少康带来丰厚收益。与此同时，吴少康还在莫桑比克港区投资兴建了一些仓库，除自用之外，都出租、出售给其他华人或当地人。他还在国内投资了五星级酒店等长期项目。随着地产业务的不断做大，在吴少康的主导下又出重资拿下"东方商城二期""圣丘苑东方商城""星河商贸城"等大型华人商城地产项目。2015 年，吴少康新开发的地产项目南非星河商城进入招商阶段，这是集商铺、住宅、仓储为一体的新模式。项目占地 16 万平方米，450 家店铺，180 间公寓，110 间仓库，近千个停车位。该项目在南非地产界引起了不小的反响，也为中国和南非之间的经贸往来提供了更多便利。[①]

香港华商较早地看到非洲各国的发展机会，一方面得益于他们敏锐的企业眼光和商业嗅觉，另一方面与中国香港、台湾和大陆等地制造业的快速发展从而能够提供各种价廉物美的产品有关。当时在尼日利亚、加纳等西非国家投资的沈文伯、董之英和董纪勋、李文龙、查济民、张恩源、黄耀庭和黄耀舜等人叱咤风云，不畏艰难，在这里打下了一片天地。香港华商与这些地区的经济联系首先是贸易关系。出产于这些地方的货物源源不断地销往非洲。在南部非洲、西印度洋地区和西部非洲等地，都不乏从香港等地来的贸易商人和投资者。[②] 以尼日利亚为例。据《华侨经济年鉴 1998 年》记载，"香港华商前往投资制造业具历史及规模，并富适应及发展潜力，计有金属制品业 10—15 家，每家资产高达 1 亿—10 亿美元，纺织业 8 家，资产额共约 4200 万美元。造纸业 2—3 家，

---

① 《专访吴少康：从小店老板成商业巨擘到造福侨社》，南非华人网，2015 年 4 月 13 日，http：//www.nanfei8.com/huarenzixun/huarenzixun/2015 – 04 – 13/15673.html。

② 华侨经济年鉴编纂委员会：《华侨经济年鉴 1993 年》，台北，1993 年，第 868—876 页；华侨经济年鉴编纂委员会：《华侨经济年鉴 1994 年》，台北，1994 年，第 922—932 页；华侨经济年鉴编纂委员会：《华侨经济年鉴 1997 年》，台北，1997 年，第 922—932 页。

资产额 2000 万—3000 万美元，营建业 1 家，资本约 20 万美元。"① 在尼日利亚的拉各斯和卡诺，早年创业的香港人仍然活跃，他们的第二代或第三代开始管理公司业务。研究者注意到香港企业家之间的竞争远没有中国新移民之间的竞争那样厉害，他们之间互相帮忙和内聚力也相当强。一对第二代香港企业家夫妇在卡诺专门开了一家为香港华商服务的俱乐部。然而并非所有的投资都是玫瑰色的。在尼日利亚的拉各斯，一家非常著名的香港公司因为低工资引起尼日利亚工人的极其愤慨，他们甚至"想放把火将整个地方都烧了"。在伊科罗杜，一个香港公司发生的一场大火导致约 30 名当地工人死亡。②

董氏家族的先驱在 1959 年即到尼日利亚创业。2017 年年初，《中国新闻周刊》发表的关于尼日利亚侨领董瑞荨的长篇报道描述了这位尼日利亚企业家的工作和理念。董瑞荨出生于 1949 年，他随家人由上海前往香港。1975 年，他从美国夏威夷大学毕业。1976 年，他应家族的召唤，来到尼日利亚。董氏家族早年投资尼日利亚是以搪瓷日用品生意起家。1959 年，董氏企业主要从事香港的搪瓷日用品生产和出口，但一则因为海运费用居高不下，二则因为尼日利亚是英属殖民地，英国人垄断了搪瓷进出口市场，董氏家族决定直接在尼日利亚设厂。经过两代人的努力，如今的董氏集团从生产搪瓷发展成拥有钢铁、陶瓷、塑料、木材等多个工厂的大型家族企业。此外，集团还在拉各斯拥有一家五星级酒店。因为管理有方，董瑞荨接过了父亲的衣钵，成为董氏集团的掌门人。

董瑞荨在尼日利亚做生意有三条原则：了解当地民众的需要，成功吸收先进技术和经验，努力融入当地社会。尼日利亚的市场比较大，并且对一些行业采取双重保护性政策：一方面对进口商品征收很高的关税，

---

① 华侨经济年鉴编纂委员会：《华侨经济年鉴 1998 年》，台北，1998 年，第 854 页。还可参见相关论文，Elisha P. Renne，"The Changing Contexts of Chinese-Nigerian Textile Production and Trade，1900 - 2015"，*TEXTILE*，13：3（2015），pp. 212 - 233. http：//dx. doi. org/10. 1080/14759756. 2015. 1054105；SalihuMaiwada and Elisha Renne，"The Kaduna Textile Industry and the Decline of Textile Manufacturing in Northern Nigeria，1955 - 2010"，Textile History，44：2（November 2013），pp. 171 - 196.

② Giles Mohan，Ben Lampert，May Tan-Mullins and Daphne Chang，*Chinese Migrants and Africa's Development：New Imperialists or Agents of Change*，London：Zed Books，2014，pp. 22 - 23，76 - 77，86 - 87，95 - 96，118，119.

另一方面采取汇率保护。董瑞尊表示：“我们在尼日利亚开工厂有得做。很多产业，在中国国内竞争激烈得要命，而在这里竞争虽然偶尔会比较激烈，但时间通常都比较短，压力不大。”董瑞尊说。“有得做”是他挂在口头的三个字。在他的眼里，尼日利亚到处充满了商机，关键是把握当地民众的需求和市场的脉搏，也即“感受市场的温度”。他举例说，香港过去做生产成衣等加工制造业，从 80 年代开始就不行了，但现在在非洲还是“有得做”。董瑞尊重视技术改造。他与中国的企业建立了良好的关系，在中国第一重型机械集团公司的大力支持下，从国内引进了西非第一条冷轧钢厂，并成功吸收了美国和德国等国家的先进技术，投产后取得了较大的市场份额。目前，他的很多生产线都实现了自动化或半自动化生产，只有在瓷砖等包装和运输等环节才使用较多的劳动力。

董瑞尊没有加入尼日利亚国籍，但很在意融入当地社会。“我们是尼日利亚的本土企业，在这里注册，在这里生产经营。”他说，“尼日利亚人已经接受我们是他们的一分子。我们的华人身份没法改，但他们说我们是‘尼日利亚的华人’，是‘中国裔非洲人’。”目前，董氏集团总共雇用了 1.5 万多名当地工人，这还不算经销商和带动的物流等行业。“尼日利亚这么多年轻人，就业怎么搞？以后的生活怎么搞？如果处理不好，就怕有革命出来。”谈到年轻而躁动的尼日利亚，董瑞尊不无担心，“我们做实业就是要创造就业机会，使用大量工人。”作为一名有着香港背景的商人，董瑞尊近些年与中国企业越走越近。在他看来，西非有 3 亿人口，发展前景非常广阔，农业、石油化工、旅游等产业都有商机。做西非与中国之间的桥梁和纽带，是西非华侨华人的责任。

董瑞尊对国际市场保持着敏感，也十分关注中国的“一带一路”倡议。“对我们中国，‘一带一路’倡议是长久性的。过去的丝绸之路主要是贸易，现在我们要考虑在当地生产。”他举例说，中国国家领导人 2016年到西非的科特迪瓦访问时，该国总统并没有要援助，而是提了个要求，希望中国可以帮助他们设厂加工可可豆和腰果这两样农副产品。而在目前，这两样原材料都是直接出口，附加值大大降低。董瑞尊认为，中国企业走出来，一定要注意可持续发展，带来技术，融入当地社会。有了这样的深度合作平台，中国可以派遣管理人员和劳工来这些国家工作，制定与推广行业标准，推动中国的零配件源源不断地出口，达成双赢。

"很多国家对中国人有些提防，害怕我们把他们的社区搞乱了。我们要学会尊重当地人，要入乡随俗。"西非一些国家原是法属殖民地，工会和劳工保障门槛很高，尼日利亚水资源和电力等能源都比较短缺。这些国家的投资成本可能与投资者的预期不一样，应有充分的心理准备，切不可急功近利。他指出："在非洲，大环境要靠适应，小环境要靠创造。"①

（二）新移民的动力：来自台湾的华商

相比香港人而言，台商在南非更为活跃。台湾 20 世纪 60 年代启动的农业援非称为"先锋案"，为大批台湾华商进入非洲奠定了基础，与后来出现的台湾华商非洲投资热有直接联系。郑胜次原任台湾手工艺团团员，1987 年从科特迪瓦前往几内亚共和国经营贸易及批发业。创业期虽困难重重，但后来发展为大型贸易商，与西非各国建立贸易关系，累积资本高达 800 万美元，货源多来自台湾、香港及大陆，为当地资本最大的侨商。② 魏长胜为原台湾援助尼日尔农耕队的队长，后来他回到尼日尔经营餐馆，业绩不错。③ 1994 年出版的《华侨经济年鉴 1994 年》明确指出：台湾派往技术服务团及驻外人员，"优越的技术与诚恳的服务，赢取当地政府及人民的信任，若干离职后应聘各地政府或民营事业服务，部分自行创业者，熟悉当地环境，并且有社会关系基础，引进香港、台湾及大陆价廉物美产品，极获当地人欢迎，迅速开张营业，已发展为具规模的侨营新事业。"④ 当然，我们也必须注意，台湾"先锋案"只是导致台湾商人走进非洲的重要因素之一，而且这种情况主要发生在受过台湾农业技术援助的国家，主要分布在中部和西部非洲。

另一个吸引台湾华商的重要因素是南非政局变化的作用。首先是南非因种族隔离制而受到国际社会的制裁，而台湾也被排除在联合国之外，

---

① 宋方灿：《尼日利亚侨领董瑞尊：我们和非洲彼此需要》，《中国新闻周刊》，2017 - 02 - 09，http：//viewpoint. inewsweek. cn/detail - 3372. html. 本人于 2011 年 11 月 15 日在中国驻拉各斯领事馆安排的活动中与董瑞尊先生见面，就尼日利亚的华侨华人问题进行交流。他当时强调的一点非常重要：中国人到尼日利亚来是帮助尼日利亚人发展的，不是来抢他们的饭碗。中国人不应去摆地摊与尼日利亚的普通民众争利。我对此印象深刻，也觉得他的分析很到位。

② 华侨经济年鉴编纂委员会：《华侨经济年鉴 1992 年》，台北，1992 年，第 1033 页。

③ 同上书，第 931 页。

④ 同上书，第 922 页。

两者可谓因同病相怜而加强了联系。1976 年南非与中国台湾建立所谓的"外交关系"后，台湾移民源源不断地涌入南非。为了吸引投资移民和经商的方便，投资环境有所改善，应台湾方面的要求，南非政府不得不重新考虑当时存在于南非的 8000—10000 名华人的地位，并同意废除此前颁布的延长华人歧视待遇的法律修正案。根据 1984 年的《种族区域法修正案》（Amended Group Areas Act）第 101 条，该法不适用于华人社区，华人终于有权利拥有自己的财产权、社会交往权，在白人区域内也无须许可就可以享有贸易的权利。[①] 当然，华人的平等地位并无法律的确切保障，仍依赖于官方赦免或白人的忍耐，因此存在着诸多不便。[②] 然而，在实际操作中，华人有了诸多可以自由行事的空间。更重要的是，这些改善措施有助于鼓励台湾华商到南非投资。为了进一步吸引台湾、香港和东南亚的华人投资商，南非从 1987 年起大大增加了华人永久居留权获得者的名额（见表 3、表 4）。

表 3　　　　　　获得永久居留权的南非华人移民（1961—1995）

年份	人数（人）
1986	7
1987	133
1988	301
1989	483
1990	1422
1991	1981
1992	275
1993	1971
1994	869
1995 年 1—10 月	350
共计	7883

[①] Li Ying, Karen Harris：《中国到南非的第三次移民潮》，姚昭亮译，载吕伟雄主编《世界海外华人研究学会地区性非洲国际会议论文摘译》，香港社会科学出版社有限公司 2008 年版，第 172 页。

[②] Melanie Yap and Dianne Leong Man, *Colour, Confusion and Concessions*, pp. 414 – 416.

表 4　获得永久居留权的华人按地区分类（1994 年—1995 年 10 月 31 日）

地区	1994	1995（截至 10 月 31 日）
中华民国（中国台湾）	596	232
中华人民共和国	252	102
香港	21	16
合计	869	350

资料来源：Melanie Yap and Dianne Leong Man，Colour，Confusion and Concessions，p. 419.

还有一个重要因素是南非国内政治经济使然。1959 年，南非政府开始实施"黑人家园"制。白人当局将占南非土地不到 13% 的原"土著人保留地"定为"黑人家园"，而其余 87% 的土地归白人的南非。占人口75% 的非洲人按族体划归 10 个"黑人家园"。[①] 从 1976 年起一些黑人"国家"先后从南非"独立"出来。为了解决这些"黑人家园"黑人的失业问题，从而避免他们进入南非其他由白人占统治地位的城市以免造成混乱，南非政府实施优惠政策，吸引大量的台湾企业家投资南非，80年代的情况在前章已有所阐述。1988 年，约 2500 名台商来到南非，这一数字随后增加很快。1989 年他们建立了 150 家工厂，1992 年增至 300 家，资本额约 10 亿美元，为当地创造了 4000 个就业机会。[②] 在随后一个时期，台湾移民南非的人数增长较快。[③] 1993 年，台商在南非拥有工厂 300余家，总投资额已超过 5 亿美元。1996 年 6 月，台资在南非制造业方面总投资额为 10.76 亿美元，约 36000 所雇用员工中 90% 为黑人。这些工

---

① 10 个"黑人家园"如下：莱伯瓦（北索托人）、夸夸（南索托人）、博普塔茨瓦纳（茨瓦纳人）、加赞库鲁（聪加人）、文达（文达人）、坎瓜内（斯威士人）、夸恩德贝莱（恩德贝莱人），科萨人被分成两个"家园"——特兰斯凯和西斯凯。相关研究参见杨立华《南非的"黑人家园"政策》，《西亚非洲》1981 年第 6 期；张忠祥：《"黑人家园"与南非经济》，《浙江师范大学学报》（人文社会科学版）1995 年第 6 期。

② Tu T. Huynh，Yoon Jung Park，Anna Ying Chen，"Faces of China：New Chinese Migrants in South Africa，1980s to Present"，*African and Asian Studies*，9（2010），p. 291. 还可参见 Yoon Jung Part《华人是落地生根的不是跨国主义的？——种族隔离制度废除后南非华裔身份的多重性和易变性》，秦天译，载吕伟雄主编《世界海外华人研究学会地区性非洲国际会议论文摘译》，香港社会科学出版社有限公司 2008 年版，第 114 页。

③ 有关南非与台湾的关系以及台湾企业家移民南非的情况，参见 Melanie Yap and Dianne Leong Man，*Colour*，*Confusion and Concessions*，pp. 416 – 423。

厂每年进口额约 2.53 亿美元，出口额 1.21 亿美元，营业额达 14.82 亿美元，为南非经济作出了不小的贡献。①

1997 年 1 月 1 日，时任"台湾驻南非大使"陆以正先生在《彩虹商旅》创刊号上发表了题为《南非台资厂商知多少》的文章，介绍了南非的台资厂商的基本情况。当时，台资企业共有 620 家，投资额为 15 亿美元，约合 64.5 亿兰特，雇用的员工人数为 41240 人。根据此项统计，当时拥有南非永久居留权的台湾移民为 13176 人，所有华裔的总数是 27515 人。1996 年制造业工厂的数量为 282 家，但工厂所雇用的员工人数却从先前的约 45000 人降至 36224 人，其中有 32390 人是黑人。员工人数下降的主要原因是工厂自动化程度提高，海关贪污所造成的影响及工会问题日趋严重。过去五年来，虽约有 50 家工厂停业或迁往他国，但也有大约相近数目的新工厂取而代之。另一方面，从事贸易与服务业的台商家数仍在增加。台商经营的公司有 340 家，包括银行、船运公司、进出口公司、批发及配销商等，总共雇用了 5012 名员工，其中 2694 人为黑人；每年的营业额估达 85.4 亿兰特，每年进口总值约 17 亿兰特，出口总值为 6.82 亿兰特，为南非赚进不少外汇。台商投资总额 64.5 亿兰特中，究竟有多少投资在房地产上难以估计。以前使用金融兰特时，动工兴建或购买房产在南非储备银行视为投资，可以动用银行的金融兰特。现在，台商目标已朝向工业用途的房地产交易。1996 年，南泰海运公司与台湾贸易开发公司，在约堡北郊玫瑰坡（Rosebank）以 4000 万兰特买下位于凯悦大旅馆对街的整块地产。近来，自由省中华公会会长许秋扬在豪登省与自由省交界附近的沙索堡（Sasolburg）买下了 450 公顷的工业用地，有意开发为工业园区。在约堡地区也有两个高尔夫球场是台商的产业。

台商在工业方面共投资 280 家公司，详细分类见下表。这些制造业工厂主要坐落在四个地区，均在 20 家工厂以上，即纽卡斯尔 48 家、博茨哈比罗 37 家、莱迪史密斯 26 家、西斯凯 20 家，共 131 家。剩余的分布在近 20 个地区。（见表 5）②

---

① 曾厚仁：《台商在斐投资回顾》，《彩虹商旅》（Rainbow Explorer）创刊号（1997 年 1 月 1 日），第 15—16 页。

② 李安山：《非洲华侨华人史》，中国华侨出版社 1996 年版，第 482—483 页。

表5　　　　　南非台商制造业投资一览表（1996）

种类	数量	种类	数量
成衣	44	针织毛衣	44
塑胶制品	23	提包及旅行袋	4
制鞋	22	铸模厂	4
电器与电子	19	纸品厂	4
PP编织袋	16	汽车零组件	4
纺纱与纺织	14	厨具	4
金属制品	12	钟表	3
家具与木材	8	宝石加工	3
塑胶及保丽龙餐具	6	煤油炉	3
橡胶手套	6	矿业加工	3
体育及休闲品	6	其他杂类	20
化妆品	4	食品	4

台商经营的贸易服务业方面共有340家，以经营原料或成品进出口贸易为主。主要包括以下门类，其中以进出口业、批发和零售以及食品饮料为多。（见表6）

表6　　　　　南非台商贸易服务业投资一览表（1996）

种类	数量
进出口业	94
批发	58
零售	48
食品饮料	47
不动产开发	17
交通、海运及报关行	8
银行及工商服务业	8
旅运业	8
农产品及农场	6

续表

种类	数量
运动休闲用品	3
汽车维修	3
杂类	40

资料来源：陆以正：《南非台资厂商知多少》，《彩虹商族》（南非）创刊号（1997年1月1日），转引自李安山编著《非洲华侨华人社会史资料选辑，（1800—2005）》，香港社会科学出版社有限公司2006年版，第343—345页。

在南非投资的台商大多数是私营中小企业，只有南非台湾银行是台湾银行的子公司。当时台湾银行的地位比南非标旗银行的排名更靠前。英国出版的《银行家》杂志全球1000家银行的排名中，台湾银行排名107位，南非标旗银行为185位。南非台湾银行当时已经贷出的融资总数为6500万兰特，贷款对象主要是南非中小企业。

台资工厂大多数分布在过去黑人家园的工业区。如果以省份区分，这些工厂有40%是设在夸祖鲁—纳塔尔省，主要是德班港进出口方便，而且气候亦和台湾相似。对南非出口的主要项目是电脑与周边设备。振桦集团（Musek Group）是台商在南非电脑业的老字号，旗下有七家公司，振桦电子股份有限公司是其中之一。[①] 全南非电脑市场中，估计振桦公司的总销售量占一半以上。独霸市场的局面面临另一家来自台湾的宏碁电脑公司的竞争。宏碁台北总公司是目前世界第七大个人电脑公司，创办人施振荣被美国商业周刊列为封面人物介绍，曾于1997年前来约堡视察拓展业务的计划。台湾宏碁电脑国际公司（ACI）在南非成立宏碁南非公司，与南非普赛泰公司（Persetel）合作拥有股权。1995年，宏碁公司宣布全部收购普赛泰公司持有的股份，从而使宏碁电脑国际公司拥有股份增至87.5%。[②]

台商与当地企业和员工的关系值得注意。当时，台商在南非前黑人家园地区开设的针织、刺绣、毛衣工厂44家，所需的染色尼龙纺纱原料

---

① 陆以正：《南非台资产商知多少》，《彩虹商旅》（Rainbow Explorer）创刊号（1997年1月1日），第344页。

② 《宏碁南非公司》，载梁英明主编《华侨华人百科全书经济卷》，第175页。

皆由德隆纺织厂供应，该集团与南非成衣暨纺织工人工会达成协议，因此劳资关系和谐。德隆集团旗下的各种公司在莱迪史密斯雇用了 1000 名员工。除毛衣厂外，还有以外销为主的 44 家成衣厂，因为劳工薪资的争执，有些正考虑迁离南非。例如，一家台商公司原在南非和莱索托各设一家工厂，各雇用 1800 名员工，但现在生产线正在迁往莱索托。莱索托首都马塞卢的工厂目前有 3000 名员工，南非这边的工厂则只剩 1000 名员工。迁厂的原因除其他因素（如治安、薪资等问题）外，与南非和中国 1997 年建立外交关系有直接关联。

还有一些台商也做得不错。甘致行虽然 1986 年才到南非，但他的企业发展很快。他带着 2000 万美元到约翰内斯堡创业，到 1994 年已发展为南非最大的电脑制造商，资产总额达 2000 万美元，拥有子公司 7 家，该公司生产的电脑占南非市场的大约 50%，监视器 60%，PC 板 70%。孙火荣在奥兰治地区投资 2000 万美元，经营塑胶、布料、纸厂、制鞋等。区伟明在南非的金伯利经营商业网点，建有 6 家超级市场，资本达 300 万兰德。此外还有电脑销售商曹耀兴、纺织厂业主林锦炫和亚洲化学公司业主孙瑞生等。[①] 康华集团是南非华资企业集团。创建人康陈圳为台湾移民，生于 1962 年。该集团主要经营自创品牌新产品，拥有 9 家连锁店。康陈圳曾因其卓越的投资业绩荣获 1992 年台湾当局颁发的海外杰出青年奖章，并于 1995 年 11 月当选为约翰内斯堡不分区议员，为南非华人参政者先驱。[②]

台商在当地成功的策略之一是逐渐适应当地政府的各种规范和投资环境，或是改进经营方式，或是学会让利，一方面善于使用当地人力资源开拓市场，一方面逐步释放股权给黑人。21 世纪初，万宇科技以 Mercer 为品牌，组装电脑在当地销售，并将业务拓展到尼日利亚和巴西。位于约翰内斯堡近郊的南洋电线电缆公司，其董事长潘彗琇为第四届海外磐石奖得主，是塑胶编织业的早期开拓者，后与台湾宏泰电工合作，生产电线电缆销往南非国内市场。南非新政府为了加强黑人的经济实力，

---

① 华侨经济年鉴编纂委员会：《华侨经济年鉴 1994 年》，台北，1994 年，第 926 页。
② 《康华集团》，载梁英明主编《华侨华人百科全书经济卷》，第 235 页。

推行黑人经济振兴计划（BEE，Black Economic Empowerment）。[1] 该公司努力响应南非政府的这一计划，逐步将公司股权释放给黑人员工。丰兴企业董事长林岂经营有方，被推荐角逐第二届世界杰出妇女"华冠奖"，成为台湾华商在南非开拓市场的典范。最初她既无产业知识，也不会英文，但她一步一个脚印，与大财团竞争，在胶带、打包带和纸管轴行业打下一片天地。[2]

（三）新移民的动力：在南部非洲的投资

南非经济的快速发展使周边国家得益不少。以斯威士兰这个南非境内的小国为例。该国以前几乎没有华侨，20 世纪 70—80 年代，台湾、香港等地的华商及南非的华裔不断涌入。1989 年华侨人数已达 120 人，其中包括华人和华裔。华侨从事商业的只有 17 家，其中有 6 家餐馆，包括元山饭店、营利餐厅、成吉思汗餐厅等。其次为贸易业 4 家，包括格律有限公司、高品实业公司、侯氏进出口公司等，进口成品、食品由门市部销售，出口收购自邻国（莫桑比克）的海产干货，输往香港和台湾。另有杂货店三家，分别为东方礼品店、立群果菜鲜肉店和九龙中国食品店。还有成衣店 3 家，为立群成衣店、环球成衣店和来富利商店。另有华人经营的 6 家制造业公司。由台湾和香港迁入的两家纺织厂，从事针织成衣制造及外销，经营良好。摩尔工业公司制造工业用棉手套销往美国，年产 50 万打。由于美国对斯威士兰的产品无配额限制，该工厂还打算扩建厂房，增加生产线。此外，还有南京模具制造公司、立合高级宝石进出口工厂、铭源设计建筑公司等。[3] 由台湾厂商周森林（Allan Chou）创建的 Trio Courage 有限公司资本额达 600 万美元。该公司初期生产冰棒，后来投资钢铁业，拥有华丰钢铁厂和一家制冰厂，由

---

[1] 这是南非曼德拉政府 1993 年在消除种族隔离后推出的一项特殊法律制度，主要目的在于推动黑人经济融入白人经济，力图将南非整体发展与提高黑人经济地位相结合，并为此成立专门委员会。参见程云凤《政治经济学视野下的南非 BBB 政策简析》，《环球市场信息导报》2014年第 7 期。有关对 BBE 政策的批评意见，参见莫列齐·姆贝基《贫穷的设计师——为什么非洲的资本主义需要改变》，董志雄译，上海人民出版社 2009 年版，第 57—83 页。

[2] 中华经济研究院编：《华侨经济年鉴欧非篇 2002—2003 年》，台北，2004 年，第 242—243 页。

[3] 陈怀东主编：《华侨经济年鉴 1989 年》，台北，1989 年，第 712—713 页。

周森林任董事长，由林政良（J. L. Lin）任总经理。该公司为在加纳有世界银行所属国际金融公司参与投资的唯一企业，其成功事例被列入加纳中小学教科书。[①]

南非境内的莱索托也借助着台湾华商投资南非的势头有所发展。2003 年，年兴纺织是全球知名的牛仔布成衣代工厂商，在莱索托的投资可分为成衣、布及纺纱三大块，厂区占地达 27 公顷。成衣部分有三个厂，均以生产美国名片牛仔裤为主，每天可生产 60000 条。布厂分有 2 个厂，其中一个专门生产牛仔布，已经开始供应本身的成衣厂；另外还有一个专门生产针织用纱的工厂。年兴的员工总数已达 10000 人。台商在当地雇用 6 万名工人，占全国就业人数的 25%。1997 年，当得知中国与南非将于 1998 年 1 月 1 日建立外交关系时，不少莱索托、斯威士兰和博茨瓦纳和马拉维的官员纷纷前往南非，向在当地投资的台商推销自己国家的优惠政策，希望吸引台商将相关工厂移至他们国家。[②] 根据中国驻莱索托大使馆经济商务参赞处的统计，莱索托现有约 70 家纺织服装企业，主要为外资企业，其中 57 家为台商的投资企业，大多从事牛仔和针织服装加工以及配套业务。台湾在莱索托的投资已超过 3 亿美元，台资纺织企业出口占莱索托出口的 73%。台商纺织服装企业规模参差不齐，既有世界著名的纺织企业，也有规模比较小的成衣加工企业。其中，台湾年兴纺织股份有限公司是莱索托最大外资企业。[③]

对于台商而言，马拉维的主要优势是不存在竞争，劳工充沛，劳动力价格低，纺织品可以享受非洲增长与机遇法案的优惠。这里的侨胞人数很少，只有 60 人左右，台商人数为 30 人。华商经营的工厂都已颇具规模。经营成衣的兴堡成衣公司（Haps Clothing Co.）的董事长和厂长分别为谢胜夫和周水顺。该公司资本约 300 万美元，产品全部销往美国、南非

[①]　《Trio Courage 有限公司》，载梁英明主编《华侨华人百科全书经济卷》，第 438 页。

[②]　陆以正：《南非台资产商知多少》，《彩虹商旅》（Rainbow Explorer）创刊号（1997 年 1 月 1 日）。

[③]　陈晓红：《〈非洲增长与机遇法案〉对黑非洲国家贸易和投资的影响——以斯威士兰和莱索托为例》，《西亚非洲》2006 年第 4 期；陈晓红：《AGOA 法案对中国在非投资的影响》，http://wenku.baidu.com/link? url ＝ － 9TAi4OQ4uJlpNi5XwyhQ49 ＿ 6rgXcI41QIwRpcmBBThF1rK6JNJVdXFKYSpOGNvfoxCcuqUhe-ydLv5AaJ＿ zA-LpGVdyDm6b＿ M82u53y9VS。

等地，占当地出口成衣份额的 70%，后来业务继续扩大，还有一家奇里姆巴成衣公司（Chirimba Garments），两家雇用员工分别为 2600 人和 1900人。兰丝倩企业公司在马拉维湖附近的萨里马租用 1.32 万公顷土地，预备种植葵花经营榨油厂、饮料厂、塑胶厂及休闲中心。陈大权在利隆圭经营白铁皮建材厂，资本 100 万美元。庄福禄经营食品加工厂，从事香肠、中式食品加工及酿造酱油与饮料制造等。黄胜一、黄胜裕兄弟经营东方兄弟公司经营碾米厂，苏水木经营原木加工厂及家具制造业，黄昭煌生产烤漆制品如锅、盘等。此外，苏水木和黄胜一还分别经营农场。①

不容置疑，台商的投资为南部非洲的制造业输入了新鲜血液，成为当地工业化的重要力量。

（四）有关家族企业的学术争论

我们注意到，在谈到非洲的华商企业时，绝大部分都是家族企业，如毛里求斯的朱氏集团和阙氏集团、留尼汪的侯氏集团和刘氏集团、尼日利亚的李氏集团和查氏集团，这是有原因的。一方面，家族企业往往是从头做起，靠打拼立身，靠地气创业，他们脚踏实地，发现商机，在企业家精神的继承、投资方向的选择、团体意识、风险意识和成本意识都占有独特的优势。另一方面，我们经常听到不少对家族企业的批评和指责，如排外心理、任人唯亲、拉帮结派、人情管理、滥用权力、居功自傲、不求上进、贪污腐败、抱怨太多、缺乏激励、缺乏企业文化、缺乏员工管理等。然而，令人不解的是，纵观非洲华人经济发展史，我们看到家族企业不仅十分活跃，有的做得大的也是家族企业。换言之，所有著名的本土企业都是家族企业。不可否认，家族企业中确实存在着一些制度性缺失，也需要不断改革与创新。②

实际上，我们应该辩证地看待家族企业，上述的有关所谓缺陷从根

---

① 华侨经济年鉴编纂委员会：《华侨经济年鉴 1994 年》，台北，1994 年，第 929 页；中华经济研究院编：《华侨经济年鉴欧非篇 2002—2003 年》，台北，2004 年，第 285—386 页。

② 例如，商务部原副部长魏建国在分析非洲华商存在的诸多问题之一是"多采取家族式管理，内部管理不规范"。魏建国：《此生难忘是非洲——我对非洲的情缘和认识》，中国商务出版社 2011 年版，第 127 页；刘伟才：《华人私营企业在非洲：问题与对策》，《上海商学院学报》2011 年第 12 期第 1 版，第 22—26 页。

本上来说都不是家族企业所独有的，可以说是企业管理上的通病。排外心理的指责并不恰当，在竞争激烈的商战中，任何企业都有排他性。华为与中兴不是争得你死我活吗？华为成功的因素之一是否在于它对自身形象的塑造，在于它具有排外性质的独特性企业文化？任人唯亲和拉帮结派也并非家族企业独有，在家族企业中亲缘也往往可以成为一种沉重的负担。人情管理的指责更是毫无道理，有的企业正是引入了人情管理而成为与其他企业竞争中的优势，这种例子不胜枚举。谁可以肯定，滥用权力就不会发生在其他企业？至于居功自傲、不求上进、缺乏激励等其他方面的指责更缺乏根据。可以说，这些家族企业的所谓缺陷并非家族企业所独有，而是诸多企业的通病，特别是那些失败的企业。

家族企业确实存在着一些固有的习俗，如家族里形成制度的长子继承、利益均沾（分成）、容易产生内部矛盾等，但这种制度也是双刃剑，长子继承可以整合家族的力量，也可以使成员失去凝聚力；利益分成既可以分散家庭的财富，也可以使整个家族团结一致形成合力。内部矛盾也并非家族企业的专利。尼日利亚卡诺的一家早期建厂的香港华人企业十分注重利用家族的人力资源。其公司在尼日利亚有 20 余家工厂，有自己的总部，在香港也有地区办公室。他的儿子在身边管理工厂，女儿、女婿和媳妇或是管理公司总部，或是在香港管理地区办公室。[①] "家族企业，在企业家精神、风险意识与成本意识上具有无与伦比的优势；在组织结构上则是双刃剑，利刃所向，无坚不克，因而在企业与家族的关系上，要么是使二者凝聚为坚强的生命共同体，要么是催发二者双双解体的刺激因素。"[②]

我们注意到，留尼汪的家族企业中有成功者（侯氏集团和刘氏企业），也有失败者，而且其失败（曾绍敏与陈绍宏）往往与时机（如全球石油危机、银行利率过高）和商业伙伴的选择（伙伴背信弃义）等经营中遇到的自己难以操控的因素有关。毛里求斯也有失败者和成功者，朱

---

① Giles Mohan, Ben Lampert, May Tan-Mullins and Daphne Chang, *Chinese Migrants and Africa's Development: New Imperialists or Agents of Change*, pp. 76 – 77.

② 龙登高：《海外华商经营管理探微》，香港社会科学出版社有限公司 2003 年版，第 153 页。

梅麟的家族企业现在一分为二，阙氏集团也分为两份。然而，这种分工与合作的关系蕴藏在众多复杂的社会与经济关系之中，我们很难断定优劣。同时，失败者的时间往往是世界性经济危机之时。我认为，家族企业一个最大的问题是继承问题。我们还记得，留尼汪的刘文波先生曾雇用了三任副经理，但都觉得不满意，才决定将远在法国的大儿子刘锡辉召回来。换言之，他最后把希望放在儿子身上。试想一下，如果刘锡辉当时不愿意放弃自己在巴黎的工作呢？这种情况确实在留尼汪发生过。1979 年，李木良先生买下了一家经营状况良好的运输公司。这家公司拥有多辆又新又大的货车，运营情况也非常好。那么，为什么公司老板要出让呢？关键因素是他的儿子不愿意接班。[1] 目前非洲的华人企业家中确实存在着第二代继承的问题。[2] 如果能够将经营权和所有权分离，应该是一种比较明智的选择。

---

① 汤曼莉：《海上传奇：留尼汪华人华侨志》，第 55 页。

② 刘伟才：《华人私营企业在非洲：问题与对策》，《上海商学院学报》2011 年第 12 期第 1 版，第 22—26 页。

中国反跨境人口贩运面临
的挑战

刘国福[1]

　　人口贩运是一种极端恶劣形式的迁徙[2]，严重侵犯人的生命、自由等基本权利[3]。2013 年，公安部刑事侦查局打击拐卖儿童妇女犯罪专项行动领导小组办公室主任陈士渠介绍，国内拐卖妇女、儿童犯罪率下降，跨境人口贩运犯罪势头有所上升[4]。2015 年，最高人民法院新闻发言人孙军工指出，拐卖、拐骗妇女强迫卖淫的犯罪日益突出，特别是一些不法分子与境外人员相互勾结，拐卖、拐骗外籍妇女的犯罪在部分地区有增长趋势[5]。由于经济、法律、人口等原因，中国反跨境人口贩运，在跨境人口贩运情况、反跨境人口贩运法律、办理跨境人口贩运案件、保护跨境人口贩运被害人机构、国际合作反跨境人口贩运机制等五个方面面临挑战，这些挑战危害社会和谐稳定，损害政府公信力，阻碍经济和社会发展。为有效预防、依法打击拐卖人口犯罪，积极救助、妥善安置被拐卖受害人，本文对这些挑战做一初步研究。

---

　　①　刘国福，北京理工大学法学院教授，国务院侨办咨询委员，丽水学院兼职教授。

　　②　联合国人权事务高级专员办事处：《建议采用的人权与贩运人口问题原则》，2002 年。

　　③　Council of Europe. *Council of Europe's Action's to Combat Trafficking in Human Beings.* CM/Inf92008）28，Part Ⅱ. 1 Scope of the Convention.

　　④　吴伟、向星：《中越围剿跨国妇幼拐卖》，《新京报》2013 年 5 月 17 日 A22 版。

　　⑤　杨青：《最高法院发布惩治拐卖妇女儿童犯罪典型案例》，《中国法院网讯》2015 年 2 月 27 日。

一 反跨境人口贩运的界定

人口贩运，根据 2000 年《联合国打击跨国有组织犯罪公约关于预防、禁止和惩处人口贩运特别是妇女和儿童行为的补充议定书》（2000 年《反人口贩运补充议定书》）第 3 条，是指为剥削目的而通过暴力威胁或使用暴力手段，或通过其他形式的胁迫，通过诱拐、欺诈、欺骗、滥用权力或滥用脆弱境况，或通过收受酬金或利益取得对另一人有控制权的某人的同意等手段招募、运送、转移、窝藏或接收人员。剥削应至少包括利用他人卖淫进行剥削或其他形式的性剥削、强迫劳动或服务、奴役或类似奴役的做法、劳役或切除器官。《中国反对拐卖人口行动计划（2013—2020 年）》没有使用"人口贩运"，代之以"拐卖人口"。中国1997 年《刑法》（2015 年修正）没有使用"人口贩运"，也没有以人口贩运罪对人口贩运行为统一定罪处罚，而是以"拐卖妇女儿童""收买被拐卖的妇女儿童""强迫劳动""为强迫劳动者招募运送人员或者有其他协助强迫他人劳动行为""组织残疾人、儿童乞讨""组织未成年人进行违反治安管理活动""组织出卖人体器官""组织卖淫""强迫卖淫""协助组织卖淫""引诱、容留、介绍卖淫""引诱幼女卖淫"等罪对人口贩运犯罪行为分别定罪处罚。

跨境人口贩运是指贩运中国人口至外国和地区以及贩运外国和地区人口至中国，特别是指贩运大湄公河次区域（GMS）妇女、朝鲜妇女至中国。近年来，人口贩运等非传统安全问题对大湄公河次区域合作造成困扰，成为影响该区域合作深入发展的突出问题。大湄公河次区域是指澜沧江—湄公河水系干流和支流流过的整个地区，包括越南、缅甸、老挝、柬埔寨、泰国和中国云南省，以及大湄公河次区域合作成果惠及的广西壮族自治区。中国参与联合国机构间大湄公河次区域反对人口贩运项目（UNIAP），与越南、缅甸、老挝、柬埔寨、泰国等国家共同反对人口贩运。越南与广西壮族自治区、云南省接壤，缅甸与云南省、西藏自治区接壤，老挝与云南省接壤，朝鲜与吉林省、辽宁省接壤，很多边境地区属于低矮山区和短浅水道，没有天然屏障，非口岸出入境通道众多，非法出入境便捷。

反跨境人口贩运是指为了使人免遭奴役，政府组织各方力量，采取预防跨境人口贩运、惩治人贩子和保护跨境人口贩运被害人等措施，对抗跨境人口贩运的行动。中国法律政策没有使用"跨境人口贩运被害人"，与此最相近的词是"被跨国拐卖被害人"[①] "被跨国拐卖妇女儿童"[②] "被拐卖受害人"[③]。2000 年《反人口贩运补充议定书》从人口贩运被害人在接收国的地位、人口贩运被害人的遣返、信息交换和培训、尽量加强可能必要的边界管制、证件的合法性和有效性等方面，规定了反跨境人口贩运措施和国际合作。《中国反对拐卖人口行动计划（2013—2020 年）》是中国反跨境人口贩运的最重要政策文件，提出了反对拐卖人口国际合作的工作目标和行动措施。工作目标是"有效预防和严厉打击跨国拐卖人口犯罪，加强对被跨国拐卖被害人的救助。积极参与国际社会有关打击人口贩运议题的讨论和磋商，展示我国反拐措施和成效，树立良好国际形象"。行动措施有加强反拐工作国际交流与合作、加强国际反拐合作项目建设和引进工作、加强国际警务合作、加强与相关拐出国政府和国际组织合作、认真履行和充分利用 2000 年《反人口贩运补充议定书》等。

二　中国跨境人口贩运的大致情况

截至 2016 年 1 月，分别约有 90 篇、70 篇、17 篇、15 篇、2 篇和 20 篇反跨境贩运越南、缅甸、柬埔寨、老挝、泰国、朝鲜妇女方面的新闻报道。根据这些新闻报道，警方解救了约 5074 名被贩运至中国的越南、缅甸、柬埔寨、老挝、泰国、朝鲜等国的妇女。其中，1997—2015 年，警方共解救并遣返 3429 名被拐卖越南妇女，在大湄公河次区域各国中最为严重。1998—2015 年，警方共解救并遣返 1184 名被拐卖缅甸妇女。2012—2015 年，警方共解救并遣返 225 名被拐卖柬埔寨妇女。与跨境贩

---

① 《中国反对拐卖人口行动计划（2013—2020 年）》，第 2.6 加强国际合作。

② 《中国反对拐卖人口行动计划（2008—2012 年）》，第 4.5 加强国际合作。

③ 《扎实抓好政策落实工作》，《公安部关于开展查找不到生父母的打拐解救儿童收养工作的通知》，民政部，2015 年。

运越南、缅甸、柬埔寨妇女至中国相比，跨境贩运老挝、泰国、朝鲜妇女至中国并不严重。2000—2015 年，警方共解救并遣返 57 名、5 名被拐卖老挝、泰国妇女。1997—2015 年，警方共解救并遣返 174 名被拐卖朝鲜妇女。由于新闻报道的解救被贩运至中国的越南、缅甸、柬埔寨、老挝、泰国、朝鲜妇女案件只占所有解救被拐卖至中国这些妇女案件的一部分，解救被贩运至中国的越南、缅甸、柬埔寨、老挝、泰国、朝鲜妇女案件只占拐卖这些妇女至中国案件的一部分，以及拐卖范围窄于贩运范围，被贩运至中国的越南、缅甸、柬埔寨、老挝、泰国、朝鲜妇女的人数会超过上述估算的人数。

跨境人口贩运越南、缅甸、柬埔寨、老挝、泰国妇女至中国，大约始于 20 世纪 70 年代，主要在广西、云南省。跨境贩运朝鲜妇女至中国，大约始于 20 世纪 90 年代，主要在吉林省、辽宁省。中国是跨境贩运这些妇女的主要目的地，她们被层层转手，被卖向云南、广西、吉林、辽宁以外的 20 多个非边境省份。跨境人口贩运被害人以 16—30 岁为主，最小的 13 岁①，文化程度低，主要是文盲、小学生和初中生，也有个别的高中生和大学生。跨境人口贩运被害人价格上涨很快，从 90 年代千元上涨到 2013 年 11 万多元②。跨境贩运妇女非法获利丰厚，在被贩运不同阶段价格不同，越接近贩运目的地价格越高③。人贩子以本国人为主，与中国人相互勾结④，女性人贩子越来越多，很多人贩子有被贩运的经历⑤。收买跨境人口贩运被害人的中国男性多来自农村、贫困、大龄、弱智身残⑥。

---

① 李平、张瑛、宋芳科：《甘肃破获跨国贩卖妇女案，解救 17 名越南新娘》，《西部商报》2013 年 1 月 7 日。

② 胡奇泽、陈明：《男子拐骗四名柬埔寨女孩到黄山“找婆家”》，《市场星》2013 年 10 月 21 日。

③ 白忠义：《一对夫妇拐卖外籍妇女被拘》，《北方新报》2015 年 2 月 17 日。

④ 郭长秀、李振喜：《越南、河南人贩子跨国拐卖 27 名越南妇女儿童》，大河网，2001—02—16。

⑤ 《边境地区拐卖妇女儿童案件不断增多，中越警方加强合作打击犯罪》，新华网广播频道，2005—12—23。

⑥ 郑春笋：《“领媳妇”领出跨国拐卖案》，《人民法院报》2011 年 2 月 21 日。

　　跨境人口贩运目的主要是卖为人妻①，一些被逼卖淫②。贩运妇女的流程通常是，境外人贩子自己或者与中国人贩子勾结在境外物色贩运对象，以介绍对象、工作等理由带至边境地区③，由边境地区人贩子接收，再经过层层转手卖到全国各地④。绝大多数被贩运的越南、缅甸、老挝、朝鲜妇女由人贩子组织非法入境，有的自己非法入境后被当地人收留⑤。被贩运的柬埔寨、泰国妇女持旅游等签证入境后滞留⑥。人口贩运手段翻新，从非暴力发展到暴力⑦。人口贩运组织从小规模和没有严密组织发展到大规模和组织严密⑧。

　　跨境人口贩运取决于需求而非供给。跨境人口贩运被害人为供应方，买为人妻者、性剥削者等利用被害人群体为需求方。从供应方看，跨境人口贩运被害人贫穷和文化程度低⑨、很容易非法出入边境、暴利、大湄公河次区域国家女男性别比失调⑩等因素使跨境人口贩运有了供应者。从需求方看，收买人贫穷、中国男女性别比失调⑪、色情服务业需要年轻女

①　陈咏：《缅甸新娘遭到拐卖，公安局放各国国歌辨识身份》，《扬子晚报》2011 年 2 月 16 日。

②　《自称被骗过境遭强迫卖淫》，中华军事网，2015—06—26。

③　蓝方：《中国性别比失衡成社会隐患，柬埔寨新娘大量涌入》，《新世纪周刊》2014 年 7 月 14 日。

④　钱卫华：《4 团伙 3 年拐卖百余缅甸妇女，云南警方解救 177 人抓获嫌疑人 37 名》，《京华时报》2015 年 2 月 14 日。

⑤　截至 2016 年 1 月，共收集 90 篇中国反跨境贩运越南妇女的新闻报道，29 篇指明入境方式的都是非法入境。截至 2016 年 1 月，共收集 70 篇中国反跨境贩运缅甸妇女的新闻报道，21 篇指明入境方式的都是非法入境。截至 2016 年 1 月，共收集 21 篇中国反跨境贩运朝鲜妇女的新闻报道，除未说明入境方式的外，都是非法入境。

⑥　截至 2016 年 1 月，共收集 18 篇中国反跨境贩运柬埔寨妇女方面的新闻报道，9 篇指明入境方式的都是持（L 类）旅游签证入境。

⑦　李升：《案件背后的思考：受害妇女怎样被骗到国内?》，《西部商报》2013 年 1 月 7 日。

⑧　公安部刑事侦查局，云南省红河州公安机关打掉两个拐卖越南妇女卖淫团伙，公安部官网，2013—10—14。

⑨　根据国际货币基金组织统计，2014 年，就人均 GDP 而言，中国 7589 美元，泰国 5445 美元，越南 2053 美元，柬埔寨 1081 美元，老挝 1693 美元，缅甸 1221 美元。国际货币基金组织：《2015 年世界经济展望》2015 年 4 月。

⑩　2009 年 8 月 14 日，越南《经济时报》报道，截至 2009 年 4 月 1 日零时越南总人口为85789573 人。

⑪　朱剑红：《第六次全国人口普查数据公布，全国总人口 13.7 亿》，《人民日报》（海外版）2011 年 4 月 29 日第 1 版。

性等因素滋生了跨境人口贩运。从管理方看,对收买人、人贩子打击不力、过度同情弱者①、法律道德界限不清、不严格执行禁止性服务业规定、国家间合作打击跨境人口贩运程度不够,助长了跨境人口贩运。产生需求方的原因涉及经济发展不平衡、法律不健全、人口性别比失衡等方面的深层次问题,在现阶段很难完全解决。

三　跨境人口贩运情况不明

中国一直努力厘清跨境人口贩运的情况,成效有待提高。公安部与越南、缅甸、柬埔寨、老挝、泰国等国家警务部门签订双边警务合作协议,将打击拐卖妇女、儿童犯罪活动确定为重要合作领域,公布有关数据。公布的数据是解救的被拐卖受害人,不能涵盖国际文件要求的以剥削为目的人口贩运的所有情况。公布的数据不是源于官方部门和固定渠道,而是散见于新闻报道和法律文件。有关部门不是常规和有规律地发布数据,而是随机地和没有规律地发布数据。不同部门、同一部门在不同时间发布的数据,往往统计口径不一,出现过解救的被拐卖受害人、发现的被拐卖受害人、立案侦查的拐卖人口案件、立案审理的拐卖人口犯罪案件、审结的拐卖妇女、儿童犯罪案件、判决发生法律效力的犯罪分子等不同的统计口径。公布的数据往往停留在一级层面,多层面的逻辑分类几乎不存在②。另外,关于跨境人口贩运的研究很少,基本上不论述跨境人口贩运情况、跨境人口贩运被害人法律政策、跨境人口贩运被害人保护等基础性和实践性问题。目前的跨境人口贩运研究主要分析有关人口贩运国际文件③,论证刑法中的人口贩运方面罪④,探讨跨境人口

---

① 邢剑扬:《被拐缅甸妇女获救后的去留抉择》,每日甘肃网/兰州晨报,2011—02—18。

② 刘国福:《中国反贩运人口法律的理性回顾和发展思考:以国际法为视角》,《甘肃政法学院学报》2010 年第 9 期。

③ 魏怡然:《浅析〈禁止贩卖人口及取缔意图盈利使人卖淫公约〉——从打击跨国贩卖妇女的角度》,《湖北社会科学》2006 年第 2 期;张苏:《我国拐卖妇女儿童犯罪立法与国际公约的衔接》,《中国青年政治学院学报》2014 年第 5 期。

④ 石传丰:《浅谈中国刑法中拐卖人口犯罪方面的不足》,《求实》2005 年第 2 期;赵俊甫、孟庆甜:《关于修改〈刑法〉收买被拐卖妇女儿童犯罪相关条款的思考》,《公安研究》2014 年第 2 期。

贩运犯罪及其治理①等。

四　反跨境人口贩运法律不健全

没有关于反跨境人口贩运的专门和系统的法律。反跨境人口贩运适用于 1997 年《刑法》（2015 年修正）、2005 年《治安管理处罚法》（2012 年修正）、1992 年《妇女权益保障法》（2005 年修正）、1990 年《残疾人保障法》（2015 年修正）、1991 年《未成年人保护法》（2012 年修正）、1994 年《劳动法》、1991 年《收养法》（1998 年修正）等有关人口贩运，特别是拐卖本国妇女儿童的法律。

反跨境人口贩运的依据主要是政策、司法解释和规范性文件。例如，2000 年公安部《关于打击拐卖妇女、儿童犯罪使用法律和政策有关问题的意见》，2010 年最高人民法院、最高人民检察院、公安部、司法部《关于依法惩治拐卖妇女、儿童犯罪的意见》，《中国反对拐卖人口行动计划（2013—2020 年）》等。散见于多部法律，以政策、司法解释和规范性文件为主要依据的反跨境人口贩运的法制模式，虽然具有立法成本低、实施快捷的优势，但是由于分散、位阶低而很难精准打击和相互协调。

反人口贩运犯罪对象限于妇女、儿童，不包括成年男子，贩运成年男子，收买、阻碍解救或不解救被贩运成年男子不构成犯罪。区别保护作为人口贩运被害人的妇女、儿童和成年男子，有悖于 1997 年《刑法》（2015 年修正）第 4 条 "对任何人犯罪，在适用法律上一律平等。不允许任何人有超越法律的特权"②。目前对贩运成年男子强迫其劳动者，以强迫劳动罪、故意伤害罪、非法拘禁罪等人贩子在贩运过程中实施的其他犯罪行为定罪处罚。如果人贩子是通过诱拐、欺诈等非暴力手段贩运成年男子，没有实施强迫、伤害、拘禁等犯罪行为，将无法定罪。一般情节的强迫劳动罪、故意伤害罪、非法拘禁罪的最高刑为 3 年有期徒刑，

---

①　张云筝、刘永成：《全球化进程中的跨国贩卖人口问题》，《中华女子学院学报》2006 年第 1 期；曹勋：《打击跨国拐卖越南妇女儿童犯罪动态机制的构建》，《广西警官高等专科学校学报》2013 年第 1 期。

②　杨文龙：《论 "拐卖人口罪" 的恢复》，《湖北社会科学》2008 年第 3 期。

远低于一般情节的拐卖妇女、儿童罪的最高刑 10 年有期徒刑。

拐卖妇女、儿童罪以出卖为目的，是 2000 年《反人口贩运补充议定书》定义的人口贩运以剥削为目的的一部分，剥削应至少包括利用他人卖淫进行剥削或其他形式的性剥削、强迫劳动或服务、奴役或类似奴役的做法、劳役或切除器官。出卖行为是一次交易即结束和非法获取金钱利益行为，而剥削是长期、持续、不一定非法获取金钱利益行为。2010年《关于依法惩治拐卖妇女、儿童犯罪的意见》将拐卖妇女、儿童的目的扩展至抚养、收养、非法获利、被迫卖淫或者从事其他色情服务，仍然没有涵盖强迫劳动或服务、奴役或类似奴役的做法、劳役或切除器官。

没有惩治贩运"自愿"被害人的法律规定。2000 年《反人口贩运补充议定书》第 3（b）条规定，即使人口贩运被害人同意人贩子预谋进行的剥削，如果人贩子使用了暴力威胁、暴力手段、胁迫，其行为依然构成人口贩运罪。在中国，有些拐卖手段比较隐蔽。例如，在落入被强迫的境地之前是自愿被招工或转移，之后却发现身处被剥削境地。有些妇女自愿跟着人贩子走，希望摆脱贫困，到其他地方寻求好生活。有些人口贩运被害人被解救后又自愿与买妻家庭团聚。这些人口贩运行为看起来是正当行为，很难被定罪。

没有专门保护跨境人口贩运被害人的法律，现有的法律规定主要是1979 年《刑事诉讼法》（2012 年修正）第 99 条关于赔偿，1992 年《妇女权益保障法》（2005 年修正）第 39 条关于公安等部门负责和妇女联合会协助和配合做好善后工作，以及 2009 年《侵权责任法》第 2、22 条关于隐私权等。关于赔偿的法律规定是一般性的，没有考虑人口贩运犯罪隐蔽和跨地区（国）、人贩子贫穷、人口贩运被害人文化程度低等特性，人口贩运被害人赔偿诉求可能会落空。"善后工作""协助和配合"是宣示性规定，没有实施性配套法规和规章，也不适用于外国人。保护隐私权的法律规定是一般性的，没有考虑人口贩运被害人生存信心受挫、缺乏安全感等特性，人口贩运被害人隐私难以得到针对性保护。保护隐私权的相关法律规定重在认定侵犯隐私权行为及追究侵权者责任，没有保护隐私的措施和程序。

不修改1997 年《刑法》（2015 年修正）、2005 年《治安管理处罚法》（2012 年修正）和 2012 年《出境入境管理法》的相关条款，难以从法律上落实《中国反对拐卖人口行动计划（2013—2020 年）》第 2.2.2 部分"对受欺骗或被胁迫从事违法犯罪行为的被拐卖受害人，依法减轻或免除处罚"。使用"受欺骗或被胁迫"，而不使用"被贩运（拐卖）"，缩小了减轻或免除处罚受欺骗或被胁迫从事违法犯罪行为的人口贩运被害人的范围。没有区分人口贩运被害人与非法移民，不适当地处罚跨境人口贩运被害人情况时有发生①。

不修改 2012 年《出境入境管理法》、2013 年《外国人入境出境管理条例》、2013 年《公安机关签证证件签发工作规范》、2004 年《外国人签证和居留许可工作规范》、1958 年《户口登记条例》的相关条款，难以从法律上落实 2011 年《公安部关于妥善处置自愿留在现住地生活的被拐外国籍妇女有关问题的批复》"对于自愿继续留在现住地生活的被贩运的成年外国籍妇女，可以尊重本人及与其共同生活的中国公民的意愿"、"对不能回国补办合法有效身份证件的外国籍妇女，应当登记造册，纳入实有人口管理"。将不能回国补办合法有效身份证件的外国妇女纳入实有人口管理，对政府部门是一个挑战。

不修改 2003 年《城市生活无着的流浪乞讨人员救助管理办法》、1991 年《收养法》（1998 年修正）、1999 年《中国公民收养子女登记办法》等法律，没有不执行有关救助被拐卖受害人工作规程、意见的罚则，以及缺少资金和专业人员，就难以确定救助管理机构实施有关救助被拐卖受害人工作规程、意见的效果。2014 年民政部《生活无着的流浪乞讨人员救助管理机构工作规程》将救助被拐卖受害人，报请调查、甄别强制未成年人乞讨，报案疑似被拐卖受助人员等纳入救助管理机构的工作范围。2015 年民政部和公安部《关于加强生活无着流浪乞讨人员身份查询和照料安置工作的意见》，加强疑似被拐卖的流浪乞讨人员的身份查询和照料安置工作。2015 年民政部和公安部《关于开展查找不到生父母的打拐解救儿童收养工作的通知》，完善打拐解救儿童安置渠道，明确要全力查找打拐解救儿童亲生父母。

缺少甄别跨境人口贩运被害人的法定标准和流程。公安机关可能有

---

① 三明市公安局出入境管理处：《大田县公安局顺利遣送一名非法入境的越南籍女子》，三明市公安局，2011—08—08。

了不成文的甄别跨境人口贩运被害人标准和流程。2010年《关于依法惩治拐卖妇女、儿童犯罪的意见》第四、五部分关于拐卖妇女、儿童犯罪的证据、定性规定，例如，犯罪行为交易环节的存取款等，可以借用于甄别跨境人口贩运被害人。甄别跨境人口贩运被害人的法定标准和流程是非常重要和必需的，有助于提高甄别能力，准确打击犯罪行为，发现人口贩运被害人，实施合适的保护人口贩运被害人措施。

五 办理跨境人口贩运案件难

公安机关侦破跨境人口贩运完成前的案件，主要借助工作人员化装成人贩子打入内部，或者由愿意立功而重返犯罪团伙的人贩子，很难通过被害人及其亲属、边境巡查获取案件线索[①]。在人口贩运完成前，人贩子对被害人进行严密人身控制，被害人往往不知道自己被贩运，即使知道也几乎无法通过自身、亲友或者身边群众向公安机关报案。亲属以为被带到中国嫁人或工作，没有意识到贩运的存在，也不会报案。绝大多数被害人是在夜晚通过无边防的陆路、水路偷越入境，在日常边境巡查中难以发现。一些民众畏惧人贩子，发现人口贩运后视而不见。

公安机关侦破跨境人口贩运完成后的案件，主要通过被害人和群众获取案件线索，辅之以主动发现、接到大湄公河次区域国家和其他省市打击贩卖人口协查函，很难通过被害人亲属获取有用信息。截至2016年1月，90篇反跨境贩运越南妇女的新闻报道中的68篇说明了获取破案线索方式，30篇和13篇分别为接到人口贩运被害人报案、群众举报，共占说明破案线索的63%。在工作中主动发现的跨境人口贩运犯罪线索的11篇，接到越南、其他省市打击贩卖人口协查函的分别有3篇和11篇。

打击收买被贩运妇女、儿童难。收买被贩运妇女、儿童罪是指不以出卖为目的，收买被贩运妇女、儿童的行为。2015年8月，《刑法修正案（九）》将《刑法》第241条第6款修改为："收买被拐卖的妇女、儿童，对被买儿童没有虐待行为，不阻碍对其进行解救的，可以从轻处罚；按

---

① 黎巧萍：《中越双边预防跨国拐卖妇女儿童工作实施情况及相关问题》，《东南亚纵横》2003年第6期。

照被买妇女的意愿，不阻碍其返回原居住地的，可以从轻或者减轻处罚"，有望扭转打击收买被贩运妇女、儿童难的局面。原 1997 年《刑法》第 241 条第 6 款规定：收买被贩运妇女、儿童，按照被买妇女的意愿，不阻碍其返回原居住地的，对被买儿童没有虐待行为，不阻碍对其进行解救的，可以不追究刑事责任。云南省公安厅副厅长董家禄说："此法律规定有利于被拐卖妇女、儿童的正常解救工作，对'买主'却难以起到震慑作用，客观上造成对买方市场的打击不力，导致拐卖妇女、儿童犯罪屡打不绝。"①

很难调查取证和核查人口贩运被害人、人贩子身份。只有核查清楚身份才能开展准确的涉外取证、安置、遣返和处罚。大多数跨境人口贩运都是各国不法分子合伙所为，犯罪成员众多，单线联系，被害人经多次转卖。如果大湄公河次区域国家配合不力，对于没有合法出入境证件的被害人，核实身份需要较长时间，或者无法被核实，难以安置和遣返。对于跨国作案的人贩子，即使抓获，也难以处罚。2001 年至 2002 年 2 月，广西警方照会越南驻华使馆核查 81 名人员身份，没有得到一名核查回复。广西公安厅厅长袁光荣说：这严重影响了对跨境人口贩运的打击力度②。

遣返和安置人口贩运被害人经费不足。1990 年公安机关制定的每遣送一人 1500 元的经费标准，不能满足目前遣返工作的需要。一名参加过遣返工作的河南省驻马店市新蔡县民警说："这是一个苦差！有时私下还要倒贴钱。"③ 根据现行法律政策，一些跨境人口贩运被害人是非法入境人员。按照公安部的要求，遣返非法入境人员由省级公安机关将拟移交人员情况照会非法入境人员国籍国驻华使领馆，对方在 42 天内答复，收到答复后，提前 10 日将被遣返人员姓名、遣返时间及地点通报国籍国。广西防城港市东兴市公安局局长齐福伟指出：由于全国被解救的越南妇女最终大多送到东兴市遣返，在等待遣

---

① 崔晓林：《缅甸女性被拐卖至我国者激增，部分人遭多次转手》，《中国经济周刊》2010 年 2 月 2 日。

② 《人贩水陆并举跨国拐卖妇女千名，越南妹下嫁广西东兴》，《羊城晚报》2002 年 5 月 24 日。

③ 万军伟、谭野、王磊：《远嫁中国的缅甸新娘》，《大河报》2006 年 5 月 19 日。

返通知的过程中，她们的食宿及医疗等安置费用由地方政府解决，地方政府压力很大①。

六 保护跨境人口贩运被害人机构 建设不力

保护跨境人口贩运被害人机构建设存在缺少规划、没有制度化、数量少等不足。根据《中国反对拐卖人口行动计划（2013—2020 年）》，人口贩运被害人救助、安置、康复和回归社会方面工作主要由民政部门负责②。救助管理站与公安等政府部门、国际组织合作，具体接收和安置人口贩运被害人，帮助核实身份和将外籍人员送返回国。民政部没有在2013、2014、2015 年工作要点中部署救助管理机构关于被拐卖受害人的救助、安置、康复和回归社会的工作。广东省③、福建省④、安徽省⑤、贵州省⑥、北京市等省份的救助管理站开展了救助外籍人口贩运被害人工作，多为首次接收和救助，因领导重视而推动，没有制度化，缺少涉外救助知识，救助设施有待改善⑦。

公安机关被解救妇女儿童中转、培训和康复中心数量少，透明度有限。公安机关在四川、云南、广西和江苏等省份建立了被解救妇女儿童中转、培训和康复中心，实施了一批救助被解救妇女儿童的试点项目⑧。

---

① 《人贩水陆并举跨国拐卖妇女千名，越南妹下嫁广西东兴》，《羊城晚报》2002 年 5 月 24 日。

② 民政部负责《中国反对拐卖人口行动计划（2013—2020 年）》规定的"加强被拐卖受害人的救助、安置、康复和回归社会工作"七项行动措施中的 5 项。

③ 谭秋明：《广州流浪救助十年变化：外国人求助增多》，《广州日报》2013 年 11 月 7 日。

④ 吴伟锋：《市救助站首次救助外国人：流落在莆印尼女子昨晚搭乘飞机回家》，莆田网，2015—05—25。

⑤ 《安庆救助站来了被拐越南少女》，中安在线，2015—10—03。

⑥ 黔西南州民政局：《黔西南州救助站救助一名外籍被拐少女》，黔西南州人民政府网，2012—03—29。

⑦ 杨铁军：《开展入境外籍人员救助服务工作急需解决的问题》，《中国民政》2009 年第3 期。

⑧ 刘谨、冯昌勇：《打拐工作的必然延续，关注被拐妇女儿童心理康复》，新华网，2004—08—05。

新华社报道了云南省①和四川省②的被解救妇女儿童中转、培训和康复中心的基本情况，没有查到这些中心的接收人数、提供服务、存在问题以及完善措施。

妇联没有系统规划和建设被拐卖妇女救助、安置和康复机构。根据《中国反对拐卖人口行动计划（2013—2020年）》，被拐卖妇女救助、安置和康复是妇联的职责之一。2013年《中华全国妇女联合会章程》规定，妇联的基本职能之一是"为受侵害的妇女儿童提供帮助"。全国妇联2010年《关于在党群共建创先争优活动中建设村、社区妇女之家的意见》没有将救助、安置、康复被拐卖妇女列入妇女之家的职责。《全国妇联2014年工作要点》没有列入被拐卖妇女救助、安置和康复。没有查到妇联救助、安置、康复被拐卖妇女，自己或者委托资助社会组织设立和管理被拐卖妇女庇护场所，以及划拨专项经费的文件和数据。

七　国际合作反跨境人口贩运机制有待完善

区域性反对拐卖人口国际文件缺少执行力。中国与大湄公河次区域国家签署了2004年《湄公河次区域反对拐卖人口区域合作谅解备忘录》、2007年《湄公河次区域合作反对拐卖人口进程联合宣言》、2012年《湄公河次区域合作反对拐卖人口进程第二次联合宣言》、《湄公河次区域反对拐卖人口行动计划（2004—2007）》、《湄公河次区域反对拐卖人口行动计划（2008—2010）》、《湄公河次区域反对拐卖人口行动计划（2011—2013）》等国际文件。这些谅解备忘录、联合宣言、行动计划的法律效力不等于条约，对签约各国没有法律约束力，内容多是倡议性的呼吁，大多数条款为框架性设想，没有规定具体的监测和审评制度，缺乏可操作性和执行力。

打击跨国拐卖执法合作联络官办公室不负责人员身份核查工作，难

---

① 王研：《云南被拐妇女儿童中转中心接收遣返600余人》，新华网昆明，2009—05—27。
② 刘谨、冯昌勇：《我国开始关注被拐妇女儿童心理的康复》，新华社成都，2004—05—30。

以在核查跨境人口贩运被害人、人贩子身份方面发挥作用。中国与越南、缅甸、老挝联合建立了打击跨国拐卖执法合作联络官办公室机制，作为开展双边司法协助、双边警务合作、联合国机构间反对拐卖人口项目（UNIAP）与湄公河次区域合作反拐进程（COMMIT）的重要依托①。中国在与越南、缅甸、老挝接壤的东兴市、河口县、凭祥市、靖西县、瑞丽市、陇川县、勐腊县、镇康县、文山市建立了9个边境地区打击跨国拐卖执法合作联络官办公室，负责跨国拐卖案件信息交流、案件侦办协作、拐卖人口贩运被害人遣返及犯罪嫌疑人移交等工作。

---

① 向群：《打击跨国拐卖妇女儿童犯罪国际合作机制的完善——以大湄公河次区域云南边境一线为例》，《武汉公安干部学院学报》2015年第9期。

孟加拉国侨汇及其经济影响浅析

林　勇　吴　元[①]

孟加拉国是世界上输出海外劳动力最多的国家之一，也是全球侨汇收入最多的 10 个国家之一。其海外移民历史非常悠久，但是其侨汇收入的迅速增加却仅始于 20 世纪 70 年代中期。与南亚其他国家一样其侨汇主要来源于海湾国家的短期劳务移民，来源非常集中。40 年来的巨额侨汇收入给孟加拉国的经济带来了一系列重要的影响。本文在介绍 1976 年以来孟加拉国侨汇收入的历史变化及其原因和现状特点的基础上，简单分析了侨汇收入对孟加拉国经济的影响，并指出了孟加拉国在发挥侨汇积极作用、促进经济发展方面存在的问题和面临的挑战。

一　侨汇增长及其原因

自 1976 年实施自由化政策开始，孟加拉国的海外侨汇迅速增长。1976 年孟加拉国收到约 2400 万美元海外侨汇，[②] 1976 年到 2003 年其侨汇收入达 220 亿美元。[③] 1976 至 2010 年间，海外侨汇累计已达到了 786.7

———————————

①　林勇，福建社科院华侨华人研究所所长、研究员；吴元，福建社科院华侨华人研究所讲师。

②　Shibli Rubayat-Ul-Islam. Impact of Remittances in the Bangladesh Economy-A Trend Analysis. *Journal of Banking & Financial Services*，Volume 5，Number 1，July 2011：57 – 82.

③　Ibid.

亿美元左右。①

孟加拉国海外侨汇的发展大致可以分为以下三个十年。

1976—1986 年为第一个十年。这一时期侨汇的增长并不总是稳定的。侨汇在 1976 年至 1983 年由 2371 万美元增长到了 6.27 亿美元。② 经过一个短暂的低迷期后，1985 年重新恢复增长，至 1988 年增长到了 7.64 亿美元。③ 与前几年相比，最近几年侨汇增长已经有所放缓。这是全球经济衰退减少了对孟加拉国人力需求的结果。但即使在全球金融危机时期，也平均每年增长了 43%。④ 此外，在此期间许多非法劳工被遣送回了孟加拉国。

1987—1997 年为第二个十年。这一时期因为新增了黎巴嫩、文莱、韩国和毛里求斯等侨汇来源国，因此 1987—1997 年十年间侨汇收入比上一个 10 年增加了 71.90 亿美元。

1998—2007 年为第三个十年。21 世纪初，因为美国"9·11"事件和中东伊拉克战争，侨汇收入也暂时受到了不利影响。但这一时期又由于新增了约旦、苏丹、英国、意大利和日本等新增侨汇来源国。2001 年侨汇收入为 20.7 亿美元，十年间侨汇收入比上一个十年又增加了 520.280 亿美元，年均增长 43%。⑤

经历金融危机以后，孟加拉国侨汇又开始了另一个迅速增长的十年时期。2010 年是其历史上最高纪录，已达到了 110 亿美元，比上一财政年度增长了 6%，成为世界上排名第七的侨汇大国。⑥ 2011 年 9 月，孟加拉国侨汇收入又创下了历史纪录，达到了 119.9 亿美元，较此前的 2008 年还增加了 30%（27.7 亿美元），但是与此同时孟加拉国侨汇收入在全球排名却下降到了第八位。2012 年，孟加拉国侨汇收入约有 144.61 亿美元，超过了

---

① Shibli Rubayat-Ul-Islam, Impact of Remittances in the Bangladesh Economy-A Trend Analysis, *Journal of Banking & Financial Services*, Volume 5, Number 1, July 2011, pp. 57 – 82.

② Ibid.

③ Ibid.

④ Ibid.

⑤ Khurshed Alam Chowdhury. *The Socioeconomic Impact of Remittances*: *The Case of Bangladesh*, Director General, Bureau of Manpower Employment and Training Ministry of Expatriate's Welfare and Overseas Employment. Bangladesh, 2010.

⑥ World Bank. Migration and Development Brief 2011. 2011.

2011 年的 128.43 亿美元，依然是全球第八大侨汇收入大国。[1] 2014 财年前 10 个月孟加拉国海外劳工数量同比下降 10.5%，其中对中东 6 个主要国家下降 16.2%；前 11 个月孟侨汇收入 129.3 亿美元，同比下降 3.57%。5 月侨汇收入为 12 亿美元，同比提高 11%，但环比大幅下降了 2800 万美元。[2] 2015 年侨汇收入迅速增加，已经达到了 150 亿美元。[3]（见表 1、表 2、表 3）

| 表 1 | | | | | | 孟加拉国侨汇 | | | | | | 单位：百万美元 |
年份	沙特	阿联酋	卡塔尔	阿曼	巴林	科威特	美国	英国	马来西亚	新加坡	10 国总量	其他国家	总计
1981	83.88	65.59	13.67	5.91	1.26	19.09	32.99	104.9	0	0	327.3	53.89	381.2
1982	120.9	55.49	15.98	10.36	2.48	22.97	31.86	69.27	0	0	329.3	89.15	418.5
1983	199.7	78.68	28.99	12.65	3.68	44.94	39.52	84.55	0	4.04	496.8	122.7	619.5
1984	215.1	59.8	30.2	24.1	8.1	50.5	36.8	70.6	0	6.6	501.8	88.8	590.6
1985	153.7	42.1	22.1	27.5	6.8	37.6	32.4	50.9	0	3.4	376.5	65.1	441.6
1986	180.4	54	22.3	54.1	9.4	62.3	38.7	77.6	0	2.4	501.2	147.4	648.6
1987	216.3	60.9	38.4	53.4	11.3	101.3	43.2	92.8	0	2.6	620.2	77.25	697.5
1988	226.5	62.36	45.7	51.92	12.39	96.37	61.44	88.39	0	2.11	647.1	90.29	737.4
1989	219.4	61.23	44.84	45.31	13.25	96.41	83.96	67.39	0	2.09	633.9	137	770.8
1990	226.2	55.16	40.27	40.55	14.28	89.22	82.38	58.4	0	2.28	608.7	149.5	758.2
1991	264.9	78.13	59.5	49.69	16.21	9.01	60.15	68.83	0	2.16	608.9	155.2	764.0
1992	315.7	79.56	48.07	60.55	20.2	66.9	55.43	57.15	0	1.52	705.1	142.9	848.0
1993	398.4	80.22	53.83	60.08	22.36	124.1	68.06	48.44	4.22	2.53	862.3	81.75	944.0
1994	441.1	88.1	56.16	73.03	27.3	185.2	78.68	48.49	10.19	2.32	1010.6	78.21	1088.8
1995	476.9	81.34	72.18	81.27	33.71	174.7	102.23	47.02	10.19	2.32	1081.9	115.8	1197.6
1996	498.2	83.7	53.28	81.71	30.08	174.3	115.36	41.28	74.43	3.99	1156.3	60.76	1217.1
1997	587.2	89.64	53.16	94.45	31.52	211.5	157.39	56.2	94.51	6.66	1382.2	93.23	1475.4
1998	589.3	106.9	57.81	87.61	32.42	213.2	203.1	3 65.8	78.09	7.69	1441.9	83.57	1525.4
1999	685.5	125.3	63.94	91.93	38.94	230.2	239.43	54.04	67.52	13.07	1609.9	95.82	1705.7
2000	916	129.2	63.73	93.01	41.8	245	241.3	71.79	54.04	11.63	1868.2	81.14	1949.3
2001	919.6	144.3		63.44	44.05	247.4	225.62	55.7	30.6	7.84	1822.2	59.91	882.1
2002	1148	233.5	90.6	103.27	54.12	285.8	356.24	103.3	46.85	14.26	2435.8	65.29	2501.1

---

[1]　World Bank. Migration and Development Brief April 2013. 2013.

[2]　《孟侨汇收入仍呈下降趋势》，驻孟加拉国经商参处，2014—06—04. http：//international. sh-itc. net/article/gjsq/201406/1333718_ 1. html

[3]　World Bank. Migration and Remittances Factbook 2016. 2016.

续表

年份	沙特	阿联酋	卡塔尔	阿曼	巴林	科威特	美国	英国	马来西亚	新加坡	10国总量	其他国家	总计
2003	1254	327.4	113.55	114.06	63.72	338.6	458.05	220.2	41.4	31.06	2962.4	99.61	3062.0
2004	1386	373.5	113.64	118.53	61.11	361.2	467.81	297.5	37.06	32.37	3248.8	123.2	3372.0
2005	1510	442.2	136.41	131.32	67.18	406.8	557.71	375.8	25.51	47.69	3701.1	147.2	3848.3
2006	1697	561.4	175.64	165.25	67.33	494.4	760.69	555.7	20.82	68.84	4567.1	234.8	4801.9
2007	1735.0	805.0	233.0	196.0	80.0	681.0	930.0	887.0	12.0	80.0	5639.0	339.0	5978.0
2008	2324	1135	289.8	220.6	138.2	863.7	1380.1	896.1	92.44	130.1	7470.3	444.5	7914.8
2009	2859.1	1754.9	343.4	290.1	157.5	970.8	1575.2	789.7	282.2	165.1	9187.8	501.3	9689.2
2010	3427.1	1890.3	1019.2	170.1	193.5	587.1	349.1	360.9	827.5	1451.9	10276.6	453.9	10730.5

资料来源：Shibli Rubayat-Ul-Islam, Impact of Remittances in the Bangladesh Economy-A Trend Analysis, *Journal of Banking & Financial Services*, Volume 5, Number 1, July 2011, p. 58.

表2　　　　　　　　　孟加拉国侨汇来源分布　　　　单位：百万美元

国家	2005	2006	2007	2008	2009
美国	553.90	760.70	930.30	1380.10	264.17
海湾地区	2693.10	3161.00	3729.90	4971.70	922.80
欧洲	382.60	567.60	901.80	923.00	151.94
亚太地区	89.80	95.00	102.20	238.80	53.72
其他地区	129.00	217.60	314.30	401.10	149.99
总计	3848.40	4801.90	5978.50	7914.70	1542.62

资料来源：Kuntal Roy Chowdhury, Fauza Hamid1 and D. D. Chatterjee, 2010, Remittances as a Tool of Economic DSevelopment：Bangladesh Perspective, *Bangladesh Research Publications Journal*, Volume：4, Issue：3, pp. 286 - 296, September-October, 2010.

表3　　　　　　　　　来自海湾地区侨汇的地位　　　　单位：百万美元

年份	海湾地区	侨汇总量	海湾地区所占比重%
2005	2693.10	3848.40	69.98%
2006	3161.00	4801.90	65.83%
2007	3729.90	5978.50	62.39%
2008	4971.70	7914.70	62.82%

资料来源：Kuntal Roy Chowdhury, Fauza Hamid1 and D. D. Chatterjee, 2010, Remittances as a Tool of Economic DSevelopment：Bangladesh Perspective, *Bangladesh Research Publications Journal*, Volume：4, Issue：3, pp. 286 - 296, September-October, 2010.

孟加拉国侨汇增长的原因在于：

1. 国际移民数量增加。

侨汇快速增长的主要原因就在于近年来到国外务工的孟加拉国人的快速增加。孟加拉国的海外劳工主要前往中东国家务工。如前所述，由于石油价格高涨，中东国家加大石油开采量，劳动力需求旺盛，超过80%的孟加拉国移民都在石油资源丰富的中东国家务工，其侨汇占了孟加拉国侨汇的绝大部分。

沙特阿拉伯是最重要的侨汇来源国，约占孟加拉侨汇总额的29%。近年来，美国已经成为第二大来源国，占总量近15%。[1] 2006 年，孟加拉国接收侨汇 54.8 亿美元，成为全球仅次于印度（257 亿美元）、墨西哥（247 亿美元）、中国（224 亿美元）、菲律宾（149 亿美元）的第 5 大侨汇接收国，巴基斯坦（54 亿美元）则屈居第 6 位。与其他所有发展中国家侨汇统计数据一样，孟加拉国的侨汇数字也仅包括通过银行等正规渠道侨汇，实际接收的侨汇中，非正常渠道汇款约占一半。[2]

从 2007 年起孟加拉国海外移民数量迅猛增加。2007 年前，有 20 万—40 万孟加拉国人在海外，但是仅 2007—2008 年间，这个数目就增到了 90 万。[3] 孟加拉国的移民通常将他们平均收入的 32% 左右侨汇回国，这个数额已经是孟加拉国人均 GDP 的近两倍。2007 年侨汇收入为 65.5 亿美元，比 2006 年增长了 19.5%，但是，由于全球经济衰退，从 2007 年增长速度开始下降，这就使得政府及其政策制定者进一步关注如何继续增加侨汇收入。2008 年侨汇收入恢复快速增长，达到了 92.2 亿美元，较 2007 年激增了 40.76%。[4]

---

① 《孟加拉国向中东输出劳工 成全球第八大汇入汇款国》，中华网，2011—12—21. http：//news. china. com/international/1000/20111221/16941751. html。

② 《孟加拉国成为世界第 5 大侨汇接收国》，中华人民共和国商务部网站，2007—12—30. http：//bd. mofcom. gov. cn/aarticle/jmxw/200801/20080105318117. html。

③ 《2012 年孟加拉国收到侨汇 57 亿美元 占全球总侨汇额7%》，国际在线，2011—12—13，http：//gb. cri. cn/27824/2011/12/13/5311s3475334. htm。

④ Khurshed Alam Chowdhury. *The Socioeconomic Impact of Remittances：The Case of Bangladesh*, Director General, Bureau of Manpower Employment and TrainingMinistry of Expatriate's Welfare and Overseas Employment, Bangladesh, 2010.

2. 非正规汇款迅速减少。

通过非正规渠道流入孟加拉国的侨汇总量近年来已显著下降。2002年进行的一项调查发现,约 54% 的侨汇通过非正式渠道,包括地下钱庄(hundi)(40%)、亲友携带(5%)、移民自己亲自携带(8%)。国际货币基金(IMF)2011 年进行的一项研究表明,1981—2000 年孟加拉国"未记录"的侨汇收入占侨汇总额比例为 59%。世界银行《全球经济展望报告(2006)》估计,孟加拉国非正规侨汇比例为 54%。[①] 然而到 2010年,孟加拉国银行和金融行动特别工作组(Financial Action Task Force,一家全球反洗钱机构)的数据表明孟加拉国非正规渠道侨汇所占比例仅有 17% 到 24%,而 5 年前这个比例在 54%—60%。[②] 这说明孟加拉国政府的措施能有效地引导侨汇通过正规渠道转移到国内。

3. 汇款来源多样化。

全球金融危机之后,尤其是 2008—2013 年孟加拉国的海外侨汇来源已经向多元化发展。孟加拉国央行的网站上列出了 18 个海外侨汇来源国,其余国家用"其他国家"来代替。我们将这些国家分成四组,即中东国家、欧美国家、亚洲和澳大利亚(不包括中东)和其他国家(地区)。2008 到 2013 年(9 月)间来自中东国家的侨汇收入如下表。

表 4　　　　　　　　　　孟加拉国来自中东国家的侨汇　　　　单位:百万美元

国家 \ 年份	2008	2009	2010	2011	2012	2013(截至 9 月)
沙特	2859.09	3427.05	3290.03	3684.36	3829.45	709.15
巴林	157.43	170.14	185.93	298.46	361.70	92.57
科威特	970.75	1019.18	1075.75	1190.14	1186.93	267.10

---

① World Bank , Global Economic Prospects 2006: Economic Implications of Migration and Remittances, World Bank, 2006.

② Khurshed Alam Chowdhury. *The Socioeconomic Impact of Remittances: The Case of Bangladesh*, Director General, Bureau of Manpower Employment and TrainingMinistry of Expatriate's Welfare and Overseas Employment. Bangladesh, 2010.

年份 国家	2008	2009	2010	2011	2012	2013（截至9月）
阿联酋	1754.92	1890.31	2002.63	2404.78	2829.40	620.41
阿曼	290.06	349.08	334.31	400.93	610.11	151.46
卡塔尔	343.36	360.91	319.36	335.26	286.89	60.40
利比亚	1.25	1.46	5.20	12.91	57.65	19.42
伊朗	3.28	4.49	2.32	1.16	2.59	0.00
合计	6380.14	7222.62	7215.53	8328	9164.72	1920.51

资料来源：Saleh Md. Arman, An Analysis on Country Wise Remittance Inclusion in Bangladesh and Its Challenges, Proceedings of 9th Asian Business Research Conference, 20 - 21 December, 2013, BIAM Foundation, Dhaka, Bangladesh. p. 5.

从上表可以看出，沙特是孟加拉国最重要的侨汇来源国，而且在上述期间其侨汇呈上涨趋势。在此期间来自巴林、阿联酋和阿曼的侨汇也在不断增加。由于发生动乱的原因来自利比亚和伊朗的侨汇减少了。2008—2013 年（9 月）来自欧美国家的侨汇收入如下表。

表5　　　　　　　　　孟加拉国来自欧美国家的侨汇　　　　单位：百万美元

年份 国家	2008	2009	2010	2011	2012	2013（截至9月）
美国	1575.22	1451.89	1848.51	1498.46	1859.76	529.50
英国	789.65	827.51	889.60	987.46	991.59	237.74
德国	19.32	16.50	25.64	34.99	25.81	6.53
意大利	186.90	182.19	215.58	244.75	233.23	83.42
合计	2571.09	2478.09	2979.33	2765.66	3110.39	857.19

资料来源：World Bank, 2013, Migration and Development Brief April 2013.

从上表可以看出，美国是欧美国家中最重要的侨汇来源国，其次是英国和德国。2008—2013 年（9 月）来自亚洲国家（不包括中东）和澳大利亚的侨汇收入如下表。

表 6　　　　　来自亚洲国家（不包括中东）和澳大利亚的侨汇

单位：百万美元

国家和地区 ＼ 年份	2008	2009	2010	2011	2012	2013（截至9月）
澳大利亚	6.78	8.45	13.00	53.27	60.91	11.41
中国香港	9.09	8.32	11.12	22.64	19.54	3.66
马来西亚	282.22	587.09	703.73	847.49	997.43	220.19
新加坡	165.13	193.46	202.33	311.46	498.79	91.56
日本	14.12	14.74	15.21	22.16	21.18	4.21
韩国	18.33	20.77	23.95	30.05	61.77	12.06
合计	495.67	832.83	969.34	1287.07	1659.62	343.09

资料来源：World Bank，2013，Migration and Development Brief April 2013.

从上表可以看出，这一时期马来西亚是本组国家和地区中最重要的侨汇来源国，其次是新加坡，而来自中国香港的侨汇则是最少的。2008—2013年（9月）间来自其他国家和地区的侨汇收入如下表。

表 7　　　　　孟加拉国来自其他国家和地区的侨汇　　　单位：百万美元

2008	2009	2010	2011	2012	2013（截至9月）
242.36	453.86	486.13	462.71	526.40	149.17

资料来源：Saleh Md. Arman，An Analysis on Country Wise Remittance Inclusion in Bangladesh and Its Challenges，Proceedings of 9th Asian Business Research Conference，20 – 21 December，2013，BIAM Foundation，Dhaka，Bangladesh. p. 6.

在上面数据的基础上，我们可以对不同地区进行比较。（见下表）

表 8　　　　　孟加拉国来自上述不同地区侨汇的比较　　　单位：百万美元

国家	2008	%	2009	%	2010	%
中东国家	6380.14	66%	7222.62	66%	7215.53	62%
欧美国家	2571.09	27%	2478.09	22%	2979.33	26%
亚洲和澳大利亚	495.67	5%	832.83	8%	969.34	8%

国家	2008	%	2009	%	2010	%
其他国家和地区	242.36	2%	453.86	4%	486.13	4%
合计	9689.26	100%	10987.4	100%	11650.33	100%

资料来源：Saleh Md. Arman, An Analysis on Country Wise Remittance Inclusion in Bangladesh and Its Challenges, Proceedings of 9th Asian Business Research Conference, 20 – 21 December, 2013, BIAM Foundation, Dhaka, Bangladesh. p. 6.

表9　　　　**孟加拉国来自上述不同地区侨汇的比较（续）**　单位：百万美元

国家	2011	%	2012	%	2013（截至9月）	%
中东国家	8328	65%	9164.72	63%	1920.51	59%
欧美国家	2765.66	21%	3110.39	22%	857.19	26%
亚洲和澳大利亚	1287.07	10%	1659.62	11%	343.09	10%
其他国家和地区	462.71	4%	526.40	4%	149.17	5%
合计	12843.44	100%	14461.13	100%	3269.96	100%

资料来源：World Bank, 2013, Migration and Development Brief April 2013.

从上表可以看出，2008—2013 年 9 月期间来自中东国家的侨汇是孟加拉国侨汇的最重要来源。来源过于集中，使侨汇收入十分脆弱，因此孟加拉国的侨汇经济对中东国家的经济变化也非常敏感。

二　侨汇对孟加拉国经济的影响

国际侨汇对孟加拉国经济的影响主要体现在以下几个方面。

（一）外汇来源

侨汇收入一直是孟加拉国经济发展的重要资源。在危机频繁冲击下，孟加拉国的出口、外国直接投资和外国援助显示出不稳定的运动轨迹，而同时侨汇则一直保持着相对稳定的上升趋势。[1]

---

① Shibli Rubayat-Ul-Islam. Impact of Remittances in the Bangladesh Economy-A Trend Analysis, Journal of Banking & Financial Services. Volume 5, Number 1, July 2011, pp. 57 – 82.

与国外援助和外商直接投资 FDI 相比较，侨汇是孟加拉国最重要的外部资金来源。1976—2010 年侨汇、外国援助和外国直接投资这三种外部来源中，侨汇一直超过外国直接投资，但是直到 1995 年依然低于外国援助。此后，侨汇就一直在持续超过外国援助和外国直接投资。孟加拉国的侨汇收入 1976 年仅有 4900 万美元，但是到 2010 年已经增加到了 108 亿美元，亦即在此期间增长了 200 倍左右。2010 年，侨汇海外侨汇为 109.9 亿美元，是官方发展援助 ODA 的 6 倍、外国直接投资 FDI 的 11 倍。2012 年侨汇收入更是其官方发展援助 ODA 的 8 倍、外国直接投资 FDI 的 14 倍。[①]

同样明显的是，其中有好几年里侨汇都超过了贸易赤字，而在整个时期内，都超过了外国直接投资（FDI）。[②] 这就意味着，侨汇是孟加拉国所有外源资金里最重要的来源渠道，其规模足以弥补孟加拉国的贸易赤字。侨汇有利于减少贸易赤字，甚至还会导致顺差，每年的侨汇金额决定着孟加拉国国际收支是赤字还是盈余。

(二) GDP

侨汇对孟加拉国国内生产总值（GDP）的贡献也很大。孟加拉国侨汇收入与最关键的宏观经济变量 GDP 的百分比，1995—2006 年呈不断上升趋势。其中，1997 年侨汇占 GDP 的比例只有 3.5%，而 2006 年则达到了 7.75%，[③] 2010 年更是增加到了 13.56%，2012 年也仍然维持在约 11%。[④]

引人关注的是：大多数研究文献都认为侨汇收入与移民来源国 GDP 增长两者间的关系是线性关系，即不是正相关关系就是负相关关系，但是在孟加拉国两者间可能存在着非线性关系。具体来说就是：侨汇和长期经济增长之间存在 U 型关系，即初期侨汇对增长的效应是负值，但中

---

① World Bank. Migration and Development Brief April 2013. 2013.

② Shibli Rubayat-Ul-Islam. *Impact of Remittances in the Bangladesh Economy-A Trend Analysis*, *Journal of Banking & Financial Services*. Volume 5，Number 1，July 2011，pp. 57 – 82.

③ Ibid.

④ World Bank，2013，Migration and Development Brief April 2013.

后期才逐渐变为正值。① 这是因为在早期侨汇尚不够用以偿债（移民时所借的款项），还不足以形成积蓄，不能形成积极影响。但在中后期，移民还清债务以后，移民家庭侨汇收入部分形成积蓄，才开始产生积极影响，成为国民收入的一部分。该比例的上升趋势证明了上述观点，即随着时间推移侨汇对移民来源国国内生产总值 GDP 的贡献越来越重要。（见下表）

表 10　　　　　　侨汇与孟加拉国主要宏观经济指标的比例关系

年份	1997	1998	1999	2000	2001	2002	2003	2004	2005	2006
税收	45	46	52	57	52	66	71	70	74	87
ADP	57	63	66	63	63	102	115	118	126	186
国内储蓄	22	20	21	23	22	29	32	31	32	38
国内投资	17	16	17	18	17	23	25	25	26	31
出口	33	29	32	34	29	42	47	45	45	46
进口	21	20	21	26	22	32	35	34	32	36
贸易逆差	54	65	63	105	94	141	138	145	117	167
外汇储备	87	89	112	122	144	158	124	125	131	138
GDP	3.49	3.46	3.73	4.14	4.01	5.26	5.90	6.17	6.37	7.75
FDI	92.2	61.3	86.1	52	34.2	64	81.4	122.2	48.1	71.3
国外援助	100	116	116	124	137	200	193	353	306	388

资料来源：Gazi Mainul Hassan and Mohammed S. Bhuyan，Growth Effects of Remittances：Is there a U-Shaped Relationship? Department of Economics Working Paper in Economics 16/13 November 2013.

表 11　　　　　　侨汇与部分宏观经济指标的比例关系

年份	侨汇/部分宏观经济指标							
	GDP	出口	进口	外汇储备	经常账户余额	国际收支	官方援助	FDI
1981	2.7	53.7						
1982	3.2	66.8	17.4	345.5	47.6	314.2	33.7	
1983	5.1	90.2	28.8	172.9	193.4	333.2	52.6	

---

① Gazi Mainul Hassan and Mohammed S. Bhuyan，*Growth Effects of Remittances：Is there a U-Shaped Relationship?* Department of Economics Working Paper in Economics，16/13 November 2013.

续表

年份	侨汇/部分宏观经济指标							
	GDP	出口	进口	外汇储备	经常账户余额	国际收支	官方援助	FDI
1984	4.2	72.9	27.9	109.4	219.4	323.4	46.6	
1985	2.8	47.3	16.7	111.9	76.3	339.6	34.8	
1986	4.2	79.2	27.5	136.3	130.3	1066.2	49.7	
1987	4.0	64.9	26.6	97.5	153.8	1686.6	43.7	
1988	3.9	59.9	24.7	86.1	226.5	690.8	44.9	
1989	3.8	59.7	22.8	84.4	110.3	12196.2	46.2	
1990	3.4	49.7	20.2	145.8	97.8	324.6	41.9	
1991	2.5	44.5	21.8	86.8	525.3	255.4	44.1	
1992	2.7	42.5	24.0	52.7	407.4	145.2	52.6	
1993	3.0	39.7	23.3	44.6	522.5	161.7	56.5	
1994	3.2	43.0	26.0	39.5	391.2	153.9	69.9	
1995	3.2	34.5	20.5	39.0	653.8	264.0	68.9	
1996	3.0	31.3	17.6	59.7	130.9	153.1	84.3	
1997	3.5	33.4	20.6	85.8	1017.7	600.4	99.6	
1998	3.5	29.5	20.3	87.7	329.4	2824.1	121.9	
1999	3.8	32.1	21.3	112.0	357.7	883.9	111.1	862
2000	4.1	33.9	23.3	121.7	466.3	1088.8	122.7	509
2001	4.0	29.1	20.2	144.0	171.4	669.8	137.5	342
2002	5.3	41.8	29.3	158.0	1593.0	613.0	173.4	640
2003	5.9	46.8	31.7	124.0	1739.8	375.7	193.2	814
2004	6.0	44.4	30.9	124.7	1915.9	1971.9	326.4	1222
2005	6.4	44.5	29.3	131.3	690.8	5743.3	258.1	481
2006	7.7	45.6	32.6	137.8	839.5	1315.6	320.3	711
2007	8.7	49.1	34.8	117.7	627.9	400.4	366.7	754
2008	9.9	56.1	36.6	128.7	1163.8	2390.9	383.9	1058
2009	10.8	62.2	43.0	129.7	401.0	470.8	524.5	1512
2010	10.9	66.1	46.2	102.1	293.6	383.0	495.0	1202

资料来源：Gazi Mainul Hassan and Mohammed S. Bhuyan, *Growth Effects of Remittances: Is there a U-Shaped Relationship? Department of Economics Working Paper in Economics 16/13 November 2013.*

（三）减贫

侨汇对家庭层面的经济影响，部分取决于移民及收款人的分布特点，即以农村贫困人口为主还是以城市地区接受过更多教育的人为主。孟加拉国的短期海外移民的主要特点之一就是绝大部分移民来自农村贫困群体。孟加拉国海外移民通常将其平均收入的 32% 左右侨汇回国，这个数额是孟加拉国人均 GDP 近两倍。[①] 侨汇占贫困收款家庭总收入的比例平均为 60%—70%。接收汇款家庭越穷，侨汇收入对减贫影响就越大。短期内侨汇有助于缓解收款者预算约束，使他们能够增加耐用品和非耐用品支出，并为他们免受外部负面冲击提供保护。移民家庭侨汇收入更多投资于健康和教育领域，有利于长期经济增长和减少贫困。（见下表）

2000—2005 年孟加拉国贫困减少了 9 个百分点，其中有 1.7 个百分点是由于侨汇，而且，如果有侨汇收入，一个家庭致贫的概率平均会减少 5.9%。2007 年世界银行报告称 2006 年移民活动使孟加拉国的贫困减少了 6%。[②]

表 12　　　　　侨汇在社区和家庭层面对孟加拉国社会经济的影响

主要指标	侨汇的积极影响
营养水平	满足移民家庭基本的营养需求
生活条件和住房条件	改善生活条件和住房
教育	投资于儿童教育

①　Khurshed Alam Chowdhury, Shibli Rubayat-Ul-Islam. *Impact of Remittances in the Bangladesh Economy-A Trend Analysis*, Journal of Banking & Financial Services. Volume 5, Number 1, July 2011, pp. 57 – 82. THE Socioeconomic Impact Of Remittances: The Case Of Bangladesh, Director General, Bureau of Manpower Employment and Training Ministry of Expatriate's Welfare and Overseas Employment, Bangladesh, 2010.

②　Rashed Al Hasan. Harnessing Remittances for Economic Development of Bangladesh, INAFI Bangladesh Working Paper Series No. 1, International Network of Alternative Financial Institutions, IN-AFI Asia International Conference on Migration and Development. Development Academy of the Philippines Tagaytay City, Philippines, 23 – 27 May, 2006.

续表

主要指标	侨汇的积极影响
保健	增加保健投资
社会保障	增加老年人的社会保障
投资	增加投资创业和创收活动

资料来源: Rashed Al Hasan, Harnessing Remittances for Economic Development of Bangladesh, INAFI Bangladesh Working Paper Series No. 1, International Network of Alternative Financial Institutions, INAFI Asia International Conference on Migration and Development, Development Academy of the Philippines Tagaytay City, Philippines, 23 – 27 May, 2006.

三 结 语

综上所述，1976 年以来孟加拉国的侨汇收入迅速增长，已成为国家所有外源资金里最重要的来源渠道，对国内生产总值（GDP）的贡献也很大，显著促进其减少贫困，对经济具有很大的促进作用。

孟加拉国在发挥侨汇积极作用、促进经济发展方面面临的一大挑战，就是海外移民的文化程度和技能水平较低，生产效率相对低下，对未来侨汇收入的持续快速增长构成挑战。根据孟加拉国统计局 2010 年发布的《劳动力调查报告》（每五年统计一次，以下简称《调查报告》）显示，孟加拉国的劳动力人口中，40.1% 没有受过任何教育，仅有 3.7% 的人拥有高等学历，0.1% 的人接受过职业教育。孟加拉国工人大多属于低技术含量的体力劳动者，失业概率极大。由于孟加拉国侨汇过于集中依赖于中东国家，使其侨汇经济具有很大的脆弱性。尤其在海外劳务市场，所在国的移民政策、国家经济的任何变化都会对孟加拉国的外派劳务造成重大影响。2009 年马来西亚就曾为照顾本国劳动力就业而停发了 5.5 万个孟加拉国劳工签证。[①] 生产效率相对低下造成海外孟加拉国人汇款增长相对较慢，显著体现在其侨汇增长严重落后与其劳务输出增长上。如2015 年孟加拉国 63.4 万人赴国外务工，劳务输出同比增长 30%，其中女

---

① 《孟加拉国职业教育和培训体系》，驻孟加拉国经商参处，中华人民共和国商务部，2016—02—04. http://www.mofcom.gov.cn/article/i/dxfw/cj/201602/20160201251783.shtml.

性劳工输出同比增长 19%，但侨汇收入为 150 亿美元，仅增长 1.8%。其中男性劳工平均每人汇款为 20 万塔卡（约合 2500 美元），而女性劳工平均每人汇款 8 万塔卡（约合 1000 美元），但从占工资收入的比重来看，女性劳工的贡献更大。①

另一大挑战就是在确保更多侨汇进入生产投资方面仍然缺乏有效手段。这主要体现在：侨汇收入通常有 50%—60% 用于消费，只有不足 10% 用于投资。② 孟加拉国政府部门和非政府组织都认为侨汇大部分都用在了家庭消费上。③ 下表显示了汇款收入的主要用途。侨汇绝大部分用于家庭消费和非生产性投资，只有 4.76% 用于生产性投资。根据国际移民组织的研究孟加拉国侨汇的使用大致集中于五大类：（1）食物和衣物，（2）房屋建筑和维修，（3）购买土地，（4）偿还移民贷款，（5）储蓄。④ 由此可以看出，最经常提到的排名前三的用途是食品、服装和住房支出，都涉及家庭的基本消费需求。第四和第五个用途分别是偿还移民贷款和储蓄：用于偿还移民贷款占侨汇收入的 10.55%，用于储蓄的为 3.07%，即相较于偿还移民贷款的比例而言，储蓄的比例更低，表明对于孟加拉国移民家庭而言，在家庭基本消费需求得到满足后，剩余的侨汇收入首先主要是用于偿还移民贷款，然后才是储蓄。因此，对于孟加拉国而言，今后最大的挑战在于如何引导侨汇提高储蓄比率，将汇款更多投入到生产领域。（见表 13）

表 13　　　　　　　　　　孟加拉国侨汇的用途统计

用途	占比%
食物和衣物	20.45
医疗	3.22

---

① 《孟侨汇增长落后劳务输出增长》，驻孟加拉国经商参处，2016—01—04，http://china. huanqiu. com/News/mofcom/2016 - 01/8314994. html。

② World Bank. Global Economic Prospects 2006：Economic Implications of Migration and Remittances. World Bank. ，2006.

③ Gazi Mainul Hassan and Mohammed S. Bhuyan. *Growth Effects of Remittances：Is there a U-Shaped Relationship?*. Department of Economics Working Paper in Economics，16/13 November 2013.

④ Ibid.

续表

用途	占比%
子女教育	2.75
购买农地	11.24
购买住房用地	0.96
建房或房屋修缮	15.02
解除土地抵押	2.24
进行农地抵押贷款	1.99
偿还移民贷款（用于出国相关费用）	10.55
偿还其他债务	3.47
投资创业	4.76
储蓄	3.07
保险	0.33
庆典活动	9.07
送亲戚礼物或捐赠	0.94
亲人的朝圣活动	0.92
社区开发活动	0.09
家庭成员出国	7.19
家具	0.69
其他	1.05
总计	100

资料来源：Siddiqui, Tanseem and Abrar, R. Chowdhury (2003). Migrant worker remittances and Microfinance in Bangladesh. ILO, Working paper no. 38, Dhaka, September 2003.

鉴于上述问题和挑战，未来孟加拉国要进一步发挥侨汇的积极作用，促进国家经济发展，就必须直面问题、迎接挑战，一方面要适当分散海外移民的全球分布，提升海外劳工移民的文化素质和技能水平，保证海外侨汇收入的稳定性和可持续性；另一方面要加强引导海外侨汇更多进入生产投资领域，以确保侨汇更有效率地促进经济健康发展。

金融危机背景下华商"流动"策略研究

——以从事中国商品贸易的浙籍华商为个案

陈肖英①

浙江是一个著名的华侨大省。据 2014 年浙江省侨情调查资料显示，全省有华侨华人和港澳同胞 202.04 万。其中，自改革开放之后出国的新移民无疑是浙籍华侨华人社会的中坚力量，欧洲是他们的主要聚集地。自 20 世纪 90 年代起，越来越多来自青田、温州等地的新移民在欧洲各国从事义乌、温州小商品等中国商品的零售、批发贸易，形成了以各类商城、批发街或批发仓库等为中心的华人"商城经济"，如从事进出口贸易的西班牙青田、温州华商，大多聚集在马德里 Fuenlabrada 区、Lavapies 区、巴塞罗那凯旋门批发街及 Badalona 区等批发区；罗马尼亚华商聚集在欧罗巴市场、尼罗市场、红龙市场等；葡萄牙华商聚集于波尔图的 Vila de Conde、里斯本的 Porto Alto 等仓储批发区。依据浙江省侨办近年的不完全统计，仅浙江籍华商在国外批发市场有摊位、靠摊位

---

① 陈肖英，浙江师范大学马克思主义学院副教授、博士。

做批发贸易的约 1.5 万人①。然而，这一估计显然极为保守。以青田籍华商为例。据不完全统计，2000 年时，仅青田籍华侨华人外贸群体人数为 5000 人左右，2005 年为 3 万人以上，而现在一个通行的说法是有 5 万多位青田籍华商从事外贸活动②。随着义乌小商品市场的蓬勃发展，去海外从事义乌小商品贸易的义乌籍华商的人数也迅速增加，如迪拜市场里义乌籍华商人数最多的时候高达四五千人③。浙籍华商群体起初贸易基本上在温州永嘉、瑞安、义乌、绍兴等浙江省内组织货源，后来逐渐扩展至福建、江苏、山东、广东、深圳等省市的批发商场或直接向工厂组织货源。在这些华商的努力下，将来自全国各地的"中国制造"源源不断地输送到世界各地，成为中国商品最为积极的海外销售员。

一　金融危机与浙籍华商群体

2008 年由美国房贷危机而引发的全球金融危机以及随后发生的欧洲主权债务危机深深影响了在海外从事中国商品贸易的浙籍华商的经济活动。在危机背景下，浙籍华商聚集的欧洲国家纷纷出台了相关政策，加大了对经济活动中违规经营活动的打击力度。意大利、西班牙、法国、匈牙利、俄罗斯、罗马尼亚等国华商遭受各种检查的消息不时出现。以罗马尼亚为例。罗马尼亚政府为应对日益严峻的经济形势，连续出台了一系列财政紧缩、增加税收等措施，加大了打击偷税漏税等违规经营的力度。2011 年 8 月 1 日，罗马尼亚政府正式实施外国人新移民法。该法规定，凡是持商务签证在罗居留的外国人，有限公司每个股东需要至少 7 万欧元的注册资金以及 10 个当地雇员的工作合同；股份公司每个股东至

---

① 根据浙江省侨办多年海内外调研掌握的情况，浙江籍华侨华人 150 万，按照一个家庭平均 5 人左右成为一个经济体推算，有 30 万个经济体，其中从事餐饮、服装加工等传统行业约占一半，从事贸易的约占 4 成，其他为科技文化教育等行业。从事贸易的华侨华人中约 10% 从事国际批发贸易，为 1.5 万人。实际上，这个人数估算非常保守，远远小于实际从事国际批发贸易的人数。

② 《青田》编委会编：《青田》，中国城市出版社 2003 年版，第 239 页。

③ 2011 年 3 月 24 日于义乌市外侨办访谈秘书科 F 科长。

少要具有 10 万欧元注册资金和 15 个雇员的工作合同等①。这一强硬且有违常理的规定大大影响了旅罗华商的签证门槛，也影响了华商经贸活动的开展。在罗马尼亚的浙籍华商，大多从事进出口和商品批发生意，很多店铺根本不需要那么多雇员。这就意味着华商要想继续留在罗马尼亚进行批零贸易，即使公司不需要那么多雇员也要想办法达到这个数字，这就必然使华商公司承受更大的经济压力。同时，罗马尼亚还提高了企业的营业税。

现在，罗马尼亚对中国人的税很重的。营业税要交 24%。公司要提供 10 个工作岗位，也就是要给 10 个工人报税……一个工人一年的税，差不多要 1 万欧元②。

经济不景气，导致消费需求锐减，华人批发市场货物滞销，多数企业的贸易额大幅下降。在希腊从事服装、义乌饰品生意的温州籍华商徐伟春，生意遭遇重创。"与往年相比，服装贸易业绩下滑最严重，在 30% 至 40% 之间。饰品的业绩也下滑了 25% 左右。"③ 据初步统计，巅峰时希腊华人有两三万，而目前只剩 1 万多，一半左右的华商选择离开，转向第三国或回国发展④。类似的情况也存在于俄罗斯、中东等区域的浙籍华商中。

金融危机中汇率波动的金融风险越来越高，削平了从事国际贸易的浙籍华商的利润，带给华商极大的损失。受金融危机影响，近几年来，人民币在外界压力下不断升值。以 2008 年年初汇率计算，意大利华商从中国大陆进口 100 万元人民币的商品，当时只须支付 9 万多欧元。根据国际贸易的惯例，货款一般要延至数月后支付。现在支付年初定购的 100 万元人民币商品货款，则要付出 11 万多欧元，仅汇率一项损失，已达到商品价值的 10% 左右⑤。受汇率波动的影响，我国出口商品的国际价格优势大大降低，加上全球市场不景气，浙籍华商的经营状况普遍不容乐观。

---

① 《世界侨情报告》编委会编：《世界侨情报告（2011—2012）》，暨南大学出版社 2012 年版，第 259 页。

② 2012 年 3 月 6 日访谈在罗从事服装批零生意的青田华商 L 女士。

③ 章映：《温商逆势而动做"逆向"贸易》，《温州日报》2010 年 5 月 11 日第 6 版。

④ 尹晓琳、李莎：《危机！半数华商撤离希腊》，《法制晚报》2012 年 5 月 29 日第 A30 版。

⑤ 郭招金：《金融危机下的世界华商》，《海内与海外》2009 年第 6 期，第 16 页。

在金融危机背景下，这些从事义乌小商品等中国商品贸易的浙籍华商采取了什么样的应对措施？立足于南非约翰内斯堡、浙江义乌和青田三地的田野调查之基础上，本研究认为这些从事义乌小商品等中国商品贸易的浙籍华商普遍运用了跨国（界）的"流动"应对策略。浙籍华商的流动在方向、特征及模式三方面呈现出独特的内涵，值得引起学术界的关注和深入探析。

二 华商流动之方向

金融危机背景下浙籍华商的流动，大致可以分为跨国（界）流动及"回流"两种方向。华商"回流"指华商返回中国寻找新的市场和商机。虽然"回流"也可以归类于跨国（界）流动之中，但此处，为凸显从事中国商品贸易的浙籍海外华商群体中这种新近涌现出来的流动趋势，而作专门分列。跨国（界）流动有助于浙籍华商寻找到新的市场和商机。

（一）跨国（界）流动

浙籍海外华商的跨国（界）流动，既包括华商在移居国内部的跨界流动，也包括华商的跨国流动，从当前移居国流动到另一个新的国度。

2008 年的金融危机，使欧美华商深受其害，开拓中国商品的新兴市场势在必行。在欧美国家市场萎缩的情形下，某些新兴市场逐渐受到华商的青睐。近几年来，非洲、南美等国家虽然也受到金融危机的影响，但相对而言，受影响的程度较小。2010 年 12 月，笔者在南非约翰内斯堡中国商贸城（China Shopping Center）做调查时，碰到一位金融危机后从欧洲流动到南非继续从事皮鞋贸易的温州籍华商，希图开拓新兴市场，而她的丈夫和儿子依然坚守在欧洲销售皮鞋。在坦桑尼亚从事义乌旅游鞋批发贸易的华商 Z 说，"金融危机碰到了，当时对坦桑尼亚没有影响"。[1] 罗马尼亚华商 L 说，"罗（华商）走了很多，转走非洲的多"。[2] 南美其他国家，在金融危机之后，也逐渐成为华商流动的目的地。如智

---

[1] 2012 年 4 月 13 日访谈于青田开元大酒店一楼咖啡厅。

[2] 2012 年 8 月 8 日 QQ 访谈。

利，危机后到智利淘金的华人数量比以前更多①。

（二）"回流"

移民"回流"现象已引起了部分海内外学者的关注②，然而，学术界对"回流"华侨华人的既有研究多关注于留学生、技术精英等高层次人才，而忽视了对其他类型的中国海外移民的研究。近几年来，在金融危机、欧洲主权债务危机的背景下，中国经济的持续蓬勃发展更加吸引了在海外遭遇危机困境的、从事中国商品贸易的海外华商的关注，加上中国政府鼓励海外移民回国投资的政策，部分浙籍华商悄然回国寻求新的发展机遇。浙籍华商在海外构建的个人性的、组织化的关系网络以及经济资本、移居经历等成为他们在中国杭州、温州、义乌、丽水等地或国内其他城市创业的文化、社会和经济资本。

依据本人在 2011 年 10 月 22 日"第二届中国义乌世界侨商大会暨世界采购商大会"期间获得的问卷调查资料显示，大多数华商表示金融危机以来海外亲友返回中国寻找商机的人数越来越多。在信息有效的 63 名华商中，46 位华商认为亲友"回流"现象突出，占总人数的 73%。继本届世界侨商大会之后在杭州召开的首届世界浙商大会上，在与会的 35 位来自法国的浙籍华商中，八成在金融危机过后已经开始在国内有所投资，涉及各个行业③。希腊华侨、义乌市温州商会会长 J 说，"欧华联会很多人回国内来发展，中国市场大，发展空间大"。④ 温州人 L 也说及海外亲

---

① 《经济危机阴霾仍在，智利成为旅西华商投资新去向》，［EB］. http: //www. chinanews. com/hr/2011/07 - 03/3152989. shtml，2011 - 07 - 03。

② 相关研究见吴前进《当代移民的本土性与全球化——跨国主义视角的分析》，《现代国际关系》2004 年第 8 期；David Ley，Audrey Kobayashi，Back to Hong Kong: return migration or transnational sojourn?，Global Networks 5，2 （2005）：112；Manying IP，Returnees and Transnationals: Evolving Identities of Chinese （PRC） Immigrants in New Zealand，Journal of Population Studies，No. 33，December 2006：61 - 102；AnnaLee Saxenian，From Brain Drain to Brain Circulation: Transnational Communitiese and Regional Upgrading in India and China，Studies in Comparative International Development，Summer 2005，Volume 40，Issue2：35 - 61；王苍柏：《"归"的含义》，《读书》2007 年第 1 期；刘宏：《当代华人新移民的跨国实践与人才环流——英国与新加坡的比较研究》，《中山大学学报》（社会科学版）2009 年第 6 期。

③ 《乡音难改，桑梓情深》，《钱江晚报》2011 年 10 月 26 日第 A8 版。

④ 2011 年 5 月 16 日访谈于义乌市温州商会。

友回国投资发展的情况。

"不办（义乌市）侨商会的时候（2009 年 3 月之前），也有很多人回来投资，包括我自己亲戚朋友都是在外国的，他们现在在这种情况（金融危机）下，都有很多意愿回来，把资金带回来，在国内搞一些投资，因为他们看好国内。2010 年开始，大批温州籍的华侨在全国投资，也包括在温州本地投资。"①

在人民币被迫升值、中国政府鼓励"进出口平衡"的宏观背景下，部分"回流"浙籍华商适时地实施贸易转型，从原先从事出口或者其他产业转型进入进口贸易。如温州籍希腊华商徐伟春做起了希腊红酒的进口生意，"我们已经买断了希腊一家酒庄 7 年的红酒，成为它在中国地区的总代理。现在，温州、广州、北京、深圳、安徽、福建都已经在销售了"。也有的华商在义乌进口馆及非洲产品展销中心做起了进口生意，如西班牙青田籍华商 Z 销售西班牙火腿、葡萄酒；意大利温州籍华商 W 销售意大利服饰、葡萄酒；奥地利青田籍华商 S 销售来自德国、意大利的服饰；坦桑尼亚青田籍华商 Z 销售坦桑宝石等。也有部分华商在国内某地投资于房地产、酒店、矿藏开发等。总体而言，从事义乌小商品等中国商品贸易的"回流"浙籍华商，以转型涉足进口贸易、房地产、宾馆、餐饮业、矿产开发等"短、平、快"的项目为最多，真正想进入实业投资的意愿并不强烈。

三　华商"流动"之特征

在风险全球化的时代背景下，从事义乌小商品等中国商品贸易及相关产业的浙籍海外华商的"流动"策略，更多地依赖于个人的能量及移居地域的变换以实现困境下的突破和发展，具有自身的某些特征。

（一）个体性

众所周知，从事义乌小商品等中国商品贸易的海外华商的经营活动属于民间贸易，对于中国与华商移居国经贸关系的发展是一种有益的补

---

① 2011 年 7 月 6 日访谈于义乌市侨商会会议室。

充，具有政府或国有企业无法替代的作用。然而，正是因为这种经营活动的"民间性"，而凸显出华商跨国经贸活动中的个体性特征。雷切尔认为，面临华人商店之间日益激烈的竞争，南非的中国商店以个人主义的争夺方式获得比较优势，而不是寻求一个协力控制市场的统一的华商网络以提升边际利润①。金融危机背景下南非华商的个体性应对策略具有较大的普遍性。浙籍华商的跨国（界）流动抑或"回流"中国等，都是基于华商个人力量而非群体力量之上，依赖于华商个人的精明练达和人脉关系。

（二）非均质性

浙籍华商的流动是以市场为导向的流动，哪里有商机便前往哪里寻求发展。然而，因不同的华商对商机的看法、把握不同，他们的流动呈现出不同的方向，他们在地理的分布上也呈现出非均质特性，"他们的广泛散布成为把握最好商机的一种重要手段"。② 因浙籍华商销售的义乌、温州小商品等中国商品具有较大的同质性，具有个体性特征的浙籍华商的流动，不以华商聚集的移居国（地）为目的地，而是更青睐于向华商人数少的地方尤其是"处女地"进发。对于浙籍华商来说，华侨华人人数少的地方比人数多的地方更具商机，新近才开始有移民定居的地方比拥有长期移民历史的地方更具优势。正如海迪等学者研究所指出，"华商普遍认为好生意位于华人移民聚集的边缘地带，这种地区因市场尚未饱和而更具商机"。③

浙籍华商跨国（界）流动的非均质性特点，反映了流动时机的把握对于华商商业成功的关键性影响。一般而言，越早进入具有商机的移居国从事中国商品销售的华商，因最早获得先机，成功的概率越高，获得的经济收益也会越大。反之，则不然。在南非约翰内斯堡田野调查期间，

---

① Rachel Laribee, The China Shop Phenomenon: Trade Supply within the Chinese Diaspora in South Africa, Africa Spectrum, Vol. 43, No. 3 (2008), p. 367.

② Kotkin, Joel, Tribes: How Race, Religion, and Identity Determine Success in the New Global Economy, New York: Random House, 1992. p. 169.

③ Heidi Ostbo Haugen and Jorgen Carling, On the edge of the Chinese diaspora: the surge of baihuo business in an African city, Ethnic and Racial Studies, Vol. 28, Issue 4, 2005, p. 646.

经常听到有华商叹息说，"我们过来太迟了，早几年过来就好了"。

（三）网络拓展性

浙籍海外华商跨国（界）流动或"回流"并不意味着与移居国的各种关系、网络的断裂，往往是借助于流动而拓展了商业网络。流动成为浙籍华商拓展商业网络的一种策略。

《青田侨乡报》记者 Y 说，"据我所知，真正从西班牙撤回来的人非常少"。① 目前青田籍斯洛伐克华商 L 家族大多数人在斯洛伐克从事中国商品批发贸易，而 L 则长住在义乌，既从事国际贸易，又新近投资了一家酒店，"我们觉得，斯洛伐克的生意也不可能一下子放弃掉，那么多家产在斯洛伐克"。② 原本从事建材、旅游鞋等出口贸易的青田籍坦桑尼亚华商 Z，目前在义乌国际商贸城非洲产品展销中心开设了销售坦桑尼亚宝石的店铺，同时又继续做建材等出口贸易③。这些在多个国家拓展了商业网络的华商，是事实上的跨国华商，是"至少与两个地方、两种国家认同、两个国家保持联系的人"。④

四　华商流动之模式

在海外从事中国商品贸易的浙籍华商的流动，沿袭着什么样的流动模式？马来西亚华裔学者 Diana 在研究马来西亚回族华商时指出，回族华商的流动模式，往往借助于校友、宗教、职业、宗亲、姻亲、侨乡等构建的多种通道实现跨国流动⑤。虽然 Diana 的回族华商流动模式研究，指的是回族从中国大陆向海外流动时所呈现出的模式，与本文浙籍海外华

---

① 2012 年 4 月 14 日晚访谈《青田侨乡报》记者 Y 于青田县夏威夷咖啡美食。

② 2011 年 7 月 7 日访谈于义乌市青田商会。

③ 2012 年 4 月 13 日访谈于青田县开元大酒店一楼咖啡厅。

④ Linda Basch，Nina Glick Schiller and Cristina Szanton Blanc，Nations Unbound：Transnational Projects，Postcolonial Predicaments，and Deterritorialized Nation-States. American Ethnologist，Vol. 22，No. 3（Aug.，1995）：638.

⑤ Diana Wong（University Sains Malaysia），Muslim mobility and the New Chinese Migration，见 2012 年 11 月 19—21 日五邑大学广东侨乡文化研究中心等单位组办的"国际移民与侨乡研究"国际学术会议论文集（未刊稿，第 1 本），第 438—439 页。

商流动模式的内涵存在差异，但仍不失为浙籍海外华商流动模式的一个参照。这些在移居国从事中国商品贸易的浙籍华商的流动模式，往往依赖于血缘、地缘、业缘等社会关系之上构建的个人化的及组织化的华商网络，而拥有多重的跨国流动通道。具体来说，个人化的华商网络，主要指浙籍海外华商基于个人的血缘、地缘、业缘等社会关系之上构建的商业网络；组织化的华商网络，指浙籍华商借助于参加地缘、血缘、业缘等社团、协会所构建的制度化的商业网络，这是一种"实际的或潜在的资源……一种体制化关系的网络"。[①] 以温州籍海外移民为例，到目前为止，温籍侨团数量已有 304 个[②]。这些个人化的、组织化的华商网络，提供了一种独特的信息交流与合作机制，提供族群网络内部成员有关贸易、投资的信息，在海外华商突破民族国家设置的各种制度之障、实现流动的过程中发挥了重要作用。因此，从事中国商品贸易的浙籍华商的跨国流动模式，与前述 Diana 指出的"回族模式"相比，虽然少了依赖宗教流动的面向，但显然更具多重性和复杂性。

以西班牙青田籍华商 Z 氏为例。流动成为 Z 氏一家突破困境、实现事业发展的主要策略。早在 1993—1995 年，Z 先后在西班牙马德里及郊区、巴塞罗那开设了销售中国商品的 1 家零售商店和 3 家批发店。因当时西班牙华商中从事中国商品贸易的人数极少，华商族群内部的层级销售网络尚未建构起来，故而盈利状况不佳，于是 Z 果断地关闭了 3 家批发店。1995 年，借助于地缘关系获知南斯拉夫的市场商机后，Z 与两个儿子流动到南斯拉夫从事义乌小商品的一级批发，直接从义乌市场发货柜，带领老乡将贸易做大，正如 Z 所说，"南斯拉夫的第一个集装箱是我发过去的"。[③] 到了 1998 年，在西班牙从事中国商品贸易的华商人数越来越多，整个市场逐渐形成气候，Z 和小儿子毅然返回西班牙，逐渐做起了义乌工艺品、袜子等的一级批发贸易，而大儿子则继续坚守南斯拉夫创业。目前，Z 氏家族在继续这一出口贸易的同时，还"回流"中国，在义乌

① Pierre Bourdieu, 1985, "The Forms of Capital", in John G. Richardson（ed.）Handbook of Theory and Research for the Sociology of Education, New York：Greenwood Press, p. 248.

② 徐华炳：《区域文化与温州海外移民》，《华侨华人历史研究》2012 年第 2 期，第 51 页。

③ 2011 年 10 月 24 日访谈 Z 于义乌幸福湖大酒店。

国际商贸城进口馆开设了西班牙馆，做起了在中国独家代理西班牙食品的批零生意，同时还在义乌开设了西班牙餐馆。Z 氏一家流动策略的实施，不仅得益于多年来构建的基于血缘、地缘、业缘等社会关系之上的个人化的商业关系，还得益于华侨社团所提供的独特的组织化网络优势。Z 的小儿子是西班牙中国青年协会会长，曾在 2007 年以协会名义负责接待由义乌市政府市长、商城集团总裁等一行人组成的赴西班牙考察团，借此，Z 及协会成员率先了解到义乌进口馆的信息。2008 年金融危机后，Z 带领部分协会成员及西班牙当地企业到义乌考察进口馆项目，并最终确定进驻义乌进口馆从事西班牙食品的进口贸易①。

小　结

"海外华人策略的核心是空间的流动性"，移民通过流动而获得了生存发展的社会空间②。从事义乌小商品等中国商品贸易的浙籍华商，也普遍地将流动视为其生存、发展的主要策略。值得指出的是，这些从事中国商品贸易的浙籍华商的流动策略，都是以中国（义乌）为中心的"风筝模式"③ 般的流动：放眼于全球，却又立足于中国（义乌），构建起中国（义乌）与其他国家之间的跨国商业网络。中国自 20 世纪 70 年代末实施改革开放政策以来，国内经济的持续发展、强大的商品生产能力以及温州、义乌小商品市场之类的专业贸易平台的逐渐繁荣，成为浙籍华商在移居国从事中国商品贸易的强大依靠和支持。没有中国国内经济的蓬勃发展以及如义乌小商品市场的商品批发平台这样的"圆心""中心节点"，浙籍华商的跨国（界）流动就失去了支撑点。因此，中国（义乌）往往是浙籍华商流动的基点和中心，浙籍华商的流动都以中国（义乌）为出发点。

---

① 以上资料分别访谈自 Z 父亲及 Z 所得。2011 年 10 月 24 日访谈 Z 父亲于义乌幸福湖国际大酒店；2011 年 7 月 6 日访谈 Z 于义乌盟德会所。

② Yu Zhou and Yen-Fen Tseng, localization as the geographical catalyst for transnationalism, Global Networks 1, 2（2001）: 133 – 134.

③ 项飚：《跨国华人》，《读书》2004 年第 5 期，第 8 页。

法学视野下的国际移民与华侨华人研究

周小明①

一 多学科视野下的华侨华人研究

华侨华人研究至今被认为是一个"学术性的学科",而没有成为官方规定的学科门类。在教育部、国家社科基金和国家技术监督局公布的学科专业目录中都没有将华侨华人研究列入一级学科目录和二级学科(专业)目录,目录中连三级学科(即课程)都没有将华侨华人列入其中。

社会科学界内的绝大多数学者都认为华侨华人学科是一个跨学科的研究领域。东南亚史专家认为,华侨华人研究广泛涉及民族学(或人类学)、历史学、经济学、政治学、国际关系学、社会学、法律学、人口学、文化学、民俗学和考古学等 11 种以上学科,涉及的问题属各门学科之间的邻接区域或边缘地带。② 有学者甚至认为,它(华侨华人学)几乎涉及所有的人文社会科学领域。③

但毋庸置疑的是,对华侨华人研究最早且至今为止做出最大贡献的是历史学,历史学在华侨华人研究中占据如此重要的地位是有多重关系

---

① 周小明,法学博士,南京师范大学博士后,丽水学院副教授。
② 参见梁志明《试论华侨华人学科形成与定位》,载李安山主编《中国华侨华人学学科定位与研究展望》,北京大学出版社 2006 年版,第 23 页。
③ 高伟浓:《浅论华侨华人学科建设中的学术批评》,载李安山主编《中国华侨华人学学科定位与研究展望》,北京大学出版社 2006 年版,第 157 页。

的。第一，这与中国历史学的发达传统有很大关系。中华民族是世界上最重视历史研究的民族之一，自古以来政府就有重视修史的传统，这与印度民族形成鲜明对比。西方的学科的划分是在自然科学发达的基础上产生的，是传统中世纪的神学、医学、法学等学科受到自然科学冲击之后产生的学科门类划分。在近代科学革命时期，学科分为三大类：即自然哲学；精神哲学，包括社会科学；道德哲学，主要是伦理学。[1] 19 世纪是人文社会科学的现代体制成型的世纪。现代社会科学的成型以 19 世纪历史学、经济学、社会学、政治学、人类学（还加上东方学）的学科化、制度化、独立性和国家化为标志。[2] 但中国缺少本源性的自然科学的冲击，传统的学科划分只有经史子集，在明朝中后期出现大规模的人口海外迁徙之前，自然缺少专业的华侨华人问题研究，之前的中外交流的研究只能称之为交通志。出现较大规模海外移民之后才可能出现所谓的华侨华人研究，梁启超的《中国殖民八大伟人传》则是最早的"专业性"的研究，并以自己的史学理论剖析华侨华人问题，因此被认为是华人华侨研究的嚆矢。清末时期中国的学科划分刚刚起步，在传统的中国传统的学科划分"经史子集"中，唯有历史学适合研究华侨华人。第二，政治形势的影响。民国时期已有学者开始利用社会学的方法研究华侨华人，其代表是陈达 1923 年出版的专著《中国移民——专门涉及劳工状况》和 1937 年出版的《南洋华侨及闽粤社会》以及陈礼颂的华侨华人研究论著。但"文化大革命"时期，社会学、政治学、民族学等起源于西方的学科都成为受批判的对象而销声匿迹，法学也成为国家学说之下的一个学科而进入半消亡状态，在这种情况下，只有历史学继续承担华侨华人研究的重任。第三，长期形成的研究惯性。华侨华人研究领域中最多的是历史学家，同时，中国华侨华人中的 80% 是东南亚华侨华人，东南亚地区华侨华人研究受西方社会学学科方法的影响自然不如欧美华侨华人研究领域那么深。

---

① 梁志明：《试论华侨华人学科形成与定位》，载李安山主编《中国华侨华人学学科定位与研究展望》，北京大学出版社 2006 年版，第 15 页。

② 李安山：《中国华侨华人学的学科定位与研究对象》，载李安山主编《中国华侨华人学学科定位与研究展望》，北京大学出版社 2006 年版，第 36 页。

民国时期以及改革开放之后社会学、民族学和人类学成为华侨华人研究中的重要学科，这些学科以现实性的田野调查为最主要的研究方法，与历史学以史料分析和考证为主的方法形成鲜明对比。

出于国家政策的需要，20世纪90年代之后政治学之下的国际关系学在华侨华人研究中占据非常重要的地位。从学科建设而言，厦门大学南洋研究院、暨南大学华侨华人研究院、华侨大学华侨华人研究院等研究机构都依托于国际关系专业，实行华侨华人研究机构与国际关系研究院一套机构两块牌子的模式，说明在改革开放深化的当代，华侨华人在国际关系处理中的重要地位已经远远超越了其早期"招商引资"功能，国际关系视野下的华侨华人研究将仍然是今后一个时期重要的研究方向。

有学者认为，纵观20多年来中国大陆对华侨华人问题的研究，大致可以分为以下三个阶段：（一）20世纪80年代中期以前，大量各有关华侨华人问题的论著是属于历史研究的范畴。（二）80年代中期以后对海外华人变化的研究包括与其企业发展、与祖国的关系等；（三）90年代中期以后出现新华侨之后的研究。[①] 此概括基本上说明了改革开放之后40多年来大陆华侨华人研究的基本脉络——从历史学向经济学、政治学和其他学科全面拓展。

二　法学在华侨华人研究中的独特性

著名学者李安山认为，华侨华人学是以移民海外的华侨和华人为对象的跨文化、跨族群、跨社区、跨国界、跨学科的综合性研究，目的在于客观揭示这一社会的起源、结构、功能及其与各方面（特别是居住国与祖籍国）的关系，系统探讨其移民、生存、适应和发展的规律。[②] 从该定义中基本可以看出华侨华人研究的对象是作为特殊群体的华侨华人，研究手段是跨学科的综合性研究，研究的目的是研究该群体的结构、演

---

① 梁英明：《水到渠成实至名归——略论中国华侨华人研究与学科建设》，载李安山主编《中国华侨华人学学科定位与研究展望》，北京大学出版社2006年版，第26—28页。

② 李安山：《中国华侨华人学的学科定位与研究对象》，载李安山主编《中国华侨华人学学科定位与研究展望》，北京大学出版社2006年版，第50页。

变过程并概括出其中的一般性规律。该定义虽然没有排除法学研究在华侨华人研究中的应用，但很难直接判断出法学是其中的一个学科研究视角，可以说法学是作为边缘性学科的华侨华人研究中的更加边缘的学科。

在华侨华人研究中占据重要地位的诸多人文社会科学学科都有自己的独特性。历史学是从历史史料辨证的视角和方法还原华侨华人迁徙、生存和发展的原貌，社会学是参考自然科学的方法通过对华侨华人的社会关系和社会行为的研究来考察华侨华人社会群体的结构、功能、发生、发展规律，经济学则主要通过数学等方法研究华侨华人如何科学配置有限资源并使其发挥更高效率，政治学领域的国际关系专业则主要研究国家之间的权力资源的运行并研究华侨华人在其中的作用。当然，学科划分是为了研究的方便，当下"隔行如隔山"的研究氛围是违反学科划分的初衷的，在某个领域做出突出贡献的新学科往往是在学科之间的交叉中产生的。

法学是权利义务之学，近现代的法学的核心则是权利之学，即从权利的视角研究人以及一定范围的人的群体即社会。凡是人文社会科学研究的对象都是作为群体性的人，所以众多人文社会科学门类的划分标准主要不是研究对象的不同而是研究视角和方法的不同。

华侨华人作为一个特殊的跨国移民社会群体是民族国家和地理大发现后产生的。法律是民族国家的意志，法学则是以法律现象为研究对象的各种科学活动及其认识成果的总称，[①] 该定义并未指出法律现象到底是什么，但其主要内容无非是主权国家制定的法律及其法律运行的实际情况。就法学在华侨华人研究中的应用而言，主要有三方面的内容，其一是有关华侨的国籍国和华人的血缘联系国的法律的研究；其二是有关华侨华人居住国法律的研究；其三是对与华侨华人直接相关的国际条约例如难民公约的研究。

与其他社会科学相比，法学学科的特点或独特视角是：第一，法学注重规范研究。法学研究的主要对象是主权国家的特定机关制定的规范性文件，因此一般情况下，以法学视角研究华侨华人都存在一个规范性

---

① 张文显主编：《法理学》（第四版），高等教育出版社、北京大学出版社 2011 年版，第 3 页。

正确的问题——研究和引用的法律规范是否正确，法学研究一般不能完全脱离开法律规范本身研究华侨华人。第二，法学除了研究法律规范本身即"书本上的法"之外，还需要研究"行动中的法"即法律规范在现实中的运用情况。第三，法学研究还要研究人的法律意识形态，包括初级阶段的法律心理，中间层次的法律意识和理论化的高层次的法律思想体系。[①] 就华侨华人研究而言，就是研究华侨对国籍国或居住国的法律规范以及法律的实际运行情况的感性认识、理性的法律价值观以及华侨华人法律专家的法律思想体系。

三 "一带一路"视野下法学在华侨华人研究中的实际应用

实用性是任何科学研究的重要特性，人文社会科学中重视"经世致用"功能的社会科学更是如此，因此每个时代的大政方针往往深刻地影响着所处时代的科学研究。

"一带一路"倡议是当下中国最重要的大政方针，就政策的重要性而言，它几乎可以与新中国的外交政策、20 世纪 80 年代改革开放政策相提并论，它是国际国内局势发生深刻变化的时候中国提出的战略构想。就国内而言，2013 年中国人均 GDP 达到 5.2 万元，约合 8016 美元，中国正在向人均 GDP1 万美元的"中等收入国家"迈进。[②] 就国际而言，中国正从仅向苏联和其他社会主义国家"开放"，到改革开放时主要向欧美发达国家开放，再到如今的重点向"一带一路"沿线的欧亚大陆的发展转型国家开放转变，其战略构想之一是摆脱美日同盟对中国崛起的遏制。

"一带一路"倡议的主要内容或重点是"五通"，即实现"一带一路"国家的政策沟通、设施联通、贸易畅通、资金融通和民心相通。开放路线包括陆路上的"丝绸之路经济带"和沿海的"21 世纪海上丝绸之路"两条路线。丝绸之路经济带重点是畅通"中国经中亚、俄罗斯至欧

---

① 参见刘作翔《法律文化理论》，商务印书馆 1999 年版，第 118 页。

② 参见全毅《跨越"中等收入陷阱"：东亚的经验及启示》，《世界经济研究》2012 年第 2
期。

洲（波罗的海）"、"中国经中亚、西亚至波斯湾、地中海"和"中国至东南亚、南亚、印度洋"三条线路。21世纪海上丝绸之路重点方向是"从中国沿海港口过南海到印度洋，延伸至欧洲"、"从中国沿海港口过南海到南太平洋"两条道路。就起点而言，"一带"是以新疆为核心的西北五省为起点，"一路"是以我国福建省为核心的东南、西南为起点，通过"一带一路"倡议实现欧亚大陆对接和经贸一体化。

在"一带一路"倡议中，华侨华人将扮演更加积极的角色。如果说改革开放的时候华侨华人的作用主要是经济上的，那么当下的以"五通"为主要内容的"一带一路"倡议则给予华侨华人更大的发展空间，华侨华人将在包括经济交流、政治交往和文化沟通方面发挥全方位的作用。如果说历史学在华侨华人研究中一枝独秀的时代华侨华人研究是为了"研究而研究"，在"一带一路"倡议形势下和多种学科齐头并进研究华侨华人的时候则更加重视"经世致用"的"智库"性研究。虽然在法学领域内，移民法和相关领域仍属于边缘地带，但作为国家治理和社会改良为主要功能的法学可以在华侨华人研究中发挥越来越大的作用，至少在如下领域可以做出更大的贡献。

（一）归侨侨眷权益保护研究

"一带一路"倡议本质是促进"内外相通"即从更广阔视角推进开放政策。华侨和归侨是一种身份转变，在外称为华侨，在内称为归侨，是定居地点发生了变化。

华侨华人历史上在海外遭遇诸多痛苦经历，中华人民共和国成立之后又经历很多年的不公正待遇，改革开放后中国吸引的外资中80%属于侨资，对中国经济社会发展做出突出贡献，制定专门法律保护归侨侨眷有着特殊的政治意义。

国内研究归侨侨眷的论文并不多，专著更少。汤唯和张洪波等人编著的《华侨权益的法律保障机制》第一章是有关华侨问题的概述，另外用三章内容分别从宪法、行政法和民商法的角度探讨归侨侨眷的保护问题，是一本法律概论性的著作，研究视角以及深度和广度都有待深入拓展。就论文而言，国内学者主要从三个角度研究归侨侨眷的权益保护，其一是从整体的角度研究《中华人民共和国归侨侨眷权益保护法》，代表性的论文有刘国福的《平等对待、融合发展：归侨侨眷权益保护法新论》（载《华侨大学学报》2010 年第 3 期）和陈昌福的《〈中华人民共和国归侨侨眷权益保护法〉简介》（载《上海社会主义学院学报》2010 年第 1 期）；其二是研究归侨侨眷保护的某个方面的问题，代表性的有汪全胜的《〈归侨侨眷保护法〉授权立法条款设置论析》（载《华侨华人历史研究》2012 年第 2 期）和《归侨侨眷法法律责任设置论析》（载《华侨华人历史研究》2011 年第 2 期）；其三是研究地方归侨侨眷保护问题的，代表性的有黎鹏昊的《以人为本谋侨益一枝一叶关侨情——市人大常委会开展归侨侨眷保护执法检查侧记》。

　　归侨侨眷保护的相关研究至少可以在如下领域继续展开：第一是立法改革问题，2000 年颁布的《中华人民共和国归侨侨眷保护法》已经实施 16 年，而实际侨情和国家战略都发生深刻变化，如何将新移民的诉求、回国创业、回国定居、参政议政和促进归侨融入社会等问题反映到法律中，[①]　值得进一步深入研究；第二是地方立法执法的问题。有关公开发表的文章只有涉及海南、广东等少数省份的华侨侨眷的保护问题，而福建和浙江等重要侨省的归侨侨眷保护问题鲜有学者进行深入的研究；第三是归侨侨眷保护的国际比较研究，对于印度、菲律宾和墨西哥等移民迁出大国的侨民保护政策和法律的研究在国内仍比较少见，归侨侨眷保护的中印、中菲和中墨比较更是空缺，贾海涛和石沧金的专著《海外印度人与海外华人国际影响力比较研究》是中印侨民比较的力作，但其中没有包含中印国内保护侨民法律与政策的比较。

（二）（移民法）出入境法研究

　　移民法（又称出入境管理法）是主权国家制定的专门管理本国公民与外国人出入该国国境及其在该国居留等相关活动的法律规范的总称。[②]　主要包括护照法、签证法、本国公民出入境管理法、外国人入出境管理法和国籍法等几个部分。

---

　　① 　参见王秀卿《当代侨情发展变化与归侨侨眷权益保护法的修改研究》，《山西农业大学学报》（社会科学版）2014 年第 8 期。

　　② 　翁里：《国际移民法学》，浙江大学出版社 2010 年版，第 28 页。

护照法的研究方面，更多的文章是从技术的角度进行研究，例如张振声的《论犯罪嫌疑人假护照的制作与鉴别》和朱建新的《电子护照安全研究》等。从法学视角研究的少数文章包括叶氢的《论中国〈护照法〉的基本理念及其完善》论述了 2004 年《中华人民共和国护照法》所体现的以人为本和统一立法的立法理念，并提出若干立法改革建议包括统一内地公民申请护照条件、加大对伪造护照行为的处罚以及建立限制那些在外国旅行期间违反当地法律，损害国家形象的人出境等制度。[1] 也有从历史视角研究的，例如周国瑞的《近代清鲜护照制度之确立论述》（载《求索》2012 年第 8 期）和何星亮的《中国现代"护照"的产生及其发展》（载《思想战线》1998 年第 6 期）。

狭义的签证法是指一国管理外国人入境、居留、就业等行为的专门的行政法、程序法，是一国移民法的重要组成部分。[2] 张慧德和黄晓晨的《我国普通签证制度研究》分析了我国的签证法律体系并提出若干立法改革建议；卞文玺的《论完善我国签证制度的构想》建议整合我国"三部法律、五部行政法规"中的相关签证法律规范并制定统一的《中华人民共和国出入境法》、加大违法处罚力度、实行出入境管理中央垂直领导、细化签证类别和加强公安涉外业务的培训等。[3] 高晶晶的《试论细化普通签证的必要性》则仅从如何细化普通签证问题做了比较细致的讨论。郭生祥的《检视国籍签证制度——从国家安全、人才战略、立法的角度》是一篇简单的建议性文章，建议中国实行双重国籍和签证便利化。翁里教授的《论国家安全与签证制度改革》以比较法的视角介绍了英美两国的签证制度，并对华侨华人的特殊性、转变人才签证审查制度、统一签证管理体制和打击非法移民等方面对中国签证制度和执法体制提出了若干改革建议。

与管理中国公民的护照制度、管理外国人的签证制度相联系的是外国人管理中国公民的外国签证制度。对于外国的签证制度的研究方面，

---

[1] 参见叶氢《论中国〈护照法〉的基本理念及其完善》，《广西民族大学学报》（哲学社会科学版）2008 年第 4 期。

[2] 翁里、戴一晨：《论国家安全与签证制度改革》，《四川警察学院学报》2014 年第 4 期。

[3] 卞文玺：《论完善我国签证制度的构想》，《云南警官学院学报》2010 年第 4 期。

有从宏观视角研究的，例如蒋剑云的《当代西方主要国家签证制度的基本特点》，概括了英美法德日加澳等国的签证制度特点，指出保障迁徙自由和维护主权是西方国家签证制度的根本目的而吸引人才和人道主义、中央统一领导、规则明确以及法律救济完善是这些国家签证制度的主要特点。① 夏丽萍的《美国签证审核机制改革评析》（载《外交评论》2011年第1期）评价了美国"9·11"事件之后签证制度的改革，认为它过分关注国家安全的考虑而忽视了对外政策所能发挥的作用。② 其他相关论文则多为简单的介绍性文章，介绍主要发达国家的签证制度，包括爱尔兰、澳大利亚、日本和韩国等。

少数文章从综合性角度研究移民法的，例如林艺聪的《我国出入境立法模式研究》从宏观的视角检视了我国的签证法、护照法和出入境管理法，建议制定一部统一的出入境法。③

就移民法领域的专著而言，翁里的《国际移民法》主要介绍了我国和部分代表性国家的移民法，内容比较简略。刘国福的系列移民法著作包括《移民法》《移民法——理论与实践》《移民法出入境权研究》和《技术移民立法与引进海外人才》及其编译的《移民法——国际文件有案例选编》等对我国移民法做了比较全面和深入的研究。但从事该领域的研究专家太少，无法为3000万华侨华人和3000万归侨侨眷提供多方位的参谋服务。

对于中国移民法执法当局而言，移民法一直被简单地视为人员的出入境行政管理法。对学界而言，则一直没有将出入境法与国际移民、国家战略和经济社会发展联系起来进行研究，对移民法进行综合性的以及国际比较性的研究还需要花费巨大的努力。

（三）侨乡法治建设研究

侨乡法治建设的相关研究基本属于空白，学界主要研究的是侨乡的历史、经济、建筑等诸多方面，但基本忽视了侨乡法治建设的研究，唯

---

① 蒋剑云：《当代西方主要国家签证制度的基本特点》，《公安研究》2003年第11期。
② 夏丽萍：《美国签证审核机制改革评析》，《外交评论》2011年第1期。
③ 林艺聪：《我国出入境立法模式研究》，《太平洋学报》2007年第3期。

一与此相关的是有关华侨回乡参政议政的论文，例如吕鸿的《海外华侨回乡参政分析——以浙江省青田县华侨村官为例》（载《华侨华人历史研究》2013 年第 1 期）。"一带一路"倡议主要是经济和政治发展战略，但其"五通"中的政策相通实际上也包含了中国法治与世界接轨的主题。中国作为"法治后发"国家，可以考虑某些地方在法治建设方面获得较快的进步，甚至提前和法治发达国家接轨。虽然决定法治进步的根本因素是经济发展水平，但"侨"可以成为促进法治进步的重要因素。

虽然侨乡既不是一个法学概念，也不是一个有明确界限的学术概念，村、县、市和省级行政和地域单位都可能成为所谓的侨乡。但归侨侨眷的海外文化与知识必然影响到他们的法律意识，并影响到他们在参政议政、行政执法和司法诉讼中采取的实际行动。实际上，中国从清末开始的"西法东渐"首先就是从中西文化的交流中产生的，华侨华人在其中的贡献功不可没。

当下中国的法治从"中央法治"研究向"地方法治"研究方向深入，其突出特点是县域法律治理问题受到政界和学界的高度重视，其典型代表是浙江余杭与江苏昆山的县域法律治理的理论研究和实践获得较大的成功，并在"地方法治指数"的研究方面有相当的进展。这方面的"地方法治"研究的阶段性成果完全可以被"侨乡法治建设"研究所借鉴，有了一定的理论研究之后，也可以设计"侨乡法治指数"——对中国侨乡开展法治发展数字化评估，从中发现归侨侨眷在中国侨乡法治建设的过程中产生的正面和负面作用，并因此扬长避短，促进中国侨乡的法治现代化进程。

（四）海外投资法研究

如果说旧移民是出于我国有限土地资源的制约而为了生计移民海外，那么改革开放之后的移民的目的则更加复杂——留学深造、寻找工作机会、投资和家庭团聚等，其中投资移民是其中重要因素之一，因此对海外投资法的研究至关重要。

与归侨侨眷权益保护研究、移民法研究和侨乡法治建设研究相比，海外投资法的研究不再属于边缘学科，而是典型的"显学"。以"投资法"为"篇名"搜索中国期刊数据库就有 1382 篇论文。其中一半左右的论文是关于中国外商投资法的，其余几百篇文章则有关海外投资法律。

与海外移民法相比，国内学界对海外投资法的研究不仅涉及发达国家如美国、德国等，大量的研究论文是关于"一带一路"国家的外资法，包括朝鲜、越南、印度尼西亚、菲律宾、柬埔寨和缅甸等国家。在"丝绸之路经济带"上则有乌克兰、哈萨克斯坦、吉尔吉斯斯坦、塔吉克斯坦、蒙古、叙利亚、罗马尼亚、阿尔巴尼亚、匈牙利、保加利亚、伊拉克等有关国家。其中有关越南投资法的研究成果最多，说明越南是一个比较成熟的中资企业投资的选择地。

从海外投资法的"显学"地位看，中国法学界的确比较重视这方面的"实战"性研究，但从文献梳理的角度看，需要深入研究的地方也很多。第一是需要持续性的并能精准做出投资决策参考的"国别性"投资法研究。学界对各国投资法的研究主要是介绍性的，若中资企业或华侨华人赴该国投资遭遇具体的投资法律问题，则这些专家仍无法做出及时和准确的"法律顾问性"的解答，绝大部分论文都是为了"研究而研究"。第二是缺少以地域为中心的概括和总结性的研究。例如南亚国家投资法、中东欧国家投资法和中亚国家投资法的特点和趋势等方面的研究仍不多。第三是缺少在国别研究基础上的中外投资法比较研究。中国外商投资法和海外国家外商投资法的研究是基础，但在此基础上必须做进一步的比较研究，才能获得更精准的投资策略信息，为"一带一路"倡议服务。